土佐の山城

山城50選と
発掘された23城跡

ハーベスト出版

長宗我部氏の居城 岡豊城

長宗我部元親、岡豊城から大高坂城（現高知城）へ拠点を移す（高知県立埋蔵文化財センター）

長宗我部氏最後の居城　浦戸城跡（高知県立埋蔵文化財センター）

主な遺構

辰巳城跡　畝状竪堀群

大岐城跡　土塁

片岡城跡　竪堀

添ノ川城跡　堀切

神田南城跡　虎口

蓮池城跡　切岸

久礼田城跡　横堀

神田南城跡　土塁の腰巻石

安芸城跡　石垣

尼ヶ森城跡　主郭の石積み

内田城跡　堀切

内田城跡　竪堀

刊行にあたって

土佐の山城は、明治時代に宮地森城が三三四城跡を歩き記録に残しています。当時は船での移動はできたが、城に行くには歩いて廻るしか方法がない中、よくこれだけの城を訪ね記録に残したものだと尊敬するところです。土佐で初めての中世山城の悉皆調査といってもよく、宮地が残した記録は我々に貴重な財産を残してもらったと思っています。

時代は進み昭和の後半になると山城の発掘調査が始まり、平成になると山城をわかりやすく紹介している刊行物を多く目にするようになってきました。『近江の山城を歩く』や『静岡県の歩ける城七十選』を始めベスト五十城を歩くシリーズなどがあり、中国地方でも『出雲の山城』『石見の山城』が刊行され、各地で山城を歩いて楽しめる本が多く見られるようになりました。

四国でも、徳島県の『三好一族と阿波の城館』が出版されており、高知県も山城が多く早く紹介したい気持ちを数年前から持ち続けており、令和元年は土佐を統一した長宗我部元親生誕四八〇年でもあることから、この年の刊行を目標にしてきました。

しかし、山城の発掘調査成果をまとめることは比較的簡単ですが、多くの山城を紹介するには実際城跡に登り、あらためて調査を行い縄張り図を作成する必要がありました。私一人ではとても無理だと考え、これまで山城を踏査し縄張り図を作成してきた方々にも調査と執筆をお願いしました。

発掘調査された山城以外で五十城跡を選び、秋から冬にかけて土・日曜日の休暇を利用し、数年間におよぶ現地調査を行い縄張り図を作成しました。さらに、追加調査も行いながら現地調査ができない夏にかけて執筆を行い、元親生誕四八〇年の記念となる年に刊行の運びとなりました。宮地森城が歩き記録した三三四城跡をすべて紹介することは無理ですが、今後の目標にしたいと思っています。

本書は、最新の縄張り調査や発掘調査の成果をよりわかりやすく解説し、土佐の山城を紹介するものです。第一章は「土佐城郭研究の歩み」で通史的な内容を含めた城郭研究の歩みを紹介しています。第二章は「土佐の山城を歩く」で是非一度は登城してほしい五十城跡を掲載しています。第三章は「発掘された中世城郭」でこれまで発掘調査された土佐の山城の調査内容をわかりやすく解説し、第四章が「土佐の城郭研究成果と長宗我部氏の城」としてこれまでの高知県の研究成果をまとめた構成になっています。

土佐の戦国時代に、山城が各地域でどのように造られ、どのような役割を担ったのか、文献資料では語れない地域の歴史を少し紐解けたと思っています。今回の現地調査で、山城に登ってきたと友人に話をすると、「何が面白くて人も入らないブッシュ（薮）の山に行くのか」といつも言われます。しかし、人間の目や感覚は何よりも素晴らしい機能を備えており、言葉や写真では語れないスケール感を感じさせてくれます。この書を読んでいただき、山城の魅力を少しでも知ってもらい、「土佐山城の羅針盤」として山城に登る際の参考にしていただければと思います。

今でも土佐の山々には城跡が多く残っていますが、地域から忘れられた城もたくさんあります。本書を片手に一度山城に登っていただき、今後地域の宝として活用しながら将来に残してもらえれば幸いです。

松田直則

土佐の山城　目次

第三章　発掘された中世城郭

第一章　土佐城郭研究の歩み

一、土佐の戦国時代と山城研究

一、土佐の戦国時代の様相

土佐の中世後半は、守護代細川氏が田村城館を構え守護領国化を進め、十四世紀末から十五世紀には吾川・土佐・長岡・香美・安芸郡を守護の指揮下において支配していた。しかし、有力国人たちの割拠状態にあった高岡郡は統治に悩まされ、一條家の荘園であった幡多郡には支配権が及ばなかった。応仁・文明の乱の戦禍が広がると、一條教房は京都を離れ幡多郡に下向している。頼益流細川氏が土佐守護代を世襲した十五世紀半ばから後半にかけて最盛期を迎えるが、永正四年（一五〇七）に細川政元が暗殺され細川氏の分裂や抗争が始まり、土佐守護代最後の政益は土佐と京都を往復していた。田村城館の外堀で大永年間（一五二一～一五二八）の御札が出土していることから考えても、田村城館は大永から享禄年間までは存続し守護代所としての機能が存続していた可能性が考えられる。

田村城館土塁と城八幡

十六世紀初頭の頃、細川氏の影響が薄れてくると有力国人の台頭があり土佐の戦国時代が始まる。軍記物で有名な『土佐物語』では、一條氏は別格として当時の有力国人や諸豪族たちについて記載されており、守護七人とは本山・安芸・大平・山田・津野・吉良・長宗我部が挙げられている。そのほか多くの豪族名が見られるが、それぞれ居館を構え各地域を支配していくが、自己の判断で同盟と離反を繰り返し戦国の乱世が始まることになる。応仁の乱後、守護代細川氏の力が緩んでくる頃になると、諸豪族や有力国人たちが多くの山城を各地域で構築しはじめる。七守護と呼ばれた有力国人が各地域の諸豪族を傘下にいれ、土佐の群雄割拠が始まり、その後長宗我部氏が土佐を統一していくことになる。ここでは、長宗我部氏を中心に有力国人との抗争を見てみることにする。

永正五年（一五〇八）に、本山城主の本山氏、弘岡城

田村遺跡群の屋敷跡（高知県立埋蔵文化財センター）

主の吉良氏、蓮池城主の大平氏、山田楠目城主の山田氏らの連合軍によって攻撃を受けた長宗我部氏の居城である岡豊城が落城している。当主の長宗我部兼序（元秀）の戦死は定かでないが、その子国親は一條氏のもとに逃れ十年にわたり養育されている。永正十五年（一五一八）に岡豊に帰城し、長宗我部氏の再興に乗り出している。香宗我部氏や本山氏を懐柔し周辺諸豪族を傘下にしていった。天文十六年（一五四七）の頃になると、大津城の天竺氏や介良の横山氏、十市の細川氏や池氏らを帰服させている。さらに天文十八年（一五四九）には、山田基通を打倒して長岡郡から香美郡の一部を制圧している。その後国親の晩年には、本山氏と対峙し永禄三年（一五六〇）には元親の初陣となった長浜戸の本の合戦で本山氏を退けた。その時に本山氏が占拠していた浦戸城や筆山の潮江城を奪取している。

元親は、永禄六年（一五六三）に本山氏が土佐中央部支配の拠点とした朝倉城を占領し、有力家臣の十市宗桃を配した。また吾南平野の支配と同時に弘岡吉良城を奪取し、弟の親貞に名族吉良氏を継がせている。

土佐西部の高岡郡では、津野氏が勢力を持っていた。一條氏が公家大名化し勢力を拡大していく中で一條房基が東進してきはじめて、天文十二年（一五四三）に津野基高と交戦しこれを降し、仁淀川沿いの大平氏の蓮池城まで掌中に収めている。この時、利用された城の一つが発掘調査された中土佐町の西山城である。蓮池城は弘治三年（一五五七）に本山茂辰に奪われるが、永禄三年（一五六〇）の長宗我部氏と本山氏の戦いの間に一條氏が奪回している。

元親は、本山氏を支配下に入れると永禄十二年（一五六九）に土佐東部に勢力を持っていた安芸氏を攻撃している。翌年には、安芸国虎が自刃し東部も長宗我部氏の支配に入ることになる。さらに元親の弟である吉良親貞が謀略で一條氏がいた蓮池城を奪取し、元亀元年（一五七〇）には伊乃保岐城（戸波城）や津野氏の内紛に絡んで姫野々城も奪取し、元親の従兄弟である長宗我部親武を伊乃保岐城主に三男の親忠を津野家に入嗣させ長宗我部氏の傘下に入れている。

土佐を統一する最後の年となった天正二年（一五七四）には、土佐西南部を支配し公家大名となった一條兼定を内訌に乗じて幡多の中村に侵攻し兼定を豊後に追いやった。元親は、兼定の子である内政と自分の娘を妻合わせ、岡豊城に近い大津城に迎えて御所体制を敷いた。一條兼定は、翌年の天正三年（一五七五）には、大友宗麟の支援を受けて中村城の奪還を狙って渡川（四万十川）合戦を引き起こすが、決定的な敗北のなか宇和海の小島に逃れ天正十三年（一五八五）に波乱に富んだ生涯を終えている。長宗我部元親は、天正三年（一五七五）には、中村城に親貞や姫野々城に親忠を置き、幡多や高岡両郡を支配下におきながら、東部の野根や甲浦に勢力を持つ野根氏を打倒し土佐統一を成している。

長宗我部氏の本拠である岡豊城からは、主郭の建物跡に葺かれた瓦に、「天正三年」と篦書きされた瓦が出土しており、この時大きく岡豊城が改修された可能性がある。元親は、この岡豊城を拠点として四国制覇に乗り出していくことになる。この頃は、明智光秀を介して織田信長と親交を開始しており、元親の嫡子が「信」の一字を与えられて信親と名乗っている。元親は、四国三国に侵攻の準備を進め、阿波には、安芸城にいた香宗我部親泰を総司令官として侵入させ、中村城の吉良親貞に総指揮を取らせ伊予侵攻の準備をさせた。その頃阿波は、三好氏が勝瑞館を拠点に強い勢力を持っていたが、天正四年（一五七六）には阿波国南部の海部氏や日和佐氏を服属させ徐々に中央部に支配の網を広げていった。また、翌年には阿波国西部で大西氏の拠点である白地城を攻略し、西部や南部で戦いを繰り広げながら三好氏拠点の勝瑞に迫っていった。

岡豊城跡遠景

一宮城にも三好氏と小笠原氏の混乱に乗じて、一宮氏からの派遣依頼を受けて元親は家臣団を送り込んでいる。天正十年（一五八二）の中富川の合戦では、元親軍が勝利し三好存保を讃岐に追いやった。この時期の城郭には、長宗我部氏の家臣団が構築した遺構が残っており、鳴門市の木津城跡などでは発掘調査で長宗我部氏が築いた畝状竪堀群の遺構が確認されている。

伊予方面では、総指揮官の吉良親貞が天正四年（一五七六）に亡くなっており、その後重臣の十市宗桃が宿毛の鶴ヶ城に入り伊予攻めに向かっている。また、西土佐と高岡方面からは久武親信軍が南予に侵攻している。天正七年（一五七九）と九年（一五八一）の説があるが、土居清良と岡本城（宇和島市三間町）で戦って親信は戦死している。その後天正十年（一五八二）頃には弟の久武親直が再度侵攻しており、西園寺氏やその十五将を抑え中予の河野通直の湯築城を目指した。久武親信か親直か定かではないが、岡本城の改修をしたと考えられ畝状竪堀群が確認できる。また西園寺氏居城である黒瀬城（西予市宇和町）の一部と考えられるが岡城と我古城跡にも同じように畝状竪堀群が確認できる。元城（大洲市）も発掘調査で畝状竪堀群が検出されており、この地域までは長宗我部氏の勢力が浸透していたと考えられる。

東予は、金子・石川氏など元親に属している。讃岐では、まだ研究が進んでいないが上佐山城跡などでも同様な遺構が確認できることや、天霧城跡には元親の次男親和が養子に入り、天正七年（一五七九）には長宗我部氏の勢力が西讃岐まで覆っている。しかし、天正十三年（一五八五）には、秀吉の弟である羽柴秀長を総大将とした豊臣軍の四国攻めが始まり元親は屈服し土佐一国を安堵され秀吉傘下に入ることになる。その後、豊臣大名として土佐一国を支配し、居城も岡豊城から大高坂城に移城するも、数年間で浦戸城に移り文禄・慶長の役に翻弄されながら城造りを行ったが、関ヶ原合戦を迎えることになり改易となる。

二、城郭研究の歩み

土佐では、いつ頃から城郭研究が始まったのか、また行政的にはどのような方法で取り組まれたのか城郭研究の歩みを見ていきたい。

土佐の城郭研究の歴史は古く明治時代まで遡るが、宮地森城が土佐国内の城郭を巡り『土佐國古城略史』が昭和十年（一九三五）に刊行されている。宮地森城は天保十年（一八三九）生まれで大正四年（一九一五）に亡くなっており、明治年間に土佐の城三三四城跡を訪れ記録に留めている。宮地森城が亡くなった後しばらくして刊行されているが、昭和の始め頃に郷土史研究熱が旺盛で出版を希望するものが多く、著者の遺族に承諾を得て刊行されている。明治年間に一人で県内の城跡を巡り記録に残した『土佐國古城略史』は、高知県の中世城郭を研究していく上で原点となる重要な書である。文献でも『土佐州郡志』、『南路志』、『皆山集』、『長宗我部地検帳』を中心として城跡名が記載されているが、宮地森城が各城跡の詳細な記録を残してなければ後の県史にも反映されなかったのではないかと思う。

戦前の研究は『土佐國古城略史』の刊行後目立った研究成果は残されていないが、戦後しばらく時が経ってから在野の郷土史家の研究者によって進められることになる。

城跡の測量図が最初に作られたのは「岡豊城実測詳図」であり、高知高専測量同好会によって昭和四十五年（一九七〇）に作成されており、民間の株式会社高知放送が発行した『岡豊城史』に掲載されている。この頃になると『高知県史』も発刊され、土佐中世史の中でも戦国の諸城として三一三城跡が紹介されている。所在する村名は宮地森城の『土佐國古城略史』によるとされ参考にされているが、宮地森城が歩いた城より三〇城跡ほど少なくなっている。

『高知県史』で城郭が掲載されるようになったのも、昭和四十一年（一九六六）から四十三年（一九六八）に刊行された『日本城郭全集』の影響もあったと考えられる。また城郭も戦後復興の象徴として近世城郭の天守復元ブームがあげられるが、地域の中で街のシンボルとして城を求め全国各地に鉄筋コンクリート（RC）造りの天守が建てられるようになった。高知県でも昭和四十年（一九六五）には、四万十市の中村城跡に犬山城天守閣を模倣した模擬天守が建てられ、現在四万十市郷土博物館となっている。昭和四十年代の高知県では、模擬天守を建てる前に発掘調査を実施するという思考性もなく土塁や曲輪内部の遺構が破壊された点は残念である。

昭和四十年代になると、このように観光目的の城郭ブームが到来すると同時に、日本列島改造論による大規模開発で中世城館跡の発掘調査も実施されるようになった。一乗谷朝倉氏遺跡や草戸千間町遺跡の調査で、中近世の考古学研究が進展し城郭の考古学研究も始まった。

昭和五十四年（一九七九）から昭和五十六年（一九八一）にかけて『日本城郭大系』が新人物往来社から刊行され、高知県でも城郭研究がさらに進展した。さらに昭和四十年代後半から五十年代に入ると全国都道府県単位で城館の分布調査が始まっている。高知県では、昭和五十八年（一九八三）に高知県教育委員会が国からの補助事業として城館分布調査を一年間で実施し報告書を刊行している。後で詳しく紹介していくが、県の城郭分布調査が実施された影響は大きく、この時期には、県内の市町村でも中世城館分布調査の報告書が刊行されており、旧大方町や旧西土佐村、旧十和村などでは、城郭の簡易実測図が掲載された内容となっており、城跡の縄張りの概略を知ることができる。この時期に、町や村で城館の分布報告書が刊行されたことは珍しく大きな成果を残している。より詳細な報告書が刊行されていることが本県で特筆されるところである。

縄張り研究も同じ頃活発に行われ、城郭研究を大きく進めた。高知県では、前田和男・大原純一や池田誠の縄張り調査で、実際残っている中世城郭跡の全貌が明らかにされ始めた。高知県での大きな成果としては、池田誠が高知県の主要な城郭の縄張り図を作成し、『図説中世城郭事典』に掲載し考察したことと、前田和男の私家版でもある『私のメモ帳』に調査した城跡の詳細な曲輪配置や規模などが記され、図面や文献も合わせて紹介していることである。このように、前田和男・大原純一・池田誠の調査研究や、高知県が実施した城館分布調査が城郭研究の大きな画期となっている。池田誠は、高知県内で芳原城跡の縄張り図を作成しており、旧春野町に所在する城郭の縄張り図も作成し比較検討ができる資料を残している。その後、ハナノシロ城跡や江ノ古城跡を中心に、四万十市江ノ村の中世集落復元のため周辺城跡の縄張り図も作成しその成果を江ノ村中世集落復元に生かしている。また、中央部で小浜城跡を発掘調査するとき、鏡川流域の中世城郭の縄張り図も作成しており、発掘調査報告書に掲載されているが、小規模な城郭が多いその特徴を比較検討できる資料を提供している。前田和男と大原純一は、『高知市の城跡』の縄張り図や、久礼城跡をはじめ中土佐町に所在する縄張り図など、高知県内の重要な城郭の縄張り図を作成しており、城郭の現状を正確に押さえて県内の城郭研究を牽引している。

全国的には、昭和五十九年（一九八四）に全国城郭研究者セミナーが開催され始め、学際的な研究の進展があり縄張り研究者が集い城郭研究を推し進めてきた。平成十三年（二〇〇一）に高知大学で開催されたセミナーでは、本拠と城郭体制というテーマで開催され、土佐では守護代細川氏の田村城館跡や長宗我部氏の岡豊城跡の検討がされた。また考古学から城郭を研究していこうとする自治体職員が中心となって、平成四年（一九九二）には織豊系城郭研究会が開催されている。この研究は、城郭の発掘調査を担当している行政内研究者が情報交換を行い考古学から城郭研究を進展させてきた。これらの研究会は高知県でも開催されたことがあり、浦戸城跡で石垣をテーマに開催され、豊臣の傘下に入り石垣技術が導入され大規模な石造りの城が構築されたことなどが議論された。その後四半世紀が過ぎて高知県でも多くの城郭が発掘調査されその成果を研究会等で発表している。最近では、一條氏の総合的研究の中で大久保健司が四万十川流域城郭、宮地啓介が仁淀川流域城郭の縄張り図を精力的に作成し、幡多地域や高岡郡内の様相を城郭の縄張りを通した研究が進んでいる。

高知県では、中世城館調査に特化した行政の取り組みとして、昭和五十九年（一九八四）に中世城館跡分布調査があげられる。四国では最初の取り組みで約六五七箇所の城館がリストアップされ、土佐の山々に隠れていた城館の概要がわかり始めた。さらに二五〇〇〇分の一の地図に所在地のドットが落とされ、名称や占地状況、築・在城者、遺構・遺物・絵図等などの一覧表が作成された。さらに、実測図が一四城跡、略測図が二五図版で一一二城跡が掲載されている。それ以前の昭和四十八年（一九七三）に高知県教育委員会が作成した遺跡台帳には三〇〇余りの中世城館が確認されていたが、十年後に行われた中世城館分布調査で二倍の中世城館が確認され、高知県では城館研究の基礎となる大きな成果を上げており画期となった。この分布調査報告書が、高知県中世山城の調査研究を推し進める起爆剤になった。

分布調査以前には、開発に伴う発掘調査も実施されている。昭和四十八年（一九七三）に波川城跡の緊急発掘調査が初めて実施され報告書は刊行されていないが、全体図の中で検出された遺構の配置図については『土佐史談』（岡本健児　一九七四）に掲載されている。高知県では初めての開発に伴う中世城郭の発掘調査が実施され、礎石建物跡が検出されている。その後昭和五十二年（一九七七）に旧土佐山村の古井ノ森城跡が発掘調査されており、二日間という短い調査期間ではあったが初めての山城の報告書が刊行されている。

分布調査が実施される頃には、町史や村史の編纂のための山城の発掘調査も実施され始めた。昭和五十八年（一九八三）には中土佐町の久礼城跡、翌年の五十九年（一九八四）には旧鏡村の吉原城跡、旧春野町の吉良城跡など学術的な発掘調査が実施されたが、検出遺構や出土遺物などが少なく位置付けが難しかったが、久礼城跡の礎石建物跡の検出など重要な発見があった。

さらに、旧春野町では開発に伴い芳原城跡の外堀部分が発掘調査され、旧中村市でも大規模な開発に伴う中村城跡も発掘調査が実施された。そのほか中村地域では、栗本城跡、塩塚城跡、チシ古城跡の発掘調査も行われている。中村城跡や芳原城跡の長期間にわたる発掘調査は、中世陶磁器類の出土も豊富で、芳原城跡では明応年間の紀年銘を持つ護符の出土や、中村城跡では石垣や瓦なども出土し、その後の中世城郭研究の嚆矢となる調査とな

笄（11地区出土）　護符（3－A地区出土）

芳原城跡出土護符と笄（高知県立埋蔵文化財センター）

高知城航空写真（高知県立埋蔵文化財センター）

った。中村城跡は、高麗青磁や李朝産の陶磁器も出土し、当時開催された初期の貿易陶磁研究会に持参し鑑定してもらったこともあった。昭和末期には、長宗我部氏の居城である岡豊城跡や檮原町の和田城跡、大津御所と呼ばれた大津城跡の発掘調査が実施されている。

その後平成に入り、旧中村市や大方町で開発に伴い城郭の発掘調査が増え始めた。旧中村市では扇城跡、ハナノシロ城跡、江ノ古城跡、旧大方町では西本城跡、曽我城跡などが相次いで発掘調査された。その後、旧葉山村の姫野々城跡、中土佐町の西山城跡、土佐市の人麻呂様城跡、高知市鏡の小浜城跡や柏尾山城跡、仁淀川町の加牟曽宇城跡、佐川町の城ノ台城跡、岡豊城跡の伝家老屋敷跡、旧春野町では第二次調査の芳原城跡や木塚城跡、高知市内では大高坂城跡（現高知城跡）、浦戸城跡等多くの発掘調査が実施されその成果が上がっている。各城跡から多量の中世土器や陶器、貿易陶磁が出土したが中でも貿易陶磁は幡多地域で多く出土している傾向がある。中央部の小浜城跡では貿易陶磁が一点も出土していない状況と、幡多地域ではハナノシロ城跡など小規模な支城である城郭でも使用されていることがわかり、貿易陶磁の搬入状況は西高東低であり、そこには中村に下向した一條氏が関わっていると考えられる。

城郭の分布調査や発掘調査の歩みを見てきたが、高知県で実施された主な発掘調査の成果概要については、第三章で紹介している。

三、高知県の中世城館分布の特徴

全国で約四万から五万箇所が確認されていると言われている中世城館跡であるが、四国の中世城館数を見ると二六九九箇所ほど確認されている。各県での中世城館悉皆調査が実施され詳細な数が把握され始めたが、消滅していた城やその後埋蔵文化財包蔵地の分布調査で増加した県もあり、その総数は二二七八箇所である。各県の悉皆調査年代や城館跡数をおさえて、四国各県の中世城館調査の特徴を俯瞰し、高知県の分布の特徴を見てみることにする。

高知県では昭和五十八年（一九八三）頃、田村遺跡群の大規模な発掘調査が終わりかけ、細川守護代の田村城館跡の成果も見られ始め、中世城館も県民から注目され始めてきた。高知県は、補助事業で中世城館跡の分布調査を四国の中で最も早く行われている。しかし調査期間も短く、昭和五十八年（一九八三）度の一年間だけ実施されており、各市町村の文化財保護審議会委員の協力のもと県教育委員会がまとめている。県内の中世城館として六五七箇所が確認されているが、その後に行われた埋蔵文化財包蔵地の分布調査で増加し七一六箇所になっている。高知県内の分布状況として、西部の幡多・高岡地域で三九〇箇所、中部で一九五箇所、東部で一三一箇所となっており公家大名の一條氏が支配下に入れた地域で城館分布が多いことがあげられる。

愛媛県は、昭和五十九年（一九八四）より三カ年実施された中では一二三四箇所であるが、その後中野良一の研究では遺構の残る城は現在七五四箇所とされている。さらに地域別で見てみると、南予が三五三箇所、中予が一三〇箇所、東予が二七一箇所となっている。愛媛県の特徴として、南予に城館が多く分布していることがあげられ、西予市宇和町に下向した西園寺一五将及びその一族の南予支配域に城館の分布が多い。しかし、四国の中では、一番多く構築されており、瀬戸内を挟んで毛利氏と大友氏や四国西南部の一條氏や長宗我部氏との関係がその多さを物語っていると考える。

香川県では、平成九年（一九九七）から六カ年かけて調査が実施されており、池田誠を中心とした城郭研究者の縄張り図が掲載されており、詳細な三九〇箇所の城館跡の遺構配置がわかるようになった。発掘調査は少ないが、引田城跡や天霧城跡、天滝城跡などが調査され、最近では香西氏の勝賀城跡の調査が進み十六世紀末段階の様相が解明されつつある。

徳島県では、平成十八年（二〇〇六）から五カ年かけて調査が実施されており、四一八箇所の城館が確認されている。城郭研究者である本田昇の縄張り図を中心に掲載されており、最新の成果がおさめられている。徳島県の特徴として、小規模城館が多いことが挙げられるが、これは三好氏の権力が強い地域で緊張関係が少なく山城の防御遺構の発達が進まなかったと考えることもできる。しかし、土塁が残っている山城も管見では一五城跡残存しており、横堀や竪堀も見られる。これらの城は、徳島県の県西部と南部に多くみられる特徴があり、三好氏傘下の有力豪族が構築したものか他勢力の構築した城か今後検討していかなければならない。

このように、四国の城館分布調査を俯瞰してみると、初期に行われた高知県や愛媛県では測量図や概要図が掲載されている。遺構はよく観察されている城跡もあるが、斜面部の竪堀群や腰曲輪など調査しきれていないところもあり、再調査が必要な城跡もある。

平成に入って行われた香川県や徳島県の悉皆調査は、縄張り研究者による図面が多く掲載されており、城跡の構造や遺構の捉え方など城郭研究者の見方が反映されており城郭悉皆調査の質をあげている。各県の悉皆調査報告書を見てみると、四国の中で二二七八箇所の城跡が残っているとされるが、すべての縄張り図が掲載されているわけでなく、小規模な城館など特に詳細については不明な城跡が多い。

また、高知県では先述したとおり市町村がこの時期に城館分布をまとめ報告書を刊行している。全国的にもこのような事例は少ないことから、主なものを少し詳しく見ていくことにする。

県の分布調査前に行われた調査は旧十和村で、昭和五十七年（一九八二）に『中世古城址調査図』が刊行されている。図面は、正確なものではないが城跡の遺構配置やその規模などがわかる概略図が掲載されている。高知市が昭和五十七年（一九八二）度の事業として実施した中世城跡分布調査報告書として、四四城跡が紹介された『高知市の城跡』が昭和五十九年（一九八四）二月に刊行されている。大原純一の正確な縄張り図と調査で表採した遺物の写真が掲載されており、備前焼が多く表採されているが、中には貿易陶磁も見られ機能した時期も推測することができる。

昭和六十年（一九八五）三月には、『南国市中世城館

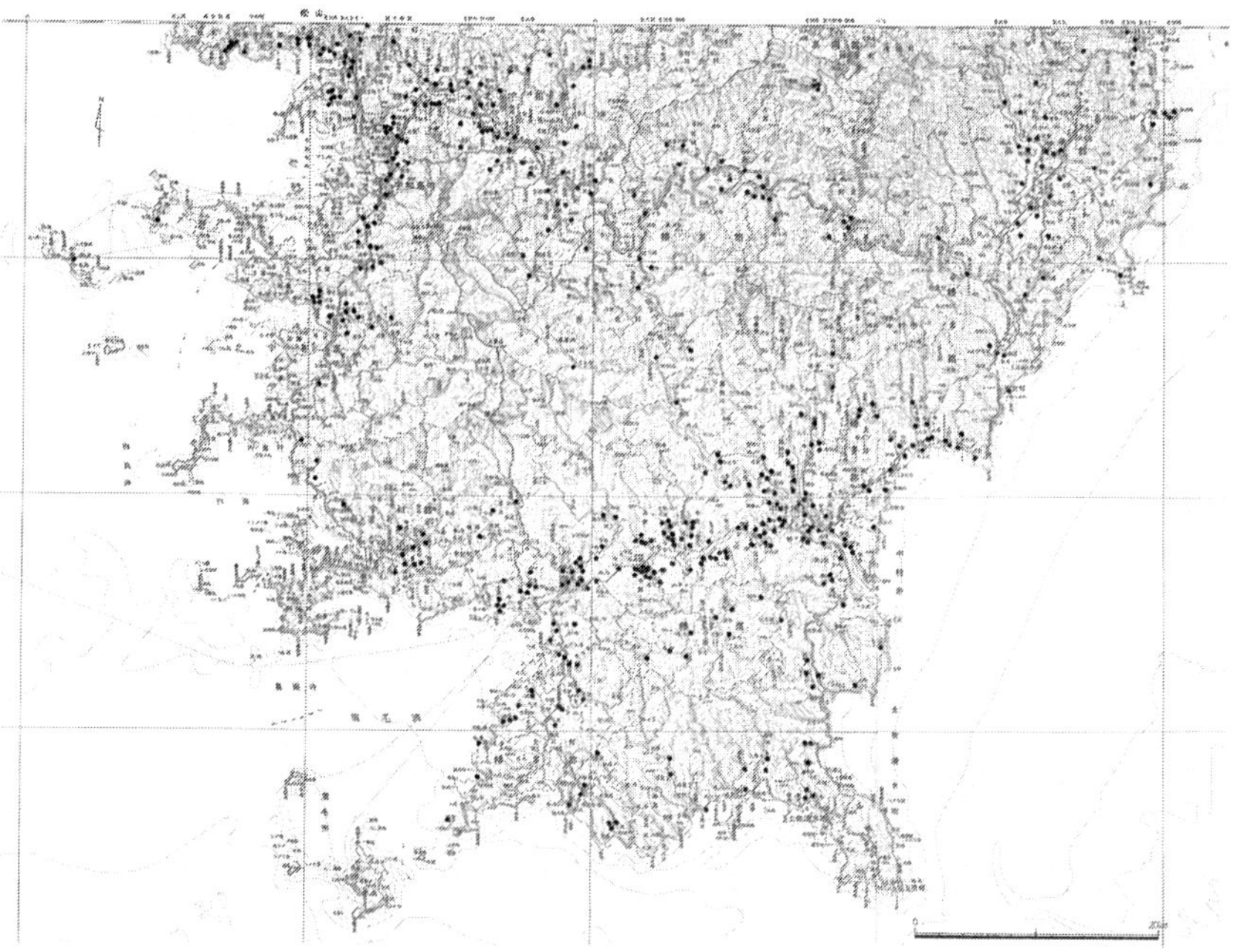

西南四国の城館分布図（高知県立埋蔵文化財センター）

跡』が刊行されている。県が実施した分布調査と並行して調査され、長宗我部氏の居城岡豊城跡の測量図面や、細川守護代の田村城館跡や香長平野に広がる各土居跡なども地籍図を掲載しながら紹介を行っている。同じく旧春野町でも、町内に所在する中世山城を中心に発掘調査された吉良城跡や芳原城跡の一次調査の報告も掲載されている。幡多地域では、『土佐清水市史』に山城の概略図が掲載されており、旧西土佐村では昭和六十一年（一九八六）に『西土佐の中世城館』が刊行されている。さらに旧大方町でも平成二年（一九九〇）に大方の中世城跡として、山城の測量を行いその図面を掲載している。このように、幡多地域で新たに測量図面を追加して城跡を紹介しており、一條教房が下向した頃の戦国時代を考えていく上で貴重な資料を残している。ちなみに、幡多地域の城館数を見てみると、宿毛市六九箇所、中村八〇箇所、土佐清水市二〇箇所、三原村八箇所、大月町一九箇所、大方二五箇所、佐賀六箇所、十和一七箇所、西土佐一七箇所、大正七箇所となっており合計二六八箇所で、高知県の中でも多くの中世城館が構築された地域で、愛媛県南予の城館と併せて、四国西南部に下向し戦国公家大名として勢力を伸ばしてきた一條氏と西園寺氏との抗争の一端が城郭の分布から見えてくる。（松田直則）

略年表

西暦	和暦	元親年齢	事項
一三一八	文保二年		夢窓疎石が五台山に吸江庵を建てる
一三二四	元亨四年		正中の変
一三三一	元弘元年		元弘の変
一三三二	元弘二年		尊良親王が土佐へ流される
一三三三	元弘三年		鎌倉幕府の滅亡
一三三四	元弘四年		建武の新政が始まる
一三三六	延元元年		後醍醐天皇が吉野に朝廷を移す
一三三八	暦応元年		足利尊氏が征夷大将軍となる
一三四〇	暦応三年		大高坂城が落城し、大高坂松王丸が戦死する
一三六一	康安元年		【康安地震】
一三七八	永和四年		足利義満が室町に幕府を移す
一三九二	明徳三年		南北朝統一
一四〇〇	応永七年		細川頼長が土佐守護代になる
一四〇一	応永八年		足利義満が初めて遣明船を派遣
一四〇四	応永十一年		勘合貿易が始まる
一四四一	嘉吉元年		嘉吉の乱が起こり、将軍義教、暗殺　幕府の権威が失墜
一四五四	享徳三年		享徳の乱が起こり、東国が乱れる（～一四八二）
一四六七	応仁元年		応仁の乱が始まる（～一四六七）
一四六八	応仁二年		一條教房が幡多郡中村に下向する

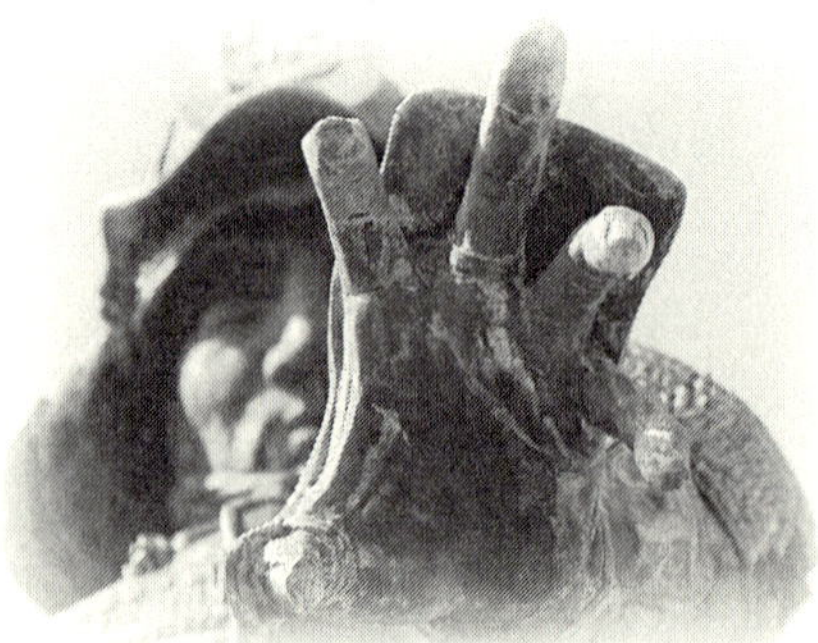

一四九八	明応七年		【明応地震】
一五〇七	永正四年		永正の錯乱により細川氏が土佐から引き揚げる
一五〇八	永正五年		本山、大平、吉良、山田氏により岡豊城が落城する
			長宗我部兼序の戦死は不明だが、国親は一條氏のもとに逃れる
一五一八	永正十五年		長宗我部国親が岡豊城に帰る
一五三九	天文八年	1	長宗我部元親、国親の子として岡豊城に生まれる。幼名弥三郎
一五四三	天文十二年	5	鉄砲伝来
一五四六	天文十五年	8	蓮池城の大平氏が一條氏に降伏する
一五四七	天文十六年	9	長宗我部国親が大津城（天竺氏）、介良城（横山氏）、蛸の森城（下田氏）を落とす
一五四九	天文十八年	11	キリスト教伝来
一五五一	天文二十年	13	長宗我部国親が山田城を落とす
一五五八	永禄元年	20	長宗我部国親が国分寺金堂を再建
一五六〇	永禄三年	22	長宗我部元親が戸の本合戦に初陣を飾る
			長宗我部国親が病死し、元親が家督を継ぐ
一五六三	永禄六年	25	長宗我部氏に攻められ、本山氏が朝倉城を焼き本山に撤退する
			長宗我部親貞、吉良氏を継ぐ（吉良親貞）
			安芸国虎、岡豊城を攻める
			元親、美濃斎藤氏の女を娶る
一五六五	永禄八年	27	元親の将江村備後が一條氏を助け、伊予西園寺氏と戦う
一五六八	永禄十一年	30	長宗我部氏が本山氏を滅ぼす
一五六九	永禄十二年	31	長宗我部氏が安芸氏を滅ぼす

西暦	和暦	元親年齢	事項
一五七一	元亀二年	33	長宗我部氏が津野氏を降伏させる
一五七三	元亀四年	35	足利義昭が京都から追放され、室町幕府が事実上滅びる
一五七五	天正三年	37	長宗我部氏が渡川の戦いで一條氏に勝利、土佐の統一が決定的となる
一五七六	天正四年	38	安土城築城開始
一五七七	天正五年	39	久武親信を南伊予の軍代とする
一五七八	天正六年	40	元親の二男親和、香川家を継ぐ（香川親和）
一五七九	天正七年	41	久武親信伊予にて戦死す
一五八〇	天正八年	42	香宗我部親泰、安土に遣わす　紀伊雑賀衆、元親に通ず
一五八一	天正九年	43	長宗我部元親が一條内政を追放
一五八三	天正十一年	45	大坂城築城開始
一五八四	天正十二年	46	香宗我部親泰、阿波木津城を抜く 久武信親の弟久武親直、軍代となり伊予を計略す
一五八五	天正十三年	47	長宗我部氏が四国をほぼ平定する 豊臣氏に降伏し、土佐一国を安堵される 浦戸城の経営に着手
一五八六	天正十四年	48	戸次川の戦いにおいて、長宗我部元親の嫡男信親が戦死する 秀吉が元親に羽柴の姓を許し、土佐守と称す
一五八八	天正十六年	50	長宗我部氏が岡豊城から大高坂城に移る 元親、後嗣を盛親と定む　吉良親実・比江山親興に死を命ず
一五九〇	天正十八年	52	豊臣氏が天下統一

一五九一	天正十九年	53	長宗我部氏が浦戸城に移る
一五九二	文禄元年	54	元親父子浦戸を出航し、朝鮮の役（文禄の役）に従軍する
一五九三	文禄二年	55	香宗我部親泰、朝鮮出兵の途次長門国にて病死
一五九五	文禄四年	57	領内に命令を発して弾薬を徴し、船拵えを命ず
一五九六	慶長元年	58	イスパニア船サン・フェリペ号、浦戸へ漂着
一五九七	慶長二年	59	『長宗我部元親百箇条』を定む（非有起草）
			朝鮮再出兵（慶長の役）のため土佐を出航
一五九八	慶長三年	60	元親、帰朝する
一五九九	慶長四年	61	元親、津野親忠を香美郡岩村に幽閉する
			長宗我部元親が伏見で没す　法号「雪蹊恕三大禅定門」
一六〇〇	慶長五年		関ヶ原の戦い
一六〇一	慶長六年		山内氏土佐入国
			大高坂新城（高知城）築城開始
一六〇三	慶長八年		江戸幕府の成立
			大高坂新城に移り、大高坂の旧名改め河中と称す　高知城本丸・二ノ丸完成
一六一〇	慶長十五年		高智＝高知と定める
一六一一	慶長十六年		高知城三ノ丸完成

（尾﨑召二郎）

二、城郭遺構関連用語名称・解説

曲輪・郭【くるわ】

「くるわ」とは、城の削平された空間で曲輪や郭の文字を使用し城郭用語として定着している。高知県では、『長宗我部地検帳』で詰・二ノ段等の名称が城跡内に残っている場合がある。本書では、城跡内で「詰」等の名称が場所比定できるのであれば、それらの用語を使用しており、名称の残らない城跡や場所比定できない場合は、「曲輪」としての表記を用いている。

・腰曲輪《こしぐるわ》

大きな曲輪から一段下がった斜面上に構築した比較的小さい平場を腰曲輪という。山の中腹に取り付いた形の曲輪を、腰の位置にあることから腰曲輪と呼ばれたとも言われている。

・帯曲輪《おびぐるわ》

帯状に細長くつづく平場を帯曲輪という。

・出丸《でまる》

城の本体部分から少し離れもしくは、外側に出ている独立した曲輪のこと。本城からの視野が限られる場合にその機能を補うために出丸が構築されたり、出丸で最初に接敵したりすることにより、本城の防戦体制を整え、本城より離れた位置で、敵に打撃・消耗を与えていく機能がある。

縄張り【なわばり】

築城の平面プランを指す名称で、築城に際し縄を張り巡らせたことに由来している。城郭の平面構造のこと。

空堀【からぼり】

土を掘って造る水の無い堀の総称で、竪堀・横堀・堀切などの名称が使われている。

・竪堀《たてぼり》

竪堀とは等高線に対して交わる方向に掘られた防御施設で、敵の横移動・山腹における迂回を制限するものである。敵の侵入しやすい緩斜面に設けられることが多いが、城郭によっては急斜面にも構築しているものがある。曲輪と曲輪、曲輪と尾根線を断ち切る堀切の延長線上に落ちているものは竪堀として表現した方がより城郭構造を理解し易い。また、竪堀の変形として竪堀上部の始点が異なる二条の竪堀がやや下方で合流して一条となる「y字状竪堀（一般的な名称ではない）」も高知県内の城郭に

はみられる。（内田城跡等）

斜面を登ってくる敵兵に対して石等を投げたり、転がしたりすることで敵の城郭への侵入を妨げるものである。また、敵の侵入を一列にすることでより効果的な攻撃のできる防御施設である。

竪堀には地面に対して掘りこまれたスクラッチ型の一般的な「竪堀」と堀の側面に残土を土塁状に土盛りを付けた畝状の竪堀がある。また、三条以上の連続した竪堀は、「畝状竪堀群・畝状空堀群・連続竪堀」といった名称で呼ばれている。本書では、執筆者の考え方を尊重し統一はしていない。土佐では、長宗我部系城郭に顕著にみられ防御性の高いものである。

・横堀《よこぼり》

横堀とは、曲輪を取り巻くように構築された堀もしくは、等高線上に空堀を設けた防御施設である。先に紹介した竪堀よりも新しい防御施設で、横堀と竪堀が連動し防御施設として発達してくるのは中世城郭構築の後期にあたる。長宗我部系城郭には横堀から竪堀につながり落ちていく築城技術があったのではないかと考えられている。本書では「ひの字状空堀」と仮名称を使用している。

・堀切《ほりきり》

曲輪と曲輪、もしくは敵の進入路である尾根線と曲輪もしくは尾根線を断ち切る空堀であり堀の側面をすっぱりと断ち切り切岸となって敵の侵入を防ぐ防御施設である。

長宗我部系の城郭には連続した堀切を構築する「連続堀切・多重堀切」が築城法として確立していたと思われる。また、曲輪と尾根線を結ぶラインには、連続する堀切に緩急（深浅）が付けられている場合もあり、深い堀切の後に浅い堀切、深い堀切というようにその組み合わせは多様である。また、連続する複数の堀切に故意に曲がりを持たせたり、平行をずらしたりすることによって横矢掛りをねらって構築されたものもある。佐川町の松尾城跡には怒涛の十二連続堀切がみられる。また、香南市の香宗川流域にみられる城郭には上述のような尾根線に構築された連続する堀切が顕著にみられ、同じ思想の下で構築されていたようである。（第二・四章参照）

切岸【きりぎし】

曲輪の周りに造り出された人工の急斜面のことをいう。曲輪と尾根線の部分をすっぱりと断ち切り、堀切を設置している場合は堀切の側面は切岸となっている。また、曲輪と接する堀切上部には土塁が構築され、堀下から見上げた場合、より高く切岸を見せる効果や敵を攻撃しやすい場所へ誘導する効果がある。

虎口【こぐち】

城の出入り口もしくは、曲輪への出入り口をいう。一般的に土の城では土塁の開口部が虎口となっている。

・平入り虎口《ひらいりこぐち》

城内に直線的に侵入する形態の虎口で、平虎口ともいわれる。

・坂虎口《さかこぐち》

山城で多く見られる形態で、曲輪の高低差を利用し虎口の前面にスロープを設けた虎口である。

・喰違い虎口《くいちがい》

斜面を斜めに入らせることによって土塁を喰い違いにずらして開口させた虎口をいう。城内へ侵入する敵は虎口内で方向転換を強いられることになる。

・枡形虎口《ますがたこぐち》

枡形虎口は、四角く囲った虎口で防御性・攻撃性ともに高い虎口である。三方向もしくは四方向からの横矢をかけることができる虎口であり、最も発達した形態である。

土塁【どるい】

土を盛って構築された防御用の土手である。曲輪の端や堀切の上部の曲輪端に構築して防御性を高めている場合が多くみられる。崩れ防止のために土塁壁面に石積み（腰巻石）をしたものや削り出しによる土塁もみられる。

・制高土塁《せいこうどるい》

高さは城によって違いはあるが、兵が土塁上で活動できる上幅をもち土塁外側（敵側）に対する制高効果（上部からの攻撃）を得ることを目的とした土塁。上面に守備をする兵がのぼり戦闘の足場となる。

・遮蔽土塁《しゃへいどるい》

城外からの敵からの視線や矢玉を防ぐ遮蔽壁として機能する土塁。

・胸壁土塁《きょうへきどるい》

射撃用の胸壁として利用するための土塁。高さ・幅共に小さな土塁。

・竪土塁

竪堀の側面に設けた土塁で竪堀と並走する土塁。または、等高線に対して直角に構築した土塁。

土橋【どばし】

文字通り土づくりの橋のことである。堀を掘り残して土橋とする場合が多い。

櫓台【やぐらだい】

遠方を監視（物見）したり、横矢をかけたり、また戦況に応じて城兵に指示を与える指令所の役割も果たす櫓が建てられた曲輪内の平場より若干高く土が盛られた土台。土塁上部に構築されている場合もある。

石積み【いしづみ】

虎口周辺部や土塁のない曲輪の端（切岸上部）、土塁側面部に土留めとして構築されたもの。石垣と混同して使用されている場合があるが、裏込め石が施工され、隅を成型したものが石垣。

横矢【よこや】

城郭に接近してくる敵兵を横もしくは斜め上から矢玉（弓矢・鉄砲）で射撃すること。横矢をするために曲輪を張り出させることを「折《おれ》」、曲輪内側に屈曲させた場合は「邪《ひずみ》」。

一城別郭【いちじょうべっかく】

本来は一つの城として機能しているが、主郭級の曲輪が複数ある形態の城をいう。別郭一城や別城一郭とも呼ばれることがあり、違う丘陵の上を利用しているとか、それぞれの曲輪が一つの城のような役割を持って使われる場合もある。

（尾﨑召二郎）

第二章　土佐の山城を歩く

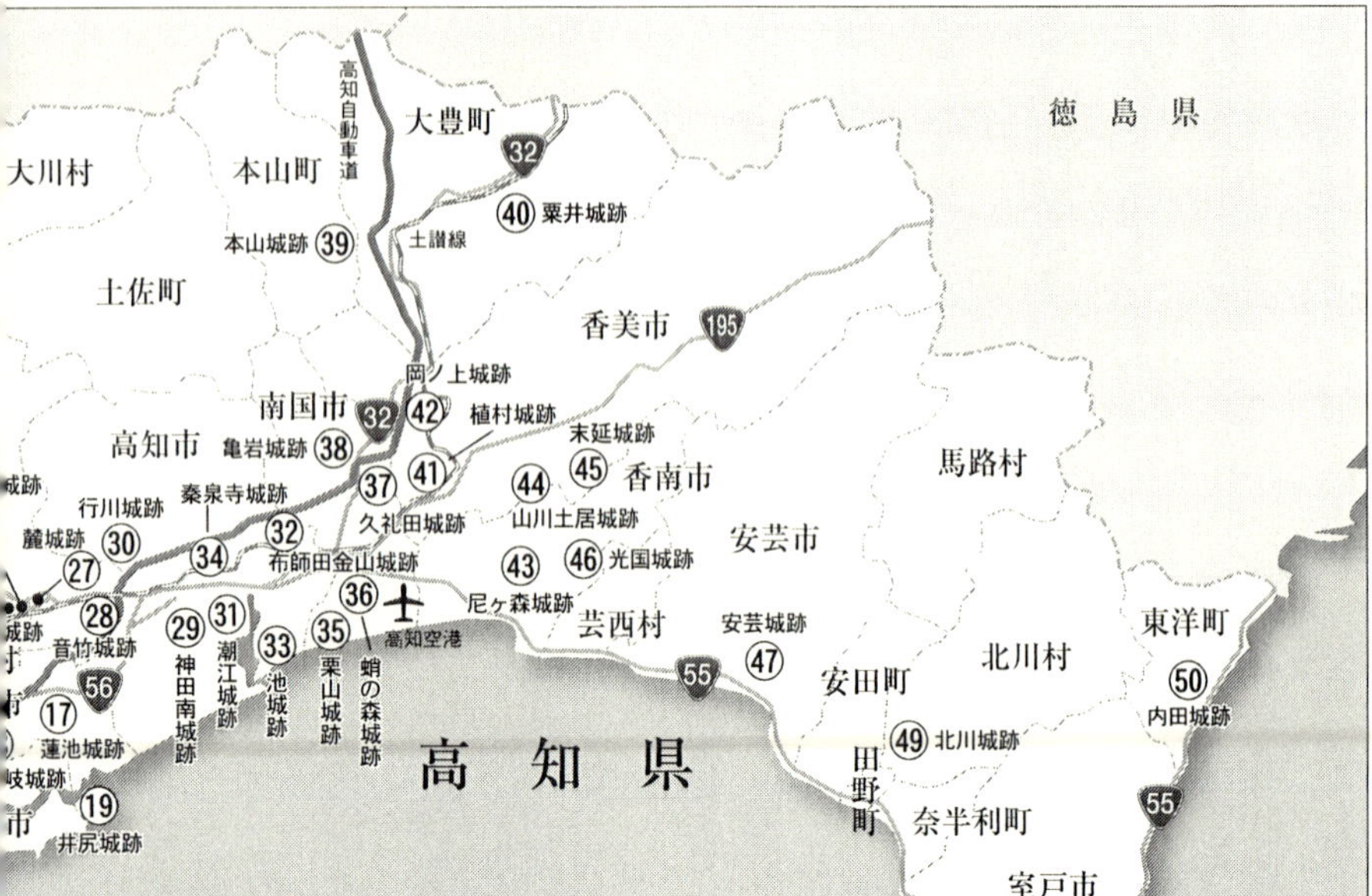

①鶴ヶ城跡（宿毛市山奈町）
②布城跡（宿毛市平田町）
③加久見城跡（土佐清水市加久見）
④大岐城跡（土佐清水市大岐）
⑤森沢城跡（四万十市森沢）
⑥有岡城跡（四万十市有岡）
⑦辰巳城跡（四万十市西土佐津野川）
⑧江川城跡（四万十市西土佐半家）
⑨上長谷城跡（幡多郡三原村）
⑩添ノ川城跡（幡多郡大月町）
⑪窪川城跡（高岡郡四万十町）
⑫本在家城跡（高岡郡四万十町）
⑬大野見城跡（高岡郡中土佐町）
⑭檮原城跡（高岡郡檮原町）
⑮岡本城跡（須崎市下分甲城ヶ谷）
⑯針木城跡（須崎市神田）
⑰蓮池城跡（土佐市蓮池）
⑱伊乃保岐城跡（土佐市戸波下本村）
⑲井尻城跡（土佐市宇佐町）
⑳佐川城跡（高岡郡佐川町）
㉑松尾城跡（高岡郡佐川町）
㉒片岡城跡（高岡郡越知町）
㉓清水城跡（高岡郡越智町）
㉔法厳城跡（高岡郡越知町）
㉕葛懸古城跡（高岡郡日高村）
㉖三之塀城跡（高岡郡日高村）
㉗麓城跡（吾川郡いの町）
㉘音竹城跡（吾川郡いの町）
㉙神田南城跡（高知市神田）
㉚行川城跡（高知市行川）
㉛潮江城跡（高知市筆山町）
㉜布師田金山城跡（高知市布師田）
㉝池城跡（高知市池）
㉞秦泉寺城跡（高知市秦泉寺）
㉟栗山城跡（南国市十市）
㊱蛸の森城跡（南国市稲生）
㊲久礼田城跡（南国市久礼田）
㊳亀岩城跡（南国市亀岩）
㊴本山城跡（長岡郡本山町）
㊵粟井城跡（長岡郡大豊町）
㊶植村城跡（香美市土佐山田町）
㊷岡ノ上城跡（香美市土佐山田町）
㊸尼ヶ森城跡（香南市夜須町）
㊹山川土居城跡（香南市香我美町）
㊺末延城跡（香南市香我美町）
㊻光国城跡（香南市夜須町）
㊼安芸城跡（安芸市土居）
㊽室津城跡（室戸市室津）
㊾北川城跡（安芸郡北川村）
㊿内田城跡（安芸郡東洋町）

土佐の山城50選　位置図
N
愛　媛　県
仁淀川町
片岡城跡
33
清水城跡 23
越知町
佐川城跡
津野町
檮原城跡
14
197
岡本城跡
中土佐町
13
大野見城跡
檮原町
本在家城跡 12
四万十町
予土線
江川城跡
8
11 窪川城跡
7
辰巳城跡
56
四万十市
黒潮町
宿毛市
有岡城跡
鶴ヶ城跡
6
1
5
森沢城跡
2
布城跡
三原村
9 上長谷城跡
10
添ノ川城跡
土佐清水市
4 大岐城跡
大月町
3
加久見城跡

訪城にあたって

●本書に収録した城跡は、地元の有志の方々の努力によって、登城路が整備されているところもありますが、なかには整備されていないところも含まれています。その場合、私有地となっている場合が多く、立ち入りには注意が必要です。くれぐれもマナーを守った行動をお願いします。

●公園化されている城跡もありますが、城域全てが公園化されているところは少ないです。そのため散策道からはずれて行動される場合は、十分にご注意ください。

●夏場は害虫や蛇などが多く注意が必要です。基本的には秋から春先にかけてがおすすめできる時期ですが、秋は松茸など、春先は山菜などのため、立ち入りが制限されている可能性もあるので、十分にご注意ください。また狩猟の時期にも注意してください。

●服装は長袖、長ズボンで、軍手などを着用されると良いと思います。また、靴は底が薄いものだと笹や竹類の切り株で怪我をする可能性があるので、厚めのものがおすすめです。

●訪城の利便をはかるため、現地までの交通マップを載せましたが、必ずしも駐車場が整備されているわけではないので、近隣の迷惑にならないように注意してください。

●スマートフォンなどで自分の位置を地図上で見ることができるので、活用をおすすめします。

土佐の山城50選

1

鶴《つる》ヶ《が》城跡

（芳奈城）

鶴ヶ城跡遠景

◆所在地／宿毛市山奈町芳奈
◆標　高／八〇ｍ　◆比　高／六〇ｍ
◆主な遺構／堀切・竪堀

【地理と訪城ルート】

宿毛市山奈町芳奈に所在する。鶴ヶ城跡は、四万十市から国道五六号で宿毛市平田町に向かい、宿毛工業高校を通り抜け芳奈口の交差点から約一㎞北の芳奈下組集落に入り、妙本寺の北背後の標高八〇ｍの丘陵上に構築されている。鶴ヶ城跡が構築されている丘陵は、西側に芳奈川と東側に駄馬川の小河川に挟まれており、この両小河川は中筋川に合流している。丘陵下の芳奈下組集落に妙本寺が所在するが、この寺から向かって右側から入った所に墓地に続く道があり、この細い道を登って行けば南側の曲輪群が見えてくる。

四万十市と宿毛市の境近くを流れている横瀬川や山田川が中筋川と合流している四万十市有岡地区には有岡城跡がある。有岡城跡から横瀬川を挟んで西側に宿毛市の城郭が所在しており、有力な土豪の小島出雲守の小島城や伊予田城が構築され、芳奈城跡もこの流域の城郭群の

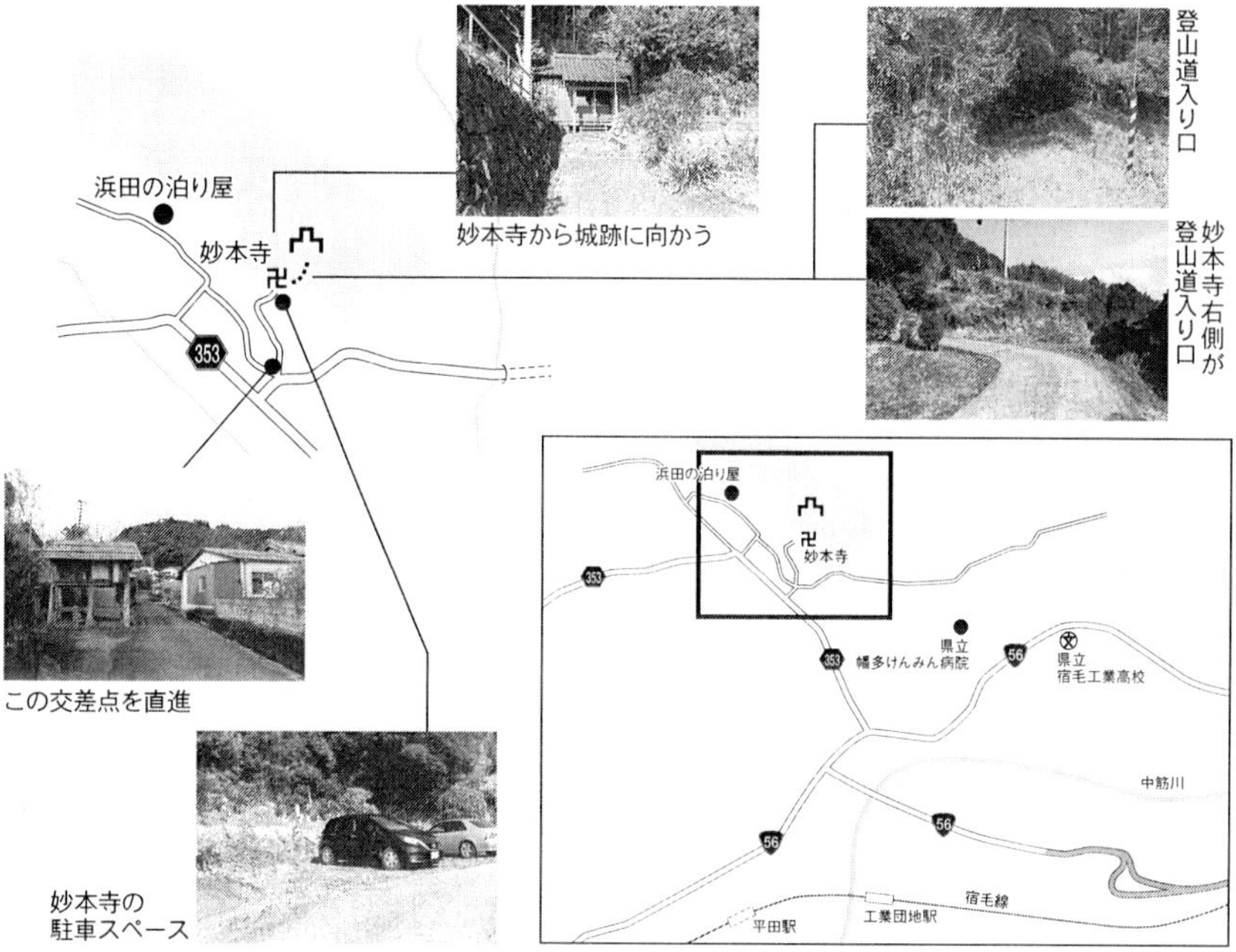

一つである。

【城の歴史】

別名芳奈城跡とも呼称されており、長宗我部元親の勇将である十市備後守の居城とされている。しかし、一條時代からこの城は構築されており、築城時期などの詳細は不明であるが前野玄葉が城主であったことが『土佐國古城略史』に記載されている。十市備後守入道宗桃は、南国市十市の栗山城が本拠であったが、長宗我部元親が渡川合戦で幡多一円を掌握してから、この地を守り固めるためと伊予進出の拠点とするため城主として元親によって配置された。十市備後守は、次男豊前守を池城に残してその他一族郎党を連れて鶴ヶ城に移っている。家臣の中では三〇〇石を領した広井新兵衛と下村兵庫が十市村より備後守宗桃に従って芳奈にきて土着した人物として著名である。すぐに元親の命で伊予・讃岐・阿波と侵攻し数多くの戦功をたてているが、四国侵攻の代償も深く長男の頼重・四男の弥四郎を讃岐・伊予の合戦でそれぞれ亡くしている。天正三年（一五七五）の渡川合戦以降に、十市備後守宗桃は鶴ヶ城に入っているが、城の歴史的なことはその時期以降の備後守宗桃の家系のことしかこれまで触れられていない。宗桃自身は時期は不明であるが鶴ヶ城の中で亡くなっている。長男頼重が天正十二年（一五八四）頃であろうか松山の道後で戦死してから三男の正頼が甥の後見で鶴ヶ城に在城したと伝えられている。鶴ヶ城跡の歴史として、天正三年（一五七五）以前に前野玄蕃が築城したことがわかるが、十市備後守宗桃が入城してから再構築してそれ以降廃城年代は不明であるが宗桃死後三男の正頼が関ヶ原の合戦出陣していることから慶長年間頃までは機能していた可能性がある。

【縄張りの特徴】

標高八〇ｍの丘陵頂部に主郭の曲輪Ⅰが構えられており、そこから東側に曲輪ⅡとⅢがあり、西側に曲輪Ⅳの曲輪群を形成している。曲輪Ⅲの東端から北と南に延びる尾根筋に堀切等が掘削され東側の防御を強固にしている。曲輪Ⅲの北側では直下に三条の連続した堀切と竪堀も認められ、南側は腰曲輪がありその直下に堀切一条で防御されている。腰曲輪の東側には連続した短い竪堀が掘削されている。曲輪Ⅲは東西約四〇ｍ、南北最長で約二五ｍの規模を持つ曲輪であるが、北側には低いが土塁の痕跡が残る。西側には一段高い曲輪Ⅱがあるが、規模は東西約五〇ｍ、南北約一六ｍの細長い曲輪である。北側には、一段高い壇状部が三箇所あるがその性格はわからない。曲輪ⅡとⅢの中間あたりから南側に曲輪ⅤからⅥがあり、それぞれ各曲輪は区画されたように堀切が構

曲輪Ⅱの土塁

曲輪Ⅴ－Ⅵ間の堀切

えられている。主郭の曲輪Ⅰは、南北約四五m、東西最大幅で二五mの広さを持つ曲輪で、西側に向けて曲輪Ⅳからの平場が四箇所ある。主郭の虎口は、曲輪Ⅳから折れを持っており、主郭に入ると枡形状の空間が認められる。また南側には二条の連続した竪堀があり虎口前の防御空間を固めている。主郭の北側尾根筋には、四条の堀切があるが主郭に近い一条目と二条目は東側で連結しており特異な堀切の形態である。

曲輪Ⅰ虎口の石積

曲輪Ⅰ北側の堀切

【城跡の見所】

天正三年（一五七五）以前の前野玄蕃が築いた遺構と、十市備後守宗桃が改修した遺構を考えながら城の遺構を見て歩くのも楽しい。主郭である曲輪Ⅰは、城内でもっとも広い曲輪でその南端部に虎口が構えられており、枡形状の虎口である。その南側の小郭から二条の連続した竪堀が掘削されており虎口付近を強固にしているところが最初の見所である。またその西側にも二条の竪堀が存在するが、その他にも曲輪Ⅲの東側に二条の竪堀が存在する。曲輪Ⅵの東側や曲輪Ⅲの北側では一条の竪堀も存在するが、基本的には二条連続して構築されている点が目につく。連続した二条の竪堀は同時期に構築した可能性が強くなる。また、北側に延びる尾根筋を四条の堀切で防御しており一条目と二条目は一部連結しているなど時期差も考えられるが、曲輪ⅠとⅢの北側尾根筋を意識したように多重堀切で防御している点などは備後守宗桃の時期かもしれない。また、この城では畝状竪堀群が確認できないことや、本拠であった南国市の十市城跡で確認できる主郭を取り巻く土塁も存在しない点など不可解な点もある城跡である。

（松田直則）

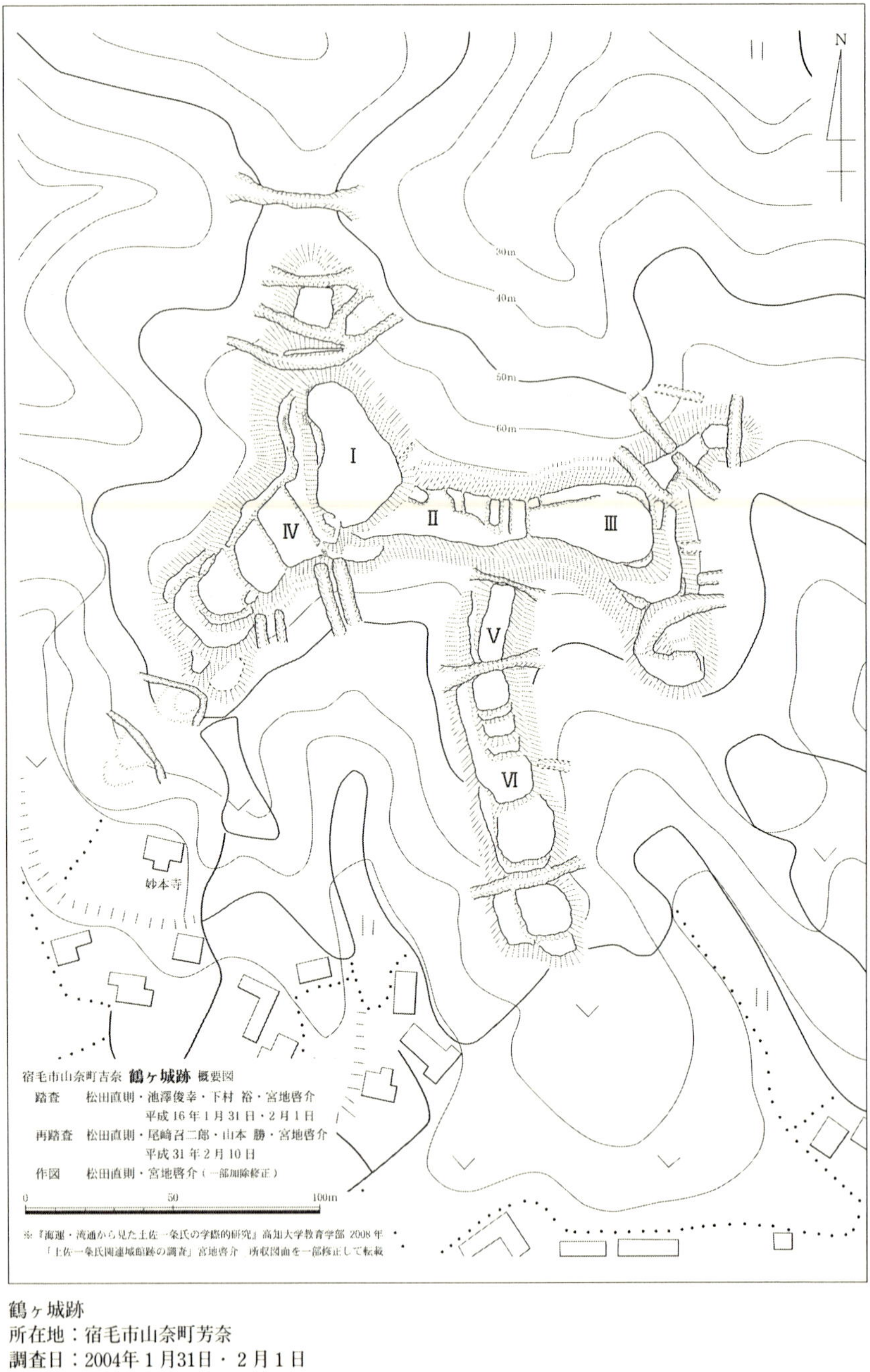

鶴ヶ城跡
所在地：宿毛市山奈町芳奈
調査日：2004年１月31日・２月１日
作　図：松田直則・宮地啓介

布城跡遠景

2 布城跡《ぬの》

◆所在地／宿毛市平田町戸内
◆標　高／九〇m　◆比　高／七〇m
◆主な遺構／畝状竪堀群・堀切

【地理と訪城ルート】

布城跡の所在する宿毛市平田町戸内は市域の東部に位置して東は四万十市九樹、西は宿毛市平田町中山に接し、同町黒川から幡多郡三原村を経由する主要地方道の県道二一号土佐清水宿毛線が東西に横断する国道五六号（旧西街道・伊予路）を起点として南下している。当地は貝ヶ森山地の西方に位する白皇山（標高四五八m）に源を発する四万十川支流の中筋川上流域に該当し、南は三原山地に接している。当城跡は白皇山中起伏山地から派生する平田山麓地（平田層）に立地しており、眼下に三角州性低地（中筋平野）の水田地帯が拡がっている。中村の市街地から四万十川を渡渉し中筋川流域の低湿地（中筋地溝帯）を北山沿いに西進して宿毛に達する街道（幡多道）は、土佐一條氏の時世には西小路とも称され、姻戚関係にあった九州豊後の大友氏とも繋がる要路であったとされるが、その淵源は伊予を経路とする古代官道に

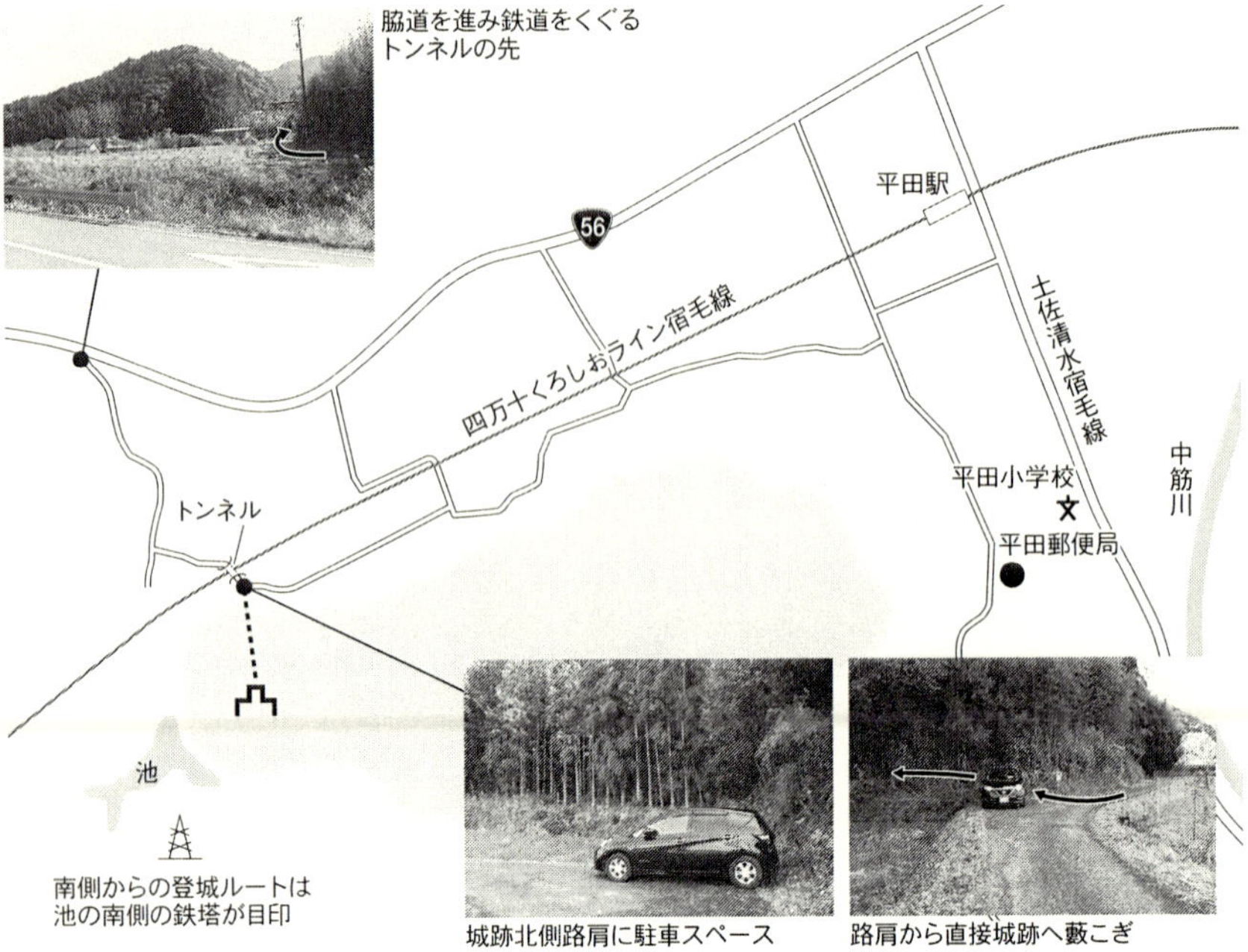

脇道を進み鉄道をくぐる
トンネルの先

南側からの登城ルートは
池の南側の鉄塔が目印
城跡北側路肩に駐車スペース
路肩から直接城跡へ藪こぎ

遡ると云われている。地内を流下する平田川（中筋川支流）西岸の丘陵には市史跡に指定されている平田曽我山古墳が所在していた。その規模から波多国造の墳墓と考える指摘もあったが、本格的な調査の実施されないまま開発により消滅し、詳細は不明である。また東岸には延喜式内社の高知坐《たかちにます》神社が鎮座し、本殿は県保護有形文化財（建造物）に指定されている。中世の文献では『安芸文書』所収の応徳二年（一〇八五）十一月十二日の「福良専当外二名連署堺定書」に記される「平田くし（公事）」との記述が古い例と思われるが、同書については検討の余地を含む可能性が指摘されている。寺院は一條房家の菩提所である曹洞宗藤林寺が建立されており、境内に造立する房家の墓は市指定史跡となっている。当地は土佐一條家の幡多における地域権力として最後の当主となった兼定と百姓の娘雪との哀史が伝えられているなど、同氏と所縁の深い土地柄でもある。城跡は当城跡の他に平田城跡、高田城跡、荒城跡、兼松城跡、黒川城跡、黒川新城跡など多くの城郭遺構が周辺に遺されている。

登城は城跡北麓の沢谷状地形より挑んだが、泥濘で山道は無く途中害獣の罠が随所に仕掛けられており、この方面からの訪城は奨励出来ない。南麓より比較的容易に登ることが出来る小径があると聞き、其方から頂上を目

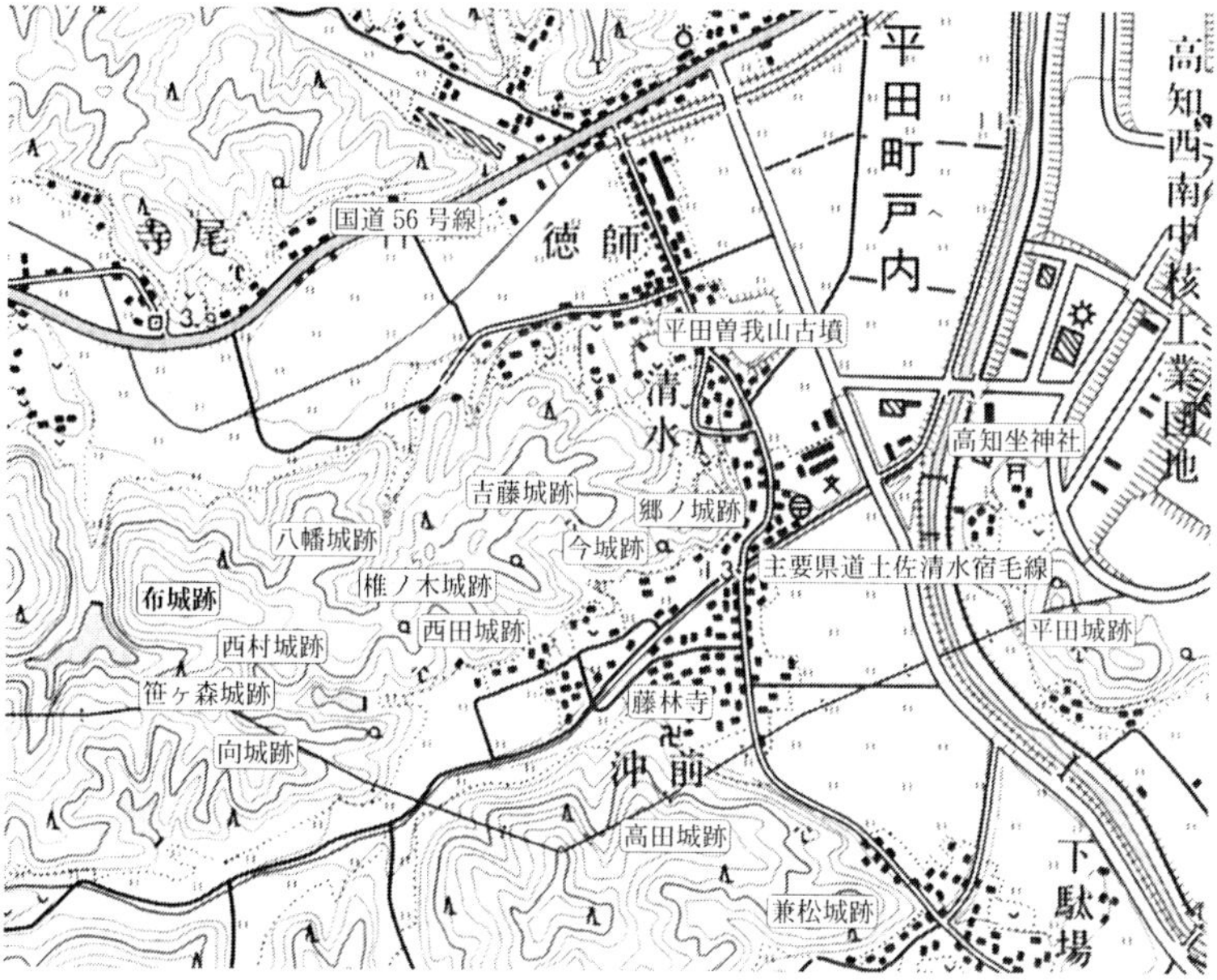

布城跡周辺の中世城郭等分布図（国土地理院 1：25,000地形図「有岡」に加筆）

指す方が無難であると考えるが、道筋は把握していない（概要図に一部図示）。城跡の現況は竹藪及び放棄された杉林で見通しは不良であり、曲輪の一部は後世に改変を受けた可能性を含んでいるが、遺存する城郭遺構群は一見の価値を有している。十五年以上に遡るが、松田直則氏、吉成承三氏らに随伴して当城跡の踏査に訪れた時、地元の方に「この山にお宝でも有るのか。」と聞かれた際、松田氏が「宝の山ですよ。」と答えていたのが印象に残っている。

【城の歴史】

『南路志』平田村の項に「布ノ古城」とのみ記されているが、『宿毛市史』に依れば城主は布玄蕃と伝えられるとしている。安永七年（一七七八）の『西浦廻見日記』に平田戸内の事として「布の古城　布尾張守居るといふ」との記述が遺されている。『土佐清水市史　上巻』には、布氏は土佐清水市布の集落より興った土豪（国人）とされ、文安四年（一四四七）三月二十九日の「一條兼良御教書」に「蹉跎山御寄進之在所津倉淵（中略）布加賀入道道印、号地下専當□□□不避渡之在所云々」（『土佐國古文叢』）とあり、布加賀入道なる人物の存在が知られていたが、天正十七年（一五八九）の『長宗我部地検帳「幡多庄地検帳」』では、布之村はほぼ立石氏の給地（所領）となっている。応永六年（一三九九）七月の年紀を有する高地之大明神（高知坐神社）の鰐口銘に「願主　立石惟永」（『土佐國蠹簡集』）と記されており、沿革は明らかではないが布之村と平田村との関係を示唆していると推察される。（附記・主要県道土佐清水宿毛線は宿毛市平田から三原村を経て土佐清水市下ノ加江へ至る路線であり、布集落は下ノ加江の近傍に所在する。尚、下ノ加江には延喜式内社の幡多郡三座の一つ伊豆田神社が高知山を背に鎮座している。県道の道筋には黒川城跡（宿毛市平田）、下長谷城跡（幡多郡三原村）、引地山城跡（土佐清水市下ノ加江）などが点在しているが、同線が旧往還路を踏襲する幹線道として敷設されたのかは各市町村史からでは把握出来ない。）また天文十三年（一五四四）の高持社（高知坐神社）棟札に「大檀那　房基」（『土佐國蠹簡集』）とあり、随従する家臣の中に福井氏の位次に「布藤三郎」の名が記されている。土佐一條家当主房基が在地の家臣と倶に社殿の造替に当たっていたことが看取出来、布氏の存在が窺える史料である。

布玄蕃は天正三年（一五七五）の世に言う「渡川の合戦」において一條氏の旧臣として当城に拠っていたとされ、長宗我部氏により敗死したと『宿毛市史』は伝えている。旧街道を瞰下に臨む当城跡は地域の城塞群の中でも比較的規模の大きな城跡であり、一土豪層が普請に投入し得た土木投下量（人数・規模・熱量・空間・期間・物量・意識など）を上回っていると思量されることから、天正三年（一五七五）以前の築造を追窮するならば築城主体は地域権力であった一條氏勢力による可能性が高く、当地を含む十九町余の地高を領していたとされる有力国人の布氏が在番（定番）していたと勘案される。当該地に「布」の古称地名（小字）は「布本城」を除いて確認されておらず、城名の由来は布氏を意とする可能性を示している。（附記・『地名用語語源辞典』に拠れば「布」地名にはヌ（沼）・ノ（野）の意味を有し、沼地や湿地を表す場合も有るとしている。）一方で『高知県史』には一次史料とは言い難い軍記物の一節を引用し「一條殿衆」と呼ばれる五十余名の有力家臣団を連記しているが、その中に布氏は含まれていない。また『土佐州郡志』平田村の項に「古蹟　壘址　布城皆不知何人築」と記されているなど、布氏との関係については通俗的な解釈が成されている可能性が伏在していると想到する。

当城の爾後は現存する遺構などから長宗我部氏による改修を受けたと勘案出来る。前記『地検帳』の「幡多郡平田村地検帳」には「布城　一所参十六代　下々山畠荒古城　平田平内村　散田」とあり、「散田」の記載などから当城は同氏に接収され直轄地となっていた可能性が考えられる。「下々山畠荒」と記されている事から、この時期以前の恐らくは天正十三年（一五八五）前後には存続理由を喪失し、耕地化されて廃城（機能停止）となった公算を推量するが、城域は委棄された訳では無く畠地（荒）・古城（予備の軍事拠点）として維持管理されていた可能性を存しており、所謂「城割」（城郭整理政策）の対象としての措置であったのかについては慎重な再考が必要と惟ている。

【縄張りの特徴】

前記『地検帳「幡多郡平田村地検帳」』には当城跡について以下の筆が記されている。

「同し（布城）二ノ塀　一所拾壱代　下々山畠荒　平田平内村　散田」「同しノ北　一所拾壱代四分（以下同）」「同し三ノ塀　一所拾代四歩」「同し西ノ二塀　一所拾四代四歩」「同しノ北　一所拾代」「同しノ北　一所九代弐歩」「南三ノ塀ノ北　一所九代」「布城南ノ岸　一所五代出弐十三代」

当城跡は平田山麓地に属する残丘状を呈した標高約九○m（比高約七○～八○m前後）を測る丘陵西端部に立地している。掲載した図面は自身が初めて作図した城跡の概要図であり、精度に関しては寛容に願いたい。尚、東端及び支城群等は同行した松田直則氏の作図であったと記憶している。遺構の概要については、複数の曲輪と連続堀切・竪堀群を配する比較的規模の大きな城塁であるが、主郭（曲輪Ⅰ）に対する求心性は然程高くない印象を受ける。最も広大な平坦面を有する曲輪Ⅰは原地形に制約されて歪な矩形状を呈し、西端に土塁を設けてその北端から一条の長大な竪堀が谷状地形へ下っている。土塁の西側には多数の小規模な平坦面があり、南北に比較的規模の大きな曲輪Ⅱ・Ⅲがそれぞれ所在している。北側に位置する曲輪Ⅱは梯形状に近似する矩形状を呈し、直下の尾根上には三重の堀切が構えられている。更に曲輪の西側に三条の連続した竪堀を設け、東側は犬走り状の小規模な平坦面が巡っている。南側に位置する曲輪Ⅲは半円形状を呈して、北側に土塁を設けている。曲輪下には犬走り状の平坦面が巡り、北側に位置する曲輪Ⅱに繋がっている。その下方には二段に亘って帯状に曲輪が配置され、上段及び下段下位の横堀状遺構から数条の竪堀を敷設し、曲輪Ⅲを中心にして放射状に連続して配されている。主郭に相当する曲輪Ⅰから東側は比較的広い面積を有する平坦面が段状に続き、東端には二重の堀切と竪堀を構え、更に数段の平坦面が続いている。城域の北側は急峻な斜面と成り二筋の支尾根が下降しているが、西側の尾根には数条の堀切を配して多重防禦構造の遮断線としているのに対し、東側の尾根には堀切状に竪堀を配しているのみで導入（通行）を前提としていると考えられるなど、防禦遺構の偏在は支尾根の処置に機能分化の意向を看取出来る。城域の南側斜面は後年植林に利用された可能性のある平坦面が数段帯状に存在しており、一部は崩落している。

曲輪Ⅲ北側の連続堀切

　他に東及び南側に城郭状遺構が確認出来るが、近傍には西村城跡、西田城跡、笹ヶ森城跡、椎ノ木城跡などが所在しており、『宿毛市史』に依るとこれらは当城に附随する支城的役割を果たしていた可能性を指摘している。前記『地検帳』には以下の様に記されている。

「西ダ城西東共ニ　一所参十八代　下々山畠荒　古城
平田村　布分　散田」

「西村城　一所弐十代　出弐十四代五分　下々山畠荒
古城　平田平内村　布分　散田」

「ササカ森　一所拾七代弐分　下々山畠荒　古城　平
田平内村　散田」

　これらの支城群の存在などから当城の城番は統一的な指揮機構と組織化された集権的な家臣団を編成して城域を統監していたと考えられ、相応の将兵を配していた可能性を思案する。

　また当城跡の占位する半島状の同丘陵には郷ノ城跡（「コウノ城西ノ外田共ニ　一所弐十代　出十九代　下々ヤシキ　内十三代荒　平田平内村　寺山領」）、今城跡（「イマ城上下懸テ前弐段地　一所壱段四十三代壱歩　中ヤシキ　平田平内村　福井分　小島民部大夫給　兵部□」）、吉藤城跡（「吉藤城　一所拾代　久荒　古城　平田平内村　御直分」）、向城跡（「ムカイ城四タン懸テ　一所四十八代四分　下々山畠　平田平内村　生白分　寺山領」）、八幡城跡などが所在しており、丘陵全体が布城を主郭とする城塞群を形成している呈を成している。更に周辺丘陵には高田城跡（「高田城三タン懸テ　一所拾八代弐分　久荒　古城　平田村　藤林寺領」）、兼松城跡（「カ子松城三タン懸テ　一所三十三代　久荒　古城　平田村　藤林寺領」）、平田城跡（「平田古城上下四所懸テ　一所廿五代　下々山畠荒　平田村　今散田　彦介扣」）などが展開しており当該地の重要性が窺われるが、各城跡の築城主体や存続期間等の精査には至っておらず、検討課題として概観するに留める。

曲輪Ⅰ

曲輪Ⅲ

当城跡の縄張の特徴としては、南西に位置する曲輪Ⅲを中心とした放射状の連続竪堀群と横堀の配置が挙げられ、この遺構は長宗我部氏によって改修された可能性が想定されている。徳島県鳴門市の木津城跡（附記・「木津ニハ元親ヨリ城ヲ構ヘテ」（『三好記』）や「木津・一宮両城は元親新築之」（『藤家忠勤録』）などの旧記が参照乍ら遺されるとしている。）や香川県高松市の上佐山城跡などの、長宗我部氏が四州を平定していく過程の中で構築（改修）されたと考えられている城郭遺構の中に放射状の竪堀群の存在が指摘されており、同氏により進取的に導入された配置形態の系譜に連なるとの推知から判断基準として援用され、それが評価の指標となっている。

【城の見所】

主郭は広い面積を有しており、西側には土塁の痕跡が残る。この曲輪Ⅰや曲輪Ⅱの北側に延びる尾根上から西側斜面部にかけて構築されている竪堀群が見所である。特に曲輪Ⅲの南西斜面部の横堀を伴った竪堀群はぜひ見逃さずに確認してほしい。本城跡は、東西に長く曲輪が形成されており南東部の曲輪群までいくと大変であるが堀切や竪堀も残存しているので見てほしい。

（宮地啓介）

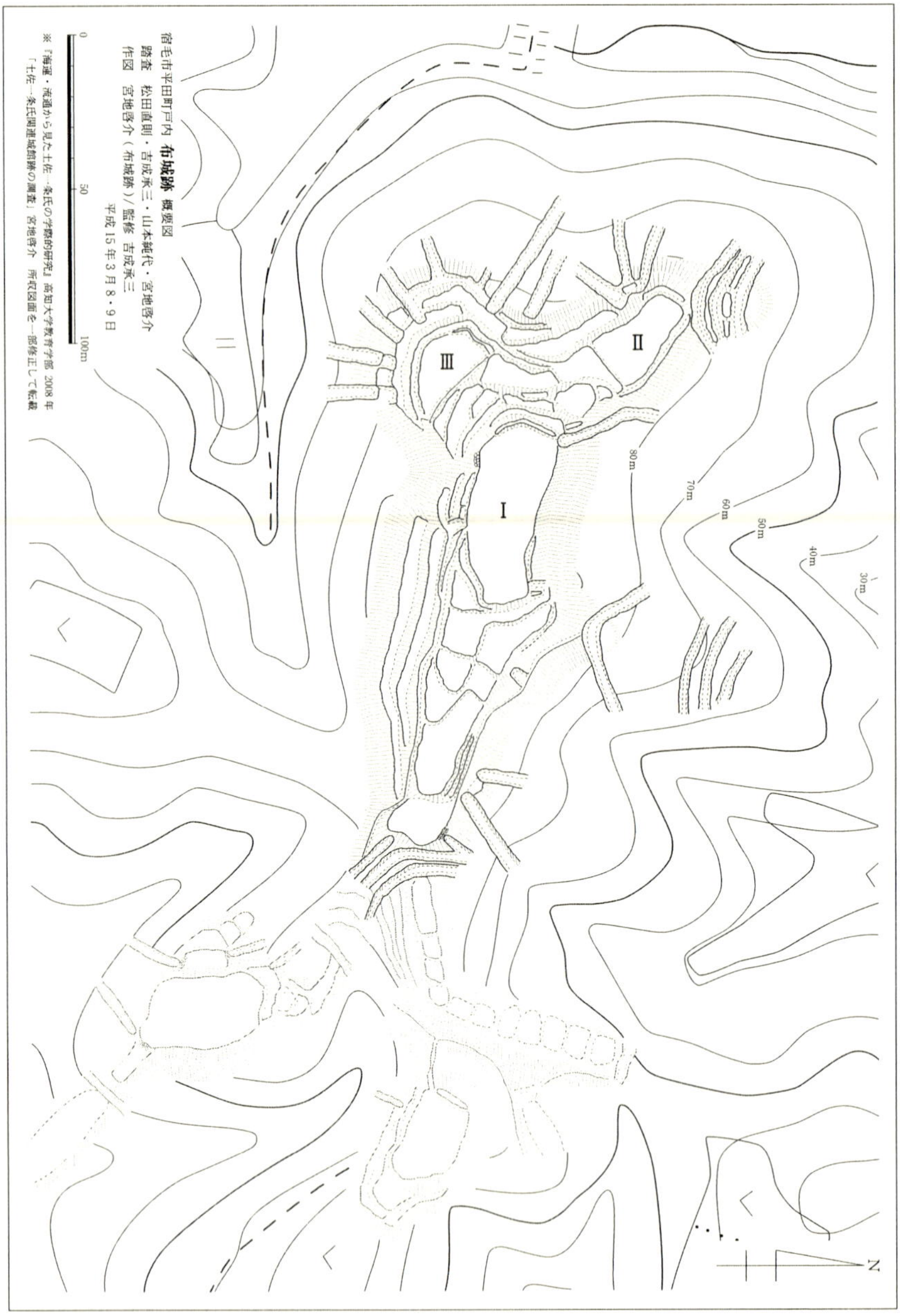

布城跡
所在地：宿毛市平田町戸内
調査日：2003年３月８・９日
調査者：松田直則・吉成承三・山本純代・宮地啓介
作　図：宮地啓介（監修　吉成承三）

下城跡

上城跡

3 加《か》久《ぐ》見《み》城跡（上城・下城）

◆所在地／土佐清水市加久見
◆標　高／七〇m　◆比　高／五〇m
◆主な遺構／堀切・竪堀

【地理と訪城ルート】

高知県最南端の土佐清水市の加久見に所在する。土佐清水市役所から西へ約二㎞の所に位置する。鷹取山系から南の加久見地区に延びる尾根筋で、加久見新町に突き出た丘陵先端部に城跡は構築されている。城跡の西側には、加久見川が南流しているが、幕末期の旧加久見川は大岐集落から続く鷹取山の南麓を稜線に沿って蛇行して西側の宝山東麓を流れていたようである。明治期の地形図では、現在の位置に河身変更がされているので、幕末から明治にかけて河身変更の大規模な土木工事が行われたと推測されている。現在加久見集落一帯は、この大規模な河身変更工事で市域有数の穀倉地帯となっているが、城郭が機能した時期は、加久見川の氾濫原であった可能性がある。

城跡は、加久見川支流のヲロノ川の谷筋の南北丘陵上に構築されており、北側が上城で南側が下城である。下

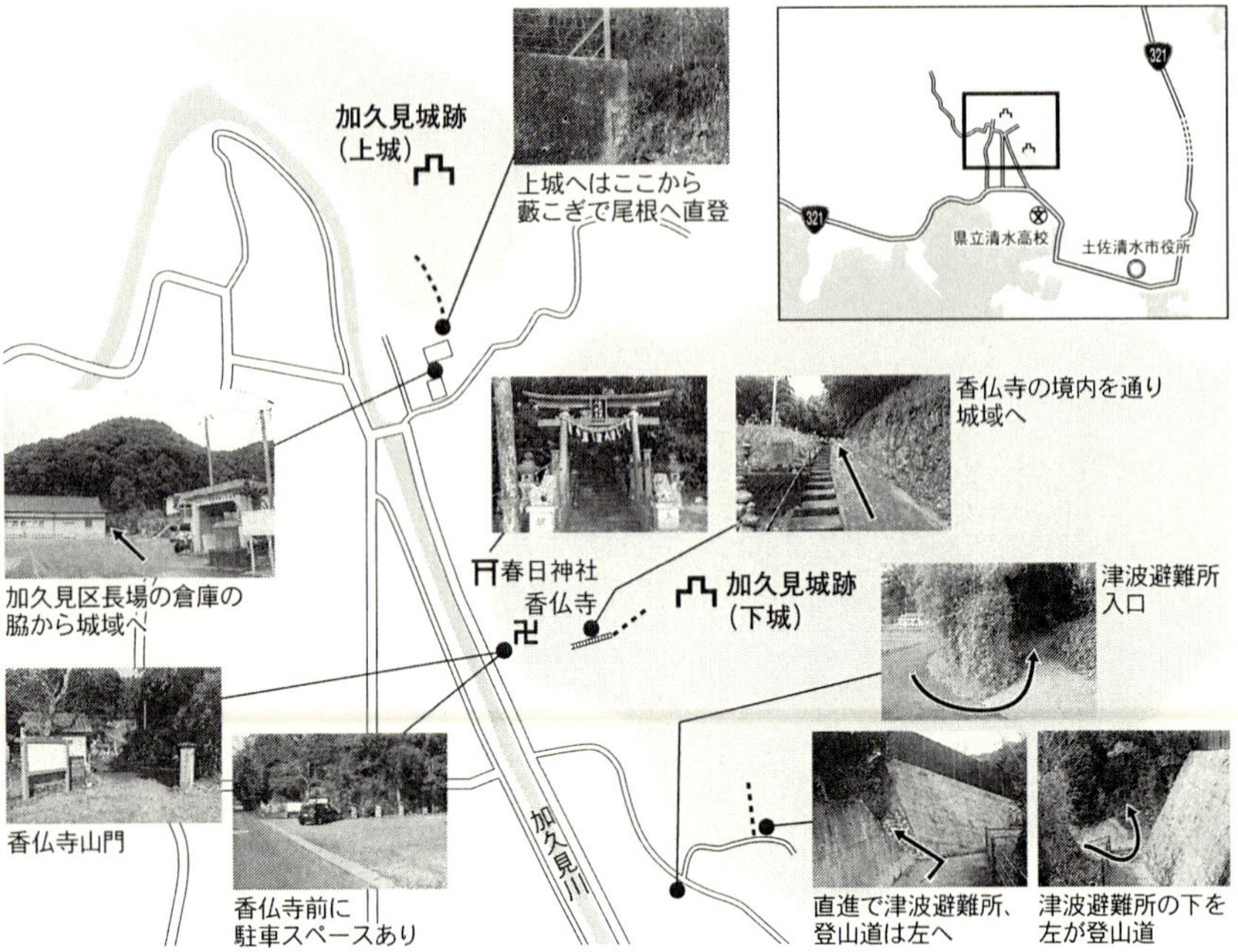

城は、加久見新町集落の北側に所在する加久見公園からさらに市道を北側に進み、小谷を抜けた丘陵南先端部の麓が登城口になり、尾根筋を登っていくと堀切が見えてくる。上城は、ヲロノ川谷筋の入り口の丘陵裾から登れる。

【城の歴史】

現在の土佐清水市三崎から大浜までを支配した領主が加久見氏で、その本拠が加久見城跡である。応仁元年（一四六七）に前関白一條教房が幡多荘に下向して、この地域を支配する中で重要な役割を果たしたのが加久見宗孝である。宗孝は、荘園の要衝である清水湊や越湊を抑え以南村の主要部分を抑え、娘を一條教房の後妻として姻戚関係を結び、土佐一條家の初代となる房家を支え勢力を延ばしており、教房からは「土佐守」に推挙されるなど一條氏傘下の国人の中でも特別な地位を占めていた。一條氏下向前の加久見氏の動向は不明な点が多いが、この地域での支配は鎌倉時代まで遡るようで、この地域の荘官として活動していたと推測されている。居館跡の発掘調査も実施されており、古くは十三世紀中頃から後半の時期にかけての貿易陶磁器や瓦器椀が出土している。これらの遺物を直接加久見氏と結びつける根拠はないが、それ以外の勢力は考えられないため前述した荘官としての推測がされている。しかし、この四国西南端の地にもこれらの流通品が鎌倉時代から運び込まれていることは、この地が流通の拠点として重要な場所であったことを示している。

周辺には寺院跡も確認されており、加久見氏推定居館跡の南側には香仏寺が所在しておりそこには五輪塔群が残る。天正十七年（一五八九）の『長宗我部地検帳』では、香仏寺々中と阿弥陀堂が見えるがすでに廃寺となっている。また、加久見集落北西部の小さな谷筋に五輪塔が散在していることから、発掘調査されている地点がある。この場所は、『長宗我部地検帳』で泉慶院という加久見氏ゆかりの寺院跡と考えられており、五輪塔・一石五輪塔・石仏と五輪塔の基壇と思われる石材一五〇基が発見されている。

【縄張りの特徴】

加久見下城は、加久見氏推定居館跡の東側丘陵上に構築されており、南側の丘陵先端麓から登城できる。主郭の曲輪Ⅰは、標高七〇ｍの地点で現在水道施設があり一部破壊されている。南北約五七ｍ東西約二〇ｍの曲輪で、南側は一段低くなっており、北側は土塁が残存しておりその南側は段状になっている。南側は、堀切を挟んで曲輪Ⅱになるが堀切の西側には二条の連続した竪堀が築かれており、防御を固めている。曲輪Ⅱも北側は、土塁を廻しており南側は一段低い曲輪Ⅲになり、両方の曲輪を合わせると、主郭とほぼ同じ規模になってくる。その南側では、堀切を挟んで曲輪Ⅳになるが最南端の曲輪で切岸は甘く自然の尾根平坦地となっている。主郭である曲輪Ⅰの南東側には谷を挟んで丘陵が延びており、堀切を挟んで曲輪Ⅴ・Ⅵと続いており、さらに堀切が構築されれ東端部の縄張り境界となっている。主郭の北側にも曲輪群Ⅶ・Ⅷと延びているが、曲輪Ⅷの西側には四段の腰曲輪が続き、北側には三条の堀切が連続して構築されており防御を強くしている。

加久見上城跡は、曲輪Ⅰが主郭で南北丘陵先端部の最も広い平坦部を利用している。その南側にも、二箇所の狭い曲輪が造られ、南斜面に一条の竪堀を設けている。北西部に向けて、細い丘陵尾根が延びるが、曲輪Ⅰの北側に三箇所の狭い曲輪があり西側斜面に二条の竪堀が設けられている。北西部尾根は四箇所に堀切が掘削されているが、二箇所は不明瞭である。

【城跡の見所】

加久見下城跡は、主郭が水道施設で一部破壊されてい

上城曲輪Ⅰ

上城曲輪Ⅰ北側の堀切

下城曲輪Ⅰと土塁

下城堀切

るが、北側の削り出しと考えられる土塁の残存状況は良好で、北側の堀切に向かっての切岸も急峻で北側から主郭に入ることはできない。南側も、堀切から連続した二条の竪堀などはこの城の防御遺構の特徴である。さらに、北側は尾根を連続した堀切で防御しており北側からの敵の侵入に備えている。曲輪Ⅱの北側の土塁の残存も良好で、主郭の曲輪ⅠとⅡ・Ⅲの曲輪がこの城の中心である。尾根を堀切で防御する手法が主で、曲輪の北側を土塁で囲い込み、竪堀は堀切とセットで二条掘削するところに特徴がある。上城跡も、自然地形の急傾斜で登りにくい要害である。曲輪Ⅰに入ると、加久見集落や谷筋の家臣団集落を見渡すことができ、下城と連携した谷筋家臣団集落を防御するような構造であり、この城は同時期に構築されたと考えられる。

主に機能した時期は、十五世紀後半から十六世紀前半頃と考えられるが不明である。表採遺物では、貿易陶磁器の青花などがある。天正年間頃まで機能していたかどうかは不明であるが、この頃になると居館推定地の発掘調査でも出土遺物が認められず、土佐清水市内に居館を移している可能性があることから機能は低下していたと考えられる。

（松田直則）

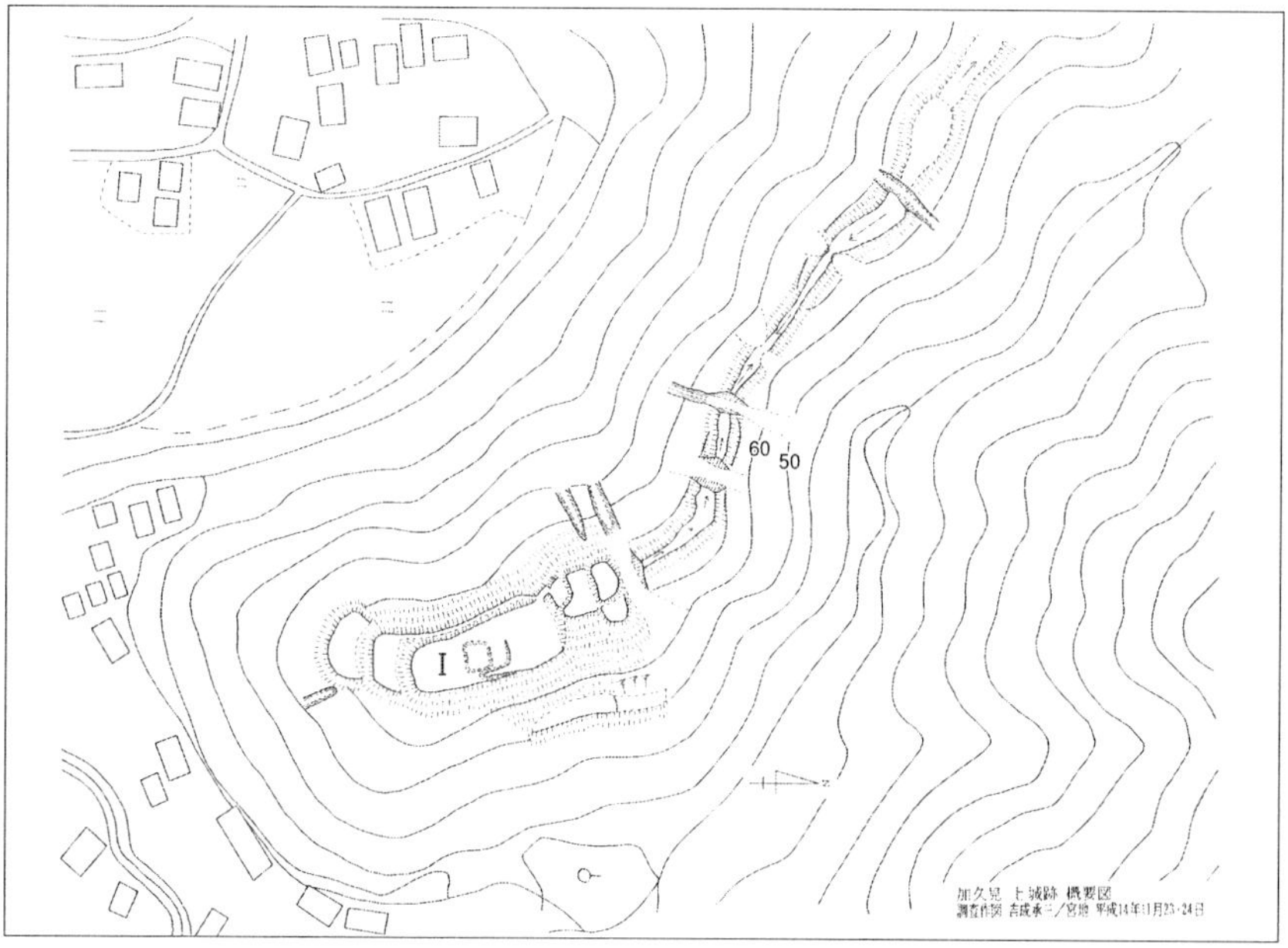

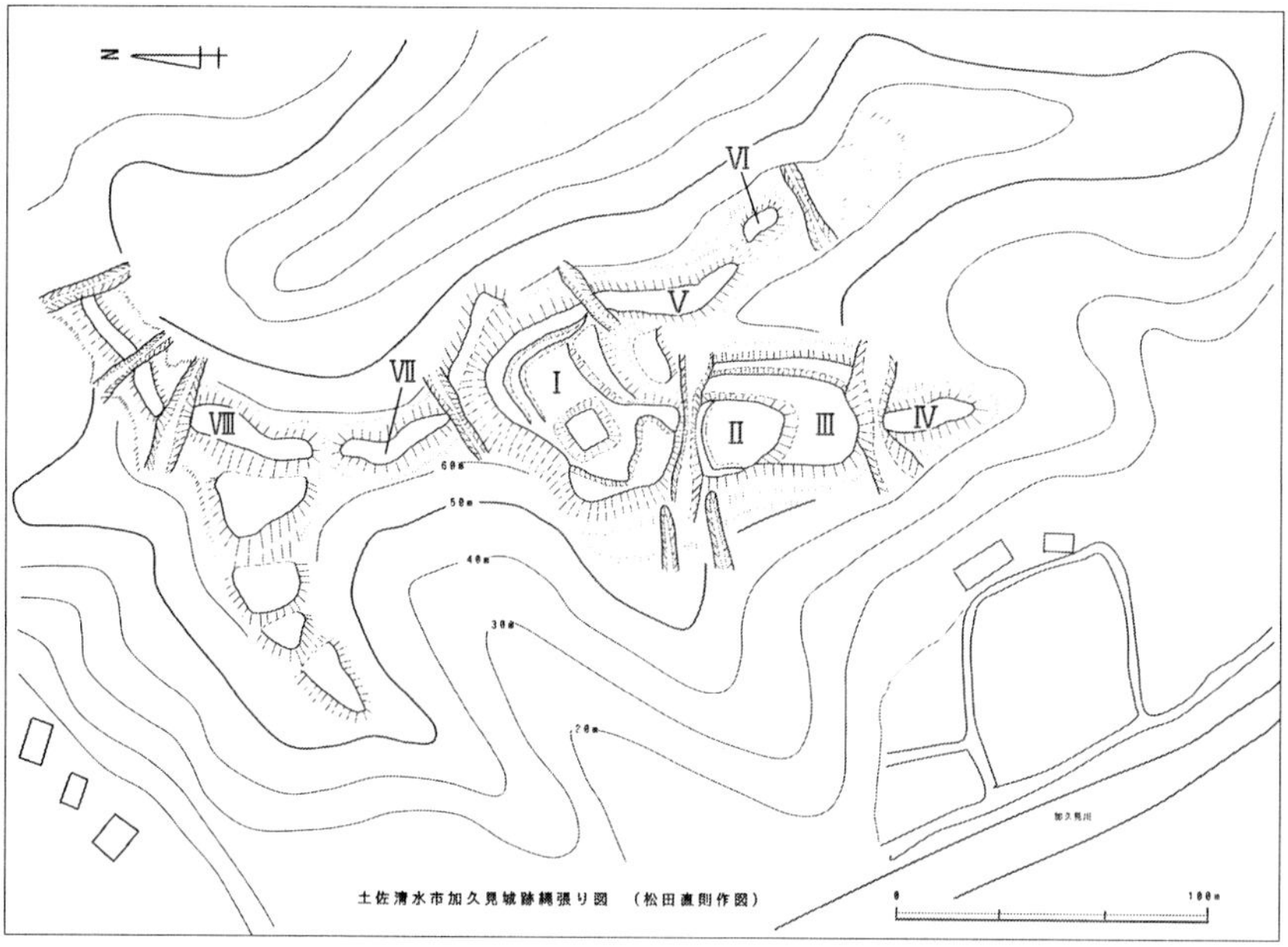

加久見上城跡（上）、加久見下城跡（下）
所在地：土佐清水市加久見
調査日：2002年11月23・24日
調査者：松田直則・宮地啓介・吉成承三
作　図：宮地啓介（上城）・松田直則（下城）

4 大岐城跡《おおきじょうあと》

◆所在地／土佐清水市大岐
◆標　高／一一〇m　◆比　高／七〇m
◆主な遺構／土塁・堀切

大岐城跡遠景

【地理と訪城ルート】
土佐清水市大岐に所在している。サニーロードと呼ばれる国道三二一号を四万十市から土佐清水市に向かって走り、下ノ加江を抜けて海岸線を走れば大岐の浜が見えてくる。緩やかな曲線を描く大岐海岸がある大岐集落からふるさと林道を走り、右手に見える丘陵山頂に大岐城跡は構築されている。ふるさと林道の分岐から五〇〇mほど進めば、右手に墓地が見えてきて手前の谷筋をとり谷奥に進むと登城口になる。谷奥の一帯が大岐氏の屋敷跡と推定されている地点で、近くの東側山腹には大岐一族の墓所も存在している。

【城の歴史】
『土佐國古城略史』には、大岐氏のことが記されており大岐丹後守家政、その子政直は大岐能登守で政直の子には長男正行がおり大岐左京之進、次男の正勝は宮地右

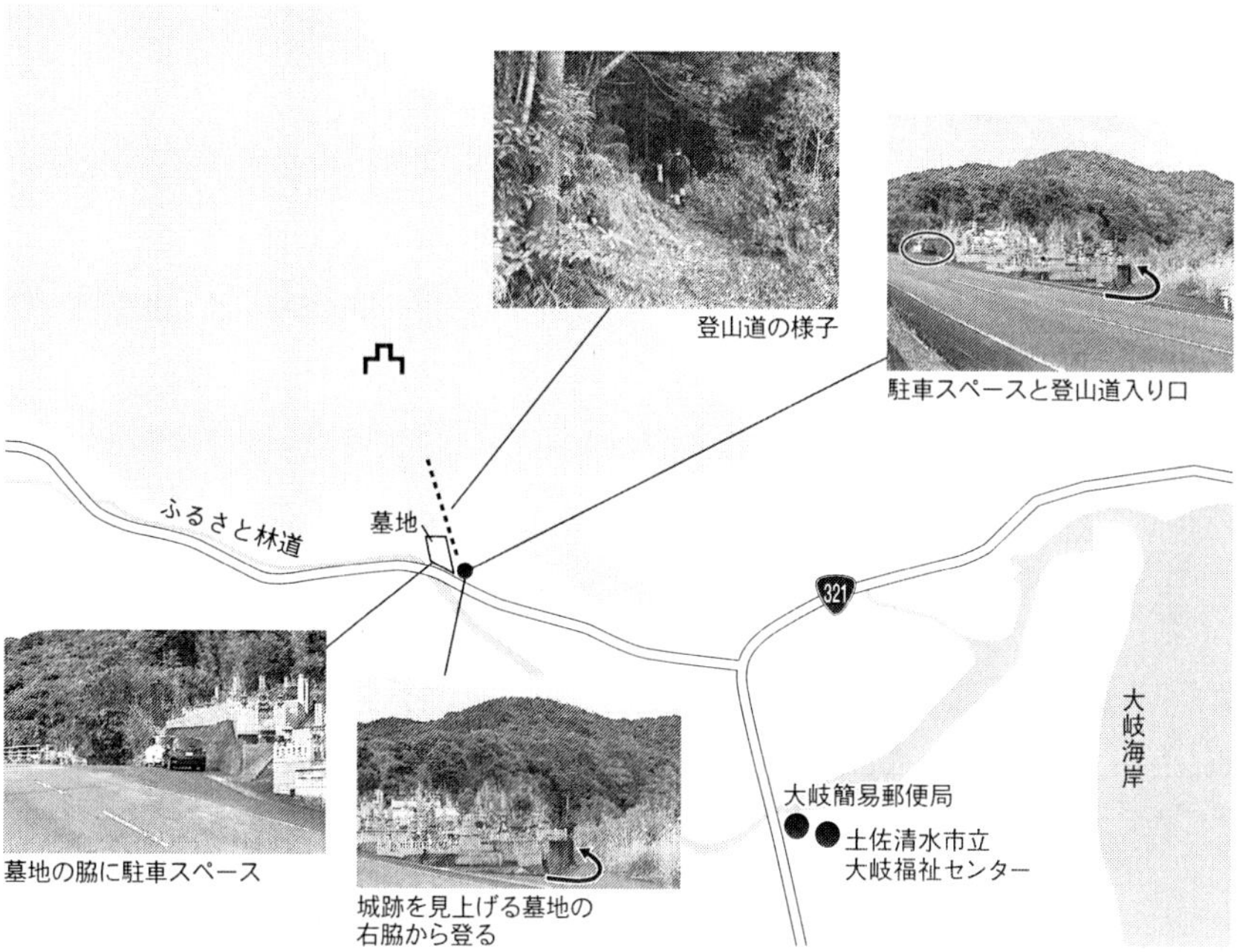

登山道の様子
駐車スペースと登山道入り口

墓地の脇に駐車スペース
城跡を見上げる墓地の
右脇から登る

京之進と称すとされている。大岐城はこれら大岐氏の居城であり、以南地域で加久見氏とともに有力な豪族である。大岐氏は一條兼定追放の事件で加久見氏連合軍に加わり一條氏三家老との衝突があった。渡川合戦での大岐氏の動向は不明であるが、その後元親によって所領が安堵されている。

『長宗我部地検帳』では、大岐村本奈路の西より西ノサワの北・カズラ谷の土居ヤシキに土居織主扣として、大岐左京之助（介）給と記載されている。この土居ヤシキは、大岐城跡の南側にあり、大岐城跡の登り口に当たる。大岐氏は、一條氏から長宗我部氏の傘下に入り、文禄・慶長の役にも参陣しており、大岐城跡もこの時期まで存続している可能性がある。市史の考察では、慶長二年（一五九七）の仕置御地検帳で領地が没収されて散田又は名となっており直轄地化されていることから、文禄・慶長の役で戦死した大岐左京介以後の大岐氏は没落の一途をたどっている。

【縄張りの特徴】

大岐城跡は、標高約一一〇mの丘陵山頂に構築されている。屋敷跡推定地から、谷筋を登り尾根上に出てきて西側に進むと最初の堀切が見えてくる。西側には自然地形か不明なところがあるが平坦部を有し、幅五ｍほどの堀切が構えられ西側に曲輪Ⅱが位置する。曲輪Ⅱは、東西が約一七ｍ、南北一四ｍほどの広さを持ち、東側から北側にかけて土塁が構築される。土塁上から西側堀切にかけての切岸は、切り立っており容易に攻めることができない。南側から曲輪Ⅰの虎口に進めるが、その南側斜面には竪堀二条があり防御を強固にしている。曲輪Ⅰは、東西約三〇ｍ、南北は中央部で一六ｍを測り長方形を呈している。南側を除き土塁で囲繞されているが、北側は上幅六ｍ程を測り盛り土をしたというより北側を削り残し、曲輪の平坦部を形成しているように思える。曲輪Ⅰの北側は北西部に腰曲輪があるが、全体的に急傾斜の自然地形である。南側は、緩傾斜部分もあるが竪堀で横移動を抑止している。西側には二条の堀切が構築されており、幅六ｍほどを測る大規模な堀切で、曲輪Ⅰの西斜面切岸と合わせて西尾根からの攻撃侵攻に対して強固に遮断している。

曲輪Ⅰの土塁

曲輪Ⅰ西側の堀切

【城跡の見所】

曲輪ⅠとⅡの土塁が見所で、南側には土塁が認められないのが特徴である。南側の麓には、土居屋敷があり丘陵北側を意識しているような土塁の配置であるが、急傾斜の自然地形で北側から攻めてくるのが難しいので、西側尾根からの敵の侵入に備えた構造になっているのではないかと思える。主郭の北から西側の土塁は、削り出し土塁と考えられ、土塁上を見ると、幅四～六ｍの平場となっており北西部のコーナー部分には櫓台を想定してもいいような場所でもある。西側土塁上から堀切をみれば、急傾斜になっており西の防御の強固さを感じることができる。加久見下城跡の主郭に構築されている土塁も削り出し土塁と考えられ、コーナー部分に櫓台の平坦部があり同じような方法で構築されていることから、この地域の特徴として捉えることができるかどうか今後検討する必要がある。

（松田直則）

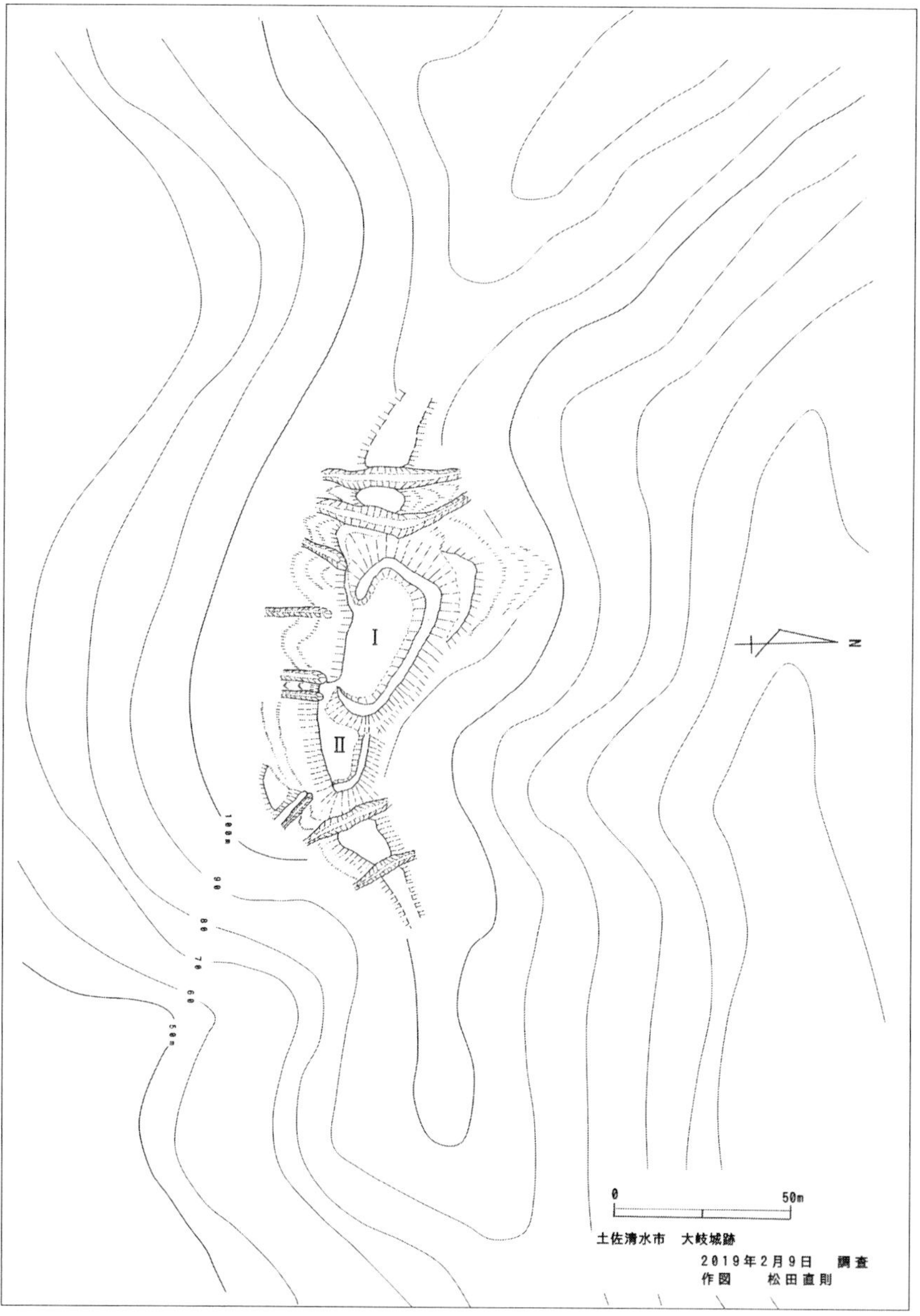

大岐城跡
所在地：土佐清水市大岐
調査日：2019年２月９日
調査者：松田直則・尾﨑召二郎
作　図：松田直則

5 森《もり》沢《さわ》城跡

森沢城跡遠景

◆所在地／四万十市森沢
◆標　高／七〇ｍ　◆比　高／五〇ｍ
◆主な遺構／堀切・竪堀・土塁・虎口

【地理と訪城ルート】

四万十市と土佐清水市の境にある葛籠山の山中より北流する、風指川と森沢川に挟まれた丘陵先端部に構築されている。当時は香山寺麓から四万十川の支流として中筋川が分岐しており、その地点から約六㎞上流に位置している。この中筋川に風指川と森沢川が合流しているが、現在の森沢川は昭和に付け替えられている。この両河川に挟まれた丘陵頂部に森沢城跡が構築されており、中村市街地や中筋川上流域も見渡すことができる好条件の立地をしている。森沢城跡の周囲では、地籍図や長宗我部地検帳から復元された村々をみると、西から南側に森沢村、北側にトウノ谷村、東側にコカサシ村・蓟野村などがある。

現在は城跡の北側に中村宿毛道路が建設されているが、並走している県道三四六号から森沢集落に入り丘陵の南側麓から城跡に行くことができる。

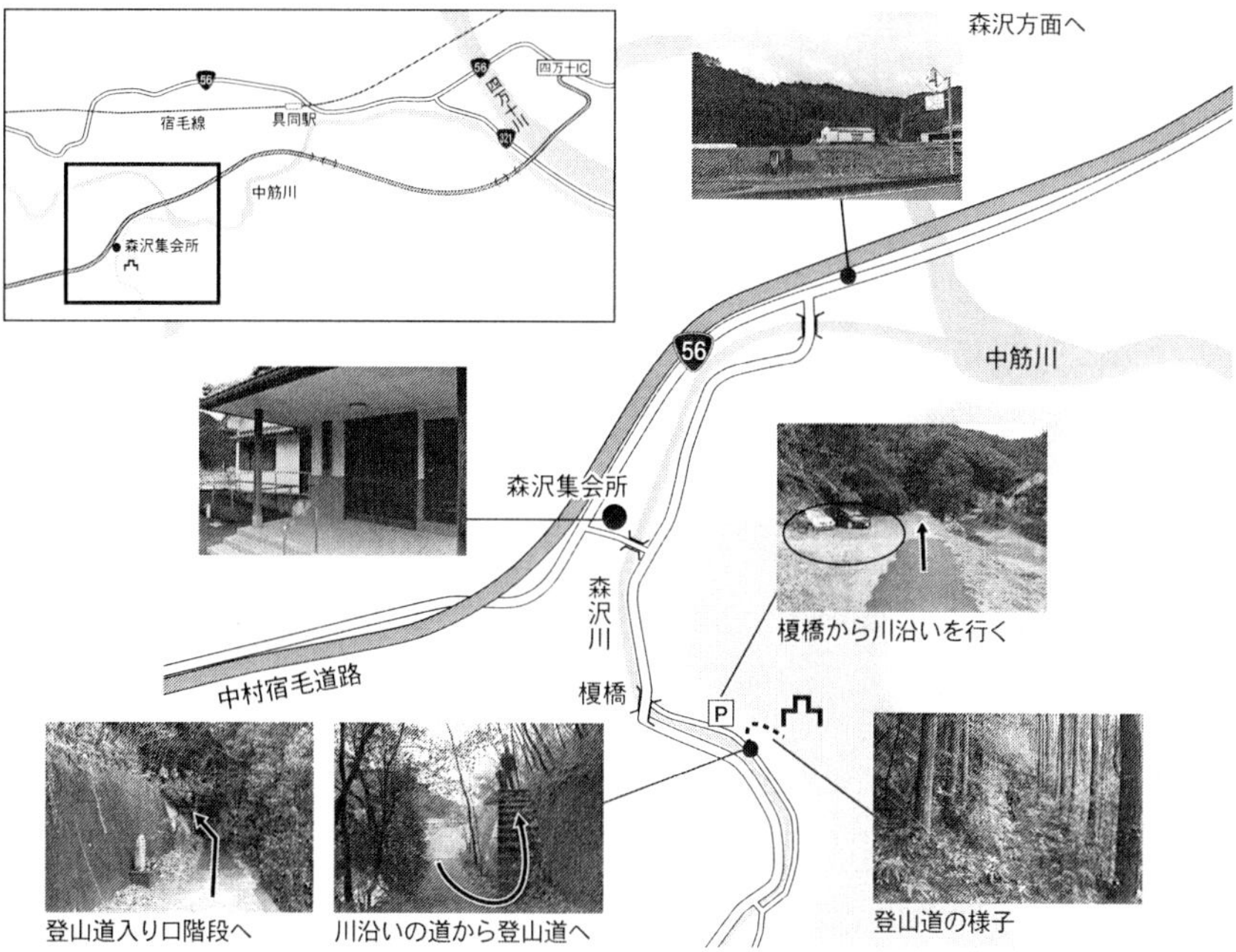

【城の歴史】

四万十市中村は、幡多庄の中心で前関白一條教房が応仁の乱後中村に下向し居館を構えこの地域を支配していった。森沢村の仁井田社棟札に森沢兵庫助と浦田左衛門尉泰定の両名が、仁井田社の大檀那となっており、永禄十年（一五六七）造営または修理を行っていたことが『土佐国蠹簡集』に記載されている。森沢氏がこの地域で中心的な位置を占め、有力国人として森沢城を構築したことがわかる。森沢氏は、一條氏の傘下で森沢村を中心としてこの小地域を支配していたと考えられる。

周辺には遺跡が多く、風指遺跡（コカサシ村）・アゾノ遺跡（薊野村）・船戸遺跡（トウノ谷村）・具同中山遺跡・浅村遺跡などが発掘調査されている。森沢城跡の北側には船戸遺跡があり、縄文時代と古代から中世にかけての遺構・遺物が見つかっている。中世では、川舟の石碇なども出土しており河川流通の川湊としての機能を持っていた場所であることがわかる。中筋川をやや下ると、右岸に風指遺跡やアゾノ遺跡が所在する。この遺跡では十五世紀後半から十六世紀初頭の集落跡も確認されており、森沢城跡との関連が想定される。アゾノ遺跡では、噴砂跡も検出しており明応七年（一四九八）の明応南海トラフ巨大地震で集落が崩壊していることなどもわかっている。
両遺跡の対岸には、具同中山遺跡群が所在しており中世前期の集落跡を検出しており、幡多荘の中心的な場所と考えられている。中世後期には墓地化しており散村となり、集落の中心は現在の中村市街地に移っている。

森沢城跡は、このような遺跡群に取り囲まれた地域の中で、十五世紀代には築城されたと考えられるが詳細は明らかでない。しかし、古代から中世にかけて幡多庄の中心に近い場所でもあり、天正三年（一五七五）の一條氏と長宗我部氏が対峙した渡川（四万十川）を望め、重要な役割を担った城跡である。一條氏から長宗我部氏傘下に入ってからも機能していたと考えられるが、長宗我部地検帳では城山で、詰ノタン・南ニノヘイ・ソイドノノタン・カメイノダン・カメイノダンノ下・ウラダノチウ・ウラダノチウ下ノダン・大イノスケダン・弾正ノダンと記されている。この記載されている箇所が当時の城山と認識されているが、全て「荒」と記載されており、天正後半代には機能していないことがわかる。

曲輪Ⅰ南東側の竪堀

曲輪Ⅰ南側の堀切

【縄張りの特徴】

丘陵の頂部に、城跡の中で最も広い曲輪Ⅰがあり、主郭としての規模は南北約六〇m、東西二〇～三〇mである。曲輪Ⅰは、南北に長い曲輪であるが、南端部に土塁が残り南側に降りる虎口がある。北側斜面部の途中から二条の竪堀で防御されている。尾根はこの主郭から北側に延びており西側と東側の尾根上に、それぞれ大小の曲輪が配されている。

曲輪Ⅰ

曲輪Ⅰ東側の土塁

曲輪Ⅰの西側一段下には幅の狭い帯曲輪があり、その西側には二箇所の腰曲輪と主郭に次ぐ広さを持つ曲輪Ⅱが構えられている。曲輪Ⅱは、西側を堀切で遮断されており強固な防御がされている。また、この曲輪からは、中筋川上流域を望むことができ城の中でも重要な役割を果たす曲輪と思われる。

主郭から北側に延びる尾根筋は、西側と東側の尾根筋に分かれており、西側は四箇所の小規模な腰曲輪が階段状に削平され堀切と一条の竪堀で守備されている。この尾根筋を下ると、丘陵裾部の現集落に出ることができる。この集落の北側は一段高い平坦部が形成されており、堀切等の遺構は確認できないがその北側が川湊の機能を持つ船戸遺跡でこの曲輪からの監視が可能であることから、城として機能していた可能性がある。

北東側尾根筋は、五箇所の曲輪が構えられており、小さな腰曲輪からやや広い曲輪が配置され、東端部の曲輪の手前に堀切二条が見られ、東斜面には竪堀が四条と西側に二条認められる。

【城跡の見所】

南の丘陵尾根上から、主郭の曲輪Ⅰに向かうと最初の防御施設である堀切がある。その堀切を乗り越えて平坦部に出るが、そこから主郭を見上げると虎口とそれに伴う土塁が残存しており見所となっている。曲輪Ⅰは広い曲輪であるが、現在は雑木があり周辺を見渡すことができないが、伐採したら中筋川流域を下流から上流側も見渡すことができる。南側には森沢集落があり遺構は少ないが、特に北側に延びる尾根上に堀切や竪堀の遺構が密集している。北側からの攻撃に対する防御を強くしており、これらの堀切や竪堀が森沢城跡のひとつの見所であるが、雑木が多く注意して行かなければならない。

（松田直則）

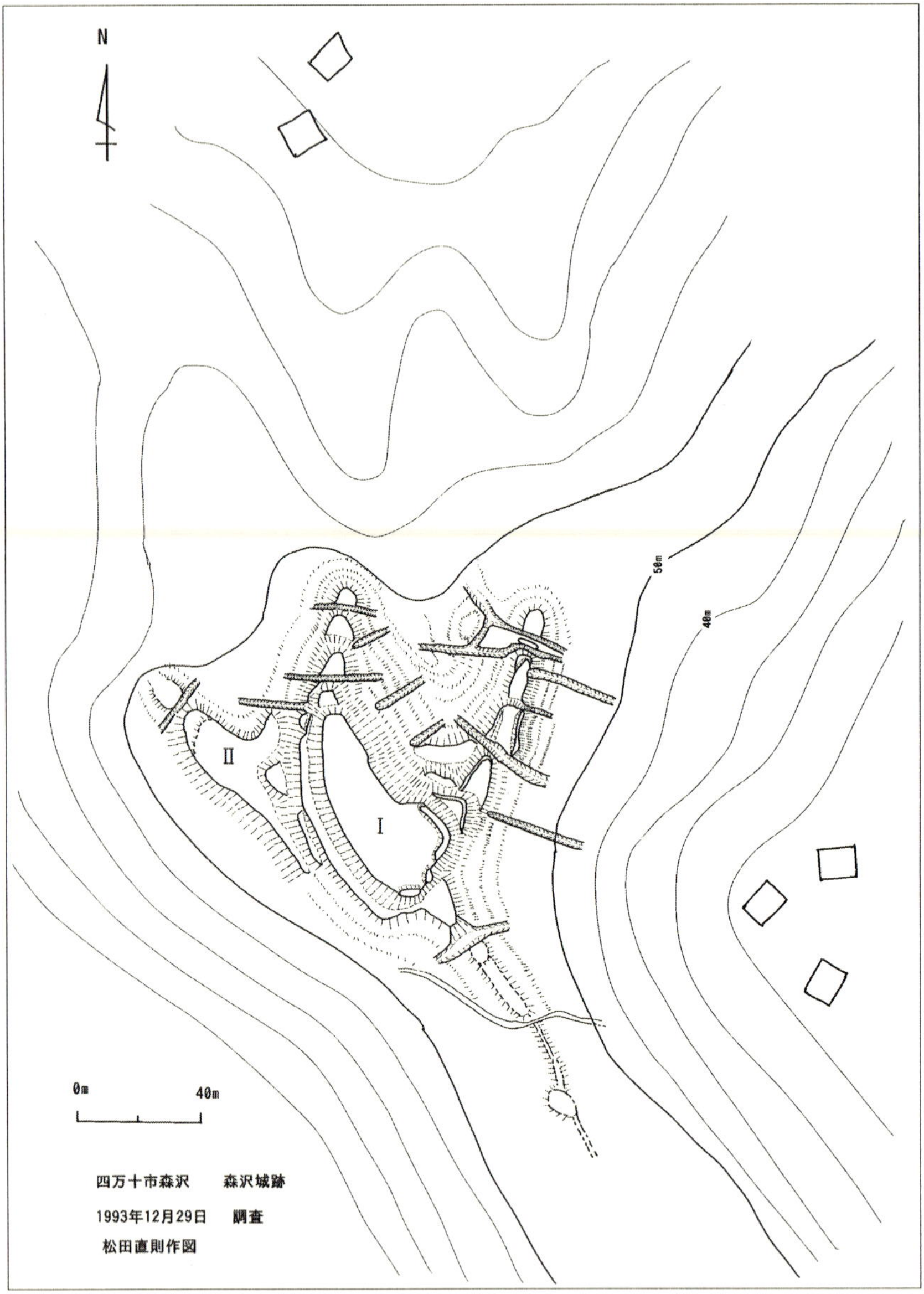

森沢城跡
所在地：四万十市森沢
調査日：1993年12月29日
調査者：松田直則・池田誠
作　図：松田直則

6 有《あり》岡《おか》城跡

有岡城跡遠景

◆所在地／四万十市有岡
◆標　高／一〇〇m　◆比　高／八〇m
◆主な遺構／堀切・竪堀

【地理と訪城ルート】

四万十市の西端部で有岡に所在する。城跡の南側では、東流する中筋川が北側から流れ込む横瀬川と山田川が合流しており、流通の結節点となる場所に城跡は所在する。主郭部からは、合流地点も含め宿毛側に所在する城跡など周辺を一望でき、河川を利用した流通の監視をするには最適の場所である。城の西側には、四万十看護学院が建設されており道路をさらに登ると四万十市水道局の施設がある。この水道施設の手前から登城して数分で登ることができる。

【城の歴史】

有岡城跡の麓集落には、日蓮宗の寺院で真静寺が所在しており、県指定文化財の真静寺文書や真静寺三十番神板絵などを所蔵している。

天文十五年（一五四六）五月六日付の一條房基寺領安

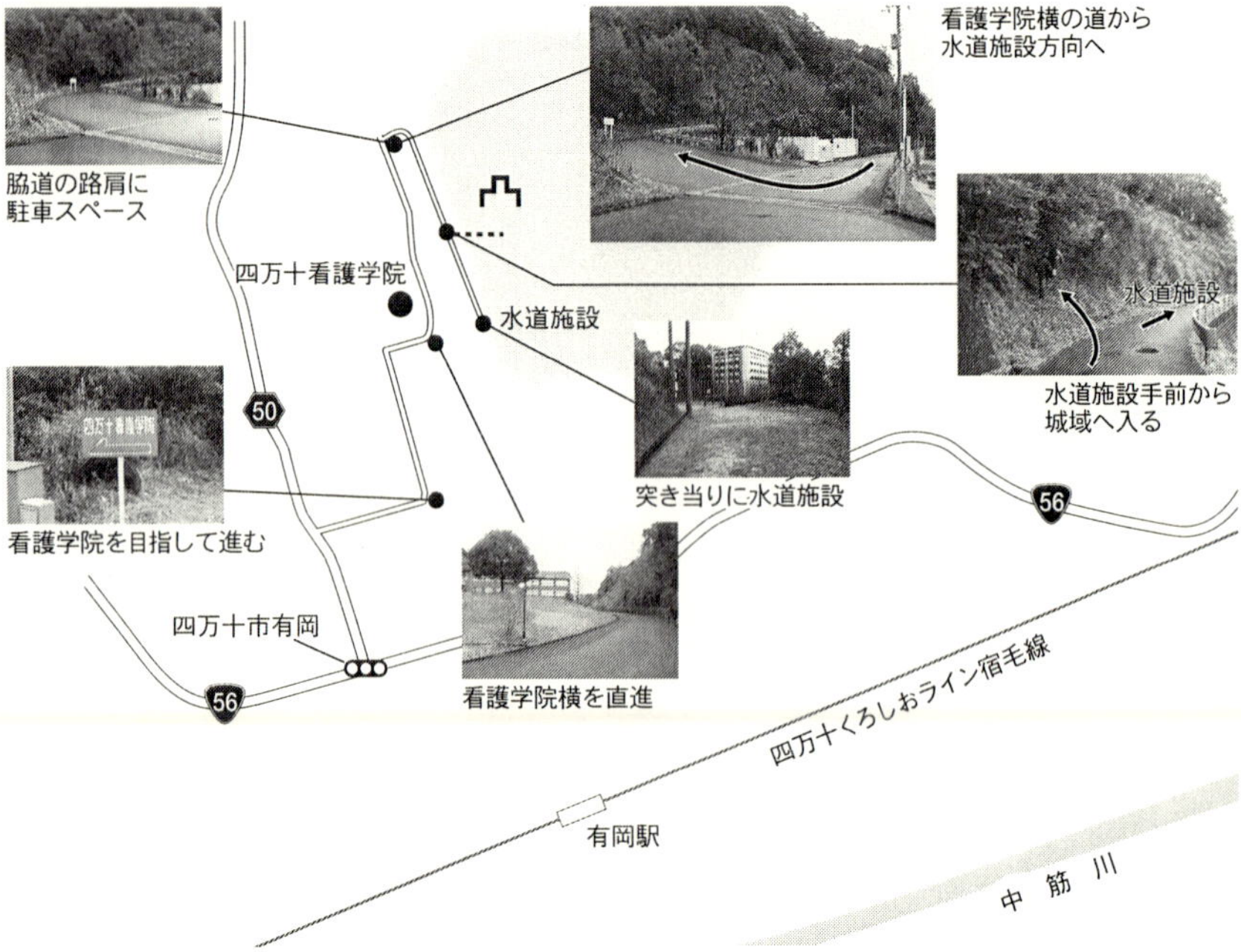

堵状に「有岡本成院」とあり、寺領の一町一反余を本城院真静寺に安堵している。『土佐州郡志』によると有岡村の規模は、東西二十町余、南北十町となっており、有岡城主の有岡民部少輔が築いたと伝わる古城跡が二箇所あるとされている。その一箇所が有岡城であることは間違いないが、あと一箇所は不明である。

　真静寺は、有岡民部少輔が京都妙顕寺の日像上人を崇拝して築いたと伝わっている。有岡城の歴史については、麓の真静寺関係の文書類や地検帳によってしかわからず、不明な点が多い。長宗我部元親も特別に優遇したようで、真静寺の旧寺領は認められて再興したようである。有岡城主は、元親の傘下に入りこの地域に入った鶴ヶ城の細川宗桃との関係を繋ぎながら存続したものと考えられる。

【縄張りの特徴】

　有岡城跡は、標高約一〇〇mの南北の丘陵尾根上に構築されている。西側は、宿毛方面を一望でき、横瀬川や中筋川などの河川を見張ることができる。主郭は曲輪Ⅰで、南北に長い曲輪であるが中程で屈曲している形態をしている。その屈曲部の東西斜面部に竪堀が確認できる。後世に平坦部を埋められ、位置的なところから堀切としての防御遺構だった可能性もある。南側には、堀切がありⅦが南端部の曲輪となる。曲輪Ⅰの北端部では小さい尾根が東に延びるが、その場所に堀切が一条掘削されており、北側の曲輪Ⅱとの間にも堀切があり、小さな竪堀も付随して残存する。曲輪ⅡからⅢにかけては五～六ｍの比高差があり、曲輪Ⅲが高く南斜面は切岸になっている。Ⅱの東端部で曲輪Ⅲにかけて小規模な竪土塁があり石積みも残存している。曲輪Ⅲからは主に横瀬川方面を見渡すことができ、北側は三条の堀切が見られるが、ⅣとⅤの曲輪の間に掘られている堀切はⅣの北端部が崩れ埋まっている。西斜面下には、Ⅳの帯曲輪が設けられその下に二条の連続した竪堀群を構え防御を強固にしている。最北端の曲輪Ⅵは、捨て曲輪的な配置でその北側は城域から外れる。

【城跡の見所】

四万十看護学院から登城口まで整備された道があり、そこから城道があるので登りやすい城である。曲輪Ⅰには祠があり、いつの時期はわからないが昔はここで相撲を取っていたとの地元の伝承も残る。祠の横には「民部正」と「源右衛門立之」と刻された石碑があり有岡民部少輔を祀るものであろうか。遺構群の見所は、曲輪Ⅰの北端部で曲輪Ⅱとの間に掘削されている堀切と竪堀である。東側に延びる尾根を遮断する堀切も残りが良い。次に曲輪Ⅲの北側から西側にかけて残存する堀切や竪堀群である。曲輪Ⅲから西方を望む景色がすばらしい。

（松田直則）

曲輪Ⅰ－Ⅳ間の堀切

曲輪Ⅰと祠

曲輪Ⅳの竪堀

曲輪Ⅰの石碑

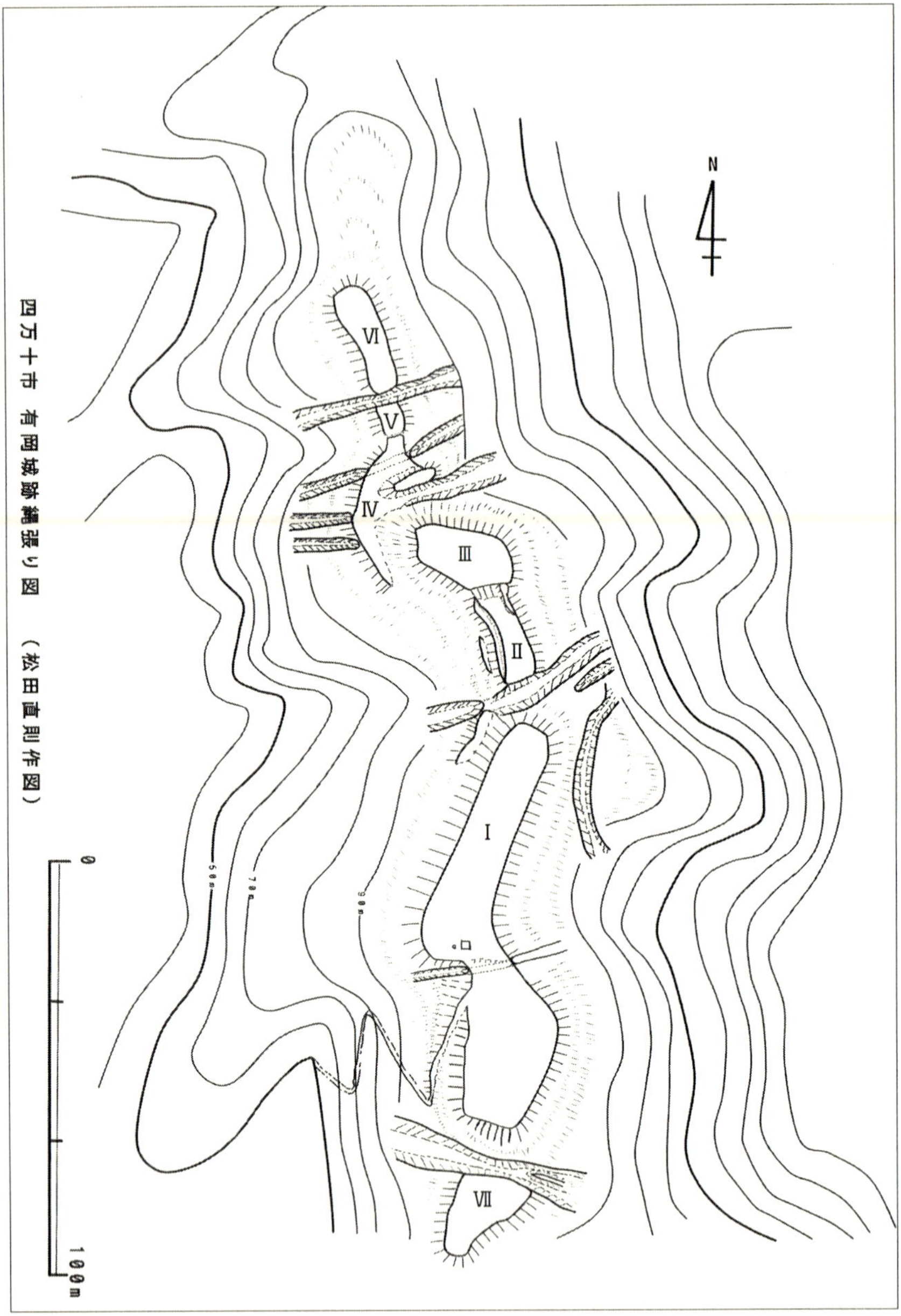

有岡城跡
所在地：四万十市有岡
再調査日：2019年２月11日
調査者：松田直則・宮地啓介・尾﨑召二郎・山本勝
作　図：松田直則

7 辰《たつ》巳《み》城跡

辰巳城跡遠景

◆所在地／四万十市西土佐津野川
◆標　高／二二〇m　◆比　高／八〇m
◆主な遺構／堀切・畝状竪堀群・土塁

【地理と訪城ルート】

辰巳城跡の所在する四万十市西土佐津野川周辺は北幡（幡多郡北部一帯）と汎称される郡域に属しており、当該地は古くは下山郷と称謂されていた。藩政期（宝永年間　一七〇四～一七一〇）に成立した領国地誌『土佐州郡志』には「下山郷　去高知三十餘里豫州之界　村中多小川合大川南流　以下二十一村摠曰下山」と記されており、『大乗院寺社雑事記』の文明元年（一四六九）八月十一日条には「土佐より御音信、下山事自伊与国押領、色々御計略如元御知行云々」とあって、土佐中央より僻遠の地に存して伊予との関係が有縁な地域である。また同記文明十一年（一四七九）三月二十三日条には「一、家門造営用下山才木　自土佐御所、和泉堺ニ被付之云々」とあるなど、当時一條氏の伝領であった幡多荘（下山郷）から木材を搬出していたことが看取出来る。当地は四万十川中流域の山間に位置し、支流の黒尊

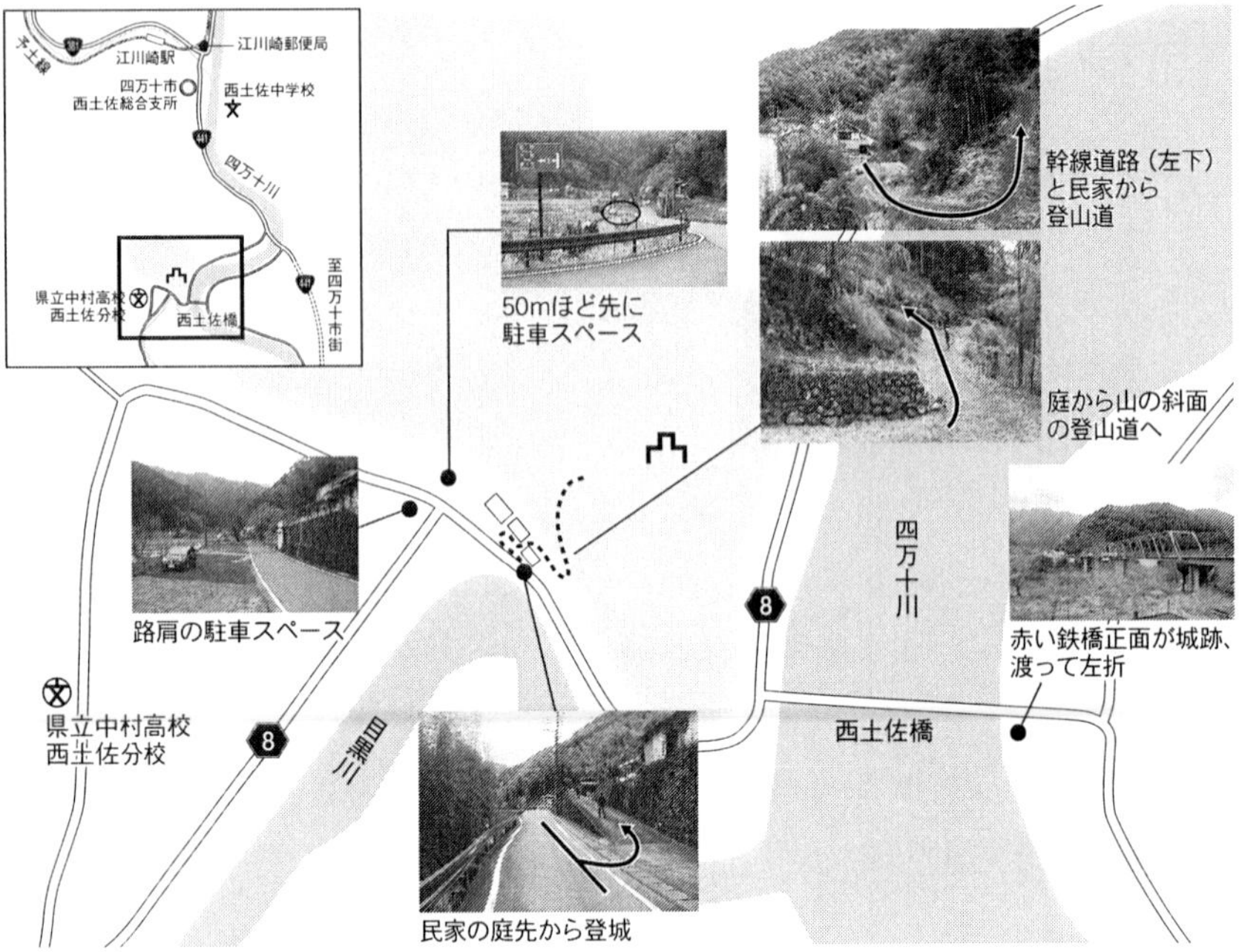

川・目黒川・吉野（広見）川などが合流して域内の集落は本支流の河岸段丘に点在している。

当城跡の存する津野川は、旧村域（幡多郡西土佐村）の南東部に位置し、東は橘、岩間、茅生、南は口屋内、西は津賀、藪ヶ市、下家地に接している。津野川集落は四万十川本流と北東流する目黒川の合流点に開けた平坦地に立地しており、嘗ての下山郷下分の中心地であったとされている。当該地は旧村域の東西に高峻な山岳が群山し幾多の支脈が全域に連互する地勢にあり、当城跡は地内を貫流する四万十川と支流目黒川との結節点を扼する山稜支尾根先端部の要害に占位している。川口を塞ぐ様な西岸の形状が津野（角）川の地名の由来であるとする他に、津（渡場）の存在をその意とする指摘もある。近郷の用井や橘などの集落では、嘗て盛行していた河川舟運祈願の祭事として神輿の船渡御の神事が執り行われており、網代河原など本支川の合流点（川口）附近は典型的な平地河流型の河床形態を形成している。

四万十川には全長約二三〇mの津大大橋が架設され対岸の網代と連絡し、また目黒川に沿う主要地方道の県道八号西土佐松野線の起点でもあるなど、当地は交通・流通の要衝として往時から重要視されていた。当城跡の占位する尾根の基部には梨ノ木峠の要所があり、津野川から同峠を越えて下家地、中家地、上家地（須山口）を経て河後森城跡（国指定史跡）の所在する伊予の松丸（愛媛県北宇和郡松野町）へ至る往還路が存在していた。征途或いは衝路とも成り得るこの幹道は、下山郷下分から伊予三間、宇和島へ往反する主要道であったとされ、藩政期には当城跡の所在する津野川に内番所、勝城跡の所在する中家地に境目番所を設営していた。また当地から津賀、藪ヶ市、大宮を経て伊予目黒に至る往還路は宇和島に通ずる捷路として利用され、大宮陣（城）跡の所在する大宮に境目番所が置かれていた。軍旅の道程ともなる要路の掌握に意を用いたとされる長宗我部氏は、慶長二年（一五九七）の『秦氏政事記』（『土佐國蠹簡集』）に「諸道口番事」として下山津ノ河口や同大宮口等に庄屋（番所）を設置していたことが記されている。

交通・流通の交差・集散する要地に臨む当城跡は、後背に重畳たる山塊高所を控える標高約一二〇m前後を測る四万十川沿岸山麓地に立地しており、同川は日本でも代表的な穿入曲流河川として存知されている。曲流は幡多山地を横谷状に両断して側方浸蝕した残形を留め、現河床との比高二〇〇m以下での先段丘性の緩傾斜地域として当該地（用井・橘）附近に典型的な形態を存している。幡多山地では一般的に北西部で聳立し南東方向に山脚が延伸して低山化しており、支流河川方向にもそれが反映されている。北方は北幡山地と成って当城跡の所在する目黒川下流域一帯は小起伏山地の傾向が強く、また僅か乍らも河成段丘の形成がみられる。地質的にみて当地は四万十川層群に属する野々川層に該当している。

当城跡へは国道四四一号を同市西土佐網代に架設する津大大橋を目指し、其処から主要県道西土佐松野線へ向かって直ぐの当該山裾の民家の敷地から訪城出来るが、登城口は私有地に当たるので訪問の際は留意したい。

【城の歴史】

辰巳城跡の築城主体や成立年代についての詳細は不明であり、伝承及び遺構等で推察するより他に無い。『西土佐の中世城館』に依れば当城跡は勝盛城・龍森城・津野川城との別名が伝わり、築城したのは津野戸三郎勝盛との古伝が継承されるとしている。『南路志』には「大海集云　津野戸三郎勝盛・下山丹後守居之。」と記され、他に小笠原紀伊守、中平壱岐守らが在城したとの伝承が遺されている。また『高知県史』には一次史料とは言い難い軍記物の一節を引用し、「一條殿衆」として五十余名の属士を列記しているが、その中に「津の川」氏なる人物が含まれている。天正十七年（一五八九）の『長宗我部地検帳「下山郷地検帳」』に記載されている津野川名主を示していると思われるが、『地検帳』には当城に関する記述は見当たらず、『土佐州郡志』には「龍森古城跡　在二村東一城主ノ名不レ詳ナラ」と記されている。

　下山地域は予土国境に位置しており、主に永禄～天正年間（一五五八～一五九一）にかけての双方の歴史が伝えられている。永禄九年（一五六六）頃と推定される「長宗我部元親宛康政（一條家諸大夫）書状」（『土佐國蠹簡集拾遺』）には「急度被仰越候來嶋平岡到与州立（三ヵ）間江乱入候就其後表御心遣之通候御人数少々雖被仰付候無心之思召候条則下山境目被成御發足被加御下知度候（略）」とあり、一條氏勢力に帰順しその影響力が浸透していたとされる伊予三間郷に河野家中の来島・平岡両氏が濫入した為、長宗我部氏に「下山境目」まで出兵するよう依頼している。また参照乍ら『清良記』巻十六の「土佐へ加勢の事」には「土佐分下山より小塚迄打出」とあり、元亀三年（一五七二）に長宗我部氏が幡多郡発向の旌旗を立てたとの誤報に接し、一條氏が西園寺氏に加勢を請い、土居清良を将として派遣したことが記述されている。他の史料として天正年間（一五七三～一五九一）と推定される年不詳の「光富權之助宛元親書状」（『土佐國蠹簡集』）には幡東（幡多郡東部）の要地に所在する佐賀城（幡多郡黒潮町）を監していたとされる光富氏に対し、伊予の河貞氏と和議に及んだので下山両陣之儀を止めるについて「下山表心遣用心無油斷事」と命じている。『西土佐村史』に依れば、『土左故事』に当城を舞台とする天正年間の予州勢との攻防の物語が記されている。内容については軍記物（軍談）の類で信憑性には疑義を生ずるが、当地が緊張状況下にあったことを示唆している伝承と思量する。

　斯かる事象により当該地は一條氏・長宗我部氏及び伊予の諸勢力にとっての要地であり、当城はその地政的立地による成立状況から境目の城としてこの地域に進出した各権勢等の干与の許、天正年間頃まで機能していたと考えられている。一方で松田直則氏は「四国西南部における境目の中世城郭」（『私の考古学』丹羽佑一先生退任記念論文集）の論考において、一條氏家臣団の構築技術の特徴を述べた上で、発掘調査の実施された西本城跡（幡多郡黒潮町）の縄張と類似した城跡の例証として当城跡を挙げ、西本城跡の出土遺物の帰属時期から類推して十五世紀後半から十六世紀初頭頃までの期間に機能していた可能性を推断し、またこの時期に一條氏（房家）による伊予侵攻が始まったことに言及している。松田氏の論拠は主に縄張り構成の類似性に立脚し、考古学的な見解が反映されたものでは無いとしているが、個人の感想として西本城跡と当城跡の遺構配置に相似性を看取することは能わず、更に既述の史料や現存する遺構等から勘案しても十六世紀第1四半期を存続期間の下限とする推論には違和感を覚えざるを得ない。

一般的に見て立地的重要性の高い中世城郭は戦国末期まで使用され、状況に応じて改修されたと考えられており、現存している城郭遺構がその城の最終段階の状態で遺存しているとされている。最終局面における遺構の同時性は、築城（先行期）から廃城までの時間幅を内包しているとされ、竪堀群などの対象遺構がどの段階で構築された遺構であるのかは、当該城館跡の変遷による相対的な時間的先後関係（発展系列）の中での検討となり、実年代についての検証は一次史料としての文献史（紀年銘資料）を典拠とする時期比定の考証や、出土遺物等の編年実証の考察を協業とし、総合的且つ整合的に深化させなければならないとの微意を存している。

【縄張りの特徴】

『土佐國古城略史』には明治期の当城跡の様相が次の様に記されている。

「辰巳城は三面皆險巌數百仭、唯北方山に連り大竹茂生す、之を竹ヶ峠と曰ふ。上は則ち數條の虚濠を穿ち、下は則ち男牛《コトヒ》川其麓を繞て流る、所謂天險の要害なり。」

城跡は字「城ノ下平」に所在し、現状は山林と成っている。掲載した図面は、踏査（概測）した記憶を基に後日作成した略測図であり、精度に関しては寛容を請いたい。遺構の概要については、県道附近からの比高（高低差）約八〇ｍ前後を測る主郭（曲輪Ⅰ）を中心とした単郭の山城である。東側の一部を除いて周囲を土塁が囲繞しており、基部には石積の可能性を有する石列状の自然石が散見されるが、露岩の産状とも見て取れる。尚、主郭には城八幡等の社（小祠）の祭祀に関する存否は把握していない。北西方向の尾根上には二重の堀切を構え、両端は竪堀状となって斜面を下っている。更に尾根を北進すると堀切状の凹地が現れ、一応の城域の限りとする。主郭の北側斜面には堀切と並行して三条の竪堀群を配し、東に位置する小規模な曲輪の端部より更に一条の竪堀が谷状地形に垂下している。この小曲輪より北東に下る尾根に障碍等は設けられておらず、この方向に土塁が開放されている事や竪堀の配置などから、山下との連絡路（遁路）として利用していた可能性を残しており、津野川集落に依拠して存立していたかの適否について見解を新たにする。主郭の南側土塁直下に堀切を構え、其処から丘陵先端に向かって緩やかに隘路状の尾根を下ると二段に造成された小規模な曲輪Ⅱが出現する。要害性の高い尾根崎の曲輪群を中心に横堀と六～七条の竪堀を南及び西側に配置しており、北側の主郭を中心とした竪堀群と、南側の小曲輪を中心とした竪堀群が当城跡の特徴と考えられるが、城域に爾余の軍兵が露営可能な空間は岨となる尾根筋の狭隘な自然地形に求めるしか無く、多人数の収容は困難であったと予察される。

曲輪Ⅰ北西側の連続堀切

曲輪Ⅰ北側の畝状竪堀群

　中世城郭研究会の大久保健司氏は、「四万十川下流域の中世城郭」（『中世土佐の世界と一条氏』）の中で、四万十市入田に所在する長崎城跡の縄張と当城跡の主郭北斜面に構築されている連続竪堀群と比較検討して「長崎城の（引用者注　曲輪）Ⅰ北斜面に見られるものと同一主体と思えるほどに造作が酷似している」と述べ、一條氏の縁者に当たる河原淵（渡邊）教忠（永禄～天正期）を城主とする伊予の河後森城との関係において、途上に位置する当城跡が中継地（繋ぎの城）と成り得る可能性を示して一條氏の関与を指摘している。また当城を相継いだ公算の高い長宗我部氏による修築も視野に入れると、同氏は大道（軍用道）を扼する要衝には岡ノ上城跡（香美市）などに見られるような周囲に土塁を巡らし、堀切・竪堀群を構築して堅塁とする事例が見受けられ、当城跡もその類例に推挙出来る可能性を提示したいと試案している。

　また横堀状遺構と竪堀群の併用は永禄

期以降の所産である見解が指摘されており、当城跡は横堀がやや不明瞭乍ら、このような竪堀群の配置は吉良城跡（高知市春野町）などでも例示出来、永禄～天正年間中葉頃の主に長宗我部氏により用いられた自らの意図する仕様に沿った防禦手段（形態）と推測している。伊予兵乱の活発化に伴う屡次に及ぶ土州勢の驀進期に当城跡を含む周辺一帯は強い軍事的緊張状況下となり、この地域を支配領域とする権勢が状況に具体的に対応した結果、このような城塁が修築されたのではないかと推量する。詮ずる所、辰巳城跡は津野川村という共同体を守る「村の城」では無く、地域権力の支配境域の枢要を哨戒・扼守（持久抵抗）する為の境目の城（繋ぎの城）であったと考えられ、城番として相応の将が配されていたと思案し、多くの城主伝承が遺された可能性を想見する。

【城の見所】

主郭の曲輪Ⅰを廻る土塁とその北西に延びる尾根上の連続堀切や北斜面に構築されている連続竪堀が見所のひとつである。また南側の尾根筋の南端部に構築されている小規模な曲輪Ⅱの南斜面に構えられている横堀を伴う連続竪堀も見逃さずに見ておこう。

（宮地啓介）

曲輪Ⅰ

曲輪Ⅰ南側の堀切

曲輪Ⅰの土塁と腰巻石

曲輪Ⅱの南側の竪堀

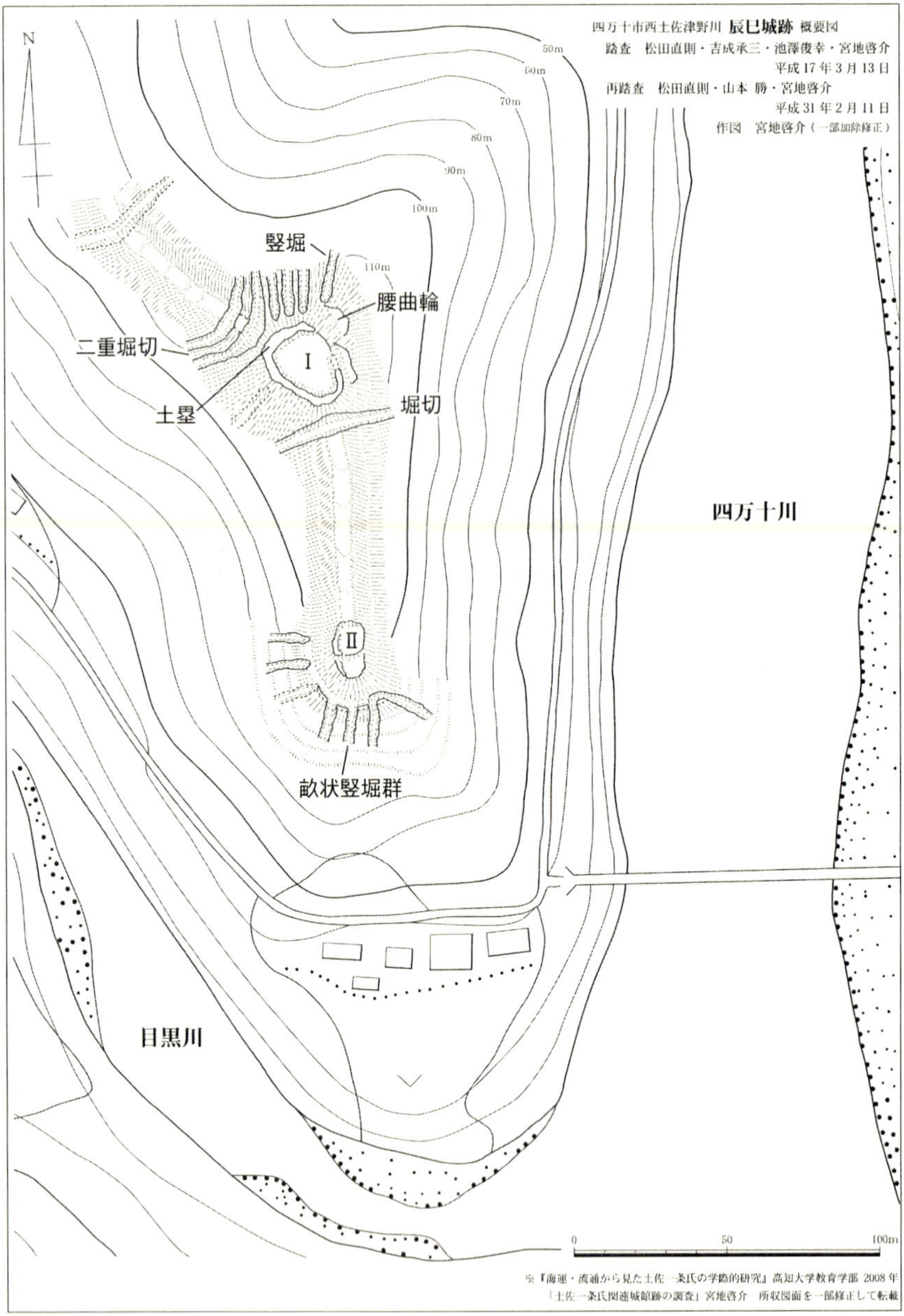

辰巳城跡
所在地：四万十市西土佐津野川
調査日：2005年 8 月13日　　調査者：松田直則・吉成承三・池津俊幸・宮地啓介
再調査：2019年 2 月11日　　調査者：松田直則・宮地啓介・山本勝
作　図：宮地啓介

8

江《え》川《かわ》城跡

江川城跡遠景

◆所在地／四万十市西土佐半家
◆標　高／二六〇ｍ　◆比　高／八〇ｍ
◆主な遺構／堀切・竪堀

【地理と訪城ルート】

四万十市西土佐半家に所在する。四万十川に突出した丘陵頂部に江川城跡が構築されている。国道が大きくカーブを描き、四万十川にかかる予土線鉄橋の西側丘陵に位置する。予土線江川崎駅から次の半家駅で下車して、林道を利用して城跡に向かうか、国道三八一号を走り旧本村小学校の南側丘陵裾から城跡に登城できる。林道を利用すると、歩きやすいが時間がかかり、北側の旧本村小学校側から登ると急斜面で少し危険な場所もあるので注意が必要である。

【城の歴史】

小規模な城で、城の歴史は文献も皆無である。西土佐の江川崎地区周辺地域は、戦国時代に「下山郷」と呼ばれており、一時期伊予側に占領されていたが、文明元年（一四六九）に一條教房が奪還したと『大乗院寺社雑

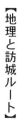

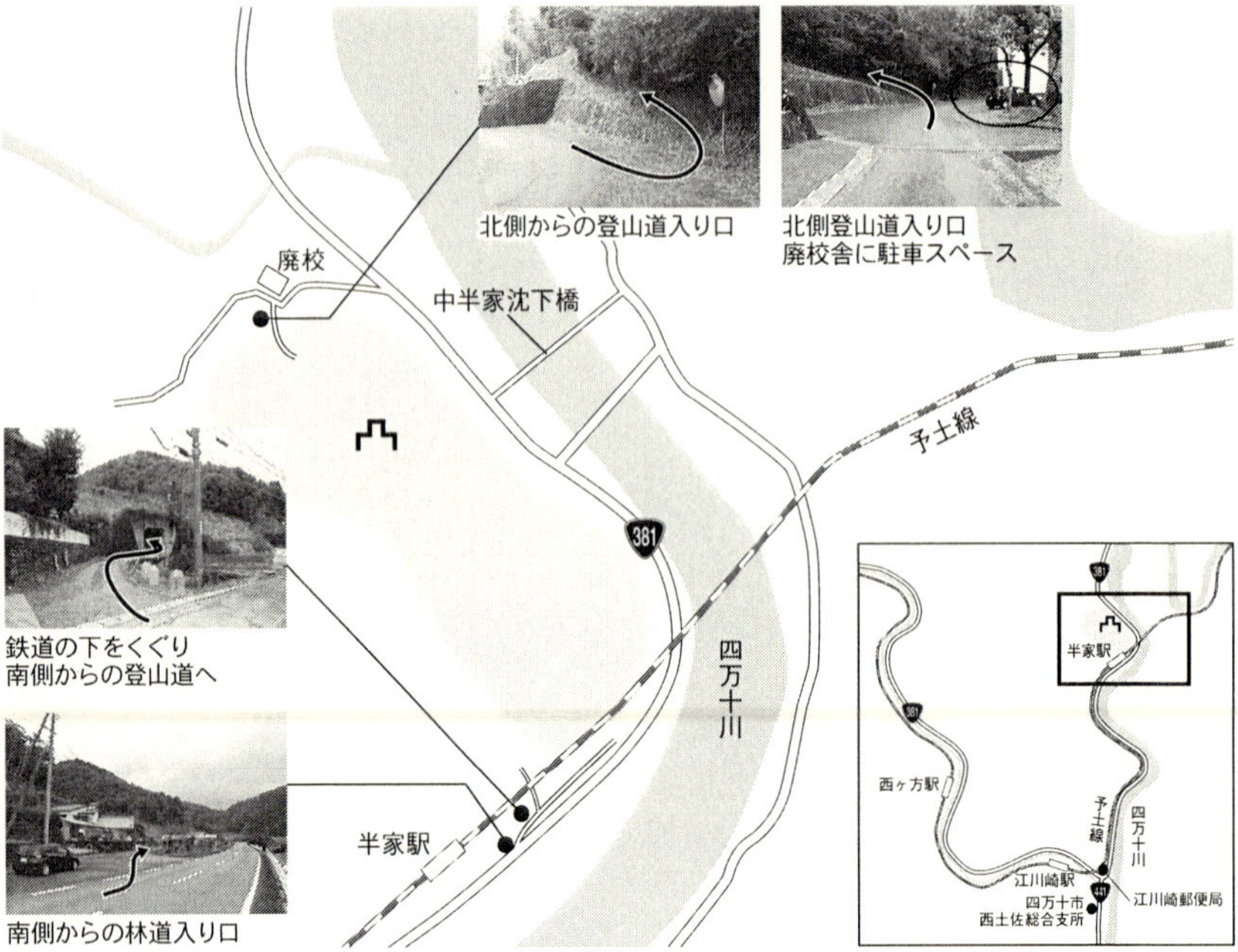

事記』に記されている。下山郷で産出される木材は「黒尊材」とか「下山材」と呼ばれたようであるが、四万十川を利用して下流に運ばれ畿内にも出荷されたとの記録もある。下流の中村には一條氏の居館が所在し、具同中山遺跡や坂本遺跡など寺院跡も発掘調査され、四万十川流通の拠点となっている。伊予の河野氏や西園寺との永禄合戦時やその後の長宗我部氏の伊予侵攻のルートとして江川村の権谷があり、その入り口にあたる丘陵上に江川城跡は構築されている。隣接する愛媛県松野町に所在する河後森城主の渡辺教忠は、一條房家の子である東小路教行（一條教行）の次男であり、土佐側と関係が強い。伊予の南予と土佐の幡多は、多くの城跡が確認されているが、特に西土佐や松野町に所在する国境の城は、緊張関係が頻繁に生じる地域である。もっとも城が動いた時期は、先述した伊予の永禄合戦と長宗我部氏の伊予侵攻の時と考えられ、江川城跡も永禄合戦時に構築された可能性が強い。

【縄張りの特徴】

小規模な山城で、標高が約二六〇mの丘陵頂部に曲輪Ⅰの主郭のみで構築されている単郭の山城である。主郭は、東西約二四m、南北約九mを測る楕円形状の曲輪である。土塁等は確認できず周辺部は切岸で防御されている。東側は、尾根先端から続く自然地形状の平坦部を登ると堀切で防御され主郭に入る。主郭は東側が若干低くなっており西から南側が高く全体的に平坦面を持っているわけではない。南側斜面は約二ｍの切岸でその下方で自然地形になると連続した三条の竪堀群が構えられる。

北西部斜面には、一条の竪堀しか認められず、主郭の西側に構築されている二条の連続した堀切と連動するような配置で残存する。西端部は、尾根が自然面を残しながら降っているが、堀切に接する部分のみ切岸として削られている。

主郭部曲輪Ⅰの平坦部（高山剛撮影）

曲輪Ⅰ西側の２条堀切（高山剛撮影）

【城跡の見所】

今回江川城跡を取り上げたのは、伊予国境の城で伊予攻めの時一條氏も長宗我部氏も江川村の権谷を通り、伊予側の奥の川に通じるルートを利用しており、その入り口にあたり交通の要衝に構築されている城跡だからである。伊予攻めでは、その他に西土佐中家地や大宮・目黒ルートがあり、現在のＪＲ予土線が走る広見川ルートは頻繁には利用されなかったようである。中家地ルートには、勝城跡が存在するが江川城跡と同じように斜面部に連続した竪堀群が確認できる。江川城跡で確認できる南側斜面に構築されている三条の竪堀や二重の堀切が、一條氏か長宗我部家臣団による構築かを考えながら遺構を観察してほしい。

（松田直則）

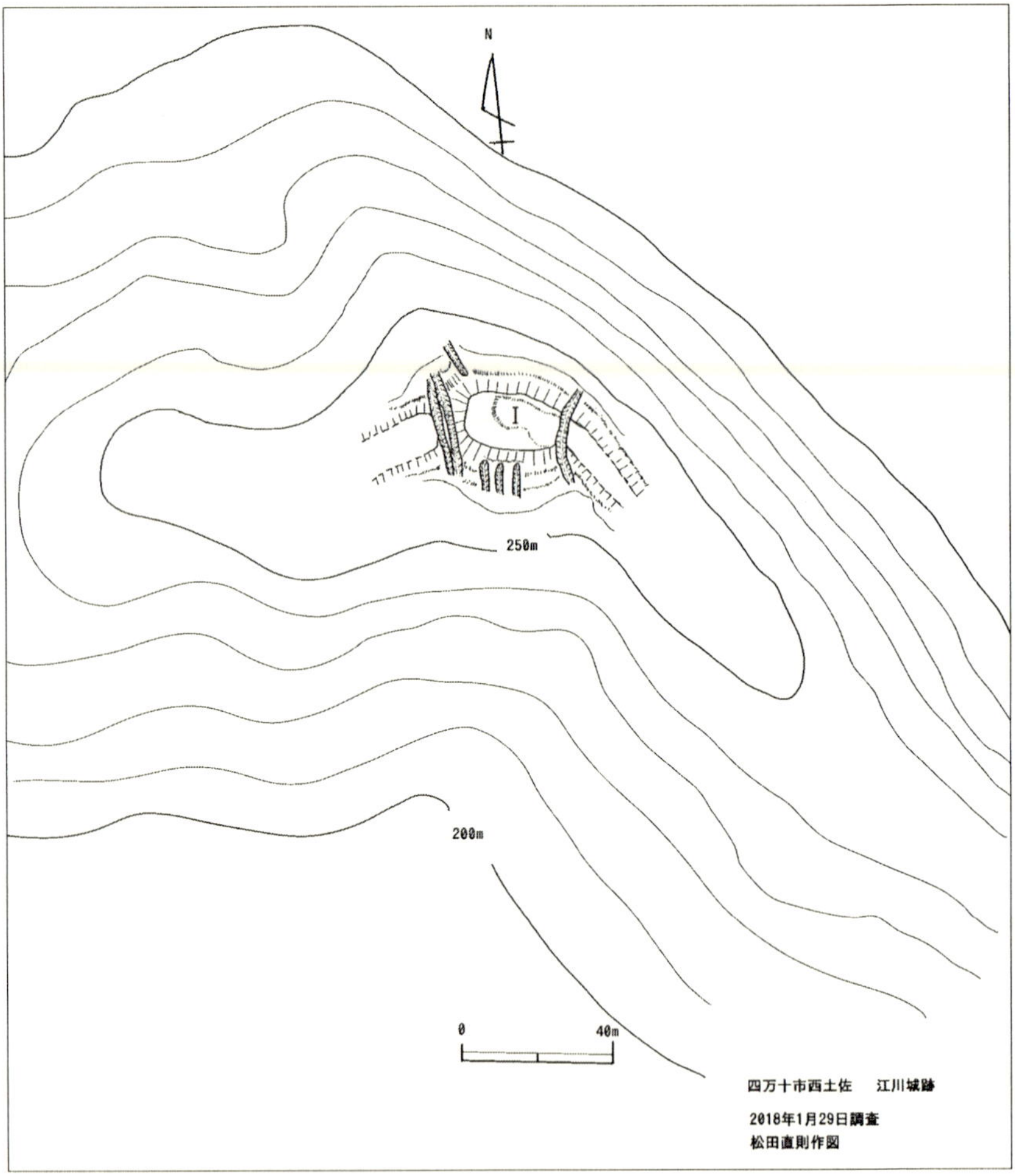

江川城跡
所在地：四万十市西土佐半家
調査日：2018年１月29日
調査者：松田直則
作　図：松田直則

9

上《かみ》長《なが》谷《たに》城跡

上長谷城跡遠景

◆所在地／幡多郡三原村上長谷
◆標　高／二〇〇m　◆比　高／五〇m
◆主な遺構／堀切・竪堀

【地理と訪城ルート】

高知県幡多郡三原村の上長谷に所在する。三原村は、小さな山村であるが村内を流れる長谷川や市野瀬川に沿って形成された谷平野で、周辺部は宿毛市、四万十市、土佐清水市に囲まれている。城跡は、東北部から流れる長谷川の右岸に形成された細長い低位段丘上に突き出した丘陵先端部に構築されている。眼下には、上長谷遺跡が広がっており十五～十六世紀中頃にかけての集落跡が確認されている。県道四六号沿いに東進し、上長谷集会所や真念石が所在する手前の集落から城跡に登っていく。

【城の歴史】

文献で三原関係の文字が認められるのは、応徳二年（一〇八五）の譲状（永年中分申くしさかい事）に記載されている「三巴ら」が最古の例であると言われている。金剛福寺文書では、幡多地域は平安時代末以降藤原氏一

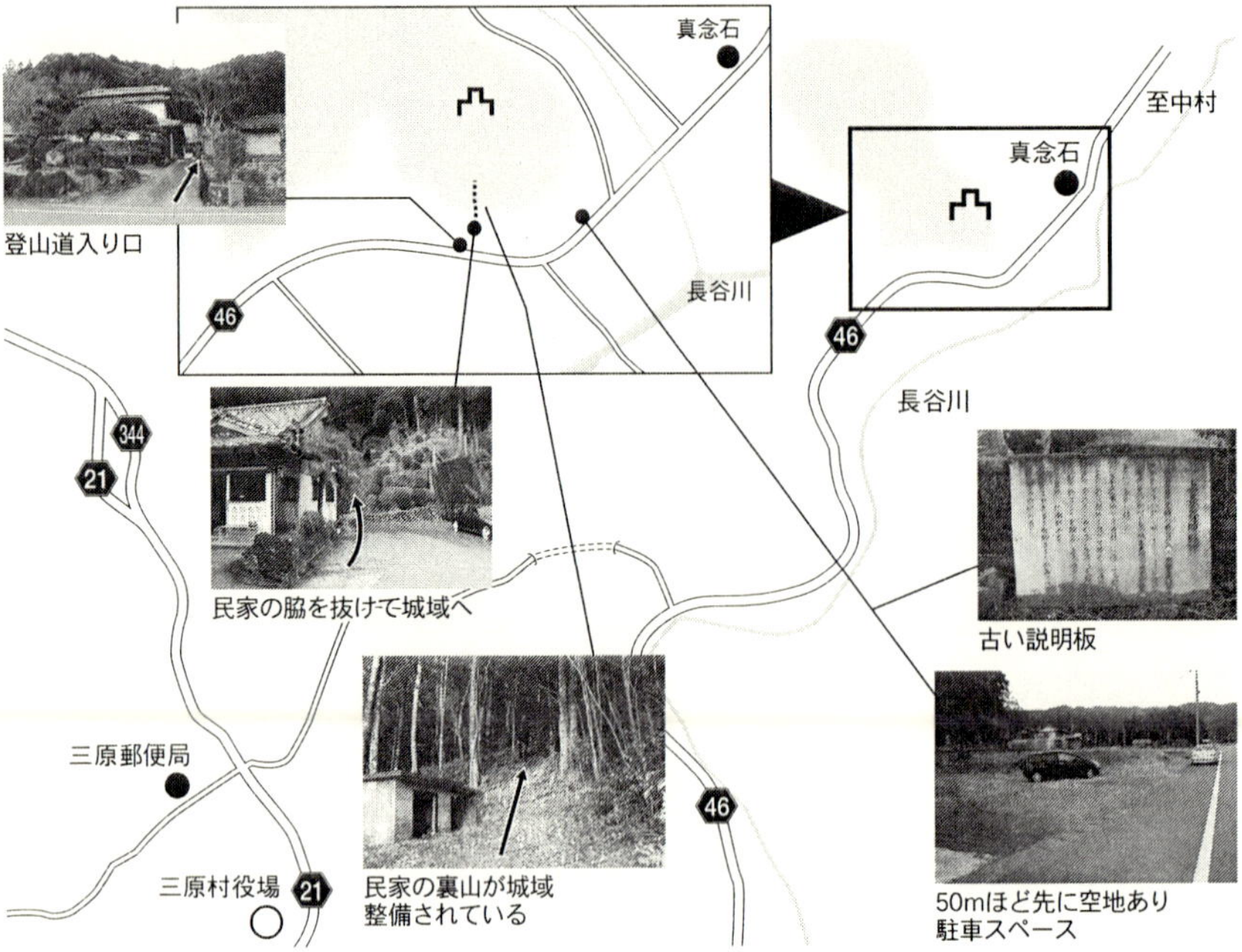

門の荘園にされており、その後鎌倉時代に九条家から一條家に譲渡され一條氏が荘園管理を行っており、三原村もその中に入っている。中世に入ると三原村にも多くの遺跡が認められるようになり、村内には七箇所の城跡が確認されている。応仁・文明の乱で一條教房が幡多地方に下向し、有力家臣である敷地氏は三原村中心部に所在する柚ノ木城跡に居城している。上長谷城跡は、長宗我部元親に滅ぼされた武光兵庫の居城と伝えられているが詳細は不明である。しかし、この地域を支配していた一條氏の傘下で敷地氏との関係も考えられる。

　山城麓集落では、上長谷遺跡が発掘調査されており、掘立柱建物跡などの遺構が検出され、多くの遺物が出土している。出土遺物を見ると、貿易陶磁の青磁碗・皿、青花や白磁の皿、天目茶碗などが確認できる。城跡との関係を掴む上で重要な発見で、十五世紀後半から十六世紀中頃までの遺物群で集落の盛衰を読み取ることができる。この時期に上長谷城跡も機能したと考えられ、一條教房が下向した時期に構築された可能性があり、山間部の小集落で貿易陶磁が出土するということは、一條氏の関係で持ち込まれたと考えられる。

【縄張りの特徴】

標高二〇〇ｍの丘陵先端頂部に構築されており、南麓の集落から登城できる。先端部の曲輪Ⅱに取り付く細い山道が付いており、比較的登りやすい。曲輪Ⅱから頂部に向けて西側に登ると二条の堀切で防御されている。曲輪Ⅱの西側堀切と接する部分には土塁が残存しており、さらに西側には緩やかな傾斜を持った平坦部があり自然地形のようにも見える。その傾斜を持った平坦部の西側にも堀切がある。その堀切を乗り越えると曲輪Ⅰの東側の帯曲輪に出てくる。そこから主郭の曲輪Ⅰに入ることができる。帯曲輪は、北側には廻っておらず東側から南側にかけて段差を持っており、その段差がある南側斜面部に竪堀が掘られている。帯曲輪が切れた北側では、二条の連続した短い竪堀や間隔を開けて存在する竪堀が二条認められる。曲輪Ⅰの西端には土塁が構築され南下の帯曲輪西端部の土塁につながり、西側の堀切との比高差をつけている。さらに連続して堀切が構築され西側尾根からの侵入に対して防御を強固にしている。

曲輪Ⅰ

曲輪Ⅰ東側の石積と堀切

【城跡の見所】

主郭である曲輪Ⅰを中心とし、東側から西側にかけて帯曲輪を廻し西端を土塁や堀切で強固に防御している遺構が最も見所である。曲輪Ⅰの西端土塁上に立って西側を覗くと、二重の堀切から切岸を登って主郭に到達することができないほど強固な防御である。南下方の帯曲輪西端の土塁も主郭の土塁と連続した防御施設として機能していると考えられる。全体的に小規模な山城であるが、二重の堀切や主郭から帯曲輪にかけて土塁が残存していること、北斜面に連続した二条の短い竪堀、南北の斜面部に竪堀を掘削し防御をしているところに特徴がある。南麓の上長谷遺跡では十六世紀後半の遺物が出土しておらず、城跡も廃城になっている可能性が高い。上長谷城跡の縄張りは、一條氏傘下の家臣団の築城技術を見ることができる。

（松田直則）

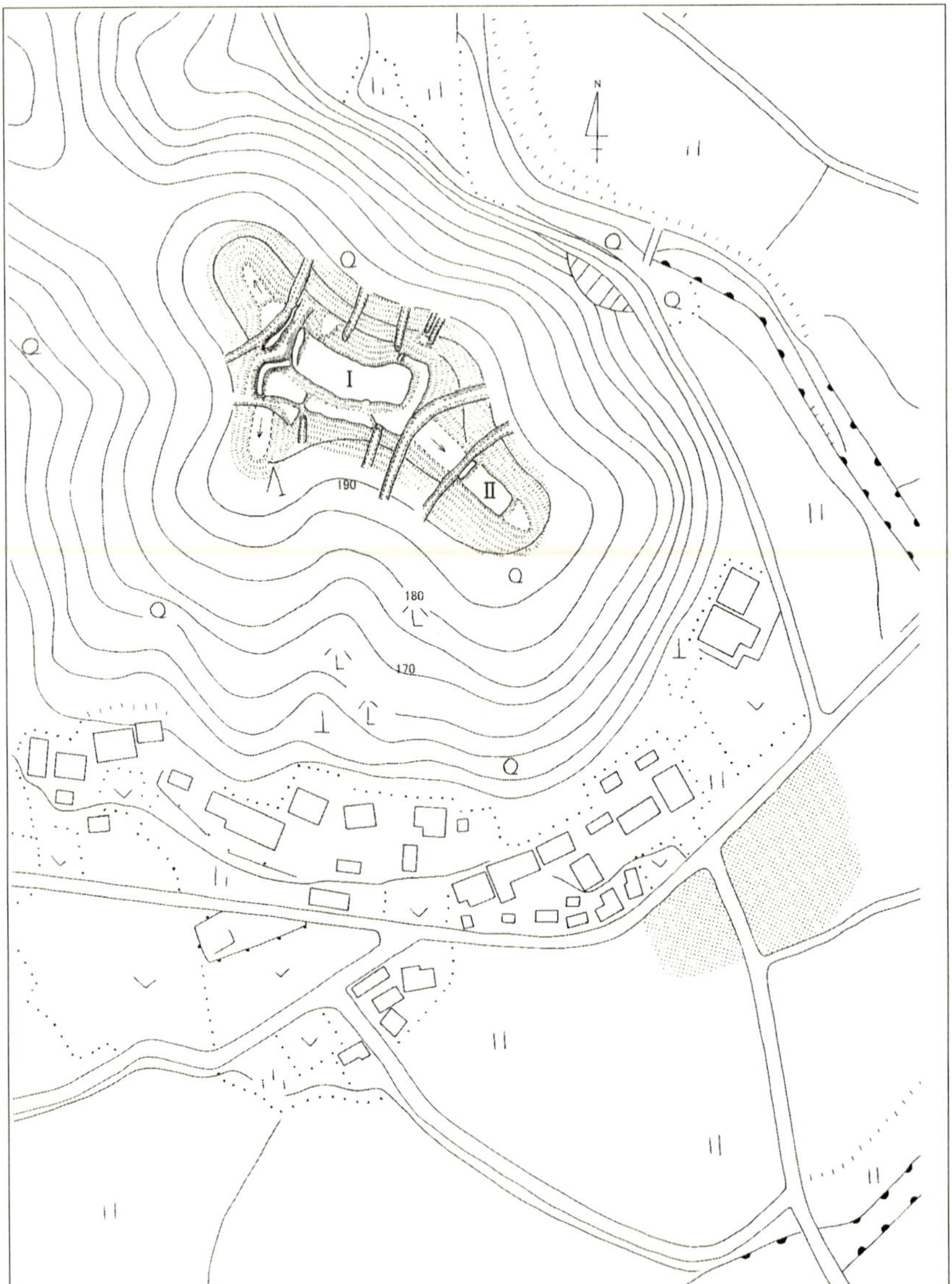

上長谷城跡
所在地：幡多郡三原村上長谷
調査日：2004年２月28日
調査者：宮地啓介・松田直則
作　図：宮地啓介

10 添《そえ》ノ《の》川《かわ》城跡

◆所在地／幡多郡大月町添ノ川
◆標　高／九〇ｍ　◆比　高／五〇ｍ
◆主な遺構／堀切・竪堀・土橋

添ノ川城跡遠景

【地理と訪城ルート】

幡多郡大月町添ノ川字城山に所在している。大月町には、中世城館跡が二十箇所残存するが中でも規模も大きく大月町域を支配した依岡氏の居城である。大月町の中心集落である弘見から三㎞ほど東に入った小集落で、隣接する宿毛市の福良川が流れ込む小河川が大きく蛇行する場所で河川に突出する丘陵に構築されている。宿毛市小筑紫と月灘を結ぶ重要な流通ルートに城跡は構築されており、町内では最大級の城跡である。登城口は、橋の手前の道路端から川沿いに北側に少し入ったところであるがわかりづらい。

【城の歴史】

城主は、依岡左京、右京、弥次郎と伝わっているが、伊予野城主名として出てくる名前もあり不明な点が多い。しかし依岡一族の城跡であったことは間違いない。周辺

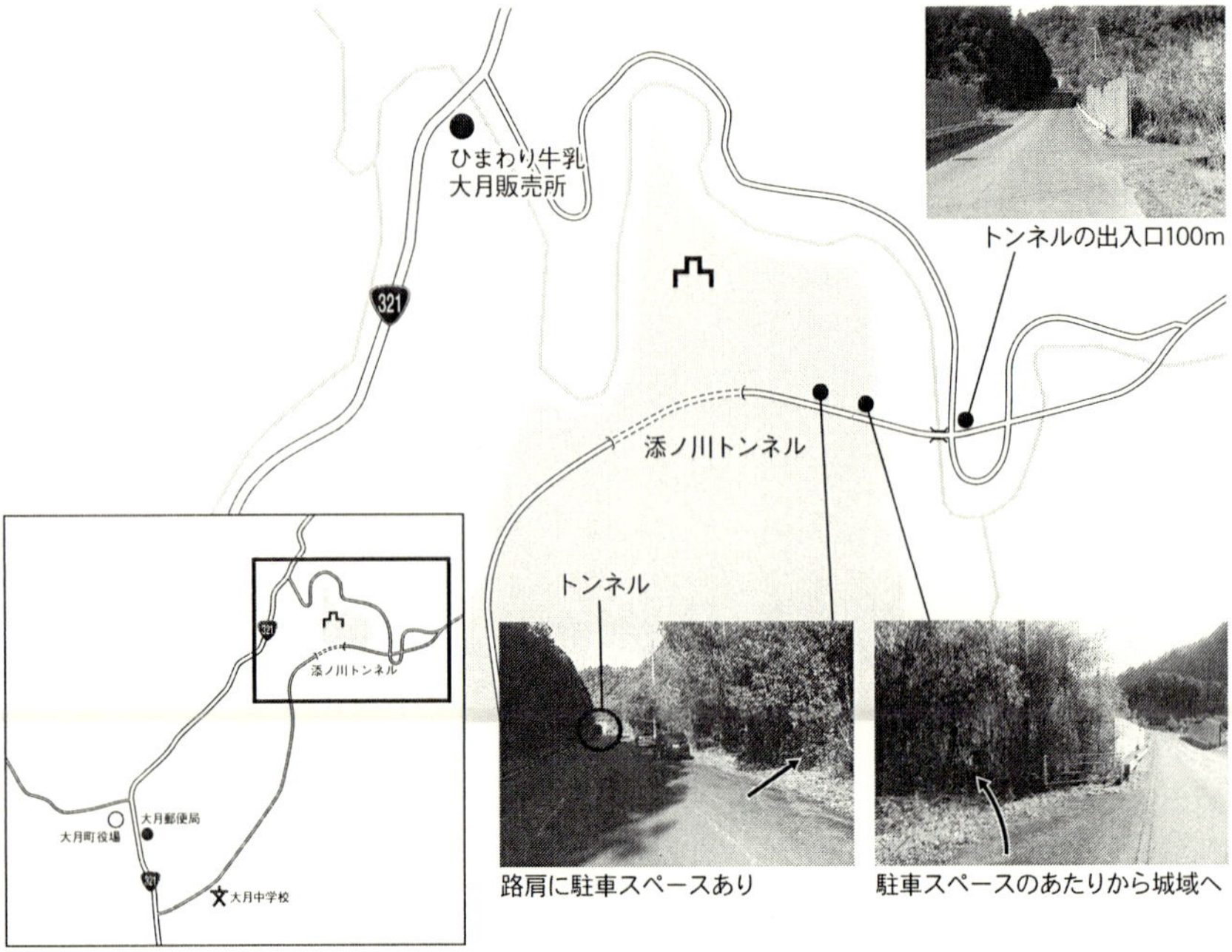

トンネルの出入口100m

路肩に駐車スペースあり
駐車スペースのあたりから城域へ

には、依岡左京進の墓と伝承されている場所があり、周辺には地名として鍛冶屋屋敷とか依岡土居が残っている。依岡土居の上の丘陵には古墓が散在しており、添ノ川城主に関係した依岡一族の墓と考えられる。一條兼定が元亀二年（一五七一）に、房家が勧請した八幡宮に参詣した時に依岡左京進の名前がみられ、一條氏の重臣であったことがわかり、渡川合戦にも参陣している。このように、一條氏の傘下にいた段階で、この地域の有力な豪族として添ノ川の依岡左京の名前が出てくる。

『土佐州郡志』には、「古城跡　傳云依岡彌次郎者所築」と記載されており、ここでは依岡彌次郎という城主名が出てくる。長宗我部氏が久武親直を大将に伊予侵攻した時も、各軍記や物語には依岡氏の名前が登場しており、依岡一族の活躍が垣間みられる。天正十四年（一五八六）の戸次川の合戦で戦死した将兵の中に依岡右京進の名前があり、長宗我部信親と共に行動している。『長宗我部地検帳』では、依岡弥次郎が幡多郡の中でも第一位の給地をもつ豪族であるとされており、依岡一族はそのほか多くの給地が記されている。一條時代から長宗我部時代にかけて、依岡氏はその傘下でこの地域を支配し、添ノ川城跡を本拠に活動している。

【縄張りの特徴】

標高約九〇mを測る山頂から南・北・東に丘陵が延びており、町史では東西に二つの城跡があり東方の城跡は出城と解説されている。山頂部分は自然地形で頂部に祠があり、そこから南側には堀切一条が確認できるため、頂上部も城域と考えられる。祠のある丘陵頂部からなだらかに自然地形を下ると、堀切と土橋が見えてくる。幅約六mの堀切に約二mの土橋がかかり曲輪Ⅰに入っていける。北側尾根先端部に構築されている曲輪Ⅰは、南北に約四五mと長く中央部でやや狭くなり北側は一段低くなっている。西側に一段低い帯曲輪が取り付く。その北側にも尾根が延びるが、西側斜面に七条の竪堀が掘削されている。しかし、掘り方が浅いのか明確に竪堀と確認できないものもある。曲輪Ⅰが主郭と考えられるが、中央部西側の斜面部の一部には約一mの高さで石積みが見られる。東側は二条の竪堀間と堀切の間には土塁が構築されており横堀状になっている。堀切にかかる土橋や、西側の石積み、東側の土塁を伴った畝状竪堀群などは、天正年間に近い遺構群で、長宗我部氏の傘下に入った段階で再構築されたと考えられる。

山頂部から東側に尾根が延びて、少し自然地形を下ると幅七mの堀切で防御され、曲輪Ⅱに取り付く。曲輪Ⅱは、東西に約五〇m、南北に約一〇mの規模を持ち東端部に土塁の痕跡が残る。東側に幅八mを測る堀切が存在し曲輪Ⅲに至る。曲輪Ⅲは、三段で形成され下段が最も広い空間を持つ。下段の西端には石垣が認められるが、この場所は畑地として利用されていたと考えられ石垣もその時に積まれたものである。曲輪Ⅲから下段にも狭い曲輪があるがその東側は堀切で防御されている。東端部にも平坦部があるが曲輪として利用されていたかどうかわからない。

曲輪Ⅰへ入る土橋

【城跡の見所】

曲輪Ⅰを中心とした遺構群が見所である。最初に堀切にかかる土橋があり、県内でも朝倉城跡に見られる土橋

山頂部北へ進むと曲輪Ⅰ

曲輪Ⅱと切岸

曲輪Ⅱ西側の堀切

ほどではないが、広く深い堀切に構築されている土橋は数少ない。その土橋の端から東側斜面を利用し堀切底部におりて、横堀状遺構と土塁、そして竪堀の残りも良好である。西斜面部の石積みが残っているところも見ておきたい。西側の帯曲輪は、竪堀群で畝状にはなっていないが北端部に二条単位で掘削されているようにも見える。掘削深度が浅いためと考えられるが、よく観察しないと竪堀とわからない。

頂部の祠から南尾根の堀切も確認しておきたい。その先には遺構が認められないことから、ここまでが城域と考えられるが、なぜ頂部を削平して曲輪として利用しなかったのか疑問が残る。東尾根の曲輪群は、まず防御の堀切が広く深い。簡単には堀底から曲輪に行くことができない。

添ノ川城跡は、曲輪Ⅰの土橋や東斜面に認められる遺構群などや依岡氏一族の動向などを考えて行くと、構築時期は不明であるが改修されながら最終的には天正年間まで存続していた城と考えられる。

（松田直則）

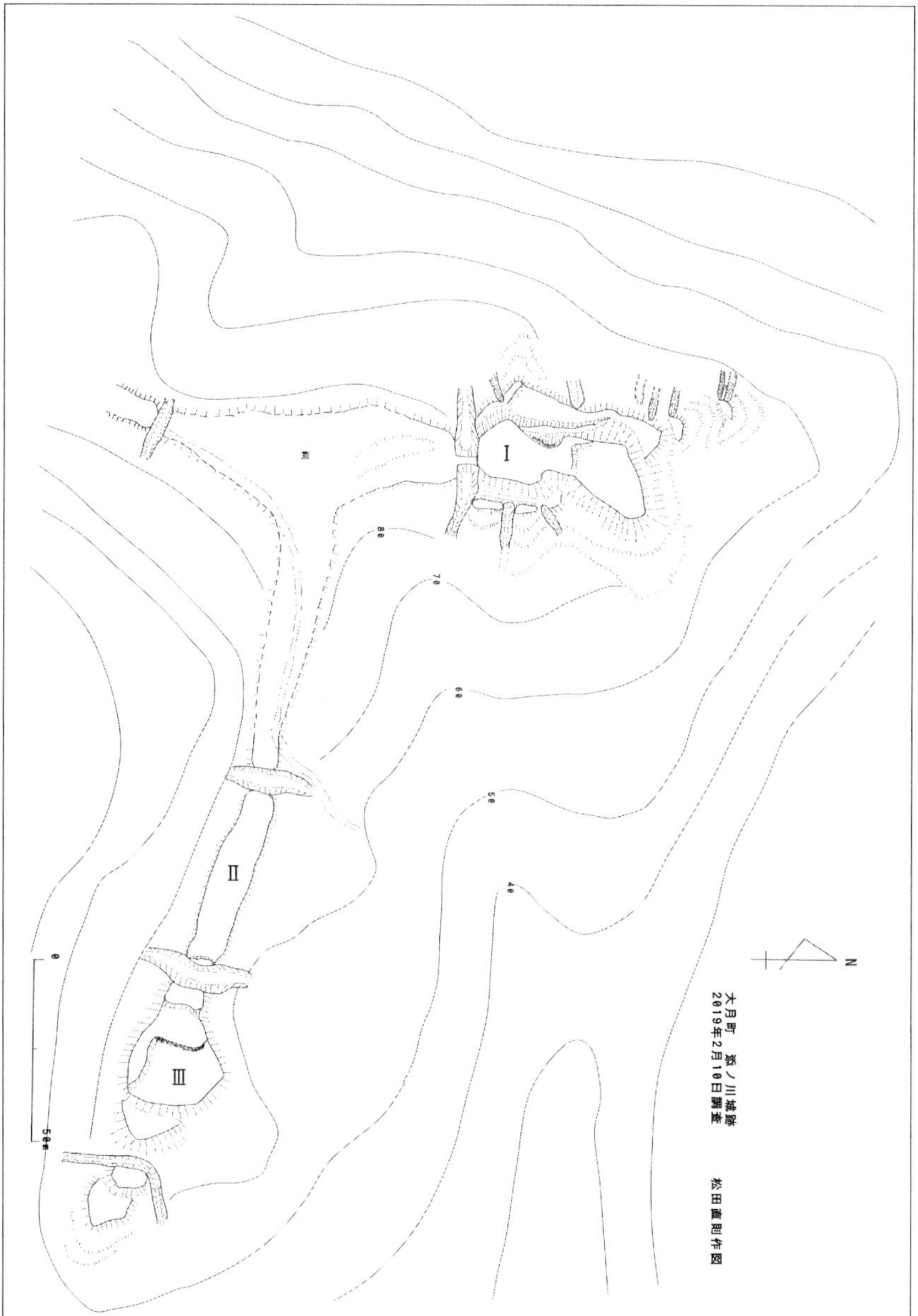

添ノ川城跡
所在地：幡多郡大月町添ノ川
調査日：2019年２月10日
調査者：松田直則・尾﨑召二郎
作　図：松田直則

窪川城跡遠景

11 窪《くぼ》川《かわ》城跡（茂《しげ》串《くし》山《やま》城）

◆所在地／高岡郡四万十町茂串町
◆標　高／三七二m　◆比　高／一〇〇m
◆主な遺構／畝状竪堀群・土塁

【地理と訪城ルート】

高知県西部に位置する高岡郡四万十町茂串山に所在している。城跡は、窪川の中心市街地の南にそびえる標高三七二mの丘陵（茂串山）に立地する。麓には、四国霊場三十七番札所岩本寺があり、城跡には四国霊場ミニ八十八箇所巡りコースもある。城跡には、高速道路の四万十町中央インターから国道五六号を南下し、三十七番札所岩本寺を目印に目指すとよい。岩本寺の西に、三熊野神社が鎮座するが、この神社の参道入口から南の谷沿いに登山道を登城すると窪川城跡の主郭部分に通じる。

【城の歴史】

城主は、明応九年（一五〇〇）に相模国鎌倉庄から山内備後守宣澄が窪川に来住し、茂串山に城を構え、窪川氏を名乗ったのが由来とされている。『土佐州郡志』に「古壘　在二茂串山一山内備後守之居城也」の記載が見ら

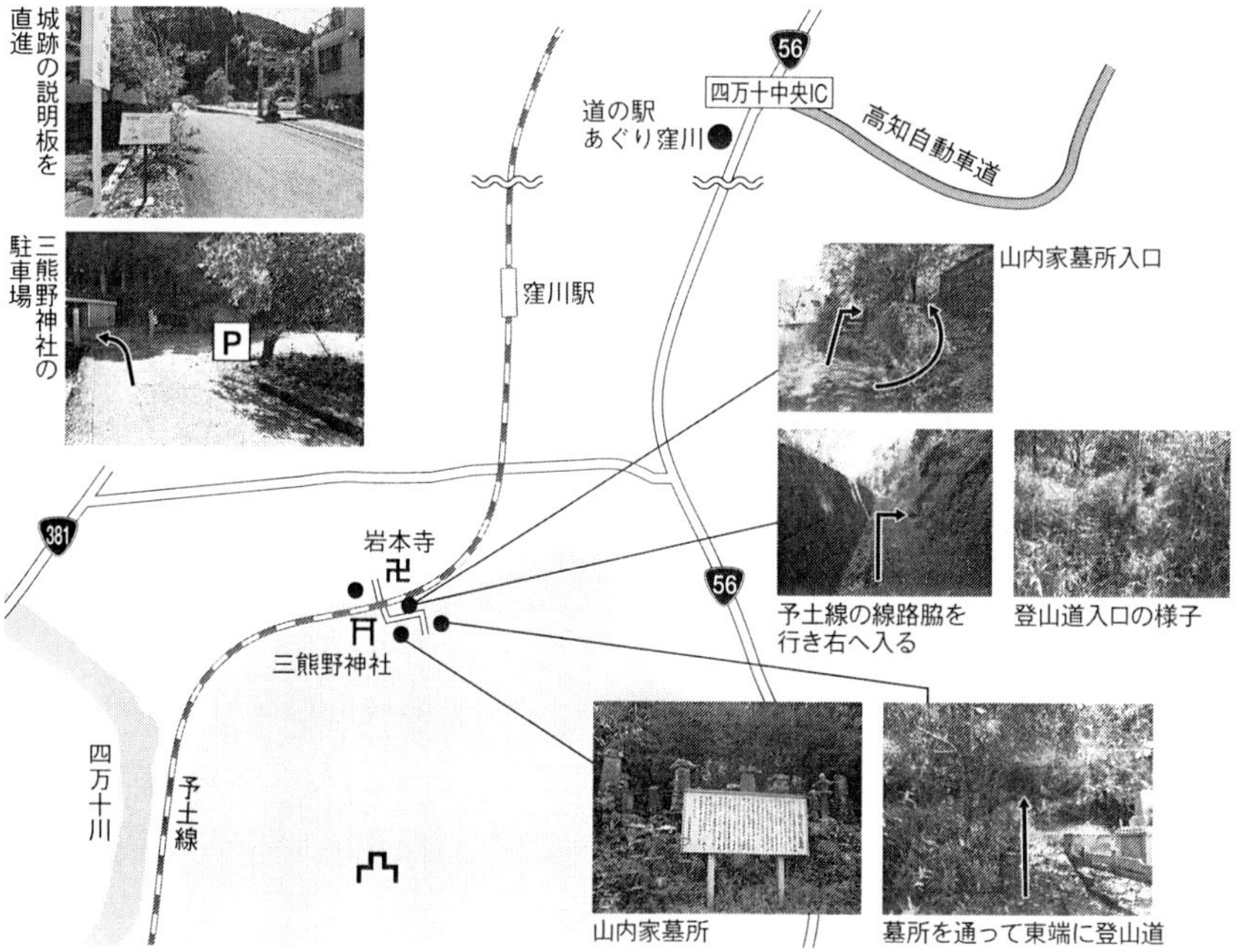

れ、『南路志』には「茂串山古城　窪川七郎兵衛宣秋居之仁井田郷五人衆之一也・・・」など茂串山に城があった記録がある。このことに由来し窪川城跡は別名茂串山《しげくしやま》城跡とも呼ばれる。窪川氏（山内氏）は窪川一帯を領域に治めていたが、後に高岡郡一帯を支配する津野氏、土佐一條氏、長宗我部氏に領域支配が変遷する。領主は変遷するが、茂串山城主は山内備後守宣澄―同兵庫允充秋―同七郎兵衛宣秋の三代と続く。文禄二年（一五九三）、長宗我部元親の段階には朝鮮出兵の命で宣秋と弟の七郎衛門が出陣して釜山で戦死することにより窪川氏は断絶する。窪川城は、その後、長宗我部元親の家臣である中島吉右衛門を城番に置くが、慶長五年（一六〇〇）、長宗我部氏が滅びたことにより廃城となる。

【縄張りの特徴】

城跡の立地する茂串山は西に四万十川、東から北側には支流の吉見川が流れ、南は南東に位置する五在所山から伸びた山並みに連なる。標高三七二ｍの山頂部は丘陵の西端部にあり、北東に尾根筋が延びる。山頂部に詰ノ段に相当する曲輪Ⅰがあり、この曲輪を中心に西方下、及び北西方向に派生した小尾根に腰曲輪Ⅱが付属する。また、北東に延びる尾根筋には規模の大きな曲輪を配置

曲輪Ⅰの虎口

曲輪Ⅰの土塁

曲輪Ⅰ北側の堀切

曲輪Ⅴの土塁

する。これらの窪川城跡の主郭に相当する部分は丘陵の西端部に築かれている。曲輪Ⅰは、長軸四六m、短軸は北西部が一〇m、中央部は九m、南東部は二三mを測り、中央部が少しくびれた瓢箪型をしている。平場南東部には礎石に使われていたと思われる石が散見できる。周囲には、基底幅二〜三m、高さ〇・五〜一m前後の土塁が巡り、土塁の一部には土留めの石積みがみられる。曲輪Ⅰの南東部と、くびれを持つ部分の西側の二箇所に虎口がある。この、西側の虎口下、曲輪Ⅰからの比高差七mに西ノ段に相当する腰曲輪Ⅱがあり、長軸五八m、短軸は北部で一〇m、南部で一七mと南部が広くなる。周囲には土塁が巡っていたものと思われるが所々途切れている。残存しているところで基底幅二・五m、高さ〇・六mを測る。北側の土塁は残存状況が良く、北側の腰曲輪からの比高二・七m、内側は一mの高さを持ち、中央部は虎口状に南に折れる構造になっている。また、南辺下には比高差二・七mの所に小規模な曲輪Ⅲを構え、曲輪Ⅰ南西隅角斜面から長さ一三mほど南に傾斜しながら竪土塁を構築している。土塁構築にあたっては石積みにより土留めをしている。この、曲輪Ⅱの南西斜面から南斜面にかけては、一〇条の連続竪堀群が配置されており、窪川城跡の防御面からみた最も特徴的な空間といえる。さらに、曲輪Ⅰ南斜面には四条の竪堀が連続して配置されており、この連続竪堀の北東側、曲輪Ⅰ南東斜面下一〇mには、長軸三六m、最大幅一〇mを測る三日月状の腰曲輪Ⅳを配置している。この腰曲輪の北端は、曲輪Ⅰ南東虎口から続く通路と、曲輪Ⅰと東尾根の平場との間に堀切があり、結合部は土橋になっている。堀切は上端幅六・五m、底部幅一・九m、深さ一・八mを測り、堀底に石積みにより〇・九m四方、深さは現状〇・六mの井戸と思われる凹みがある。この堀切の北斜面側には堀底通路部分から竪堀が配される。竪堀は二股に分かれており、堀底から一〇m下方で合流し城跡北斜面の谷部にのびる。西端の竪堀は谷の方から登ってくる通路となっており、曲輪Ⅰ北西下の腰曲輪に続く。この腰曲輪と曲輪Ⅰ北西下には堀切があり、竪堀から続く堀底通路になる。曲輪Ⅰ北西下の腰曲輪は、北西部に後世に造成された痕跡があり、築城当時の形状を把握するのは難しい。曲輪Ⅰ下から北東に続く尾根筋には長さ九五m、幅は一二〜三二mを測る平場Ⅴがある。平場Ⅴの北東部は広く、東端に土塁による喰違い虎口があり、そこから東尾根は傾斜し、虎口から一五mほど離れたところに二重の連続堀切を構える。

曲輪Ⅴの喰違い虎口

曲輪Ⅴの喰違い虎口前の堀切

【城跡の見所】

主郭部は、曲輪Ⅰと、Ⅱ、Ⅳの腰曲輪であり、これらの曲輪は高低差を持たせ土塁や虎口を採用している。特に、主郭の西斜面から南斜面にかけて連続した竪堀を築き並べ西ノ段南下の小規模な平場や、そこに構築した竪土塁は当城跡の最大の見所である。また、曲輪Ⅰ下の堀切は、通路としても機能していたものと思われ、各腰曲輪をつなぐ特徴的な遺構といえる。この城は、南側と西斜面を最も意識して防御遺構が築かれているのが特徴であり、これらの遺構がいつ構築されたのか、現段階では詳細は不明であるが、将来発掘調査が実施されればさらに城跡の全体像が見えてくるであろう。

（吉成承三）

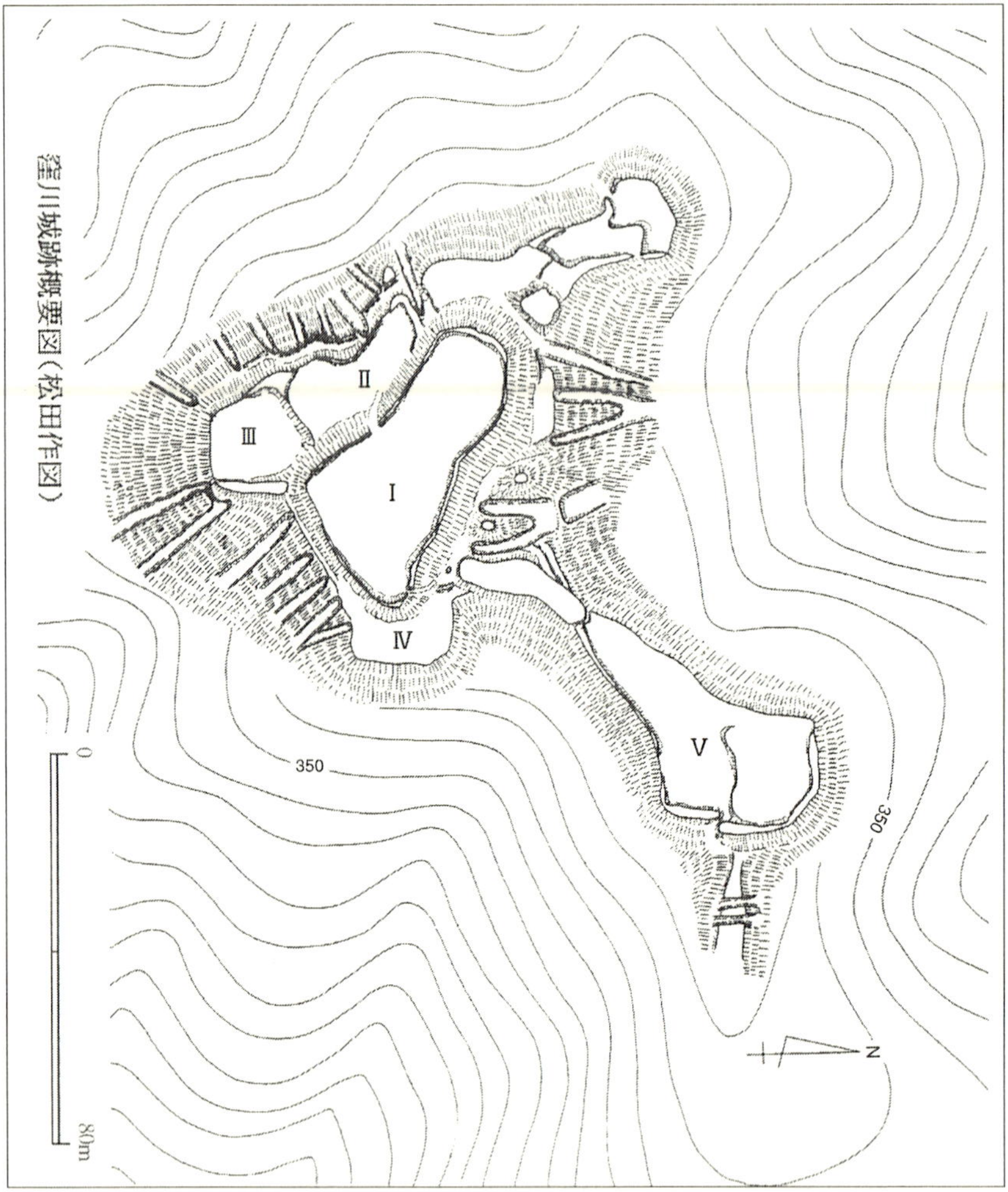

窪川城跡
所在地：高岡郡四万十町茂串町
再調査日：2019年11月16日
調査者：松田直則・尾崎召二郎
作　図：松田直則

本在家城跡遠景

12

本《ほん》在《ざい》家《け》城跡

◆所在地／高岡郡四万十町本在家
◆標　高／三二〇m　◆比　高／一〇〇m
◆主な遺構／畝状竪堀群・堀切

【地理と訪城ルート】

高知県西部に位置する高岡郡四万十町七里に所在している。城跡は、窪川の中心市街地から四万十川をやや上流に遡った七里の四万十川と支流の小野川が合流する地点の北東にそびえる標高三二〇mの丘陵に立地する。高速道路の四万十町中央インターから国道五六号を南下し、窪川トンネル手前の分岐を右折、県道一九号を六㎞ほど北進すると県道三二四号との分岐に差し掛かるが、その分岐の正面の丘陵上が城跡である。

【城の歴史】

城跡のある本在家村は野口村とも言ったので別名野口城跡とも呼称されている。城主は伊予河野氏に関係する一族の東氏であり、東氏三代目の丹後守宗隆が城主を勤めた。東氏は天文年間（一五三二〜一五五五）に一條氏に攻め入られた後、一條房基に仕え、西川角のハイタツ

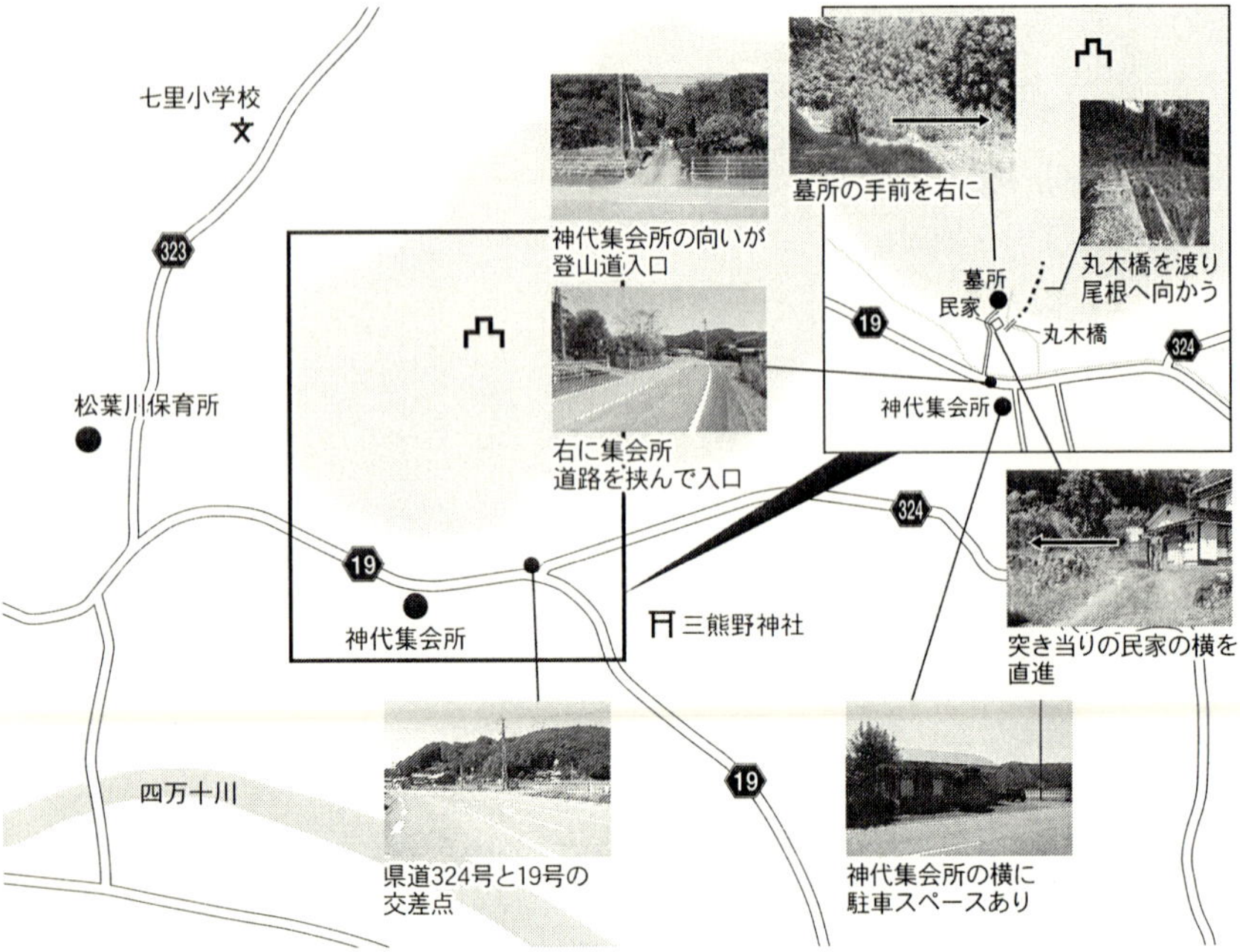

城（青木城）番頭職も勤めた。その後、長宗我部元親の配下となる。

【縄張りの特徴】

標高三〇〇～三二〇ｍの丘陵頂部の北東から南東にかけて主郭が構えられており、五つの曲輪で構成される。詰ノ段に相当する曲輪Ⅰは標高三二〇ｍにあり、東西一五ｍ、南北二五ｍほどの平場であり、平場の北西に土塁が残っている。曲輪Ⅰの南には上端幅八ｍ、曲輪Ⅰと一〇ｍの比高差を持つ大堀切があり、南北尾根を完全に断ち切る。堀切の両端は、尾根の東西にある谷に向かって竪堀となる。この堀切の南部には南北一〇ｍ、東西八ｍの平場があり、この南端から一〇ｍの比高差を持って二ノ段に相当する南北一八ｍ、東西一〇ｍの曲輪Ⅱがある。さらに連続して二ノ段に相当する曲輪Ⅱから比高差一〇ｍほど南下に南北八ｍ、東西一二ｍほどの小規模な曲輪Ⅲがあり、この曲輪Ⅲを取り囲むように一三条の放射状の畝状竪堀群が配置される。これらの竪堀群の基部は土塁状の高まりを残しており、横堀状の通路となる。これらの竪堀群の位置から尾根筋は南と、南西方向に二股に分かれるが、各尾根筋の基部には堀切が配置されている。さらに南尾根上には、竪堀群の位置から五〇ｍほど離れた尾根上に堀切と小規模な平場が見られる。次に主郭の曲輪Ⅰの北側については、曲輪Ⅰ北下比高差五ｍの所に南北九ｍ、東西八ｍほどの小規模な曲輪Ⅳがあり、この平場から尾根筋は北西、北東方向に分岐する。北西方向には三本の連続堀切、北東方向には二本の連続堀切を配し、東斜面には平場下一〇ｍのところに竪堀が配されている。

【城跡の見所】

主郭のある尾根頂部の大堀切を境に北側の縄張りと、南側の縄張りの様相を見比べるのも楽しい。曲輪Ⅰ側の城跡の北側エリアは、曲輪の尾根筋に連続堀切を多用しているが、曲輪Ⅱを中心とする南側エリアは南、南西斜面に築かれた放射状の畝状竪堀群が見応えがある。

城主である東氏は、天文年間（一五三二〜一五五五）に一條房基に仕えた段階と、天正年間に長宗我部氏の配下になる段階に画期があるものと思われ、本在家城跡の縄張も大きく二時期にわたり造られた可能性が考えられる。特に、南側エリアの放射状の畝状竪堀群は、土塁状の高まりを残したビルト型の竪堀群であり、主郭の曲輪Ⅱとの比高差を持ち、竪堀の基部が横堀状の通路を持つところが、長宗我部氏が天正十年（一五八二）土佐を統一し、天正十三年（一五八五）四国を統一していくまでの主要な城郭に採用されている竪堀群の形態であり、本在家城跡の南側エリアはこの頃に再構築された可能性が考えられる。また、南尾根下には四万十川と街道筋を見据えることができることから視覚的な効果も備えているものと思われる。

（吉成承三）

竪堀

本在家城跡
所在地：高岡郡四万十町本在家
調査日：2018年４月１日
調査者：松田直則・尾崎召二郎
作　図：松田直則

大野見城跡遠景

13 大《お》野《の》見《み》城跡

◆所在地／高岡郡中土佐町大野見槇野々
◆標　高／四〇三m　◆比　高／一〇〇m
◆主な遺構／畝状竪堀群・堀切

【地理と訪城ルート】

高岡郡中土佐町大野見槇野々に所在している。城跡は槇野々集落背後北山頂にあり、麓には四万十川が東―南―西と蛇行しながら流れていて、天然の堀の役割を果たしており、川と往還を扼する位置に構えられている。集落から一段高い場所に二宮神社が鎮座していて、ここに城八幡宮が合祭されているが、もとは城山に祀られていたものである。

字図を見ると城跡は古城山と出ており、平地部には土居屋敷、堀ノ本、下モ居（下土居）屋敷、古堂ノ下などとあり、屋敷や堂の存在が浮かび上がってくる。

公共機関での訪城はコミュニティバスがあるが、時間的にも車で行く方が良い。国道五六号、または四国横断自動車道を久礼で下りて県道四一号（窪川中土佐線）を大野見吉野に向かう。ここから槇野々集落の二宮神社を目指す。駐車場はないので県道脇の空地などを探し置く

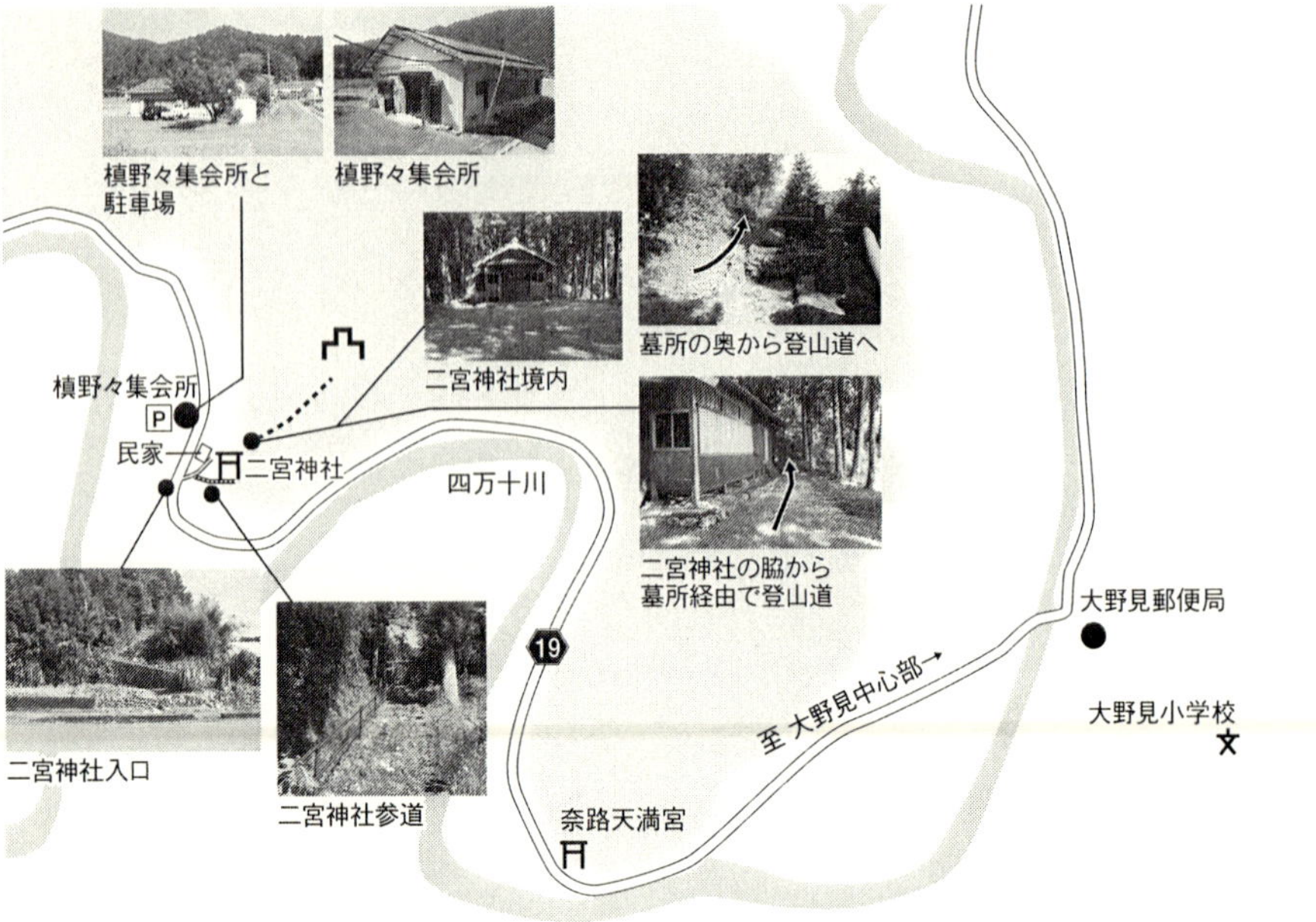

ことになる。地元の方に聞くことができればそれにこしたことはない。標柱や説明板はない。

城跡に行くには、まず二宮神社を目標に東方に登って行き、はっきりした山道はないので神社の背後から尾根を目当てに行くと、やがて獣害防止用のフェンスに行き当たる。このフェンスは広く取り巻いてあるので、とにかく尾根周辺で開閉できる場所を探し、鍵は掛かってないので入らせてもらい同じように閉じておくことである。後は尾根をたどり行き、堀切を経由して畝状竪堀の切岸を上がると曲輪Ⅰに到着する。

【城の歴史】

資料では「大野見郷　古城　城址　在二牧野村一相傳フ古ヘ尾中備前ト云者ノ居城」（『土佐州郡志』）。城主は尾中備前が出ている。また応永二十六年（一四一九）半山の津野氏と米ノ川の南部宗忠一族の挟撃にあって落城、その後津野氏の出城になると伝わる。

天文十二年（一五四三）の文書では津野氏が城番となっている（『南路志』）。天文十二年六月十七日付の津野基高下知状によると同月十日に大野見で畑（幡多）衆との合戦があったことが知られ、同年十月二十四日・十二月十一日の津野基高下知状で戸田長衛門尉・桑かいち源左衛門が定番として城を守っていたことがわかる（『戸田文書』）。

津野氏は伝承によると、平安時代後期に伊予から土佐に来国し、檮原・津野山を本拠として津野氏を名乗ったという。子孫は半山の姫野々城を居城として勢力を伸張する。やがて激動の時代により永正十四年（一五一七）恵良沼の戦から一條氏に降り（『古城伝承記』）、長宗我部に降りたが（『土佐軍記』）、一條と長宗我部の戦の時には、この大野見城が前衛の城として利用されたことは間違いないであろう。周辺では伊勢川大坊根城を出城に持つ。

現況は檜の人工林である。ゆえに眺望はまったくきかないのが残念である。

【縄張りの特徴】

城跡は、主郭となる曲輪Ⅰと堀切、竪堀、畝状竪堀から構成される城跡である。

曲輪Ⅰは標高四〇三mにあり、長径三一m、短径二一mである。虎口や当時の通路は確認できない。南尾根端部に小郭が見られるが、後世の畑跡と思われる。

堀切は曲輪Ⅰ東支尾根に一条、西支尾根に二条、南尾根に四条、北尾根に五条設えられ、共に竪堀を延ばしている。堀切は曲輪に近い方から第1、2…として細かく見ると、西第1堀切が西面で分流しており、南堀切では第3と4の上部が消滅しており、第1と2は東面で合流し、第3の東面は上部から小さな竪堀が連結している。北堀切は第4の東面が尾根付近から分流しており、西面を見ると小さな竪堀を伴っている。

畝状竪堀は曲輪Ⅰの南～西部にかけて構築しており、南斜面に八条、西斜面に五条である。こちらも東部から第1～13として細かく見ると第5は南第1堀切に繋がり、第9は西第1堀切に連結している。

【城跡の見所】

小規模な山城であるが、集落直上の尾根先端部に築かれたこの城跡は、曲輪を取り巻く畝状竪堀と切岸、各尾根の堀切並びに竪堀がこの城の見所となろう。畝状竪堀の斜度は最大四〇度と急峻であり、さらに曲輪直下の南堀切は竪堀を延ばしており、東面下に最大上幅四・八m、深さ一・五m、斜度三八度で六〇mを超える長さがあり、西面下へは最大上幅四・一m、深さ一・一m、斜度三八度で五〇m弱とスケールの大きい普請がされている。

南尾根から西面に備えた防御施設を見ると、幡多の一條勢力を意識しての縄張りが考えられる。なお曲輪Ⅰから鎧の小札一枚と備前焼、染付をはじめとする渡来磁器の破片が表採されている。

（大原純一）

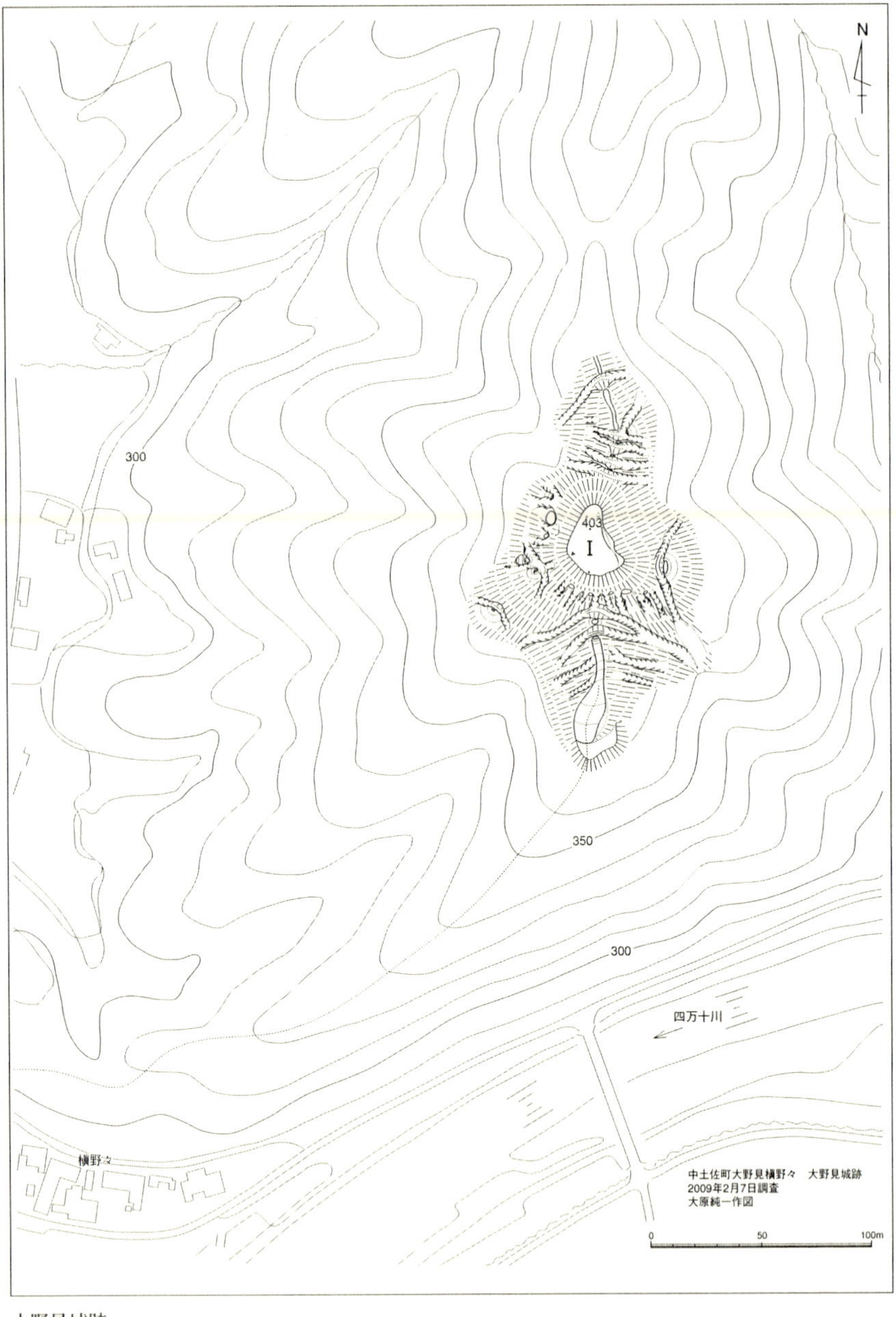

大野見城跡
所在地：高岡郡中土佐町大野見槇野々
調査日：2009年２月７日
調査者：大原純一
作　図：大原純一

14 檮《ゆす》原《はら》城跡

◆所在地／高岡郡檮原町飯母
◆標　高／五二二ｍ　◆比　高／一一〇ｍ
◆主な遺構／連続堀切

檮原城跡遠景

【地理と訪城ルート】

高岡郡檮町飯母に所在している。現役場を中心域とする平地をこの檮原城を本城として、岡之城、和田城で東、西、南と三方に備え、北方は少し離れるが遠見ヶ城、鷲ヶ森城を配して防備しており、檮原川と往還を扼する位置に構えられている。

訪城には車で行くとよいが山麓には駐車場所がないので、檮原町役場の駐車場を利用させてもらうのがよい。

調査時には南斜面から登ったが、城跡についての標識、説明板等はなく、近年まであったという山畑への道も途中で消滅しており、雑木及び植林の斜面をひたすら上へ登ることになる。

さらに、飯母第一隧道北側で城跡東側裾部に所在する墓地周辺から登れるルートもある。

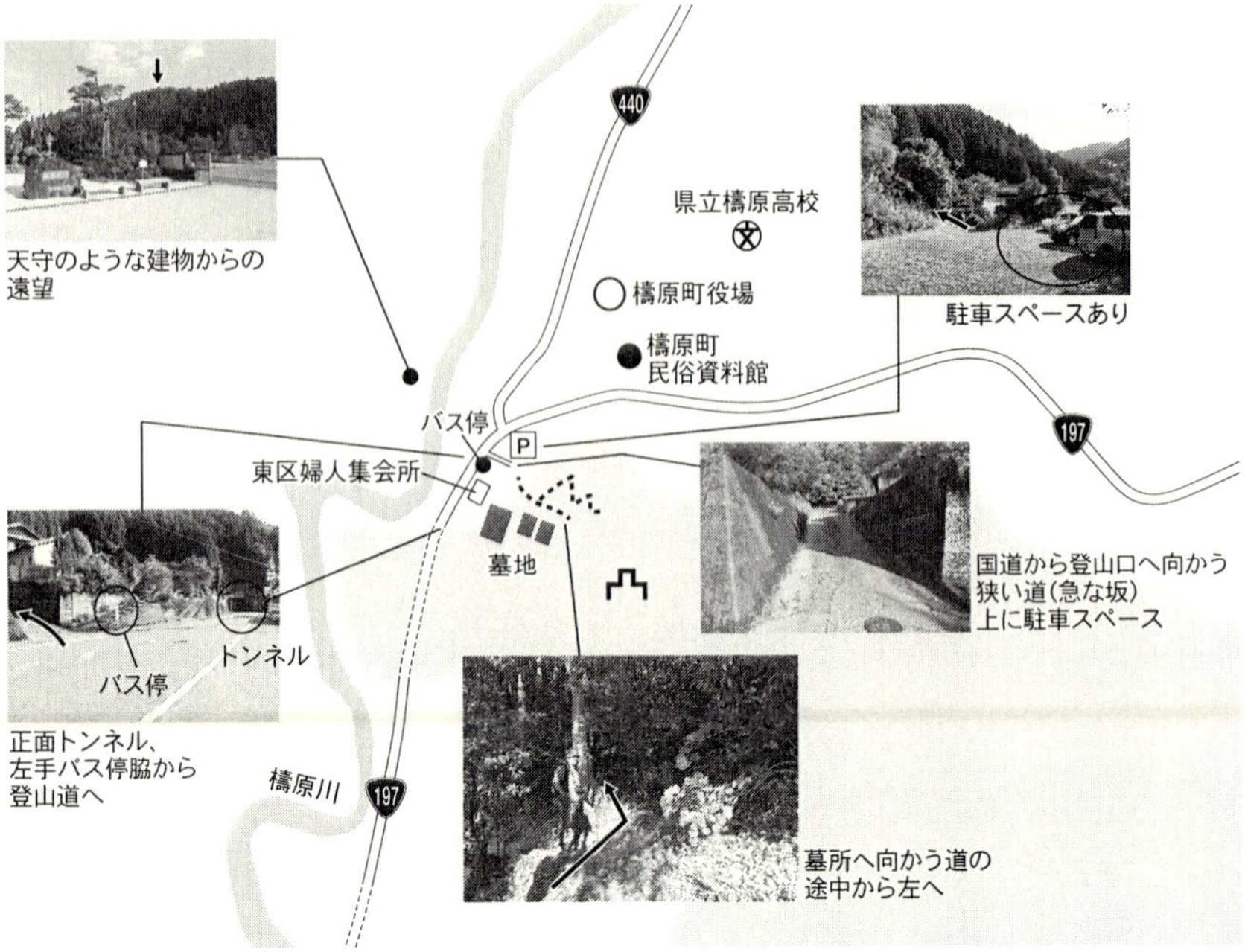

天守のような建物からの
遠望
駐車スペースあり

国道から登山口へ向かう
狭い道(急な坂)
上に駐車スペース

正面トンネル、
左手バス停脇から

墓所へ向かう道の
途中から左へ

【城の歴史】

城主については、「椅原村　古蹟　古城跡三處　一本城號二持ノ之内一在二本村六十余社ノ東南ニ一（下略）」（『土佐州郡志』）。城名は持ノ内と称している。

檮原城跡　（前略）津野家中老中平之房が、檮原御境目番頭として、檮原勢とともに、伊予（愛媛県）軍の侵攻を退けたという。七代繁高時代の戦術故事より、もち打城（餅打城、持内城）という別名がある（『ゆすはらの文化財』）。

「檮原城　古城記云　中平兵庫介元忠居之。」（『南路志』）。中平兵庫介が出てくるが津野氏の一族である。檮原は津野氏の本荘（吾井郷・現須崎市）から拡大開拓され、新荘として組み入れられ、津野氏一族が領している。

【縄張りの特徴】

城跡は檮原町市街地の南尾根に曲輪が構えられ、各尾根には堀切及び堀切から派生する竪堀を設えた城構えである。堀切は東尾根に四条、西尾根に五条あり、さらに曲輪の北支尾根に計三条、南に一条確認できる。現況は雑木と杉、女竹との混林で、西尾根北面は杉林である。

曲輪Ⅰは標高五二二m、長径二五m、短径は中央部で一〇mあり両端は拡がる。東部には土塁が高さ一・二m

で残存している。現在この土塁の北端には小径が残存するが、中央部は後世の通路に利用されていた関係で崩落が進み形状も変化している。土塁上には今は使われなくなったサイレン塔と曲輪中央部西には鉄塔基礎と陥没穴、さらに東部にも低い段差があるが、これは鉄塔建設時に平地確保の際のものであろう。加えて電柱も確認できることと、近年まで畑地として利用されたことから、原状の変化は覚悟しなければならない。北部中央部の窪みは虎口があったかも知れないが、かなり拡がっており、鉄塔材料等の運び込みの際、ここが利用されたものと推測する。曲輪Ⅱは長径三一m、短径二三mである。曲輪Ⅰとの比高差は約一mで、南北端には曲輪Ⅰからの武者走り土塁が残存している。西部には土塁が高さ〇・六mで残存しているが、中央部はここも近世の通路として利用されたためであろう、根石が現れ崩落が進んでいる。

曲輪Ⅰ直下西堀切

堀切土留石

曲輪Ⅰ北面下支尾根に一条の堀切が確認されるが、堀切から延びた竪堀が東部は消滅し、西部はかすかに確認できる。曲輪Ⅱ北面下支尾根にも二条の堀切があり、堀切（上）は堀切から延びる竪堀が確認できる。堀切（下）は堀切から延びる竪堀がかすかに確認できるが、堀切（下）自体は後世の畑地利用で消滅している。南面下にも堀切跡が一条あり、竪堀が東面下に延びているが、西部は後世の畑地利用で消滅している。東尾根四条の堀切は、すべて堀切から竪堀を延ばしており、西尾根五条の堀切も同じく堀切から竪堀を延ばしている。

【城跡の見所】

曲輪東西尾根に設えられた連続堀切と堀切から派生する竪堀が一つの見所となる。防御の為には、支尾根にも堀切を設け竪堀を延ばすという防備面での意気込みが伝わってくる。特に曲輪直下の堀切は、東部が有効上幅九・三m、曲輪側に対して深さは四・四mあり、西部は有効上幅一〇・七m、曲輪側の深さ五mを測る。

（大原純一）

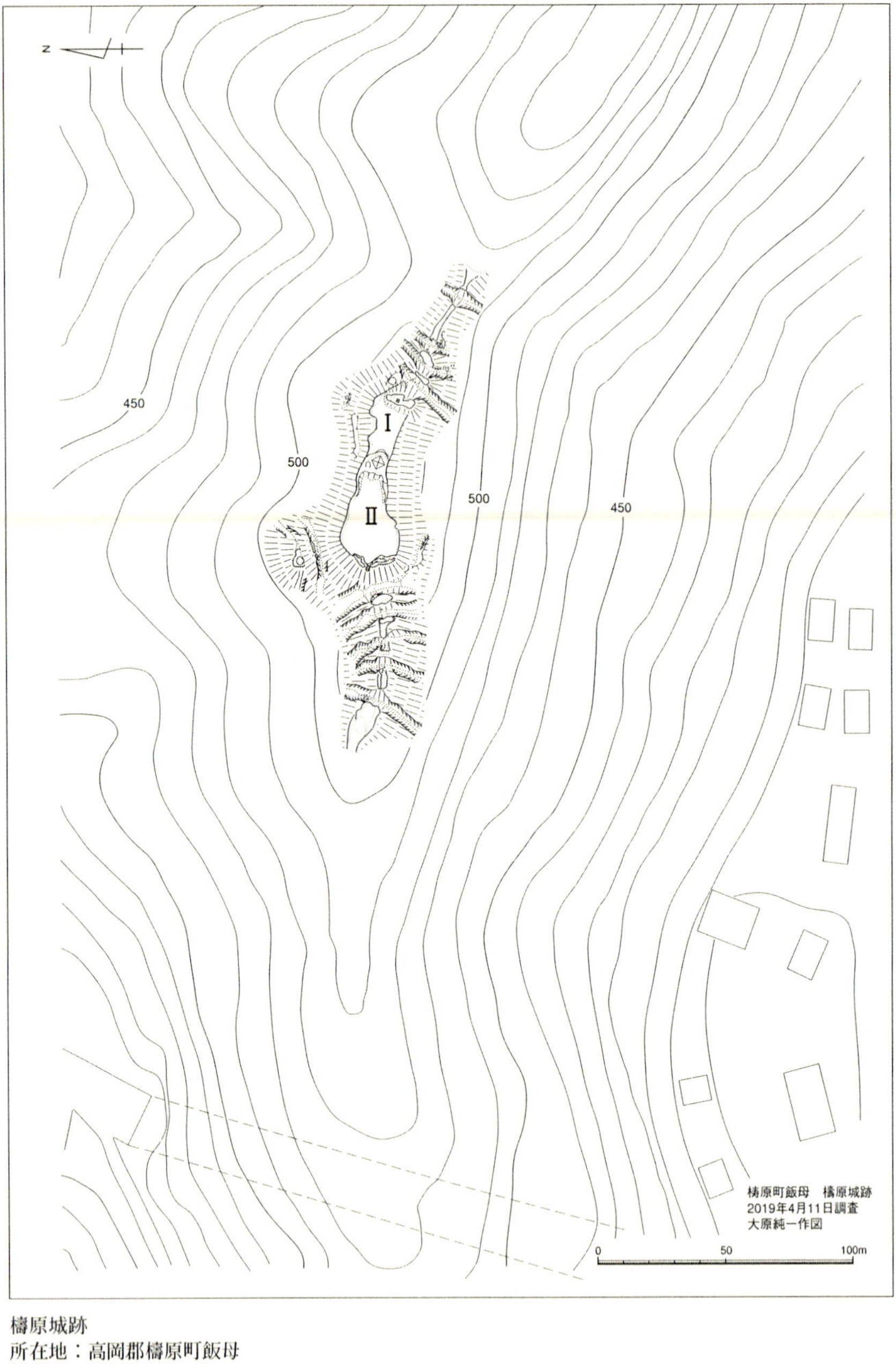

檮原城跡
所在地：高岡郡檮原町飯母
調査日：2019年 4 月11日
調査者：大原純一
作　図：大原純一

15

岡《おか》本《もと》城跡

（巣ノ森城）

◆所在地／須崎市下分甲城ヶ谷
◆標　高／一六九ｍ　◆比　高／一六四ｍ
◆主な遺構／曲輪、堀切、竪堀、畝状竪堀群、竪土塁
◆市指定史跡

岡本城跡遠景

【地理と訪城ルート】

岡本城跡は須崎市下分甲城ヶ谷に所在する。須崎市新荘川の河口部を見下ろす場所に位置し、新荘川左岸（北岸）にある。高知自動車道須崎西ＩＣ出入口の国道五六号を南から北へ向かい、新荘川橋から左上に見える山上の鉄塔が岡本城跡の出丸（西ノ段）である。新荘川橋を渡りそのまま直進し最初の信号で左折する。須崎中学校・旧県立須崎高校校舎を右手にみて新荘川上流方向に約四〇〇ｍ進むと、新荘小学校へ続くやや細い道があるのでそこを右折する。南側（川）から北側（山）に向かって見上げると左手に鉄塔が見える。城跡の南麓には須崎市立新荘小学校があり、この小学校付近は「大木戸」という。この辺りが城郭の大手だったと思われる。登城するには、小学校に声をかけて駐車をお願いするとよい（自動車利用の際）。新荘小学校東側の狭小な道路を山に向けて進むと谷間に流れる沢がある。その脇を登山道が

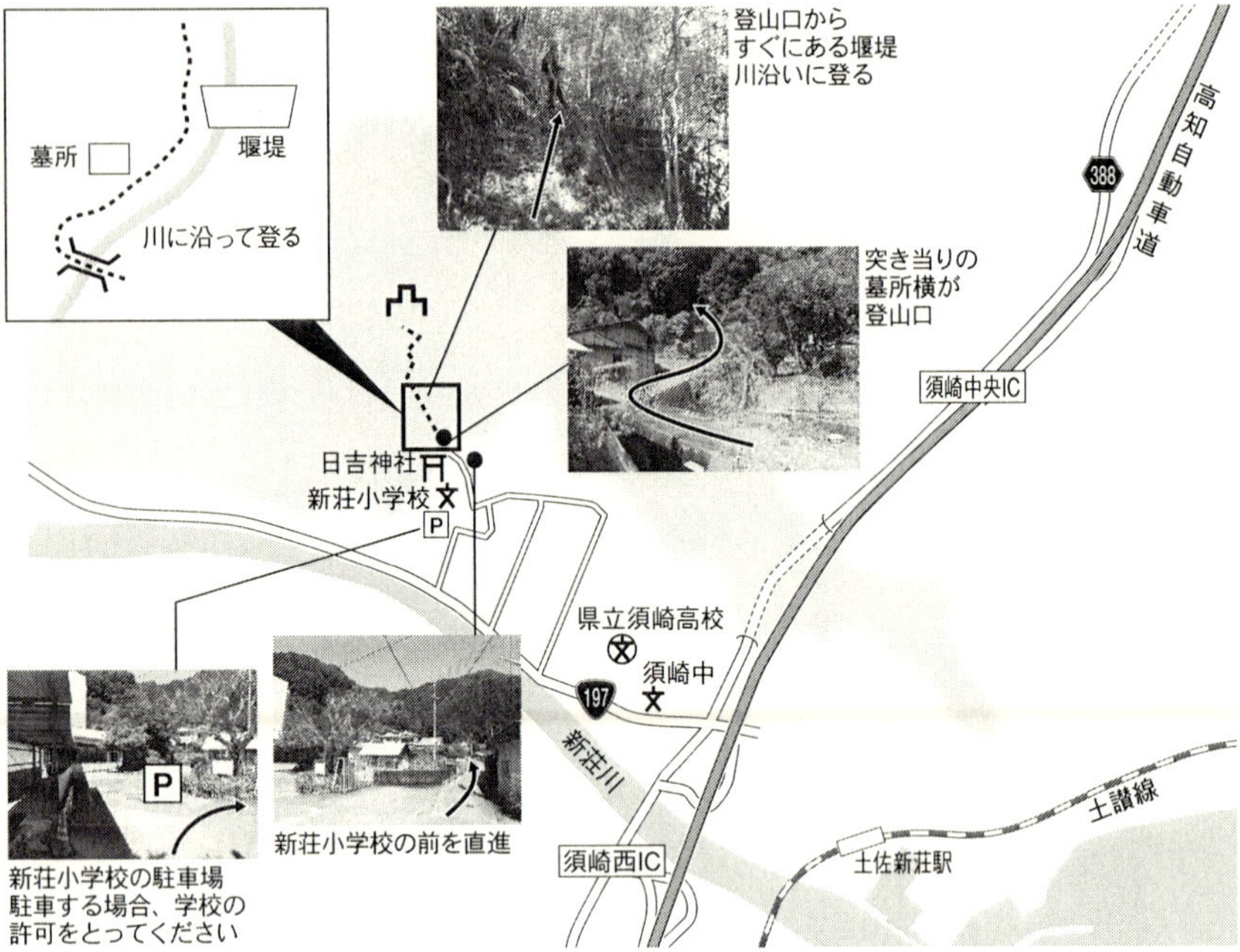

続いている。沢両岸に道があり山頂に向かって左側を登り、少しわかりにくいが、途中左手に登山道が続いている。右にも登山道があるが途中途切れてしまい登りにくくなるので右の道は避けたほうが良い。少し登ると、谷の部分に倒木があり、登山道がわかりにくくなっているところがあるが道をたどって上へ進むと、道は曲輪Ⅰ・Ⅱ（東ノ段）と曲輪Ⅲ（西ノ段）を結ぶ尾根に至る。左右どちらに進んでも城郭遺構があり、左手に進むと出丸（西ノ段）と思われる曲輪で、右手に進めば主城の曲輪である。定期的に人は登ってきているようで、一旦尾根線に出れば比較的歩きやすい城跡である。

【城の歴史】

築城年代は不詳である。南北朝時代には北朝方の佐伯経貞（堅田小三郎）の居城であったといわれている。その後、戦国期には津野氏の支城となり中平氏が城監となる。津野氏は一條氏に降りここを一條氏が領有し、後に長宗我部氏の番城とされている。

【縄張りの特徴】

東西の広い範囲が城域で、東側主城（東ノ段）の平場は曲輪Ⅰと曲輪Ⅱ（**写真**）、そして曲輪Ⅲ（出丸・西ノ段）で縄張りが構成されている。東ノ段と西ノ段の間には少し小高い円形の平場がある。これが城郭の遺構かどうかはわからないが、ここには櫓が建っていたかもしれない。

主城の侵入ラインである尾根線にみられる連続堀切、堀切横に構築された二条の竪堀などから、戦国期の津野氏、一條氏や長宗我部氏の城郭構築技術が推察される。出丸（西ノ段）への尾根線からの侵入ラインには一条ないし二条の堀切しか構築されていない。このことから、出丸と思われる西の曲輪は、築城年代が古いのかもしれない。

曲輪Ⅰ

曲輪Ⅱ

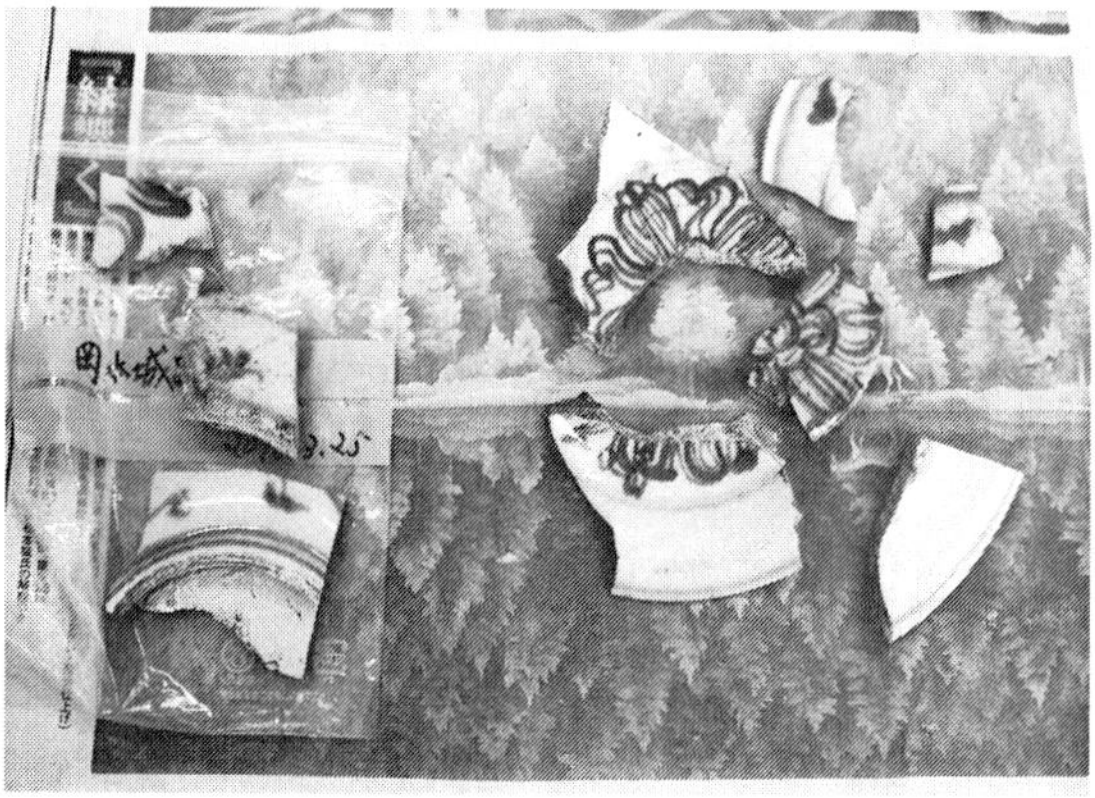
岡本城跡表採遺物

【城跡の見所】

二ノ段下の西側斜面に放射状に構築された畝状竪堀群（写真）、畝状竪堀群に続くやや緩斜面には他の城郭ではあまり見られない見事な連続した五本の竪土塁（写真）が存在する。竪土塁の上には五輪塔の最上部、空輪の欠けた一部が転がっている。現在、その竪土塁で挟んでいる底部は堀状にはなっていないが、実際は堀状になっていたかもしれない。曲輪Ⅱ（二ノ段）下の西側斜面の放射状畝状竪堀群は、佐川町の松尾城跡にみられるものと非常に酷似しており、岡本城・松尾城ともに津野氏の影響下にあった城郭であったことからも津野氏時代の遺構ということは否定できない。また、敵兵の侵入ラインである尾根筋には複数の連続堀切があり、尾根線からの敵の侵入を意識した城郭構成となっている。連続した堀切は尾根線を切り、畝状竪堀群を施した須崎市葉山村にある津野氏の本城である「姫野々城」の城郭構成も想起させる城郭であり、津野氏の支城であったということが納得できる城郭である。また、曲輪Ⅱの平場や竪堀の斜面表面には青花片・青磁片などの輸入陶磁片が落ちており、どのような人物がこの城郭に君臨していたのか、この城跡に立ち想像するだけでも、ロマンが掻き立てられるのではないだろうか。

（尾﨑召二郎）

畝状竪堀群

竪土塁

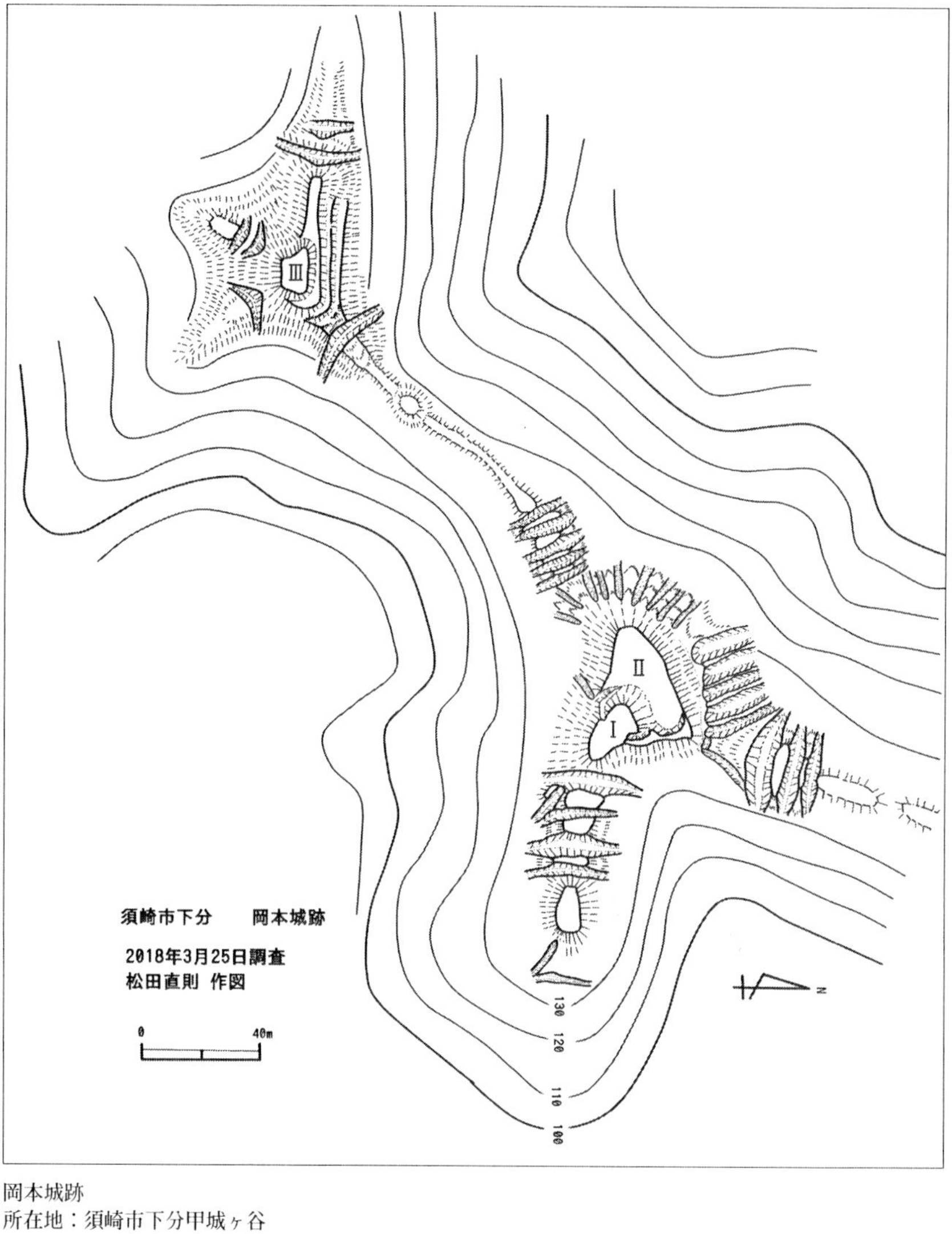

岡本城跡
所在地：須崎市下分甲城ヶ谷
調査日：2018年３月25日
調査者：松田直則・尾﨑召二郎
作　図：松田直則

16
針《はり》木《ぎ》城跡

◆所在地／須崎市神田張城
◆標　高／二二八・五ｍ　◆比　高／一九〇ｍ
◆主な遺構／竪堀・堀切

針木城跡遠景

【地理と訪城ルート】

　須崎市神田に所在している。東方の高岡、浦ノ内方面からは古くから往還が通っており、これを扼する位置に立地している。

　公共機関はＪＲとバスがあるが多ノ郷駅からも離れており、時間に余裕の持てる車の利用をおすすめする。城跡は神田集落南の尾根頂上にある。駐車場がないので道路脇の空地や土地の人に聞きながら集落内の空地への駐車となる。今は城跡への道がないので地図を頼りに南尾根から派生した北支尾根の四国電力鉄塔へと足を運び、南の高い尾根を目指し登ることになる。東西に走る尾根にたどり着いたならば西に向かいピークを目指す。やがて堀切四条を経由し、さらに斜面（切岸）を上がると最高部曲輪Ｉに到達する。標識や説明板はない。

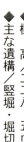

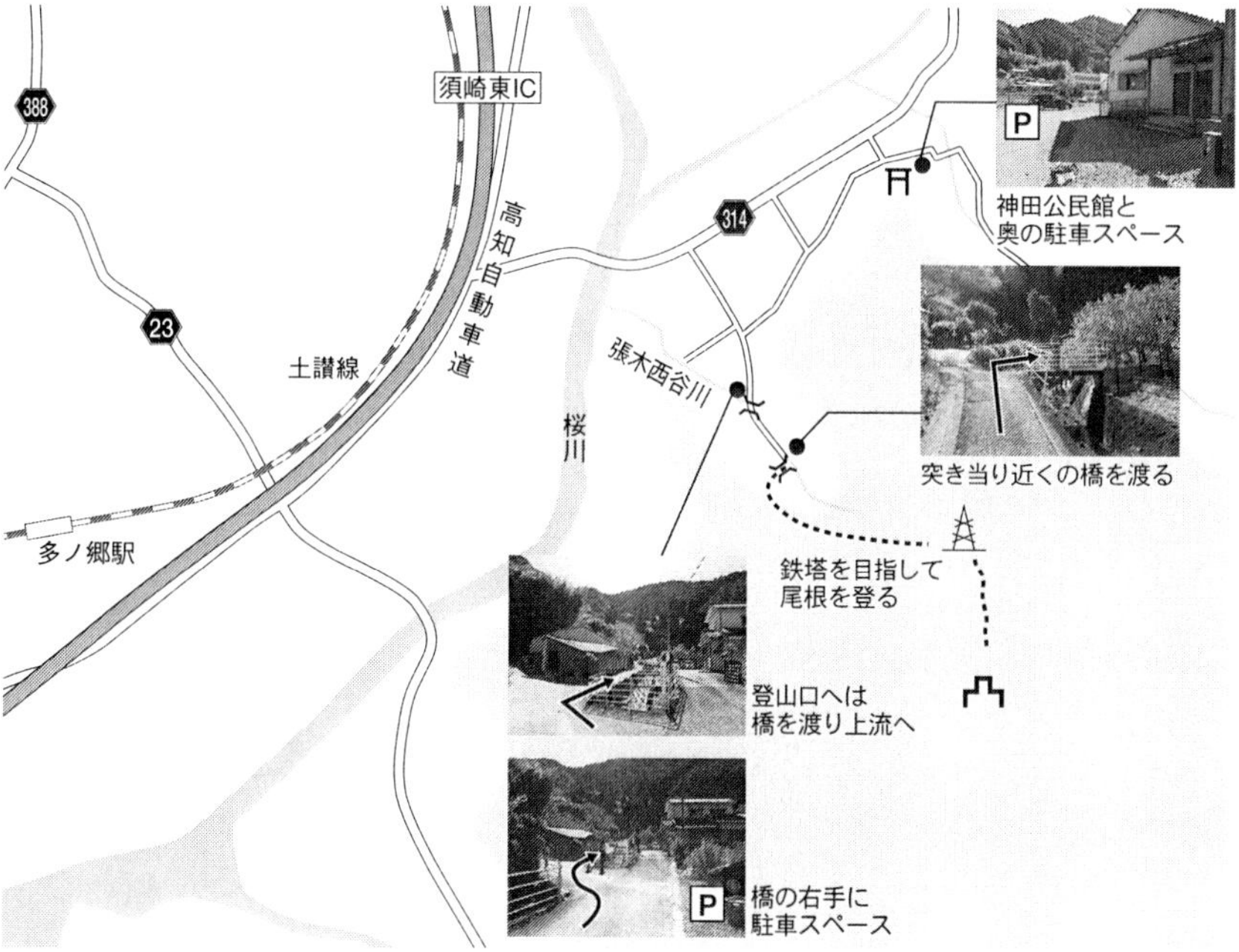

【城の歴史】

資料では「神田村　古蹟　古城跡　曰二今城山一押岡神田ノ界也傳云松岡久兵衛ト云者ノ之所レ居或曰北川次郎左衛門ト云者居ルレ此ニ到レ今土人為二城主ノ一祈二冥福ヲ一」（『土佐州郡志』）。城主は松岡久兵衛と北川次郎左衛門が出ている。

「多ノ郷城　古城記云　津野氏出城。土佐遺語曰多《ママ》郷犬帰ノ古城、津野氏所新築也」（『南路志』）。犬帰ノ古城は現在須崎城と呼んでいる城と思われるが、歴史上からは一條氏は高岡周辺まで東進して戦をし、津野氏も一條氏と戦ったり、降伏したりして動いており、当然要衝を抑えるこの城も歴史の片鱗を秘めているのであろう。

【縄張りの特徴】

尾根頂部に曲輪を構えた小規模な城跡である。三角点のある曲輪Ⅰの標高二二八・五ｍを頂部として、ここから西尾根にかけて曲輪Ⅱ、Ⅲ、Ⅳと曲輪を構え、堀切、竪堀、畝状竪堀で防備した城跡である。曲輪Ⅰの長径一一・六ｍ、短径六・八ｍ、曲輪Ⅱは長径二〇・〇ｍ、短径七・〇ｍと狭小であり、曲輪Ⅰは小規模で曲輪Ⅱとの段差は〇・九ｍしかなく、本来曲輪Ⅱが主郭でⅠは櫓台に利用されたかと推測する。曲輪Ⅱ中央南部から曲輪Ⅲ

曲輪Ⅰ

南面竪堀

西尾根堀切

東端にかけて通路が走っている。曲輪Ⅲの北部には出張った傾斜面があり、幅五・八m、斜度二五度を測る。曲輪Ⅲの長径一八・三m、短径八・〇mである。西端部には露岩があり岩上は物見に利用できる。ここより土塁が曲輪Ⅳ南端に向けカーブして下降し、西直下堀切と機能させ護りを堅固にしている。曲輪Ⅳは長径二二・五m、短径五・八mあり、北面の竪堀、直下の西堀切、竪堀と共に北と西を護る曲輪である。堀切は東尾根に四条、付随の南支尾根に一条、北尾根に三条、西尾根に六条と付随の南支尾根に一条設えられている。曲輪Ⅰ、Ⅱの北面には畝状竪堀が三条設えられ、曲輪Ⅰ直下の北尾根堀切から延びた竪堀とうまく機能させている。ただ、西二条の上部は今次大戦の陣地となったが故に大きく変化が見られる。北支尾根の堀切から延びた竪堀は東西の斜面に三条ずつである。東尾根の堀切から延びた竪堀は南面五条、北面は二条である。西尾根の竪堀は曲輪Ⅲ直下の堀切から延びた竪堀と機能させており、南面に四条、北面も四条である。

現況を見ると、曲輪は雑木の疎林で、南面は雑木林、北面は檜林である。故に眺望が良くないのが残念である。

【城跡の見所】

曲輪周辺の空堀配置が見所となる。目を引く曲輪Ⅲ、Ⅳ直下から北西に延びる竪堀は、畝を伴いながら上幅五・五m、深さ一・二m、長さ五二m、斜度は二八度を測る。

縄張りを見て分かるように、小規模ながら堀を多用し四方に備えており、防御上からもその意気込みが伝わってくる城跡である。

（大原純一）

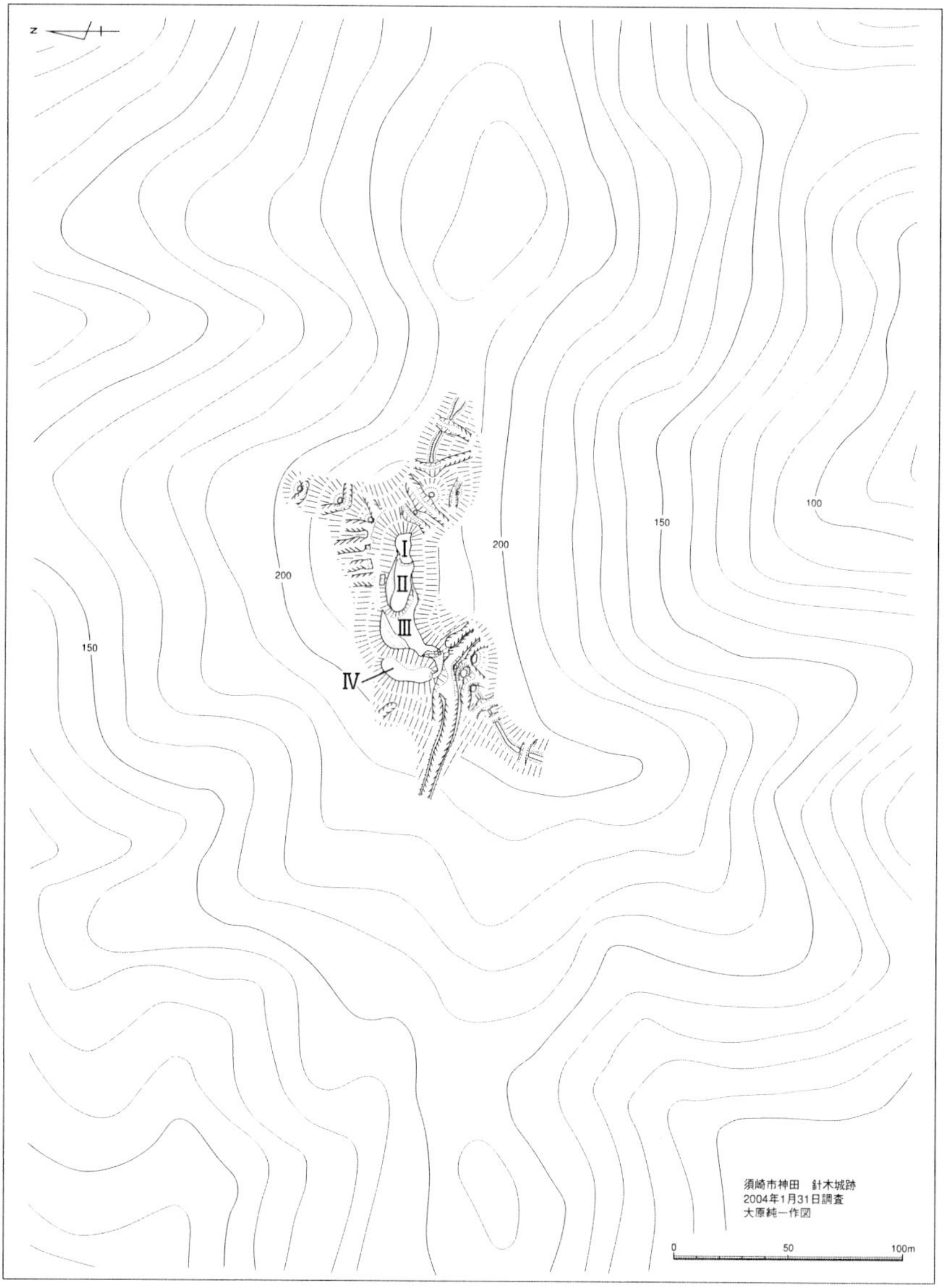

針木城跡
所在地：須崎市神田張城
調査日：2004年１月31日
調査者：大原純一
作　図：大原純一

17 蓮《はす》池《いけ》城跡

◆所在地／土佐市蓮池
◆標　高／三五ｍ　◆比　高／二〇ｍ
◆主な遺構／切岸

蓮池城跡遠景

【地理と訪城ルート】

土佐市蓮池に所在する。土佐市の市街地西側で、県道三九号の中村街道を西に進むと国道五六号土佐市バイパスと合流する地点の南側に独立丘陵が見える。この丘陵上に、構築されているのが蓮池城跡である。城山公園となっており、国道から土佐市消防本部の南側の市道の入り口に小さな案内板がありそこを少し入ったら、数台が置ける駐車場があり城跡に上がる階段が見えてくる。

【城の歴史】

築城したのは、嘉応二年（一一七〇）平重盛の家人で蓮池家綱と伝わり、その後大平氏が城主となっている。蓮池氏が築城したと伝わるが、この地を平安時代末期の段階で蓮池氏が支配していて、源頼朝の弟である希義を追撃した歴史があるが、蓮池氏の築城説は疑わしい。その後大平氏が、蓮池城を築城した可能性が強いが、いつ

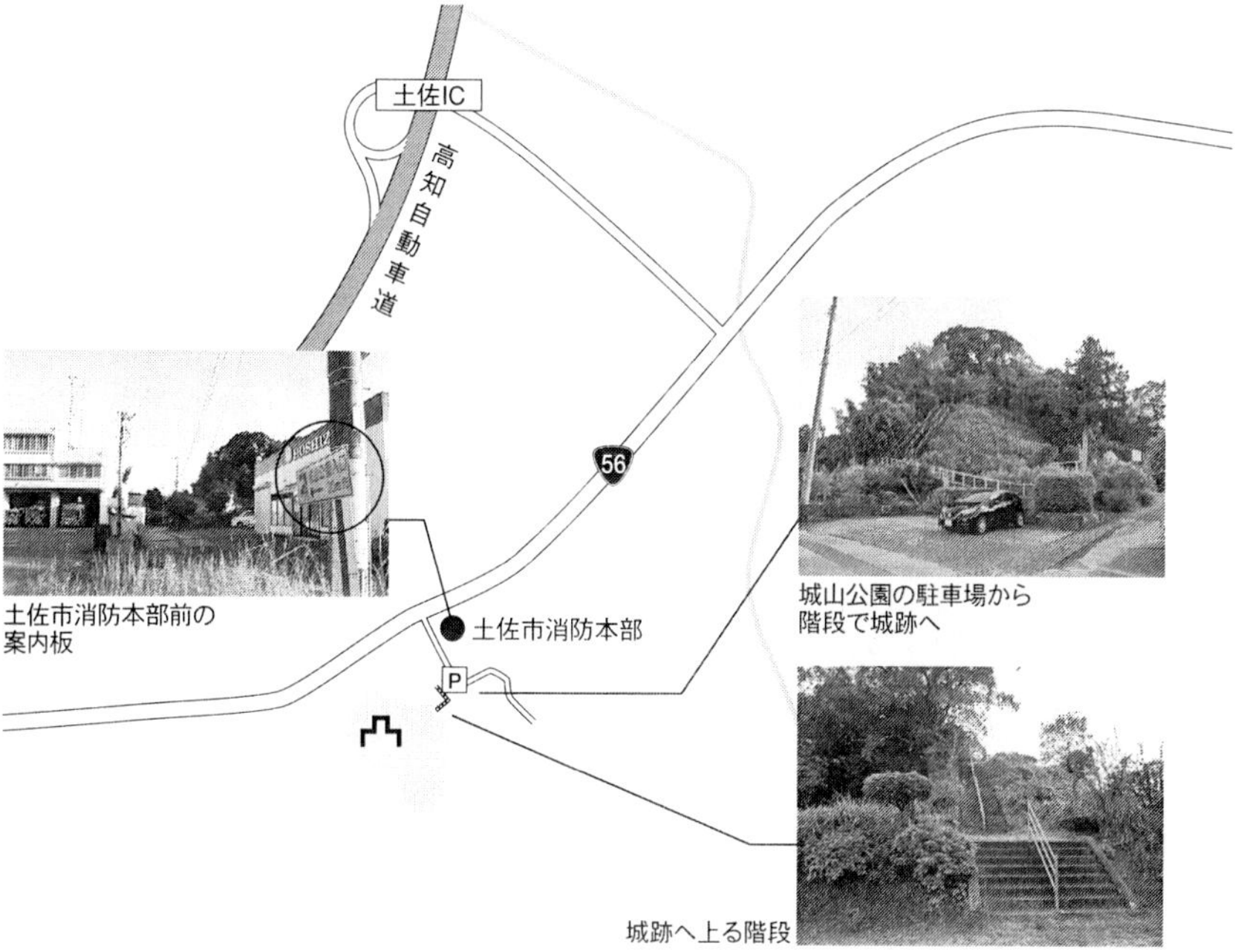

土佐市消防本部前の案内板
城山公園の駐車場から階段で城跡へ
城跡へ上る階段

の段階かは不詳である。大平氏は南北朝期に当初南朝方として活躍しているが、その後足利氏の北朝方となっていることなど、この地での戦闘があり緊張関係が続いた時期に構築された可能性がある。

大平氏は、鎌倉時代から室町時代始めにかけて勢力を持っていたと考えられ、蓮池城跡の北側を走る土佐市バイパス関連の発掘調査でも、多くの遺構が検出され多彩な遺物が出土している。中世後半になると、出土遺物も少なくなり大平氏の勢力も衰え始める。しかし、応仁二年（一四六八）には一條教房を井尻港から蓮池城かその近くにある屋敷に迎え入れており、この時までは城跡も機能していたと考えられる。これまでの研究では、細川氏の内衆として京で活動し大平宗家は在京し、土佐には一族を派遣していた。応仁・文明の頃守護となっており、その頃大平国雄が蓮池山に城を築いたと考えられている。しかし京での戦闘が激しくなり宗家も土佐へ下り、後ろ盾の細川氏の衰退したことで、大平国雄が蓮池城を要害化したとの指摘もある。しかし、城跡から貿易陶磁が表採でき、青磁の片切彫り蓮弁文碗の破片は大平氏の勢力がある十五世紀前半までのものであるので、その頃までには城は構築され機能していた可能性がある。その後十六世紀の前半になると、仁淀川対岸の吉良氏も本山氏に攻められ没落しており、同時期に一條氏の支配が及んでくるに従い天文年間頃には大平氏の勢力はなくなっていたと考えられる。この時期本山氏や一條氏の支配下で蓮池城も機能したと考えられる。仁淀川を超えて長宗我部元親が勢力が拡大して行く永禄末から元亀年間の頃には、長宗我部元親の弟である親貞が蓮池城に入城している。蓮池城は、大平氏の後本山氏や一條氏、長宗我部氏とそれぞれの時期に機能していたと考えられるが、地検帳では御詰ノ段、三ノ段、蔵ノ段のホノギが残り、豊永とか吉良など元親の家臣団名が見られることから天正十七年（一五八九）段階でも城としての機能が残っていたと考えられる。

曲輪Ⅰ

曲輪Ⅳの切岸

曲輪Ⅰの石碑

【縄張りの特徴】

小規模な独立丘陵に構築されている蓮池城跡であるが、地検帳や現在のホノギ推定図をもとにされた研究では城の廻りには幅の広い堀が想定されており、北側は二重で南側は一重の堀と想定されている。堀に囲まれた城として復元されているが、堀の掘削時期等は不詳である。城跡周囲は湿地が多いと推定されているので、自然の堀としての機能をしていた。主郭は、西端で標高の高い曲輪Ⅰである。規模は約三〇mの不正円形状の曲輪で、西端に一段高い櫓台状の小規模な平坦部を持っている。周囲は切岸で防御されており、現在東側は曲輪Ⅱに降りられる階段が敷設されている。曲輪Ⅰについで標高の高い曲輪がⅣで、城跡の南側に位置し南北中央部幅が約四〇、東西が一七mを測る規模である。その北側に、曲輪Ⅲが二〜三m低く造られている。長軸が約四三m、短軸が八〜一五mで中央部が狭い。曲輪Ⅲの北端から北東部に向けて曲輪Ⅴが造られており、長軸約三〇m、短軸一五〜二〇mを測る規模を持つ。曲輪Ⅱと曲輪Ⅲの間には狭い平坦部があるが、後世の公園化された時の造成等も考えられる。また、曲輪Ⅳと皿の周りに帯曲輪状の平坦部が存在する。曲輪Ⅳの南端には数段の平坦部が存在するが、この場所には若一王子神社や祠が鎮座している。曲輪Ⅳからは、高岡平野の西部を見渡すことができ、西からの攻撃に備えた曲輪配置の可能性もある。

【城跡の見所】

城山公園となっているので、歩きやすく登りやすい。しかし、城跡としては公園整備で破壊されて当時の面影がないところもある。特に曲輪Ⅱ周辺の平坦部は、後世の改変が加えられている可能性がある。曲輪Ⅰの西側櫓台状の平坦部やその西から南斜面は当時の地形が残存しており切岸なども確認できるので裏側に回って見てほしい。また曲輪Ⅳの斜面部も切岸が残っており、帯曲輪からⅣに登ることはできない。このように、この城は竪堀や堀切などは確認できず切岸で防御している城である。

仁淀川対岸の吾南平野に所在する芳原城跡と同じような城造りがされており、同時期に構築された可能性も考えていく必要がある。

（松田直則）

曲輪Ⅰから土佐市街

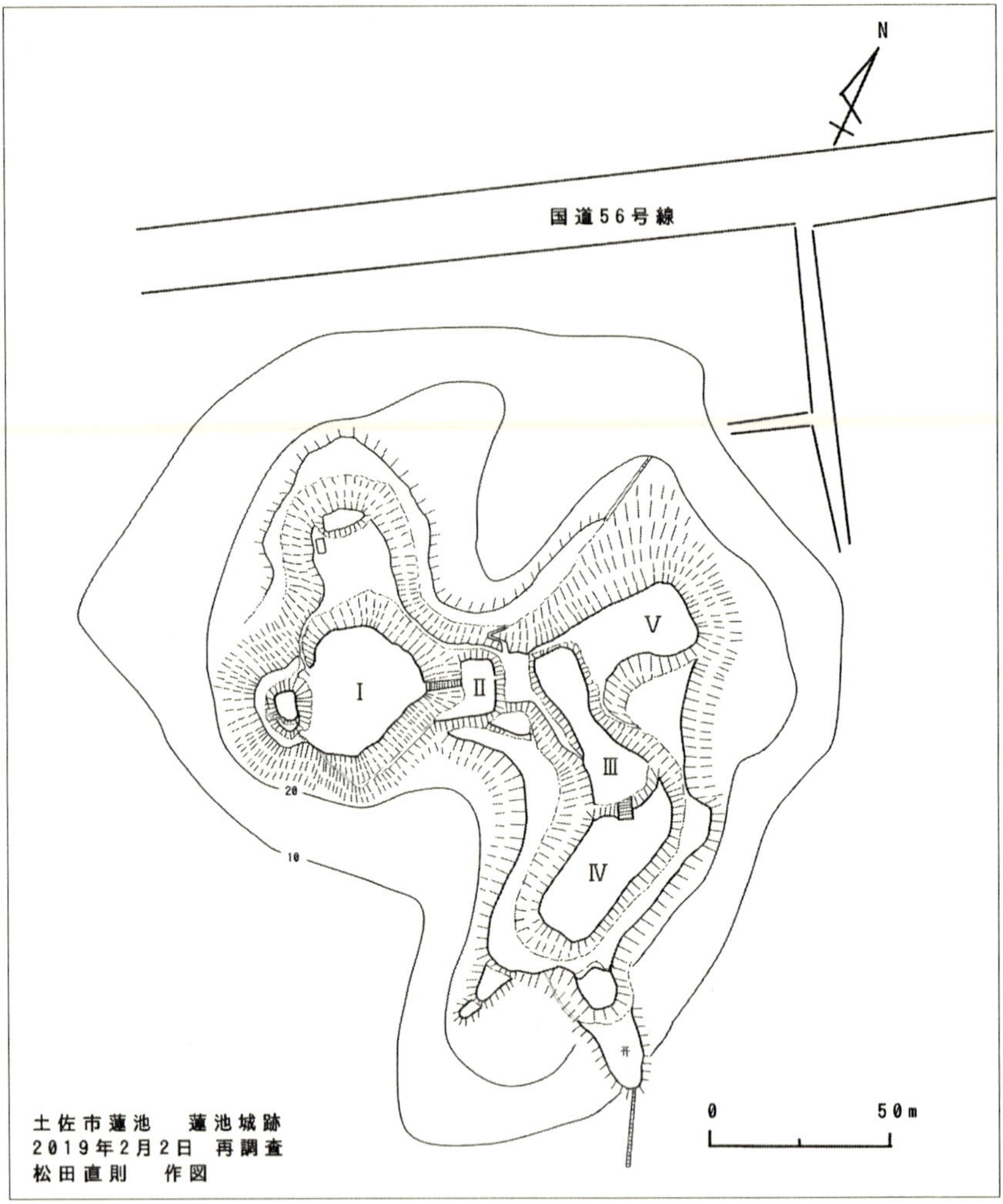

蓮池城跡
所在地：土佐市蓮池
調査日：2019年２月２日
調査者：松田直則・尾﨑召二郎
作　図：松田直則

伊乃保岐城跡遠景

18 伊《い》乃《の》保《ほ》岐《き》城跡（戸《へ》波《わ》城）

◆所在地／土佐市戸波下本村古城
◆標　高／一〇〇ｍ　◆比　高／九〇ｍ
◆主な遺構／曲輪、堀切、竪堀、畝状竪堀群、横堀、土塁
◆その他／市指定史跡

【地理と訪城ルート】

土佐市本村字古城の独立丘陵にこの城跡は所在する（土佐スマートＩＣの南側に位置する独立丘陵）。県道二八七号（家俊岩戸真幸線）のＪＡの道路向かいに「戸波城址」の石碑と案内板が建てられている。「戸波城址」と刻まれた石碑向かいに見える山は城跡ではなく、石碑の裏側から見上げた山が城跡である。丁度、石碑の裏側から見上げて右手の山頂が詰ノ段である。県道二八七号の旧道「岩戸橋」の北側約一〇〇ｍに人一人通れるぐらいの小道があり石垣に沿って左に行った所から登城する。民家の裏を登ってゆくと、祠、更に進むとみかん畑に出る。畑の右の尾根に入り直登すると、北東側の堀切付近に出る。わかりにくい場合、地形図を片手に北側に墓地があり、そこから尾根伝いに登れば北東側の堀切にアクセスできる。

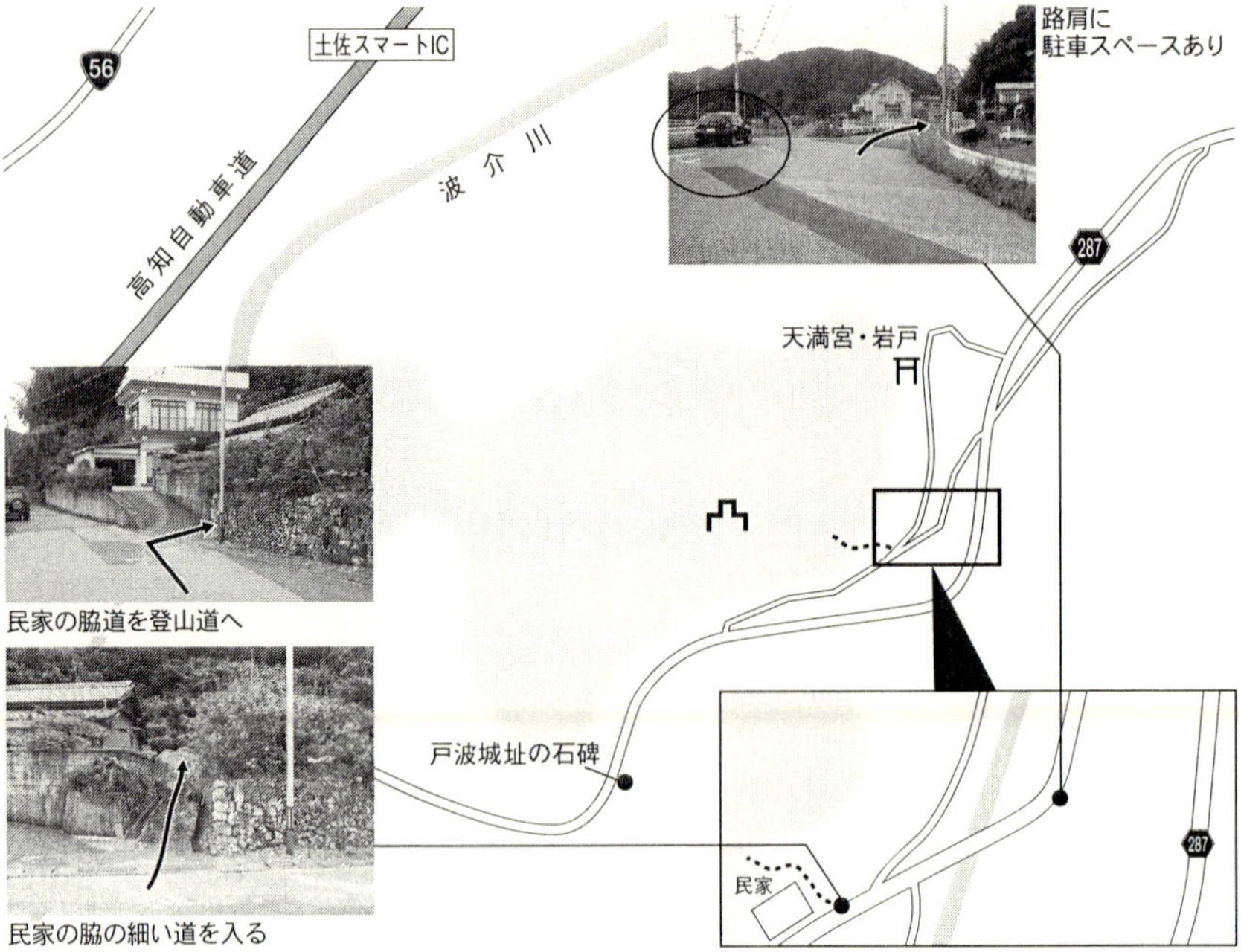

【城の歴史】

築城年代は不詳である。戦国時代初期には津野氏（津野内蔵左）の居城であったのだが、幡多の一條氏が東進し戸波城を手中におさめている。この戦いでは蓮池城主大平氏の援助があったと思われる。これ以後、一條氏の家臣福井玄蕃がこの城を守ることになる。永正十四（一五一七）年四月十三日、津野元実は戸波城奪回の号令の下、兵を繰り出したが、一條氏の命でかけつけた久礼城主佐竹掃部頭の兵が迫ってきた。これを見た福井玄蕃の城兵は門を開き打って出たので大激戦となった。津野勢は恵良沼（カマチ沼）の深い泥沼に追い立てられ、津野元実以下戦死あるいは溺死してしまったそうである。このころ城の周りは東・南・西の三方は崖で南には波介川が流れ、北側は恵良沼の深泥であったという。

その後、長尾出雲守正直が戸波城主となったと伝えられるが、永禄十二（一五六九）年、長宗我部軍（吉良左京進親貞）は蓮池城を謀略、逃れた一條氏の番兵を追い戸波城へと侵攻し、翌元亀元（一五七〇）年に戸波城は落城した。その後、長宗我部元親の従弟の長宗我部右兵衛親武（比江山親興の兄）が戸波城主となり、戸波右兵衛親武と称するようになる。彼は長宗我部一門で信望が厚かった。

親武は長宗我部国親の弟国泰の子で、元親の四国制覇の戦いで武功をたて、天正十二（一五八四）年、讃岐の十河城主となり、その後、元親が土佐に帰国したのちは城番として監視の役を果たし、豊臣秀吉の四国征伐に対しては、元親の命により讃岐の植田城で防衛の任にあたった。また、『土佐物語』巻第七「小島源蔵相撲の事」において、元親の家臣の長崎磯之助は八十人力もするが、親武は磯之助に勝ると記述されているため、相当の力自慢と認知されていた。右兵衛親武の跡は子の右衛門尉親清が継いだが、関ヶ原の合戦で、長宗我部氏が敗れ宗家秦氏の滅亡とともにこの城郭は廃城となる。

【縄張りの特徴】

独立丘陵上ほぼ全体に城郭遺構があり、非常に規模の大きな城郭である。平場は曲輪Ⅰ（東ノ段）・曲輪Ⅱ（二ノ段東）・曲輪Ⅲ（二ノ段北）・曲輪Ⅳ（詰ノ段）・曲輪Ⅴ（北ノ段）・曲輪Ⅵ（二ノ段西）・曲輪Ⅶ（三ノ段）・曲輪Ⅷ（四ノ段）そして出丸となっている曲輪Ⅸ（西ノ段）にある。東側の堀切の西に曲輪Ⅰ（東ノ段）の曲輪があり、曲輪Ⅰ東側（堀切側）と北側に土塁が残っている、堀切をはさみ曲輪Ⅱ（二ノ段東）の曲輪の西端に横堀がある。横堀の上段が曲輪Ⅳ（詰ノ段）で、細長く竹林となっている。その西に三つの曲輪があり、曲輪Ⅵ（二ノ段西）・曲輪Ⅶ（三ノ段）・曲輪Ⅷ（四ノ段）と続き、出丸である曲輪Ⅸ（西ノ段）に至る。曲輪Ⅳ（詰ノ段）の北側には堀切をはさみ舌状地形の曲輪Ⅴ（北ノ段）がある。各曲輪への接続部には堀切を施している。特徴的なのは、本城の西端にある曲輪Ⅷ（四ノ段）と出丸である曲輪Ⅸ（西ノ段）との間には合計七条の堀切があり、出丸手前の堀切は連続堀切となっていて本城の曲輪との接続部における築城思想が異なる印象を受ける。また、出丸である曲輪Ⅸ（西ノ段）は東西に細長く、西斜面に放射状の畝状竪堀群が複数構築されているが、一部採石により壊れ不明瞭となっている。

【城跡の見所】

見どころは、東端堀切の切岸は曲輪Ⅰ（東ノ段）の東端に土塁をつけていることで、切岸をより高く見せてお

出丸北側端の石積

り堀底から見上げると圧巻である。主城から尾根線によって続く出丸（西ノ段）への連続堀切（写真）そして、堀切底から出丸を見上げたときの切岸も特に迫力がある。この出丸には土塁の構築がなされていないが、切岸の迫力は県内城跡の中でもトップクラスの切岸（写真）である。また、出丸の北側端には崩れ防止のための石積（写真）があり土塁の構築はない。この城郭においては主城と出丸の構造の違いは明らかであり、城主が目まぐるしく変わっている経緯の中で様々な変化があったことがしのばれる。かなり広い城跡であるが、特に出丸の構造は、土佐市の城跡では随一である。

（尾﨑召二郎）

出丸の切岸

出丸手前の連続堀切

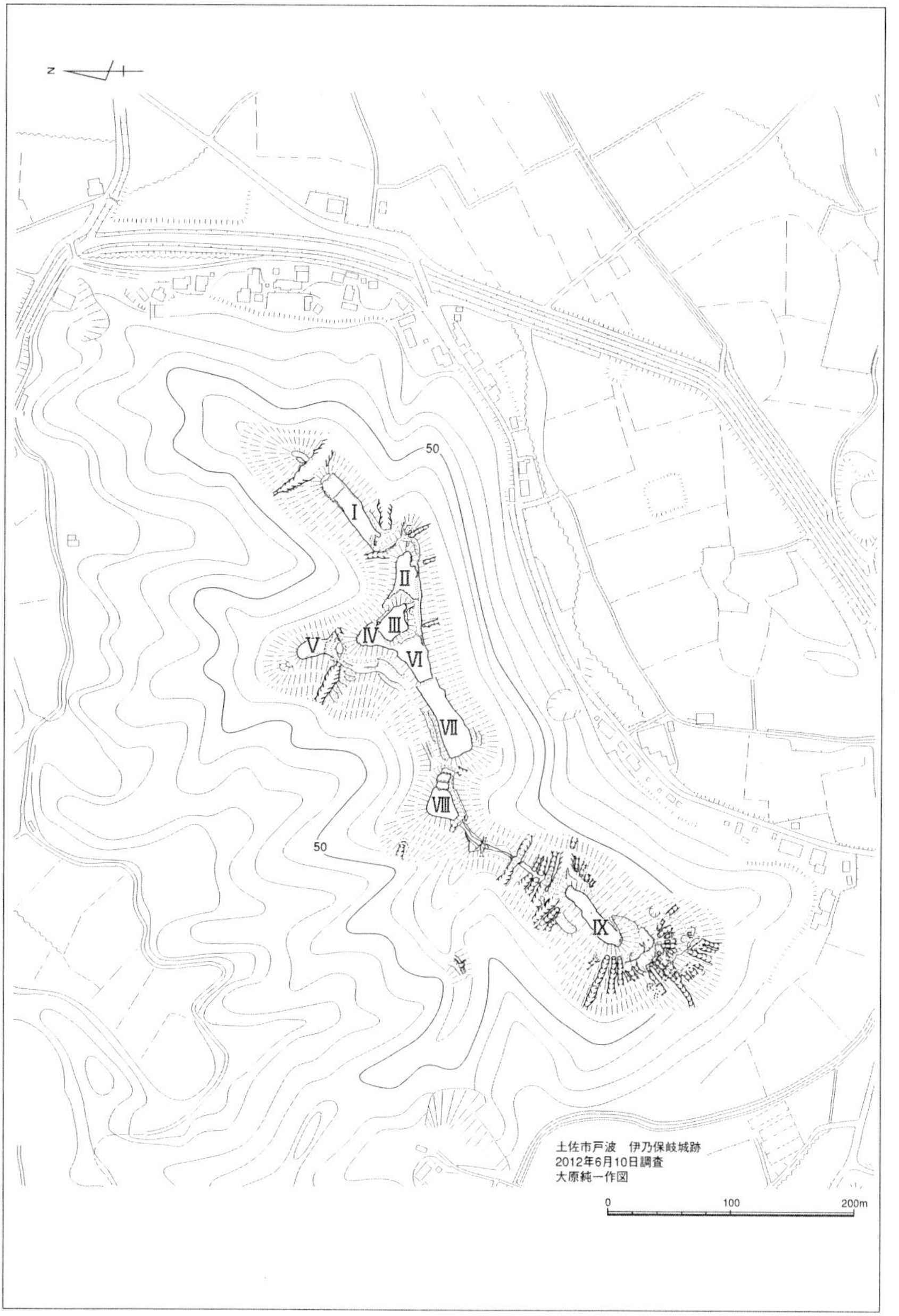

伊乃保岐跡
所在地：土佐市戸波下本村古城
調査日：2012年６月10日
調査者：大原純一
作　図：大原純一

19

井《い》尻《じり》城跡

井尻城跡遠景

◆所在地／土佐市宇佐町井尻
◆標　高／一一〇m　◆比　高／一〇〇m
◆主な遺構／堀切・竪堀・土塁・虎口

【地理と訪城ルート】

土佐市宇佐町井尻に所在する。宇佐町井尻は、土佐市の南端部に所在する横浪半島の東端部に位置する。城跡は、浦ノ内湾の宇佐大橋を渡り、井尻集落の入り口にある丹生神社から登城することができる。神社の北側に丘陵に登る津波避難道が設置されており、この避難道を登っていき避難広場の尾根筋をさらに登っていけばよい。ここは第三十六番札所青龍寺に行く遍路道になっており、城跡をとおり尾根伝いに細い道がついている。公共機関は少ないので、車で行くことをお勧めするが、駐車場は宇佐大橋の架橋下が宇佐井尻公園の駐車場になっているので利用できる。

【城の歴史】

宇佐井尻の地名は、応仁二年（一四六八）に前関白一条教房が土佐国幡多庄に下向する際に、井尻港に寄港し

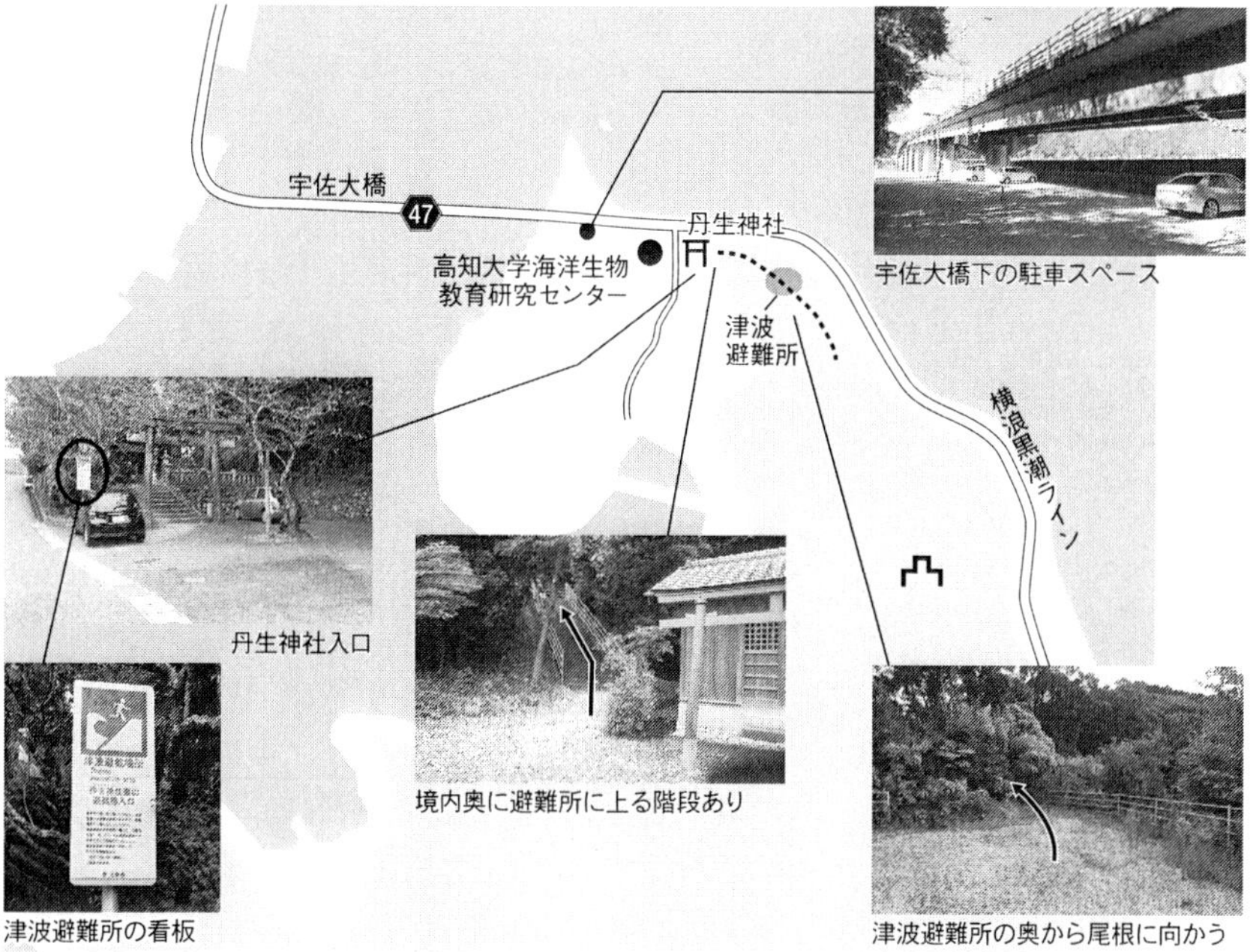

宇佐大橋下の駐車スペース
丹生神社入口
境内奥に避難所に上る階段あり
津波避難所の看板
津波避難所の奥から尾根に向かう

たことで有名である。当時蓮池城を拠点としてこの地域に勢力を持っていた大平氏が大船を教房に差し向けたとされており、大平氏の外港としての機能を持っていたと考えられる。井尻集落では、井尻村中遺跡が発掘調査されており、古代から中世の遺構と遺物が出土している。中世では十四から十五世紀代の貿易陶磁や国産陶器類が出土している。十六世紀代になると、遺物量が少なくなり集落自体も衰退してくるが、土佐の中で流通拠点の役割を果たした重要な港であったことは疑いない。天正十七年（一五八九）の『宇佐郷地検帳』では、井尻村は全て青龍寺分となっており、三七筆中三二筆が屋敷と記載されている。この時期には、青龍寺の勢力が強かったと考えられ、井尻集落から青龍寺のある竜集落に行くには半島を船で回るか、城跡の所在する丘陵尾根筋を通るしかない。横浪半島の宇都賀山の、標高二五五ｍを測る山頂には宇都賀山城跡が所在している。

井尻城跡は、この地域の歴史的背景の中、立地を考えれば太平洋や浦ノ内湾を行き交う船舶の見張り機能を主な役割として構築されたとも考えられる。

【縄張りの特徴】

本城跡は、曲輪Ⅰの主郭のみで構成される単郭の城郭である。標高一一〇ｍの尾根頂部に構築されており、曲輪Ⅰの中央部西側に虎口があり、連動して北側に土塁が巡る。北東部のみが、一ｍほど切れて空間になっている。そこから南側に土塁が延びて一三ｍほどの地点で西に折れ、虎口が位置する西側は土塁の痕跡が認められない。この土塁に囲まれた北側と南側にも曲輪の平坦部が延びており、特異な曲輪である。北側には、二条の堀切が北側からの攻めに対して防御を固めているが、曲輪Ⅰ直下の堀切は、東側と西側が二条になって分かれており、西側が広く規模も大きい。東斜面は、自然地形であるが急傾斜で登ってくることができない。西側はやや緩傾斜であるため竪堀三条が構築されている。三箇所の腰曲輪の端で竪堀を掘削しており、西斜面部からの攻撃に備えている。南側は、青龍寺に行く尾根上のルートであるが、二条の堀切とその間に竪堀を掘削している。全体的に、小規模な城郭であるが主郭を中心に防御を固めており、曲輪北東部が東側に突出している。この突出部から太平洋を一望でき、城の機能を考えて行く上でも重要な曲輪である。

井尻城跡虎口

【城跡の見所】

遍路道を尾根伝いに登って行くと、堀切が見えてくる。その堀切を乗り越えるとさらに規模の大きい堀切があり見所の一つである。そこから、東斜面は急傾斜で歩くことができず、西斜面をまわると堀切が途中から別れて竪堀となっており、二重の防御で固められ曲輪Ⅰに容易にたどり着くことができない。曲輪Ⅰには西側虎口から入るが、中央部のみ土塁で囲まれている。曲輪Ⅰは、土塁の外側も北側と南側に平坦部が続いており、このような曲輪の土塁配置はめずらしい。曲輪の北東部は少し雑木が多いが掻き分けて進むと太平洋が望めるのでお勧めである。

（松田直則）

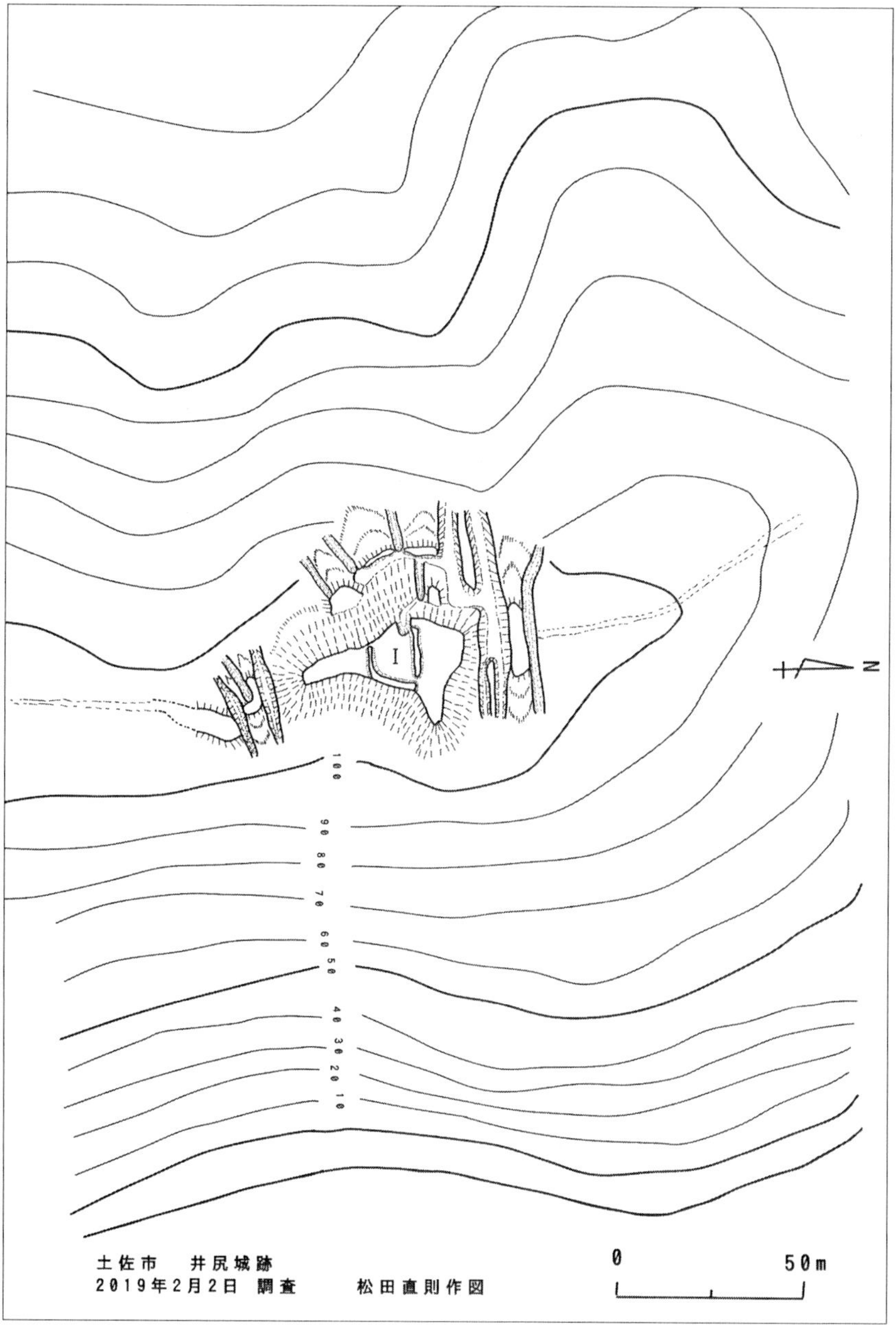

井尻城跡
所在地：土佐市宇佐町井尻
調査日：2019年２月２日
調査者：松田直則・尾﨑召二郎
作　図：松田直則

20

佐《さ》川《かわ》城跡

佐川城跡遠景

◆所在地／高岡郡佐川町乙
◆標　高／二〇〇・四ｍ　◆比　高／八〇ｍ
◆主な遺構／畝状竪堀群・堀切・石垣

【地理と訪城ルート】

高岡郡佐川町乙、通称奥の土居に所在している。

公共機関はＪＲが利用できる。車で行く場合は駐車する場所が限られてしまうため佐川町役場に問い合わせるのがよい。

地理的に見てみると、高知から佐川を経由して松山へ通ずる松山（予土）往還が主要往還であり、加茂で分岐して佐川への往還となる。かつ佐川領内を流れる柳瀬川支流の春日川、また須崎に通じる須崎往還を扼する位置に構えられている。春日川を挟んで松尾城とセットで機能した城である。周辺には神明山城、城ノ台城、上郷城、遠見ヶ森城がある。

地図を頼りに青源寺前の通路を登って行くと牧野公園の最高部に物見岩Ⓐが見えてくる。ここの曲輪には佐川城跡碑が建っている。さらに一段上がった場所（堀切跡）に縄張り図が設置されており、簡易な門状の出入口

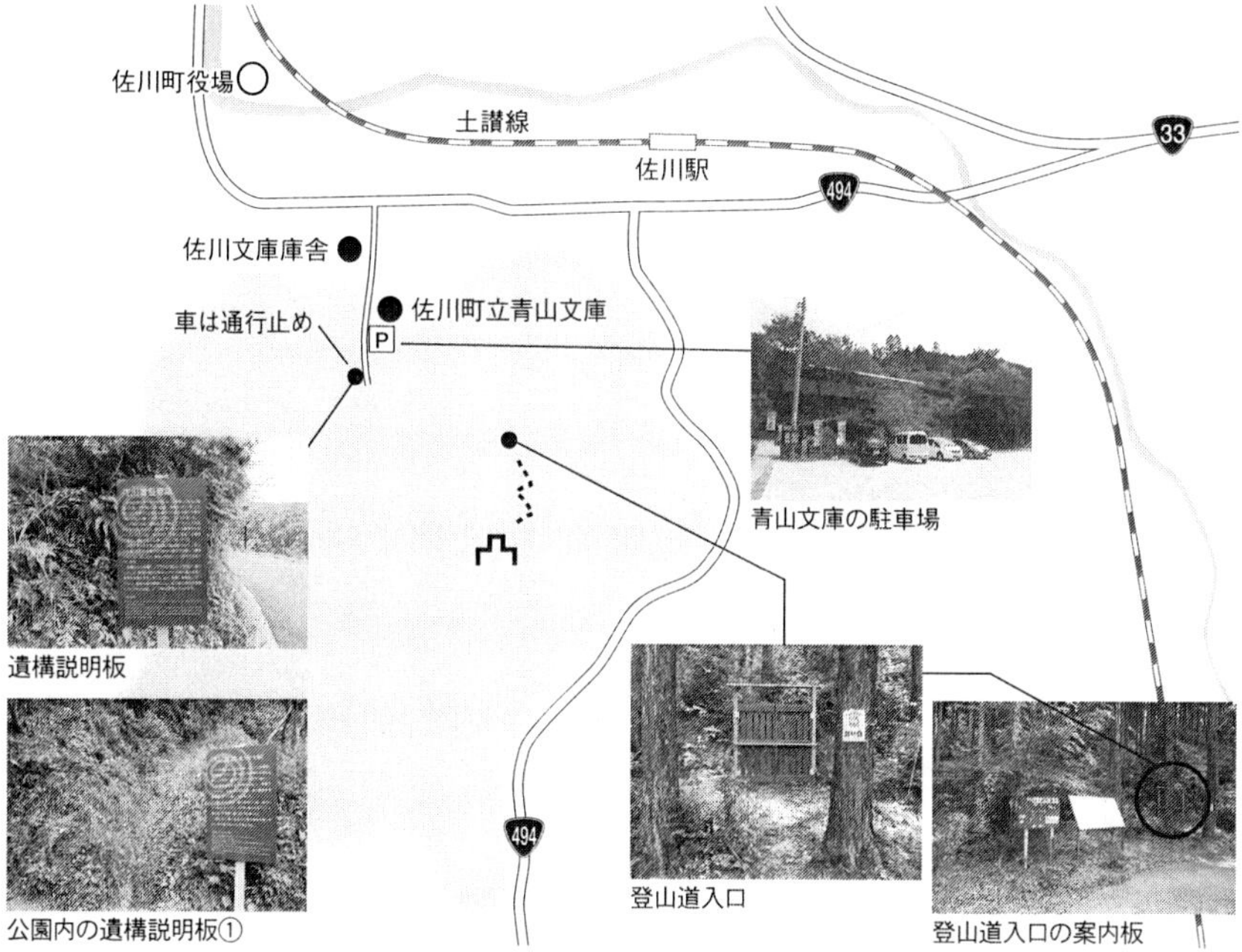

青山文庫の駐車場

遺構説明板

公園内の遺構説明板①

登山道入口

登山道入口の案内板

（木製）がある。これは牧野公園内に山野草を植栽しており、獣類の害を防ぐための物である。開け閉めは自由にできるので出入りの際は必ず閉めておくこと。ここから檜林を上がると曲輪Ⅰ及び曲輪Ⅱに達する。曲輪Ⅱには佐川城跡の標柱が建っている。城跡は佐川町指定文化財（史跡）になっている。

曲輪は牧野公園の山頂部周辺に構えている。尾根は奥の土居を囲うようにカーブして連なり、西端部には畝状竪堀を設えた出城を持つ。

【城の歴史】

城主は、資料から見ると高岡郡、吾川郡の一部を支配した南北朝時代の佐河（川）氏、戦国時代は中村氏、久武氏で、城もそれぞれの時代によって改築が行われたと思われる。

資料では「佐川村　古蹟　古城跡　在㆓村南㆒相傳古ヘ久武内蔵助カ所㆑居（『土佐州郡志』）。「佐川城（前略）中村越前守惟宗信義世ゝ居之。（中略）古城記云　中村越前守居之、後久武内蔵助親直。土佐故事云　或書曰、佐川松尾城主中村越前、為元親所攻遁去、即使片岡出雲監之。後久武内蔵介入城矣。元親記云　久武内蔵介四万石、佐川城主、於与州美間村死、肥後嫡子。（中略）當村乗臺寺棟札云、天正八庚辰年九月廿七日　大檀那惟宗朝臣信義　裏書　御願主中村越前守信義、是御再興也」（『南路志』）。とある。

近世は深尾氏が土佐藩主の山内氏に付き従ってきて佐川領主となり、元和の一国一城令まで城は機能していた。明治以降民間の所有となった城跡（古城山と称す）は、里山という環境から畑地に開墾されており、それは城山全体に亘っている。

【縄張りの特徴】

城跡は、曲輪Ⅰと曲輪Ⅱが主郭となるが、標高は共に一九五ｍから二〇〇ｍに所在し、曲輪Ⅰ東面には慶長期の石垣Ⓑが一部残存している。曲輪Ⅰは長径三八ｍ、短径二〇ｍあり、北部に櫓跡と土塁、通路に面した西部には土塀基礎が三ｍ残存する。堀切を隔てて曲輪Ⅱは長径四〇ｍ、短径一八ｍで、一段高い櫓跡に三角点があり標高二〇〇・四ｍである。南部斜面の地山に根石Ⓒが残る。曲輪は各支尾根にも配している。先ほど登ってきた物見岩の北面からこの城跡最大の竪堀が一条延びており途中から二つに分流する。管理道で一部消滅してしまったが竪堀Ⓓを見学するには見やすい場所となっている。

西出城は曲輪Ⅱから西へ直線で四三〇ｍ、標高二〇〇ｍにあり、曲輪を取巻く畝状竪堀と堀切が残存している。ここに通じる通路は無い。

寛文十二年（一六七二）当時の絵図を見ると深尾の時代の西部分は、曲輪Ⅱの南、伝馬場跡と城八幡の曲輪Ⓔ辺りまでを利用していたと思われる。

【城跡の見所】

見所としては高吾北地区で唯一残る石垣である。主郭周辺にあったといわれる石垣も、明治維新後取り壊されて城下の町人、商人屋敷に利用されたと伝わっており、その意味からも現在曲輪Ⅰ東面に残る石垣は貴重である。石垣を見るには曲輪Ⅲの南西端から見ることが出来るが、通路が整備されていないので足元に注意が必要である。天端部分は元和の一国一城令で取り壊されており、曲輪Ⅰの上部からでは石垣が見えづらく、柵も未整備で危険ゆえ、曲輪Ⅲから見ることをおすすめする。現状の残存は高さ二・五ｍ、長さ一六・二ｍあり、北部隅角は算木積みで北端とし、石材はチャートを主とした五～八段の野面積みである。その他には曲輪Ⅰの北面下、通路にそって半円状の小曲輪Ⓕがあり、土塁を伴って石列も確認できる。さらにその下、門状の登り口通路の左手側（東側）には土塁が喰違い虎口状Ⓖとなって残存しており、本来の登城口はこちらではないかと推測する。先述の竪堀Ⓓもよい資料である。
東麓の土居屋敷から通ずる通路もあるが、整備されておらず、西出城の通路も同様であるのが残念である。

（大原純一）

石垣

北斜面畝状竪堀

佐川城跡
所在地：高岡郡佐川町乙
調査日：2010年10月 5 日
調査者：大原純一
作　図：大原純一

松尾城跡遠景

21 松尾《まつお》城跡

◆所在地／高岡郡佐川町甲
◆標　高／二〇〇・五ｍ　◆比　高／一〇〇ｍ
◆主な遺構／畝状竪堀群・連続堀切

【地理と訪城ルート】

高岡郡佐川町甲に所在している。城跡は松尾山の山頂部及び各尾根にあり、空堀を多用した城構えである。佐川町指定文化財（史跡）になっている。

地理的には、佐川城跡で取り上げた通り位置的に見ても、いつの時代も佐川城とセットで機能した城だと思われる。東方の高知との往還を扼する北山上に上郷城をはじめ周辺に神明山城、城ノ台城、遠見ヶ森城等がある。

訪城は、公共機関はＪＲが利用できる。もしくは車で行くのがよい。場所はＪＲ佐川駅の北東方向に見える山容一帯が城跡である。地図を頼りに松尾神社を目標に行くとよい。駐車場は松尾神社の東側に町所有の空地があり、ここが利用できる。松尾神社裏に松尾城跡への標柱があり、この標柱横の通路を登って行くと西出曲輪に続く尾根Ⓐに達する。ここから尾根を北東に登ると畝状竪堀の堀底道を経由して曲輪Ⅲに達する。何とか通路にな

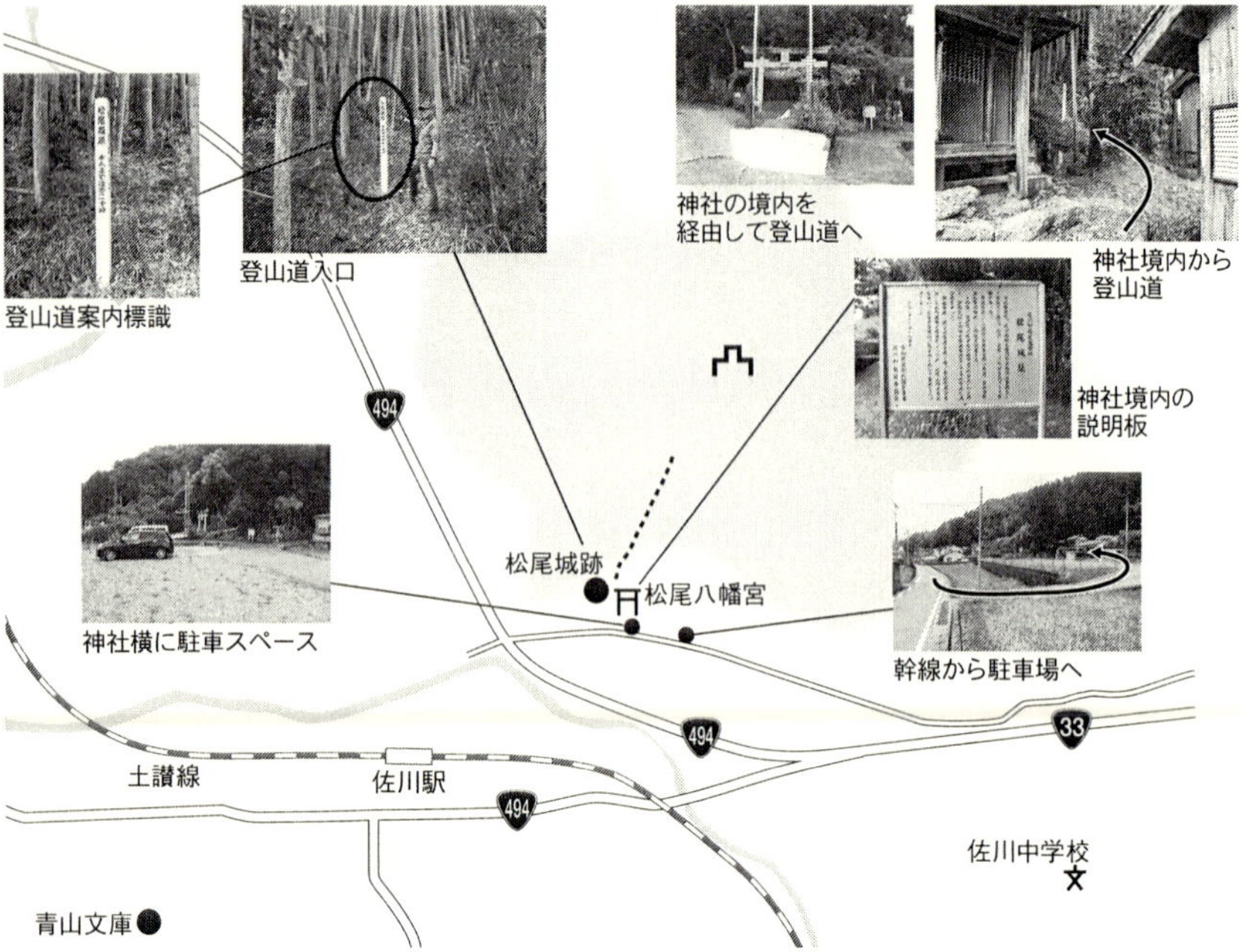

っているのはここまでで、あとは踏み分け道を東に登ると曲輪ⅠとⅡを仕切る堀切Ⓑに出会う。ここを右にたどると曲輪Ⅰに到達する。

【城の歴史】

城主は、佐川城跡とセットで機能していたと考えられる故に、佐川城跡の項を参考にしていただきたい。資料には「佐川村　古蹟　松尾古城跡　在二村東北一相傳古ヘ佐川某カ所レ居山下有レ墓佐川某カ墓云」（『土佐州郡志』）。とあり、今も佐川様の墓として佐川町指定文化財（史跡）になっている。

近世以降里山であるという環境から畑地に利用されており、それは城山全体に亘っており原状の変更は覚悟しなければならない。

【縄張りの特徴】

城跡は曲輪Ⅰから各尾根に亘り、堀切、竪堀、畝状竪堀、畝状竪堀上部の横堀で構成されている。現況は城跡全般に亘って大部分檜林であり、一部雑木の混林となっている。

最高部にある曲輪Ⅰの標高は二〇〇・五ｍあり、長径七二ｍ、短径三二ｍである。曲輪Ⅱは長径四六ｍ、短径二七m、曲輪Ⅲの長径二三m、短径一〇m、曲輪Ⅳは長径三八m、短径一〇m。西出曲輪の曲輪Ⅴは長径一七m、短径一二m、曲輪Ⅵの長径は二〇m×二〇mのL字状で短径は六mと八mである。曲輪Ⅰの中央部東寄りに削り残された盛土があるが、ここに城八幡が鎮座していたと思われる。曲輪Ⅱの西端には物見岩と言われる大岩Ⓒがあり、直下の堀切からの高さは一〇mを測る。物見岩はこの他に、北尾根を離れた北斜面にも二つあるⒹ。ここからは備前焼の擂鉢片等が表採されている。

【城跡の見所】

この城の大きな見所としては、曲輪Ⅰから東尾根に設えられた堀切一三条、竪堀は堀切から派生するものも含めると南面一四条、北面一一条あり、北尾根には堀切九条、竪堀は東面五条、西面二条である。そして曲輪Ⅱ、Ⅲ周辺の畝状竪堀群は畝状竪堀及び堀切から派生するものも含め二一条、北面一条である。空堀を多用した城としては県下でも代表格の城である。曲輪Ⅰからは鰐口、渡来磁器、備前焼、土師質土器片が表採されている。

（大原純一）

畝状竪堀群の土塁

虎口石積

曲輪Ⅰ直下東堀切

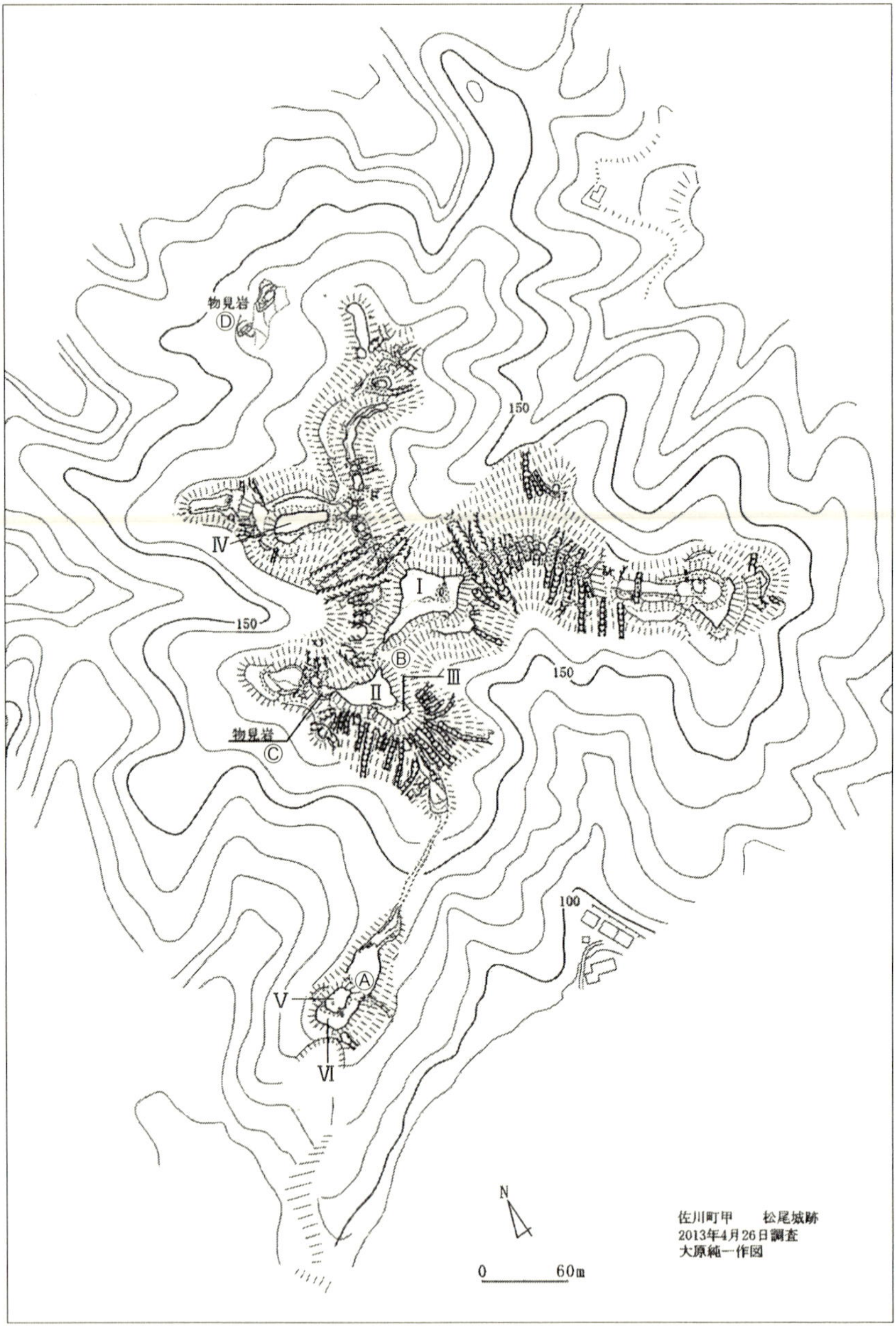

松尾城跡
所在地：高岡郡佐川町甲
調査日：2013年４月26日
調査者：大原純一
作　図：大原純一

22 片《かた》岡《おか》城跡

片岡城跡遠景

◆所在地／高岡郡越知町片岡
◆標　高／一五〇m　◆比　高／八〇m
◆主な遺構／堀切・竪堀

【地理と訪城ルート】

高岡郡越知町片岡に所在している。城跡は、越知町の市街地の北側に位置しており、いの町との境となっている五在所山から片岡集落に延びる丘陵先端部に城が構築されている。越知町の中心部から松山方面に向かい仁淀川にかかる横倉橋・横畠橋・鎌井田大橋の三つの橋を渡り仁淀川を降った所に片岡集落がある。この場所に、公共機関で行くのはバスの便数が少ないため難しく、車で行くしかない。集落の南側には片岡沈下橋がかかり、この沈下橋の北側には廃校になった小学校があり、その上方に城跡は構築されている。廃校になった小学校の西側の細い道を北側に登って行き、城跡の南側丘陵先端部には佐川町真言宗乗台寺末寺の妙福寺が所在しており、片岡氏の歴史説明版もある。この妙福寺から、西の方に戻って少し降り個人宅の西側に接する丘陵に向かった一直線の小道から登城すれば良い。

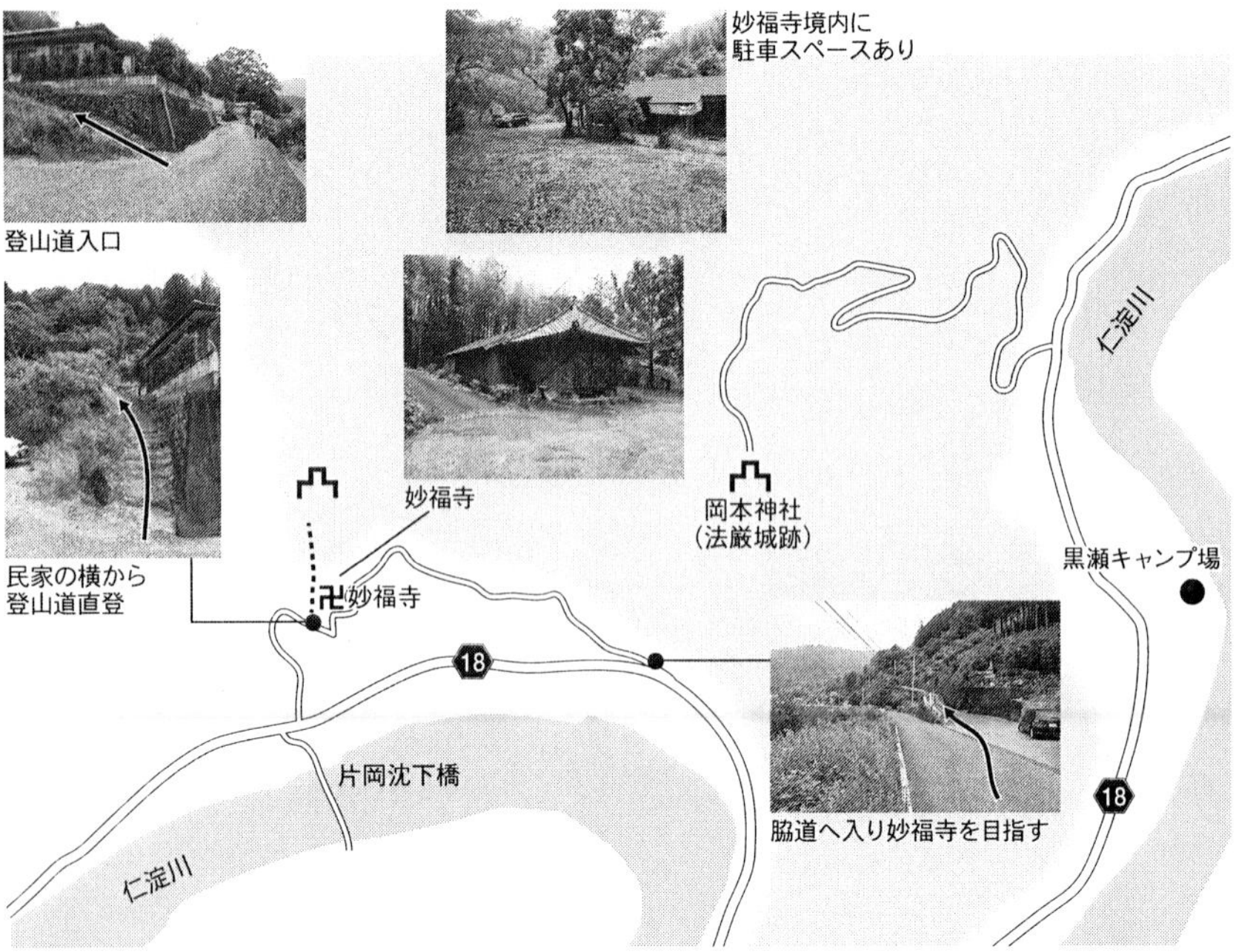

【城の歴史】

城主は、高岡郡から吾川郡の一部を支配した豪族で、鎌倉時代初期に近藤経繁が高岡郡佐川町にある黒岩郷に土着したのが始まりとされている。近藤経繁は蓮池家綱の兄と伝わっており、出身地の上野国片岡郷の地名を氏として片岡経繁と名乗ったらしい。経繁の後裔は、南北朝期に北朝方として活動したと伝えられている。しかし、片岡氏の起源については不明なところが多く、鎌倉時代に守護所の丹生光宗が片岡氏を名乗ったとか、十五世紀初頭に上野国片岡郷の片岡直綱が土佐の片岡に土着したとか、その直綱は三宮氏から入って片岡を継いだとか、さまざまな起源説が伝えられている。しかし、戦国時代には高岡郡北部を制圧するほどの豪族に成長している。元亀二年（一五七一）には、長宗我部元親が高岡郡に侵攻し津野を制し、佐川も領すると片岡光綱も元親に降伏しその傘下に入っている。長宗我部氏の傘下でも、この片岡城を光綱が本城として拠点としたが、佐川町の黒岩城にも一族を配してこの地域を支配していた。元親の家臣として片岡氏は活躍して行くが天正十三年（一五八五）秀吉による四国征伐の折に伊予金子元宅の救援に向かい、毛利・小早川軍と攻防で戦死している。また、光綱の子である光政は豊後の戸次川の戦いで長宗我部親信と共に戦死している。

【縄張りの特徴】

城跡は、片岡集落の北側丘陵上の標高一〇〇mから一五〇mに所在している。いの町との境にある丘陵頂部は五〇〇m程の標高を持っているので、丘陵の比較的低く突出した尾根上に遺構は構築されている。曲輪Ⅱが主郭となるが、北側の一段高い曲輪Ⅰも狭いが利用されていたと考えられる。この曲輪Ⅰの北側には、丘陵頂部からの攻撃に備えてこの城最大の防御施設である二重の堀切が構築されている。曲輪Ⅱは、東西六〇m、南北三〇mを測り、最も広い面積を持っており、現在神社が北端部に鎮座している。西側の尾根を一本の小さな堀切で防御しているのみであるが、西側は自然の急傾斜地で曲輪への侵入は難しい。東端部は一段五〇cmほど高くなっており、東側と南側に土塁の痕跡が残る東側は曲輪Ⅰに繋がる竪土塁になっている。さらに南側は、東西約二五m、南北五m程の一段低い平坦部になっており、段差のところには高さ一m程の石積みがみられるが、当時のものかどうか不明である。南側は、虎口となっているが、神社の鳥居があり両端は石垣になっている。鳥居の下には寛政年間の紀年銘がある灯篭があり、この頃神社として整備されたと考えられる。この虎口と考えられる鳥居から南側に、神社に登る石段が取り付いている。そこを南側に下ると曲輪Ⅲに降りる。曲輪Ⅲは、東西約一〇m南北七mの方形状の狭い腰曲輪である。曲輪Ⅲから、南側にカーブして降ると曲輪Ⅳにでる。この曲輪は、東西約一四m、南北一〇mの広さを持っており、東側に土塁が残るが南側まで延びていない。西側には、二本の竪堀が掘削されている。この腰曲輪は、東が土塁で、西側が竪堀で強固に防御されている。東側の竪堀に沿って城道があり、曲輪Ⅴに出る。曲輪Ⅴは、東西約三〇m、南北一三mを測り、楕円形状の腰曲輪で曲輪Ⅱに次ぐ広さを持ち東側に一段低くなった平坦地がある。曲輪ⅣとⅤの西側に構築されている連続した竪堀は、曲輪Ⅴの西下方一〇m程のところで一本に結合している。

【城跡の見所】

曲輪Ⅱは、神社地となっておりそこまで参道として整備されているので、比較的登りやすい。まず、登城していくと曲輪Ⅳの西端から掘削されている連続した竪堀がすばらしい。**写真1**はこの竪堀の下方から撮影したもので、上から攻撃しやすくなっている。まずこの連続竪堀が見所の最初である。曲輪Ⅳでは東側では土塁が構築

南側の竪堀（写真１）

されている。この土塁の東側は谷となっており、曲輪Ⅱの東側から伸びる竪堀がこの谷に落ちている。下から攻めてきてもこの曲輪にたどり着くことができない。**写真２**の曲輪Ⅱは、神社が鎮座しており城跡の中で最も広い曲輪で主郭になる。東端部を見ると一段高くなっており、この場所に建物跡が存在していてもおかしくない。この段上部の東側と西側に土塁が残っており、防御を固めている。この東側の土塁から曲輪Ⅰに登れるが、ここは狭く危険なので注意して登る必要がある。曲輪Ⅰに登ればその北側を見ると連続した堀切を見ることができる。北側が切岸となっており堀と共に見所である。この曲輪Ⅰは、主郭の一段高いところに位置しており、宗教的な空間として利用されていた可能性がある。連続した堀切から東側の竪堀も見所であるが、急斜面となっており降りる時は注意しておこう。この城は、北側を最も意識して防御遺構が築かれているのが特徴である。これらの遺構が構築されたのが、片岡光綱の時期と考えられる。永禄年間から元亀年間に長宗我部氏が攻めてくることを意識して構築された可能性が強い。しかし、縄張りだけでは機能した時期を明確にすることはできないが、将来発掘調査が実施されればさらに城跡の全体像が見えてくるであろう。

（松田直則）

曲輪Ⅱ（写真２）

北側の堀切から竪堀

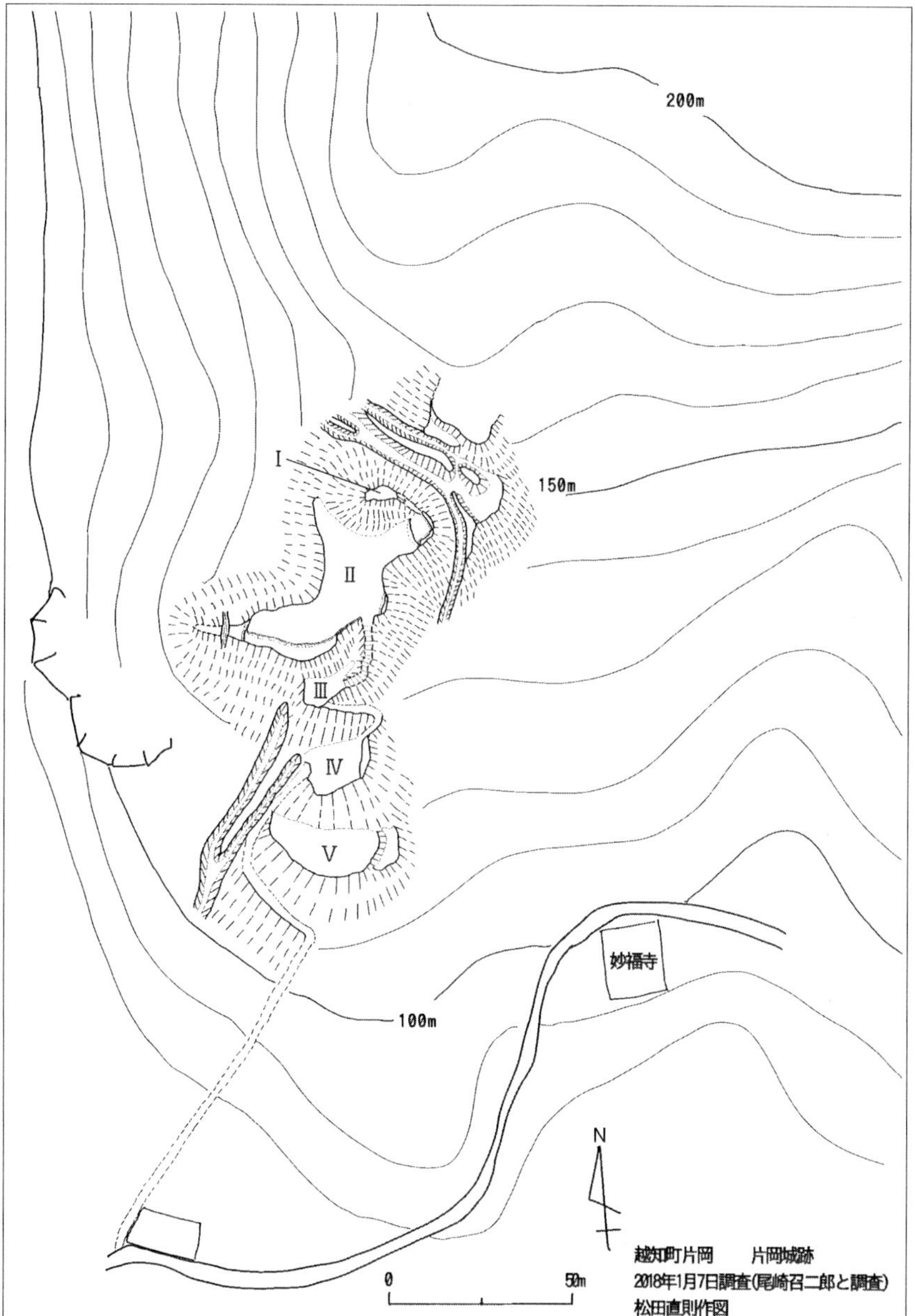

片岡城跡
所在地：高岡郡越知町片岡
調査日：2018年１月７日
調査者：松田直則・尾﨑召二郎
作　図：松田直則

清水城跡遠景

23 清《し》水《みず》城跡

◆所在地／高岡郡越知町清水山
◆標　高／一四九ｍ　◆比　高／七〇ｍ
◆主な遺構／竪堀群

【地理と訪城ルート】

高岡郡越知町清水山に所在している。城跡には現在琴平神社が鎮座しており、曲輪は曲輪Iのみである。南面と北面には畝状竪堀と東部には参道により埋められた堀切跡が残存している。字図には清水山、城ノ背、城ノ畝、城ノ奥、堀切が、さらに西には城戸、土居ノ内などがあり、城と土居の関連がうかがえる。

地理的には、高知から佐川を経由して松山へ通ずる松山（予土）往還は往古からの主要往還であり、この往還と領内を流れる仁淀川と坂折川（大桐川）、そして柳瀬川を扼する位置に構築されている。周辺では文徳城、後山城、柴尾城を出城に持つ。

公共機関はＪＲとバスが利用できるが、便数が少ないので車で行くことをおすすめする。

国道三三号を越知町に入り最初の信号（三叉路）を左に行くと南四国部品㈱高知工場を左上に見て約二五〇ｍ

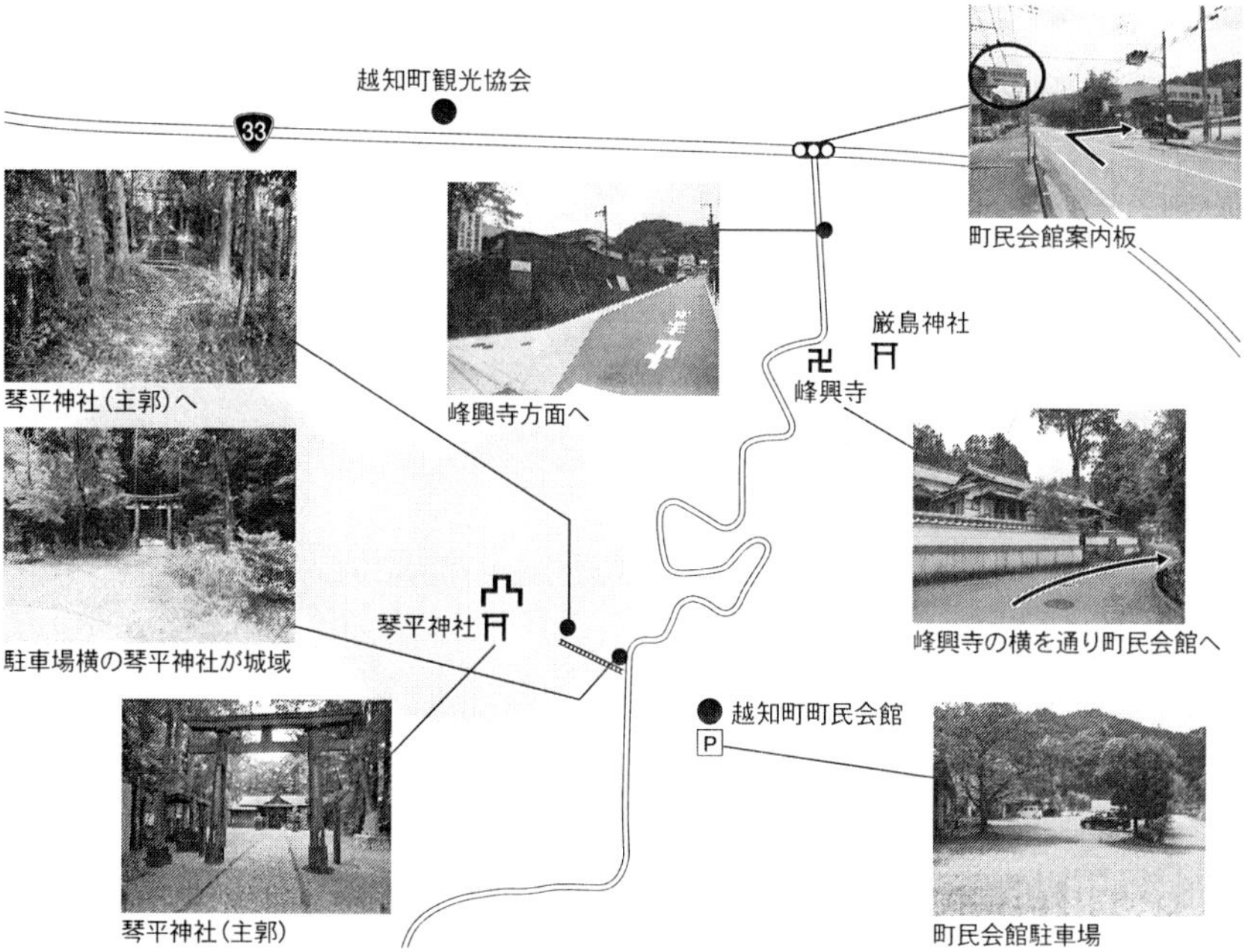

行き、点滅信号を左手に行くと越知町民会館に着く。車はここの駐車場が利用できる。

町民会館右手から参道があり、もしくは階段を利用して境内に行くことができる。時間にして五分位であろうか、登りつめた所が曲輪Ⅰであり琴平神社が鎮座している。

標識や説明板の設置はない。

【城の歴史】

城主は伝わってはいない。資料から推測すると同時代ではないが高岡郡、吾川郡の一部を支配した黒岩氏、越知氏、片岡氏が浮上してくる。戦がこの地域であったという伝承も伝わっておらず、資料にも載っていない城跡である。しかし先述のように字図や長宗我部地検帳にも屋敷や寺、的場等の記載もあり、峰興寺境内にある南北朝時代から室町時代にかけての五輪塔群が栄枯盛衰の昔を物語っている。

近世は深尾氏が土佐藩主の山内氏に付き従ってきて佐川領主となり、明治維新を迎えている。

【縄張りの特徴】

城跡は、主郭の曲輪Ⅰと堀切、畝状竪堀を多用した城

北西畝状竪堀群

南西竪堀

参道で埋められた竪堀上部の石積み

構えである。曲輪Ⅰ東部にあった堀切が参道に埋められ、堀切から延びる竪堀だけが北面及び南面に確認できる。この堀切より東部には他の堀切が在ったのかどうか現在では不明である。それというのも町民会館ができる時、周辺一帯が開発により大きく変貌し様変わりしてしまったためである。曲輪の西部にも堀切があったと思われるが、わずかにその名残が南面竪堀に見られる。

曲輪Ⅰの標高は一四九ｍである。長径五〇ｍ、短径一八ｍあり、南北斜面には畝状竪堀が残存している。竪堀上部にあったであろう横堀は埋められて曲輪Ⅰ周辺を巡る参道に変貌している。畝状竪堀は南面に七条、北面に五条確認できる。北面の東二条は下部で合流している。現況は、神社境内、周辺は檜林と墓地である。

城跡とは関係ないが南面には太平洋戦争の陥没した三つの防空壕が残る。

【城跡の見所】

小規模な城跡であり、そのため堀を多用した城構えである。境内地となって切岸や畝状竪堀の上部も大きく変化しているが、残された畝状竪堀がこの城の見所となる。南面と北面に比較的よく残存しており、残りのよいところで見ると、南面竪堀では上幅二・九ｍ、深さ一・一ｍ、長さ三三ｍ、斜度三五度で延びており、北面は途中参道で削られているが上幅三・九ｍ、深さ〇・六ｍ、長さ四〇ｍ、斜度は三三度を測る。

（大原純一）

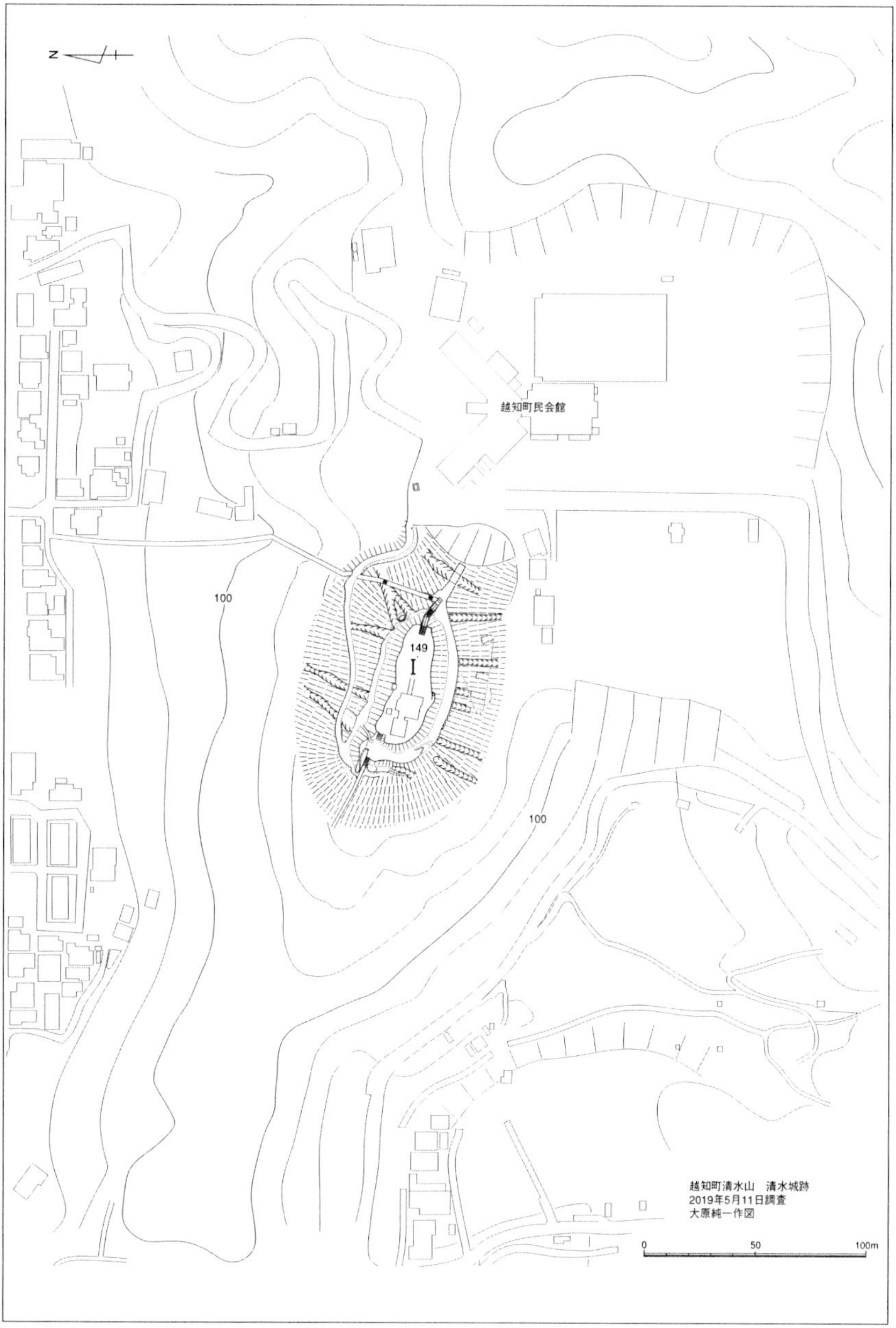

清水城跡
所在地：高岡郡越智町清水山
調査日：2019年５月11日
調査者：大原純一
作　図：大原純一

法厳城跡遠景

24 法《ほう》厳《ごん》城跡

◆所在地／高岡郡越知町片岡
◆標　高／三二五m　◆比　高／二七〇m
◆主な遺構／畝状竪堀群・堀切

【地理と訪城ルート】

高岡郡越知町片岡に所在している。曲輪は曲輪Ⅰのみである。曲輪Ⅰは上下二段になっており、北上段には岡本神社が鎮座している。下の段は境内地であり、北東部にも一段高く自然地形を残した地形があるが、露岩も多く十分な平地は確保できていない。各尾根には堀切と竪堀が延びており、東面には畝状竪堀を設えた城構えである。

地理的に見れば、眼下に仁淀川を望み、南方尾根に目を転ずれば黒岩山脈の峰、東方には吾北方面の上八川川と各往還を扼した位置に構えられている。

訪城するには時間的にも車で行くことをおすすめする。国道一九四号または三三号を走り、一九四号であればいの町出来地、三三号であれば越知町で分岐し、共に県道一八号伊野仁淀線を利用して越知町黒瀬を目標に行く。駐車場がないので道路脇の空間を利用することになる。

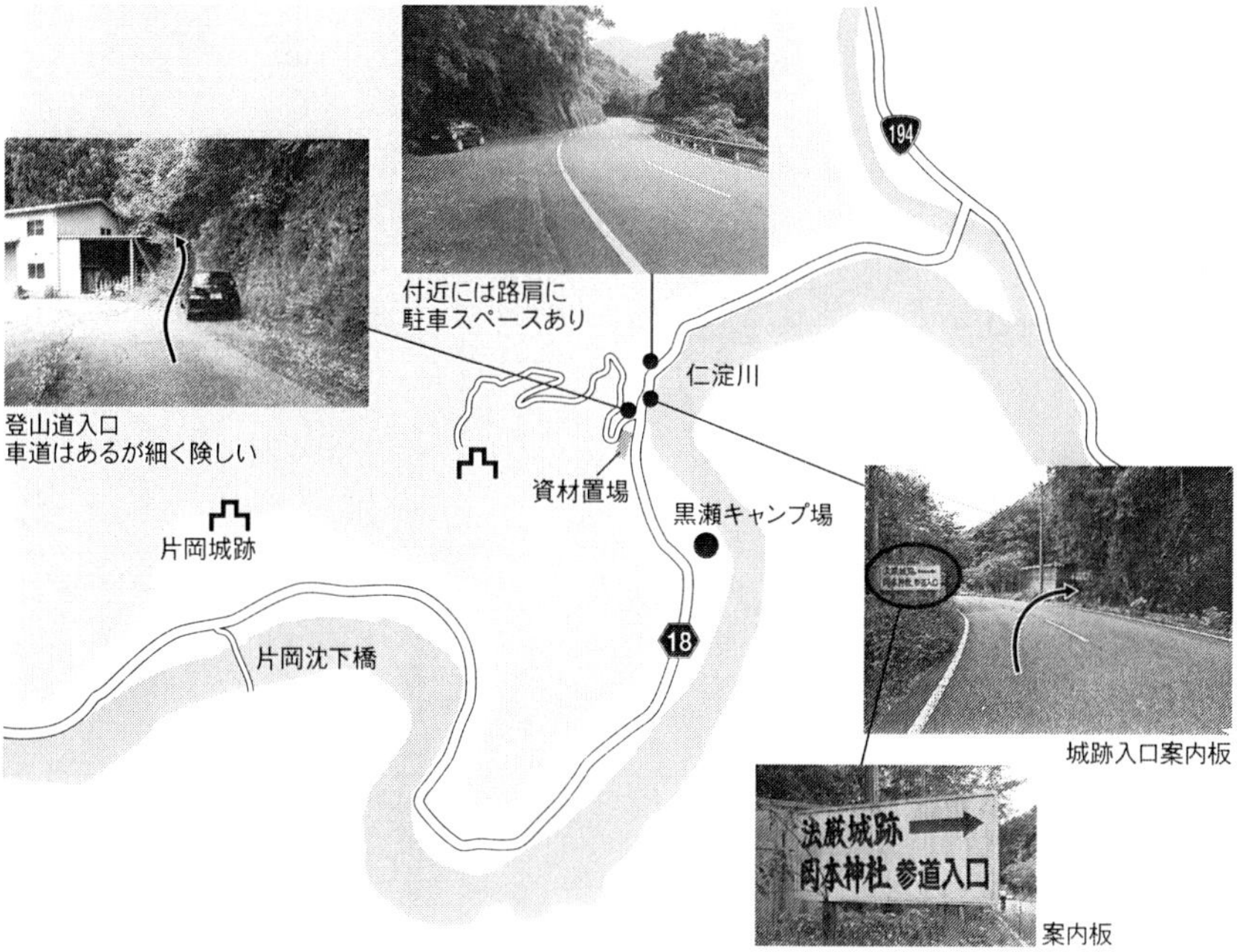

付近には路肩に
駐車スペースあり

登山道入口
車道はあるが細く険しい

城跡入口案内板

案内板

黒瀬にある㈲片岡組の倉庫裏（標識あり）からは参道の林道が城跡まで延びているが、勾配がきつく祭事以外は整備も期待できないので落石注意である。県道から徒歩一時間ほどで曲輪Ⅰに着く（標識、説明板なし）。このほかに片岡集落からの踏み分け道もある。この道は片岡城との連絡用の道であったが近年は利用されておらず荒れるに任せている。

この城は本城である片岡城の東方前衛の城である。

【城の歴史】

城主は片岡氏が伝わっている。片岡氏については本城である片岡城の項を参照願いたい。資料では「片岡村　古蹟　城址　在村東北舊秦ノ元親ノ臣片岡宇右衛門常重ト云者ノ之所レ居也」（『土佐州郡志』）。

【縄張りの特徴】

城跡は、主郭となる曲輪Ⅰと堀切、畝状竪堀から構成された城構えで、曲輪は標高三二五ｍに所在する。曲輪Ⅰ下段東部にあった上段から続く土塁は、一部参道の車道に削られている。この下段が境内であり中心曲輪となる。長径四四ｍ、短径二二ｍである。神社が鎮座している北上段は長径二一ｍ、短径一八ｍで、下の段との比高

主郭の岡本神社 曲輪Ⅰから上段

参道で切られた土塁と入口

東面竪堀

曲輪Ⅰ真下北堀切

差は三・五ｍあり櫓台が推測される。土塁も一部残存する。東上段は頂部まで五・六ｍの比高差があり、自然地形を残した地形であるが露岩が多く、これ以上の削平は中止したようにも見受けられる。

東面から南面にかけて一二条の畝状竪堀が設えられ東南方へ睨みを利かしている。

堀切は主尾根である北に三条あり、直下の堀切の曲輪Ⅰ上段との有効上幅は一一ｍを超え、比高差は八ｍを測る。堀切からの竪堀はない。支尾根の東と南にそれぞれ一条の堀切と西には三条あり、曲輪Ⅰ直下の堀切は、西部ですぐ分流させている。比高差は八ｍを測るが、何れも堀切から竪堀が延びている。三条目は単独の竪堀を伴う。

北東面の防備は、北面小曲輪、東支尾根小曲輪二つ、さらに堀切と竪堀で受け持つ構えである。

【城跡の見所】

露岩の多い厳しい城普請であるこの城跡を見るのも見所の一つである。特に畝状竪堀が迫力ある。東面から南面にかけてよく残存しており、目に付く南面部の長いものは上幅四・七ｍ、深さ〇・七ｍで長さ五〇ｍ、最大斜度は四〇度を測る。そして北と西堀切、切岸も城普請の見所となる。

（大原純一）

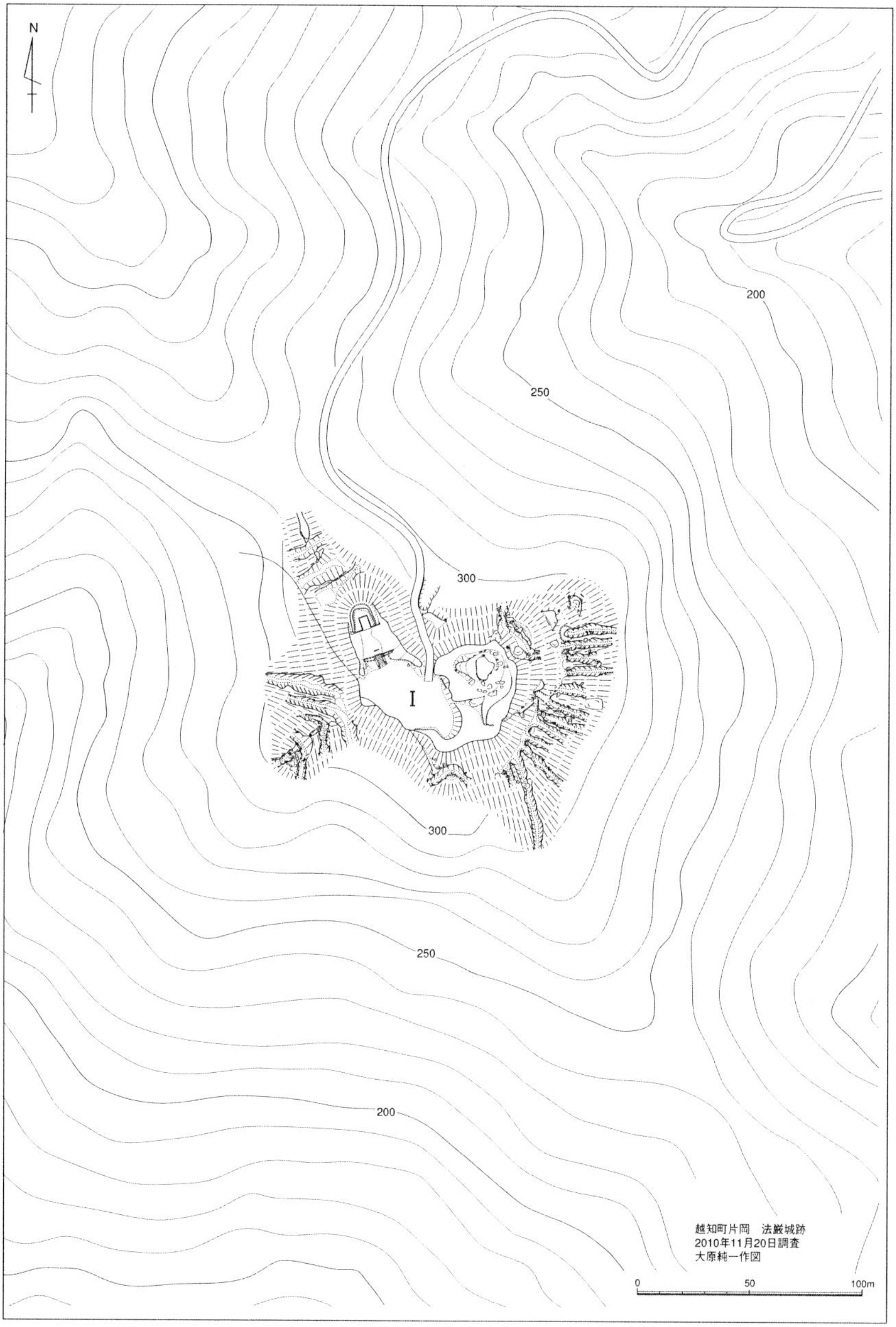

法厳城跡
所在地：高岡郡越知町片岡
調査日：2010年11月20日
調査者：大原純一
作　図：大原純一

葛懸古城跡遠景

25 葛《かずら》懸《かけ》古《こ》城跡

◆所在地／高岡郡日高村下分
◆標　高／一六二m　◆比　高／一二〇m
◆主な遺構／土塁・竪堀・堀切

【地理と訪城ルート】

高岡郡日高村下分に所在している。

公共機関で行くには、JRとバスがあるが、時間の余裕を考えると車で行くことが望ましい。城跡は日高村役場から北東を望むと野牛の背中に似た山並みが目に入る。これが葛懸古城跡である。南麓には古くから松山往還（予土往還）と日下川が通っており、これを扼する位置に構えられ、周辺に石鎚城、三之塀城、仮称中村城を出城に持つ。

車での訪城は、国道三三号沿いにある小村神社を北に行き、錦山ゴルフ場に向かう村道を西に向かって山道を登り、途中で道幅の広い場所に駐車して南斜面にある四国電力の送電線鉄塔巡視道を利用させてもらう。南を見ると送電線の向こうに城跡が見えている。この道を鉄塔向けて下りて行き、鉄塔から上へ尾根をつけて行くと北尾根の堀切三条に出会う。さらに通路のない斜面（切

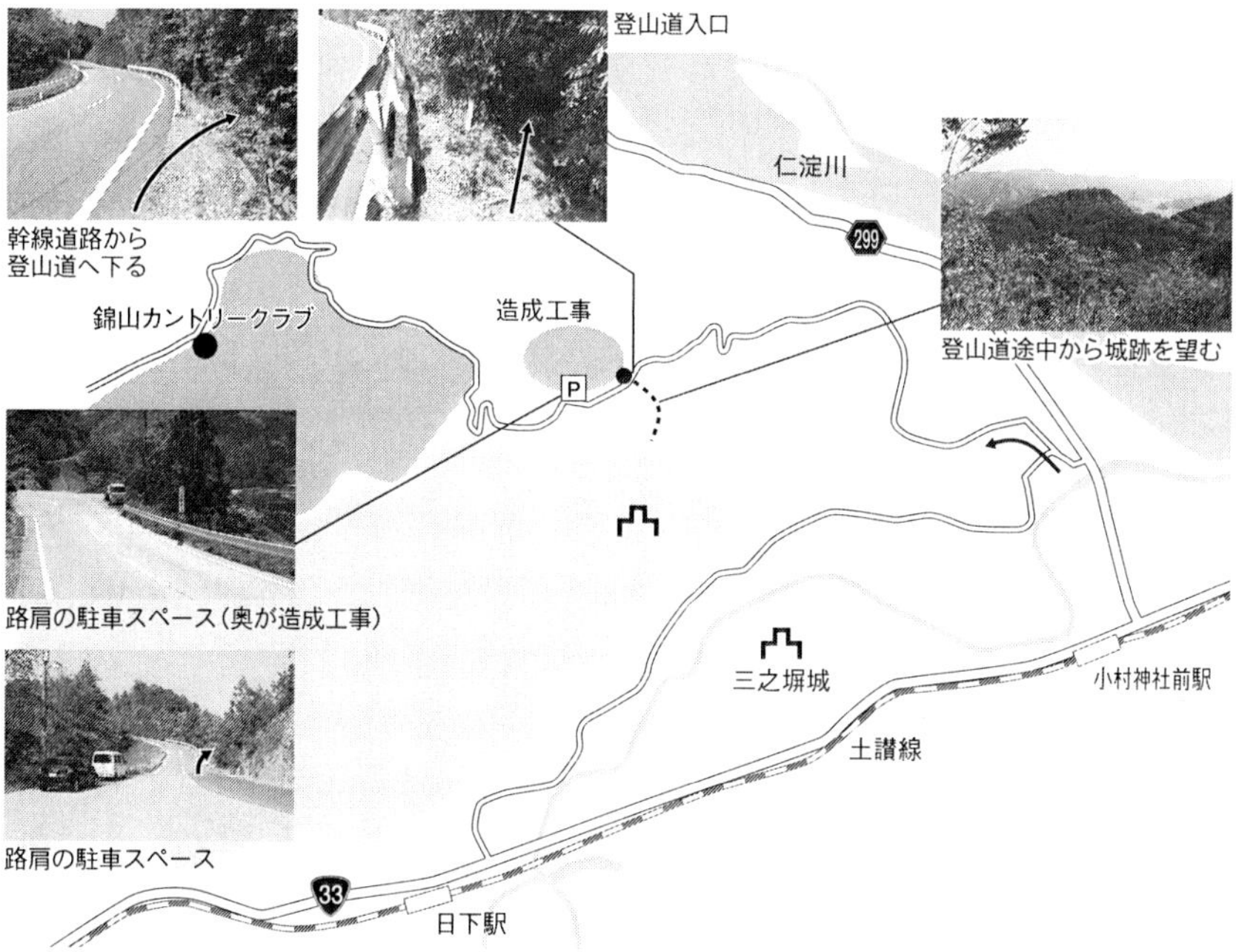

岸）を上がると土塁のある曲輪Ⅰに到達する。標識や説明板はない。

【城の歴史】

資料では「葛懸城跡　在本村北山際相伝秦元親時三宮平左衛門者居之豊後役戦死（『土佐州郡志』）。日下葛掛城　古城記云　三宮筑前居之、秦氏之時其子平左衛門」（『南路志』）。城主は三宮氏で、『三宮家先祖由緒録』によると、元と三家音慶と申す公家で、京都から同地に下り、初め一條家に仕え、後秦氏に属す。とある。南北朝時代には北朝方で出陣している（『佐伯文書』建武三年＝一三三六、四月十四日）。天正十四年（一五八六）十二月の豊後戸次川の戦で長宗我部信親と共に三宮平左衛門は討死し、三男又四郎も朝鮮の役に従軍、その後出奔し、四男十助もまた出奔する。

【縄張りの特徴】

城跡は、日高村役場から北を望む尾根に構えられており、主郭である曲輪Ⅰは標高一六二ｍに所在する。ここから東尾根を下がりながら曲輪Ⅱ、Ⅲ、Ⅳが配されているが、曲輪Ⅲは北の支脈に構えられ北面からの攻撃に備えている。曲輪Ⅰ西面下には曲輪Ⅴ、長径二一ｍ、短径

北尾根堀切

西面竪堀

五ｍが北部に土塁（高さ一・一ｍ）を伴いながら構えられ、西からの攻撃に備えている。

曲輪Ⅰは長径五六ｍ、短径九ｍである。東部を除いて土塁（高さ〇・九ｍ）が設えられ、一部腰巻き土居となっており、南部土塁の西端は一ｍ高くて広さもあり櫓跡が考えられる。この曲輪には虎口は確認できないが、西部中央部が低くなっており、ここから曲輪Ⅴへの通路があったのかもしれない。曲輪Ⅱは長径四五ｍ、短径七ｍであり、東端は先細りとなる。土塁が北部（高さ〇・八ｍ）と南部は少しだが西部に土塁（高さ一・四ｍ）が設えられており、曲輪Ⅲは長径三八ｍ、短径一四ｍであり、西部は狭まる。北部に土塁（高さ一ｍ）が残存している。曲輪Ⅱの北東面下には堀切が一条設えられ、東端部から竪堀が延びているが北西部は開墾され平地になっている。曲輪Ⅲの東面下は開墾により広がった曲輪Ⅳがあり、長径七五ｍ、短径一五ｍである。西部は広がる。その東面下には一条の堀切があり竪堀を延ばす。総じて東尾根周辺の曲輪は、開墾により原状の変化が見られる。

曲輪Ⅰ北面下には畝状竪堀が現状で五条確認できる。さらに畝を隔てた東部には開墾のために埋められた竪堀跡と平地が確認できる。西面下には五条の竪堀が設えられ、さらに一条の竪堀を経て開墾された畑跡を下がってゆくと生活水を賄ったであろう小渓があり、その先は滝となって下る。北尾根には三条の堀切と竪堀が延びており、東西共に下部で合流させている。

南斜面は急斜面ゆえ堀等の防御構築物はない。

【城跡の見所】

西面及び北面からの攻撃に備えた曲輪Ⅰ、Ⅱ周辺の複雑に入り込んだ畝状竪堀群、切岸、腰巻き土居及び櫓跡が見所となる。

曲輪Ⅲから備前焼、渡来磁器、挽き臼片が表採されている。

（大原純一）

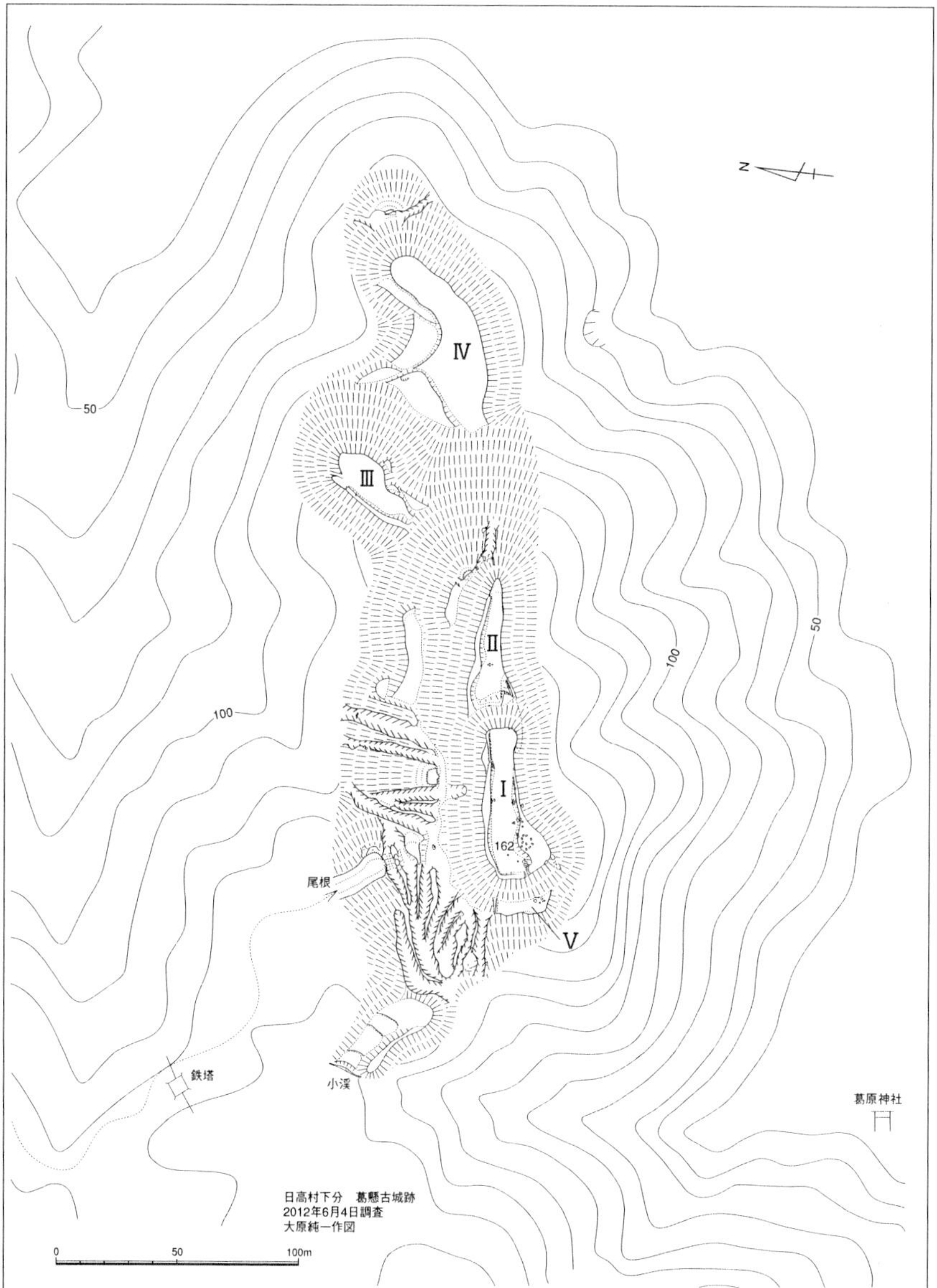

葛懸古城跡
所在地：高岡郡日高村下分
調査日：2012年 6 月 4 日
調査者：大原純一
作　図：大原純一

26

三《さん》之《の》塀《へ》城跡（福良古城）

三之塀城跡遠景

◆所在地／高岡郡日高村下分
◆標　高／五一ｍ　◆比　高／二〇ｍ
◆主な遺構／竪堀

【地理と訪城ルート】

高岡郡日高村下分に所在しており、北西に所在する葛懸古城の前衛の城である。

地理的には、東部に仁淀川をひかえ、支流である日下川と松山往還を挟んで本城の葛懸古城と相対する位置に構えられている。

城跡は福良集落背後、丘陵先端にあり、近年まで畑として利用されていた。

訪城については、公共機関であるＪＲ、バス、車の利用が出来る。目標は国道三三号の小村神社を西へ過ぎて七〇〇ｍ程行くと登坂となる。左カーブ手前を右（北）方向に村道を入ると目の前に小高い丘（竹林）が目に入る、ここが三之塀（福良古）城跡である。駐車場としてはないので村道脇の空地とかを探し置くことになる。地元の方に聞くことができればそれに越したことはない。城跡へは畑地を西方に登って畑の上方を目指し行くと曲

輪Ⅱに着く。その上が曲輪Ⅰである。

【城の歴史】

城跡は三之塀城跡、福良古城跡、あるいは観音寺城跡といわれ、城主は三宮越前守の弟である柏井越後守と伝承されており、初め監物烝とも号していた。日下村柏井に居て地名をもって柏井氏を名乗る（『三宮家先祖由緒録』）。福良城　即福良助兵衛者所居也福良於浦戸戦死（『土佐州郡志』）。『三宮家先祖由緒録』には福良氏は出てこないが、三宮氏の系統であろうか、地名にもなっている。南北朝時代に浦戸（現高知市）で戦があり三宮氏も出陣している。

【縄張りの特徴】

福良は、いの町との境近くにある集落で、城跡はここの丘陵部先端にあり、曲輪Ⅰと曲輪Ⅱそして堀切及び畝状竪堀から構成されている。曲輪Ⅰは標高五一mの丘陵頂部に構えられており、現況は荒地である。長軸二八m、短軸一八mを測り、虎口は南東部にある。中央から東方に神社跡があり、その側に中央部から北にかけて盛土が残っている。城跡関連ではなくて畑を広げた残部と思われる。高さは〇・七m程である。曲輪Ⅱの現況は荒地と笹原になっており、曲輪Ⅰの北―東―南を巡る曲輪で比高差五ｍである。畑の持主が語ったところによると、昭和に入ってからと思われるが、この曲輪には土塁が取巻いていたが畑の面積を増すために削ったとの証言を得ている。北中央部に通路の出入り口がある。曲輪Ⅱの北東面には日下川及び街道筋からの攻撃に備えた畝状竪堀が三条確認できるが、墓地とその東部も宅地に削られて消滅している。中央部から西部にかけても畑跡となりわずかに二条程確認できる。畑跡の形状からすれば、もとは九条程になろうか。曲輪Ⅰの西面下は堀切跡である。南部には竪堀跡が確認できる。里山という環境ゆえ、畑地に利用されたことから大幅な形状変化が見られる。

【城跡の見所】

小規模な里山の山城である。集落直上の尾根先端部に築かれたこの城跡は、曲輪の北面にある畝状竪堀と尾根の堀切並びに竪堀がこの城の見所となろう。曲輪Ⅱから備前焼の破片が表採されている。

（大原純一）

北竪堀

堀切

曲輪Ⅱ石積

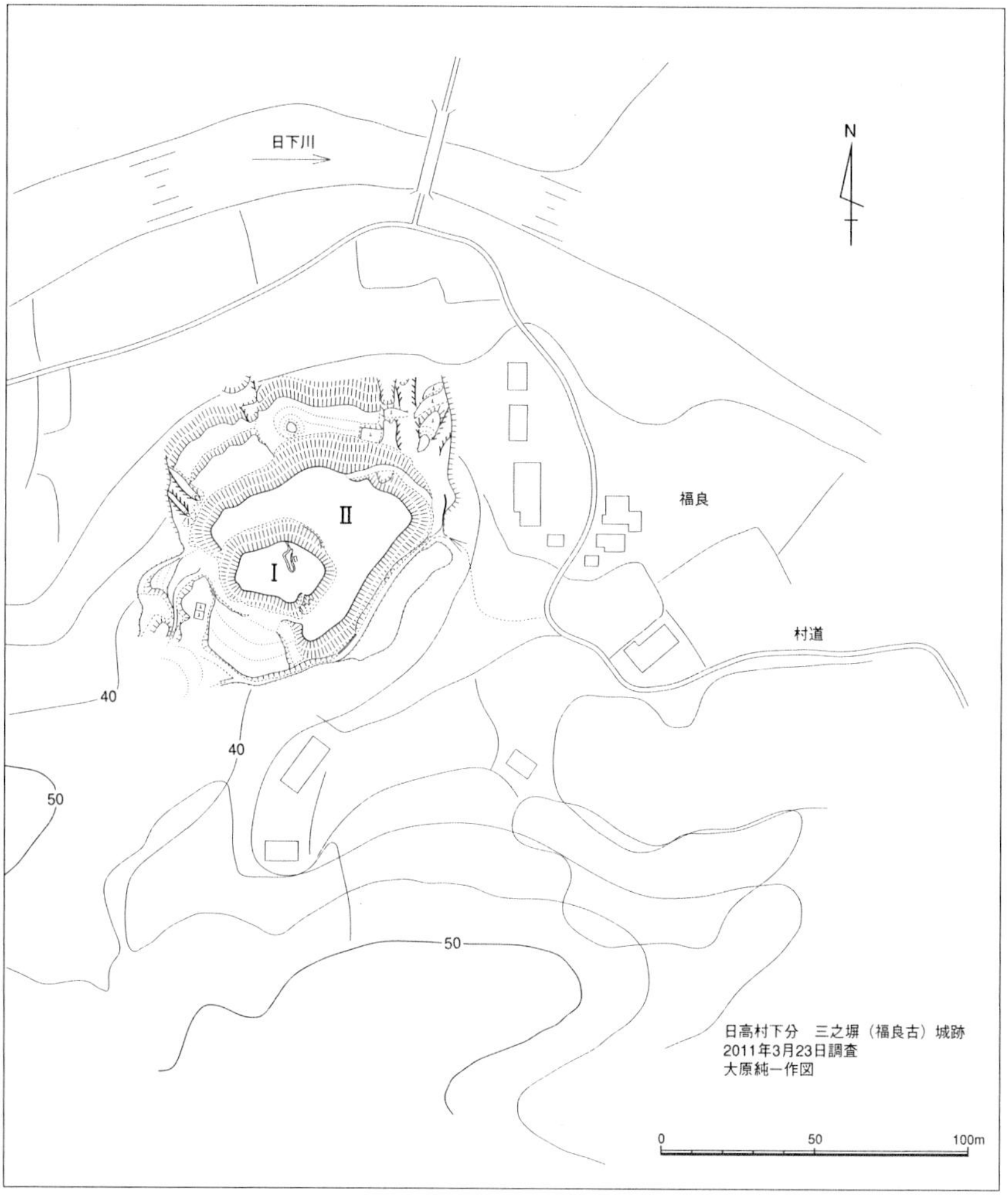

三之塀城跡
所在地：高岡郡日高村下分
調査日：2011年３月23日
調査者：大原純一
作　図：大原純一

麓城跡遠景

27 麓《ふもと》城跡

◆所在地／吾川郡いの町波川
◆標　高／九二・七ｍ　◆比　高／八〇ｍ
◆主な遺構／畝状竪堀群・竪堀

【地理と訪城ルート】

麓城跡の所在する吾川郡いの町波川は、旧町域（吾川郡伊野町）の南部に位置し、仁淀川の西岸（旧高岡郡域）に在って伊野の市街地とは仁淀川橋で連絡する。当地は国道三三号（松山街道）が走行し、主要地方道の県道三九号土佐伊野線が仁淀川に沿って南下している。地内に波川氏と所縁の深い蘇我神社が鎮座し、浄土真宗本願寺派蓮照寺や波川氏累代の菩提所である浄土宗西山禅林寺派本願寺が建立しており、正寿院の石造物群には中世後期から近世にかけての六甲産御影石や九州系（砂岩製）の五輪塔が存置されている。

東方を流下する仁淀川は網状流路の礫床河川と考えられており、両岸に顕著に発達する自然堤防によって当地を含む流域に支谷閉塞低地や後背低地（沼沢性起源の低湿地）が形成されている。支谷底を囲繞する山麓部では斜面から供給された堆積物による崖錐或いは麓屑面が発

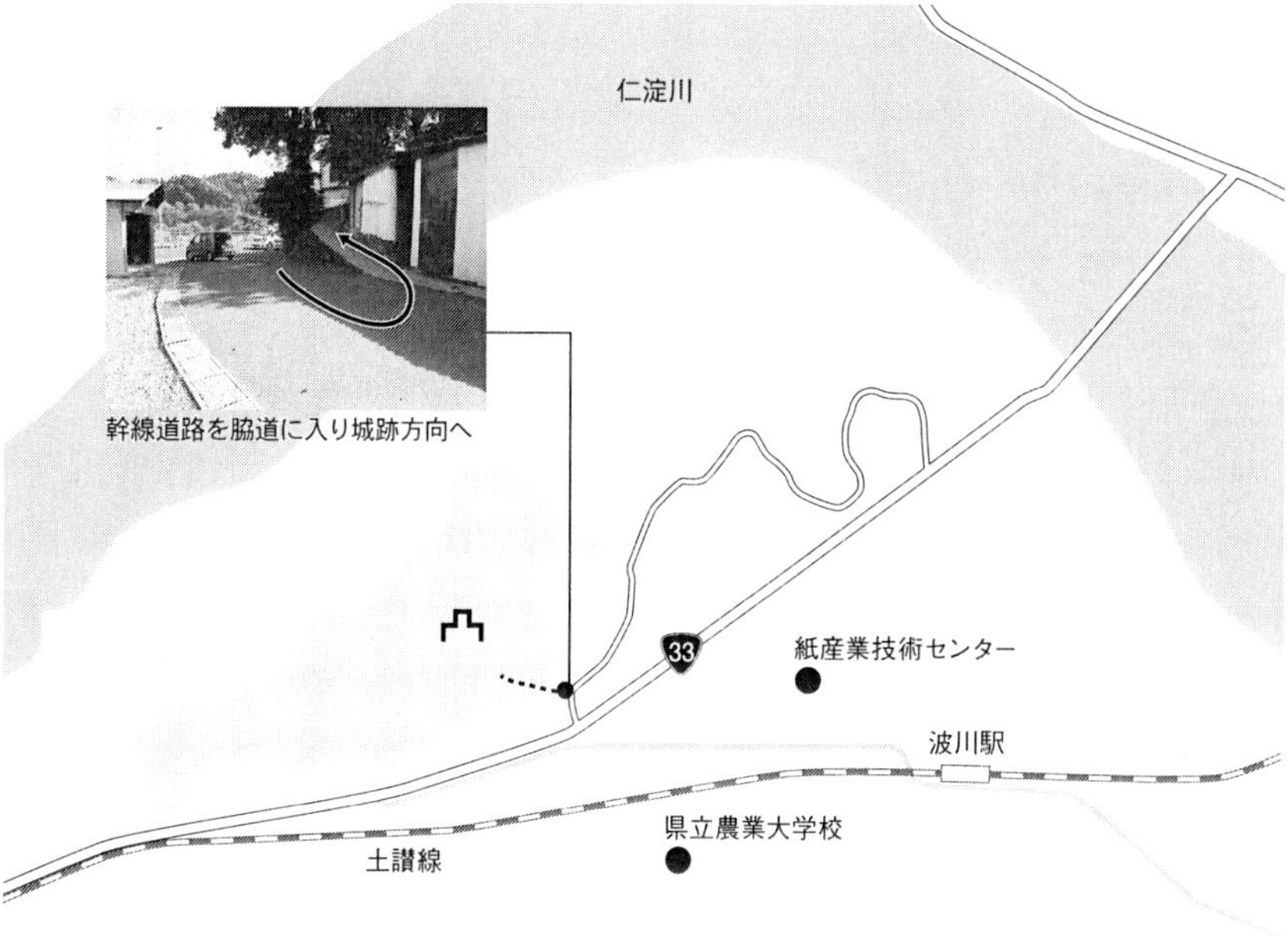

達し、高燥な緩傾斜地となって中世には集落や社寺が帯状に分布するなど、当該地周辺は古環境を復元し得る景観を存していると思量する。当城跡は、南に位置する虚空蔵山山地と仁淀川を隔てた北方の北山山地の間に位置する日高丘陵（小起伏丘陵）の標高九二・七ｍを測る丘陵頂部に占位している。当城跡の所在する日高丘陵は地質的には伊野層に該当し、周辺の山地と同様に東西方向の地帯（地質）構造を基盤とする地形的特性（高北地溝帯）を有しており、立地的には河川水運の動脈である仁淀川と谷底平野（堆積低地）を横断する南麓（山麓堆積地形）の街道を扼する要地に構築されている。

訪城には高知西バイパスの波川ＩＣ（二〇二〇年完成予定）附近の国道と旧往還路の分岐に造立する石燈籠近傍にある登城口から訪れるのが一般的であるが、城跡（主郭域）は耕作地となっており散策には留意したい。

【城の歴史】

『いの史談　第二号』に依れば、麓城は土豪波川（蘇我）氏累代の居城であり、葛掛（波川玄蕃）城が築城されるまでの本拠であったとする伝承を紹介している。『長宗我部地検帳「高岡郡蒲田村地検帳」』には「は川分」として「古土ゐ　上下懸テ南東へ廻テ　一所壱反弐拾三

代三分　下ヤシキ　波川村」とあるが、『地検帳』の記された天正十九年（一五九一）には「御直分」となっており、当地に波川氏の給地（所領）は見受けられない。波川氏に関する詳細は不明であるが、戦国期には仁淀川中流域の大内・蒲田（鎌田）・波川村を領有していたとされている。時勢の随いに習い一條氏旗下の在地土豪として存在していたとされており、永禄九年（一五六六）頃と伝えられる「長宗我部元親宛源康政書状」に「同久佐賀波川御番衆被仰付候」（『土佐國蠹簡集』）と記されている。この時期には波川村と対岸の伊野村に渡し場が在ったとされ、前記『地検帳』には波川村に五筆の渡給が見え、「ワタリヤシキ」などのホノギが記載されている。長宗我部氏は交通・流通の要衝を押える波川氏と縁辺し、高北（高岡郡北部）地域進出の足掛りとしたと考えられている（『中世土佐の世界と一条氏』所収「仁淀川下流域における土佐一条氏の動向」）。波川氏は長宗我部家中においても有力部将として存在していたとされるが、確執から旧主一條氏と同心し、謀反を企てたとして自害させられ、同氏は敗亡したと『元親記』は伝えている。この時、波川氏の眷属が立て籠もったのは仁淀川に面した尾山の丘陵（権現山）に占位していた鎌田城であったとするが、現状は旧態を存していない。『元親記』には「とかく一類の者相果たさるべく候ふ条、唯一所に罷り成るべしと申し請けて、鎌田の城へ取り籠る。波川嫡子彌次郎、その外家来のものども一所に籠り居り候ひつるが、天正八年（一五八〇）五月中旬に押し寄せ、残らず果たされしなり。」とあり、或いは波川氏の本拠は鎌田城であった可能性すら臆見され、麓城跡について旧記に遺るものは管見の限り皆無である。

現在、当城跡の所在地は「茶屋ヶ鼻」の小字であるが、その登城口は「木戸」と呼ばれ、古くは「城戸」と表されていたと云う（『いの町史』）。『地検帳』には山麓堆積地形に立地していた前記「古土ゐ」に隣接して「キト」のホノギが記され、また「御直分」として「フモト」「キト山」も見えるが、城跡に関する記載は見当たらない。藩政期に成立した『土佐州郡志』波川村の項には古蹟として城跡等の記述は無いが、小村として「麓」の集落が記されており、当地に所在する城跡ということで「麓城」の名称が後世に附与されたと推測する。当城跡については築城から廃城に至るまでその動静は全く不明である。尚、一説には城跡の北麓に所在する茂地集落附近は、嘗て仁淀川が入江状に彎入し河津として利用されていたとする指摘があり、瞰下する要衝に当城が占位していたと捉える向きもある（『いの史談　第二十二号』）。また『地名用語語源辞典』に拠れば、「鼻」地名には端や先端など「突き出た地形」を示す場合も有るとしている。

【縄張りの特徴】

麓城跡は山麓からの比高（高低差）約七〇～八〇m前後を測る丘陵頂部に立地している。詰ノ段に相当する平坦地（曲輪Ⅰ）は矩形状を呈しているが、耕作地としての経歴を有しており、土塁などは確認出来ない。同段は梯形状に切岸で造成され、周囲を帯曲輪状に平坦地（曲輪Ⅱ）が囲繞して天守台状（天守が存在していたという事ではない）の様に独立している。木立に覆われ乍ら遠景からでもその様子が見て取れるが、当城跡の最大の特徴は北側の緩斜面に配置されている数条に及ぶ連続竪堀群である。遺構の遺存状況等により横堀を伴うものかは判然としないが、全て仁淀川に対して比較的均一化の様相を呈して配されており、河川及び対岸に位置する加田城跡を意識したと思われる指向性を看取出来る。また上段の帯曲輪状平坦地からは竪堀群を射界に置いて効果的な防戦を可能としており、来攻する敵勢の無力化を意図した布置と考えられる。竪堀群と連繋して北尾根に二重の堀切を構え、河川に面する北西端は竪堀と成って一群を形成し斜面を垂下するが、東端は後世に造成されたと考えられる不整形な緩傾斜地が展開しており、遺構を確認することは出来ない。南側の急斜面には小規模な平坦地と一条の竪堀が配され、また南東の尾根には堀切として存在していたと推察する竪堀状地形が斜面に遺されているのみであり、仁淀川に臨む方向と南面する

西面竪堀

南面竪堀

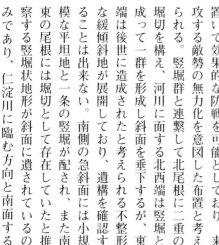

曲輪Ⅱ

街道側（低湿地）とでは防禦遺構の多寡は明瞭である。当城跡における竪堀群等の偏在は、緩斜面等の地形的不備を無効化すると共に作為の範囲を意識しており、視覚的効果を含めた適任の目的を具備して意図的に構築された可能性を推量し、その機能は限定的であったと考察する。

　それは当城跡が地域権力を有する勢力を主体として築造又は改修された可能性を示しており、指向性が看取できる城跡は、築城主体による具体的な方策の下に構築されたと思考する。永禄～天正年間（一五五八～一五九一）のある時期にこの地域は軍事的緊張状況下にあり、この地域を勢力範囲とする権勢が所要の武備として対応した結果と理解すべき斜面防禦の一形態と考察している。つまり、麓城跡は波川村という地縁的な共同体が土豪を中心に采禄を自衛する「村の城」（孤塁）では無く、地域権力の支配領域を守成する為に築造された堡塁（支城）ということが考えられ、旗下の小領主で在った波川氏が番衆として当城に派遣され管掌していたとする蓋然性に立脚する含意が、城主伝承として通俗的に流布されてきた可能性を思量する。

（本文中の詰ノ段等の表記は仮称である。）

【城跡の見所】

　主郭の曲輪Ⅰの下段の帯曲輪が廻っているが、曲輪Ⅰの斜面は切岸で容易に登ることは出来ない。主郭に登るときは、切岸効果も体感して欲しい。本城跡の一番の見所である、帯曲輪の西側から北斜面部にかけて連続竪堀が構築されているので見逃さずに斜面部を確認すること。

（宮地啓介）

曲輪Ⅱ真下北堀切

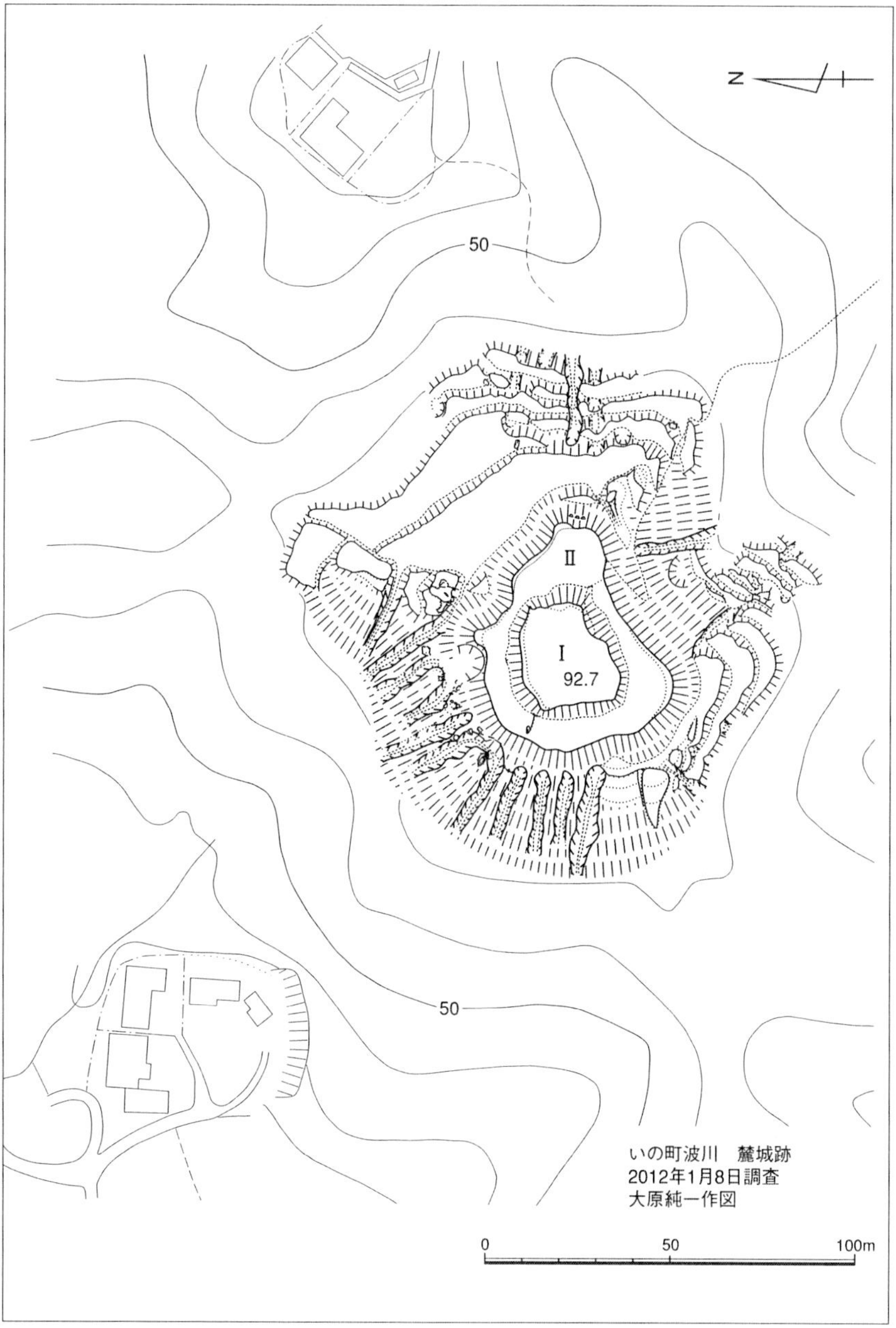

麓城跡
所在地：吾川郡いの町波川
調査日：2012年１月８日
調査者：大原純一
作　図：大原純一

音竹城跡遠景

28
音《おと》竹《たけ》城跡

◆所在地／吾川郡いの町音竹字城山
◆標　高／一〇三m　◆比　高／九〇m
◆主な遺構／畝状竪堀群・堀切

【地理と訪城ルート】

音竹城跡は吾川郡いの町音竹字城山に所在している。当城跡が遺存する「いの町」は、平成十六年（二〇〇四）に旧伊野町が吾川郡吾北村、土佐郡本川村と合併して発足した新しい町名であるが、「伊野（井能・猪野）」が中世以来の当該地の地名呼称であり、本文中では主に旧地名を用いて表記している。当城跡の名称の由来となった同町音竹地区は、仁淀川支流宇治川（一次支川）の本川流入口に拡がる集落であり、実際の所在地は早稲川（二次支川）と宇治川及び仁淀川の旧自然堤防に挟まれた天神地区にある通称「天神山」に連なる丘陵に立地している。城跡の北方は伊野低地がほぼ東西方向に直線状に延伸した地溝性を有する断層谷を形成している。西流する宇治川の集水域は本流となる仁淀川に対し脆弱であり、流下疎通能力は乏少で本流堆積物の閉塞により自然排水が不十分となる。河床勾配が低平な緩流河川は水

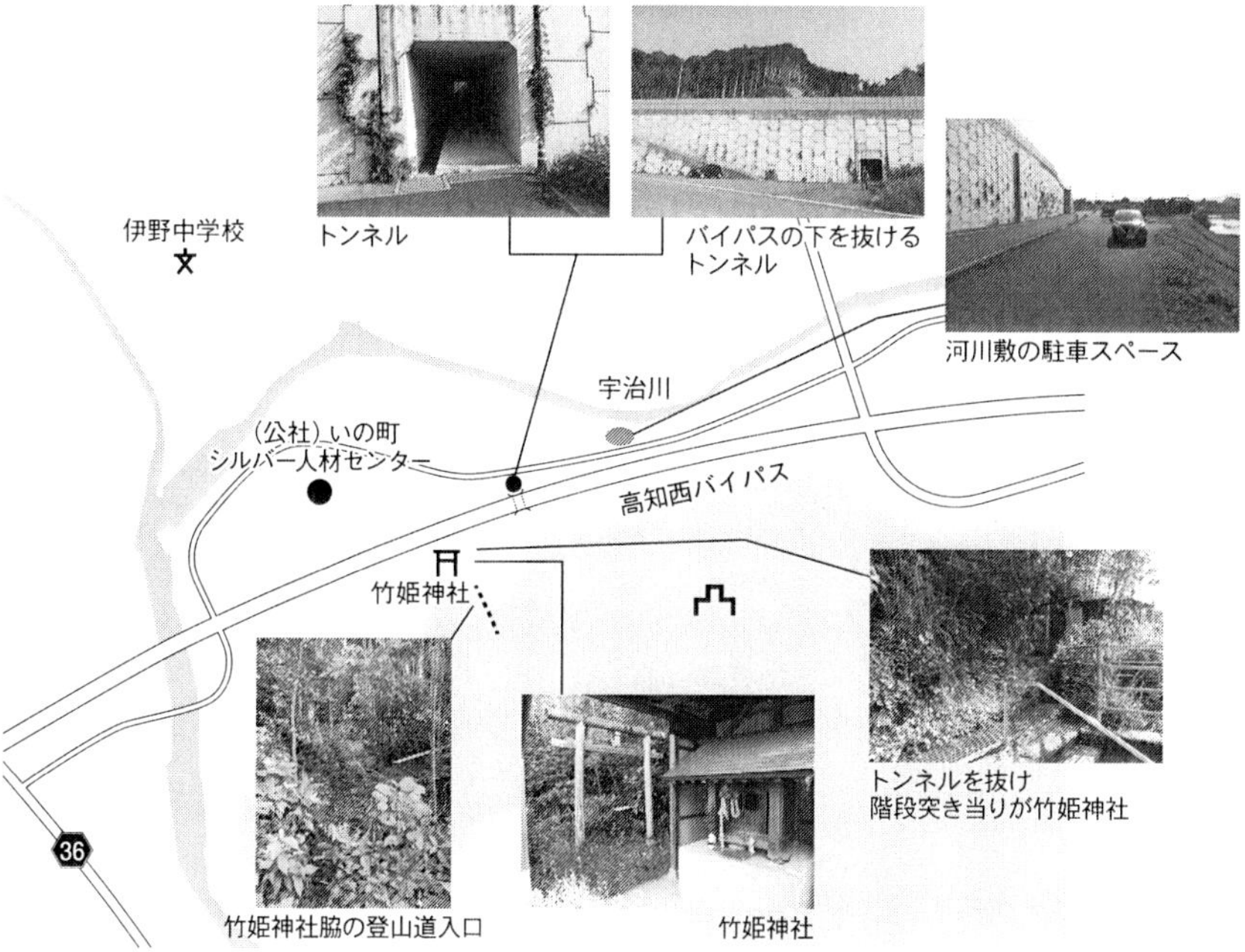

運に適して近傍に周知の埋蔵文化財包蔵地を遺存しているが、低奥型地形の為内水（溢流）による被害が多発しており、流域は氾濫原性低地の後背湿地が拡がっている。当地域の地質は秩父累帯（秩父亜帯、黒瀬川亜帯、三宝山亜帯）に属しており、当城跡は黒瀬川構造帯の一部を構成する伊野層に位置して三宝山帯（仏像構造線）の北側に接している。

　訪城は、高知西バイパスの天神ＩＣ附近の山麓に祀ってある竹姫神社と墓地へ参向する隧道（函渠）が高規格道路の下に在って利用出来るが、城跡（西城）への道筋は途上で消滅し、尾根まで登攀しなくてはならない。またその尾根には倒木が幾重にも蔽われて行く手を遮る難路となり、訪城を困難にしている（平成三十一年四月現在）。

【城の歴史】

　音竹城跡については既往の文献資料等が殆ど遺されておらず、築城主体・時期及び成立過程共に不明である。『いの史談　第八号』所収の『高知懸土佐國吾川郡伊野村誌』（明治十五年（一八八二））に古跡として「甫岐城墟　一紙ノ旧記ナシ　唯古老ノ説ニ甫岐長門守ノ城墟ナリト云ノミ　元標ノ偏南バアガ森山ニ在　山上ニ凸字状

ヲナス三所アリ　其西頭ナルハ平夷　東西凡七間　南北五間　其中身ナル最高ノ平地ハ　東西凡廿間南北十間余其東部ナルハ平坦四間四方　四辺半強ハ畠トナリ半弱ハ松樹扶疎タリ（略）」と記されている。甫岐の地名は町内の大内（甫岐）、八田（甫木山）に所在するが、踏査の結果当該地に城跡は確認出来ず、位置的にみて「甫岐城墟」は当城跡を示していると思われる。（附記・高知県の地形方言としての「ホキ（ホケ）」とは崩壊等により断崖になった箇所を指す場合があり、「甫岐・甫木」などの字を当てることが有るとしている。）

元弘三年（一三三三）三月十三日の高吉花押とある日那注文に「いのとの丶の御一もん、同おとたけのい□との、お丶の丶御沙汰人、すきもと《（椙本）》のかんぬしの一もん」（『熊野那智大社文書・潮崎稜威主文書』東京大学史料編纂所蔵）とあり、『伊野町史』は在地領主として当地に存立していた有力者の可能性を指摘している。城跡には南北朝期頃の築城とそれに纏わる音竹千代や竹姫らの伝承が遺されている。また音竹地区には室町時代後期頃には存在していたとされる「山崎の地蔵堂」跡（町指定保護文化財）が所在しており、存置されている五輪塔群と共に往時を偲ばせている。

平成二十～二十二年（二〇〇八～二〇一〇）度に亘って高知西バイパス建設工事に伴う当城跡北麓に遺存する周知の埋蔵文化財包蔵地（天神・溝田遺跡）の発掘調査が実施され、古代～中世にかけての遺構・遺物を確認している。これまでの通説では西城が古相、東城が新相であると云われていたが、調査結果により主郭（東城）に相当する曲輪群が南北朝期頃に構築された後、西側の曲輪群（西城）が十五世紀後半～十六世紀前半代頃に整備されたとする見解が調査担当者により指摘されている（『いの町史』）。

戦国期、高東（高岡郡東部）・吾南（吾川郡南部　主に仁淀川下流域東岸平野部）地域の盟主的立場にあった大平氏の勢威が衰退した天文年間（一五三二～一五五四）を過渡期として、一帯を支配していたのは本山（八木）氏であったとされている。高知県土佐・長岡郡北部の吉野川上流域（嶺北地方）より興った同氏は、中原における本拠を朝倉城（高知市）へ遷して浦戸に城を構え、仁淀川下流域を含む土佐中央部を勢力下に置いていた。大永七年（一五二七）と記される土佐郡朝倉庄池内（伊野町池ノ内）の天神社棟札に「大檀那　八木実茂」（『土佐國蠹簡集』）とあり、この頃までには当地域に進出していた様子が看取出来る。また伊野町加田の集落に加田城跡が所在しており、弘治二年（一五五六）五月二十七日の「田上善衛門宛本山茂辰判物」に「賀田城定番之儀中付処同心祝着候為番給壹町中付候（中略）弥〻忠節肝要候也」（『土佐國蠹簡集』）とあり、伊野の中心地域も本山氏の勢力圏にあったと考えられる。この時期における当城の営為の証左は不明であるが、軈て永禄六年（一五六三）頃にはこの地域を失陥したとされる本山氏に代って抬頭した長宗我部氏による支配が始まると、当城も現在確認出来る縄張になったと推測され、仁淀川西岸域の一條氏勢力との境目を担っていたとも考えられる。また、天正八年（一五八〇）の波川氏誅滅（『元親記』）に際し、立地的に長宗我部氏方の拠点の一つとして機能していた可能性も考慮されている。吉成承三氏に依れば、城跡山麓の天神地区に「厩尻」のホノギが遺り、対岸に立地する鎌田城（波川氏）との間に「渡し」が在った可能性を指摘している（『いの町史』）。当城跡からは古備前の破片や明代の染付皿等が表採されており（『高知県中世城館跡　分布調査報告書』）、十六世紀後半代頃まで存続していた可能性が窺えるが、天正十六年（一五八八）及び慶長二年（一五九七）の『長宗我部地検帳「大野郷伊野村地検帳」』には乙武村を中心に十六町余の給地を有し、土居を構える乙武（吉良）弥兵衛なる有力給人の名は見えるものの、城跡に関する記載は見当たらず、この頃までには廃されていた可能性が推察される。

【縄張りの特徴】

音竹城跡は仁淀川を望見する高知平野周辺丘陵の西端附近に立地している。北側の伊野低地には宇治川が丘陵西端（「天神山」）を囲繞する様に流下し、松山街道を眼下に臨む要地に占位している。また、当城跡から約四・三㎞の丘陵東端には県内屈指の城容を誇る朝倉城跡が所在している。分水嶺となる尾根筋は嘗て往還路として利用されていたことが旧図に記されており、形勢の不利を悟った本山氏が本拠の嶺北地方へ落去する際に仁淀川を遡行して引き払った可能性が指摘されているなど、河畔を掌握する当城の存在は重要であったと思われる。尚、余談であるが当城跡に連なる同丘陵に所在する前記『伊野村誌』「甫岐城墟」に記されている「バアガ森」には、弥生時代中期末～後期前半頃の高地（丘陵）性集落遺跡として有名な「バーガ森北斜面遺跡」の埋蔵文化財包蔵地が遺存しており、古環境に適した選地であったと考えられている。

当城跡（東城）の概要は、標高一〇三ｍ（比高約九〇ｍ前後）を測る丘陵頂部に「詰」に相当する主郭（曲輪Ⅰ）を有し、東端には土塁を設けて現在は小祠（城八

堀切

畝状竪堀群

幡）が祀られている。北側下段は帯曲輪状となり、主郭は切岸によって求心的な構造を呈している。主郭の土塁直下には上端幅約一〇～一五m、深さは約一〇m前後を測る当城内において最大規模を有する巨大な堀切が穿たれている。その東方には土橋を有する小規模な堀切で仕切られた東曲輪群が存在するが、大堀切による強力な遮断を意図する主郭との防備に対する彼我の懸隔は明瞭であり、階層的な家臣団構成が看取出来る。東曲輪群は平坦乍ら整地は不完全であり、平時は軍兵の駐屯地等に利用され、有事の際は主郭を中心とした防戦を想定した二重構造を呈していた可能性が考えられる。東曲輪群から北麓へ下降する支尾根には障碍等は設けられておらず、山下集落（天神・溝田遺跡等）との後方連絡路であった可能性が想定出来、一条の長大な竪堀を配して尾根筋を確保している。また大堀切の堀底は、現在は竹が密生し歩行を困難にしているが、通路としても利用されていたと考えられ、北側は垂下する竪堀から谷状地形が山麓へ下っている。南側の緩傾斜面には当城跡の特徴の一つでもある連続竪堀群を配する横堀状遺構が巡っている。竪堀群は仁淀川に面しており、南麓の音竹集落に対する視覚的効果を含めて構築された可能性も窺える。西城に繋がる尾根に構えられた二重の堀切と連続しており、防備の指向性をこの方面に集中していると考えられる。主郭に従属的に配されている堀切直上の曲輪Ⅱが防禦の前衛として機能していたと推測されるが、竪堀群の規格は一様では無く、不均一（未発達）な印象を受ける。これは主郭との時期差によるものと思量し、初期段階の計画的な敷設ではなく後年に緊要の措置として構築した遺構である可能性を想定するが、一部は横堀状遺構から配されているなど、考慮すべき点も見受けられる。中世城郭研究会の大久保健司氏は「連続竪堀群から見た戦国土佐の城」（『陣城・臨時築城をめぐって』）において、当城跡と潮江城跡（高知市）の連続竪堀群を比較して「音竹城のそれは規模的にも潮江城と同年代、同一主体が想定できそうである。」と述べており、長宗我部氏若しくは両城を保有していたとされる本山氏による可能性も稀薄乍ら完全否定は出来ないとしている。また曲輪Ⅱの東端には、主郭に到る小規模な曲輪虎口に上る通路状の土塁を布置しており、これを障壁として大堀切からの侵入者を注視して横矢が利く様な配置とも見て取れる。

音竹城跡は東城と連繋する様に鞍部状の隘路を隔てて標高約九〇m余を頂部とする西城が構築されている。主郭域（曲輪Ⅲ）の中央附近に一段高く天守台状（天守が存在していたという事ではない）を呈する独立した段部を設けているのが特徴であり、主郭にこのような基壇状の段部を有している城跡は、仁淀川河口附近に立地している仁ノ城跡（高知市春野町）などが挙げられ、小規模な物見櫓の作事や祭祀的機能等の特別な空間が存在していた可能性も想定できるが、上部構造物の存否は現状の地表面観察では不明である。西城跡の主な城郭遺構は、主郭西側下段の曲輪Ⅳ北斜面に三条の不明瞭な竪堀を配している程度であり、主郭切岸の成形は見事であるが、地元の方の俗称として「女城（西城）」「男城（東城）」と言い慣わしていたのが印象的である。また西及び南側の緩傾斜面には段状の小規模な平坦地が連続的に形成されており、段状遺構としての機能を有していたとされているが、現状の造成は後世の改変を受けた可能性を含んでおり、積極的に城域とすべきかその評価が課題となる。

西城の存在を時期差とするのか、機能分化（物見等）によるものなのかは判然としないが、何れにせよ「一城別郭」の城容を呈する一連の城郭という捉え方で大筋において首肯出来ると思量する。当城跡については、主たる抗拒の手段を竪堀群に依拠するか小規模な段築状遺構群に希求するかの構築年代（城郭状遺構の非連続性）を含めた相違は有しても、南面（仁淀川）を意識した防備の指向性に相似性が看取されるなど一体的な考察を要すると思案している。

（本文中の詰等の表記は仮称である。）

【城の見所】

曲輪Ⅰの東側土塁上から見た大堀切が見所で、城内で最大規模であり防御性の最も高い遺構群である。その東方の小規模な堀切に構築されている土橋も観察してほしい。主郭の南側斜面部には、当城跡の最も見所でもある連続竪堀群がある。この遺構は、横堀状遺構も認められこの城の最も機能した時期に構築されたものと考えられる。斜面部なので注意して遺構をみてほしい。

（宮地啓介）

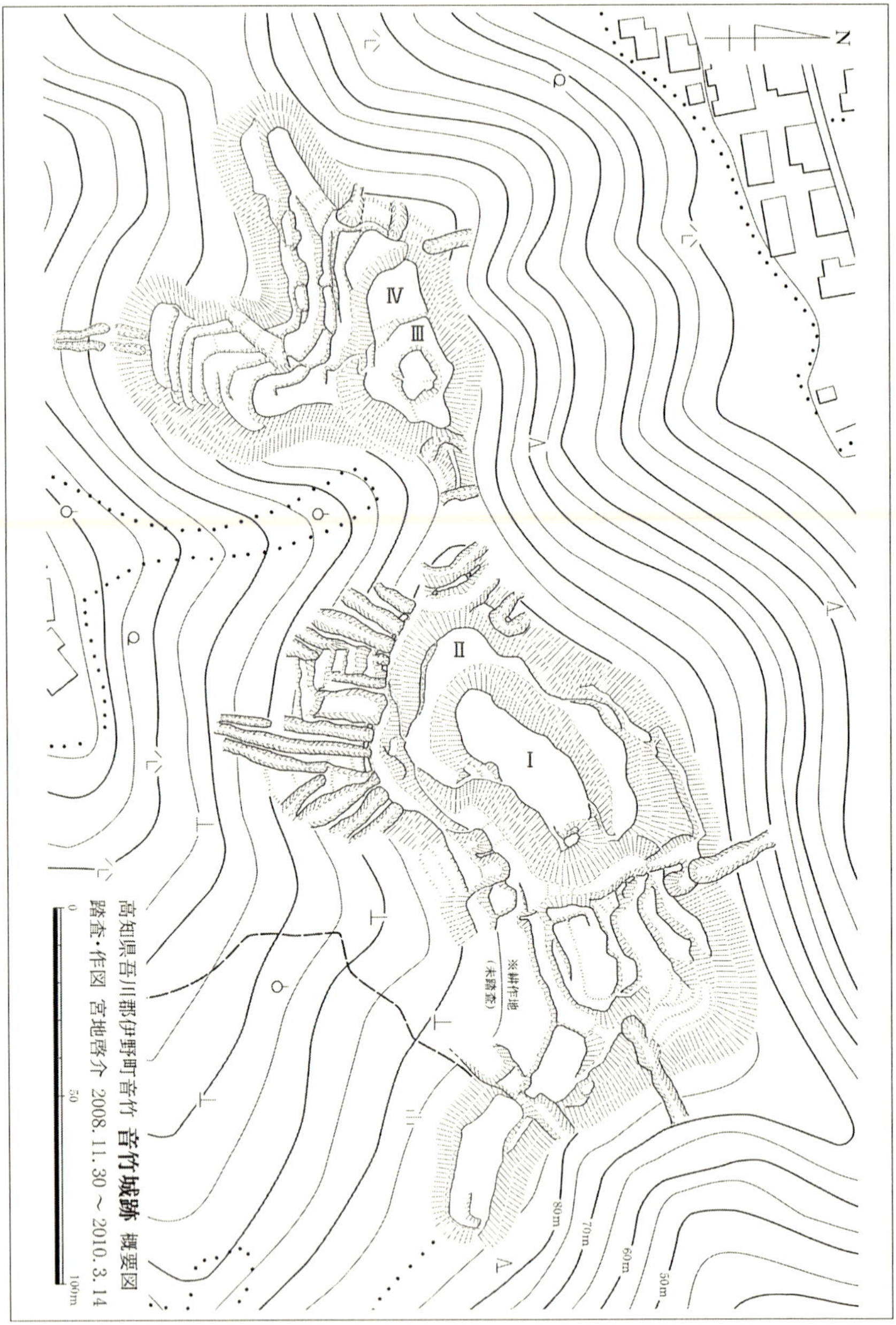

音竹城跡
所在地：吾川郡いの町音竹字城山
調査日：2008年11月30日～2010年３月14日
調査者：宮地啓介
作　図：宮地啓介

29 神《こう》田《だ》南《みなみ》城跡

◆所在地／高知市神田
◆標　高／一〇〇m　◆比　高／六〇m
◆主な遺構／土塁・竪堀

神田南城跡遠景

【地理と訪城ルート】

高知市神田に所在する。城跡は、鷲尾連峰の烏帽子山から北側に延びる丘陵先端部頂上に構築されている。南側は高知市街地を一望でき西方向の朝倉城跡も見渡すことができる。高知市内から春野町に向かう県道高知春野線が城跡の西側を走っており、ここからも城跡に行けるが個人の敷地を通ることになるので、城跡の北側に所在する高法寺の東側市道を通り城跡の登り口を目指した方が良い。城跡の詰には、八幡宮が祀られており登り口には鳥居があり、城跡の説明板も設置されていてここから登城できる。

【城の歴史】

城主は、永禄年間の本山氏との抗争で長宗我部氏家臣の細川宗桃が入城したとされ、その後宗桃の家臣で鍋島修理の居城となっている。永禄年間以前に、城が構築さ

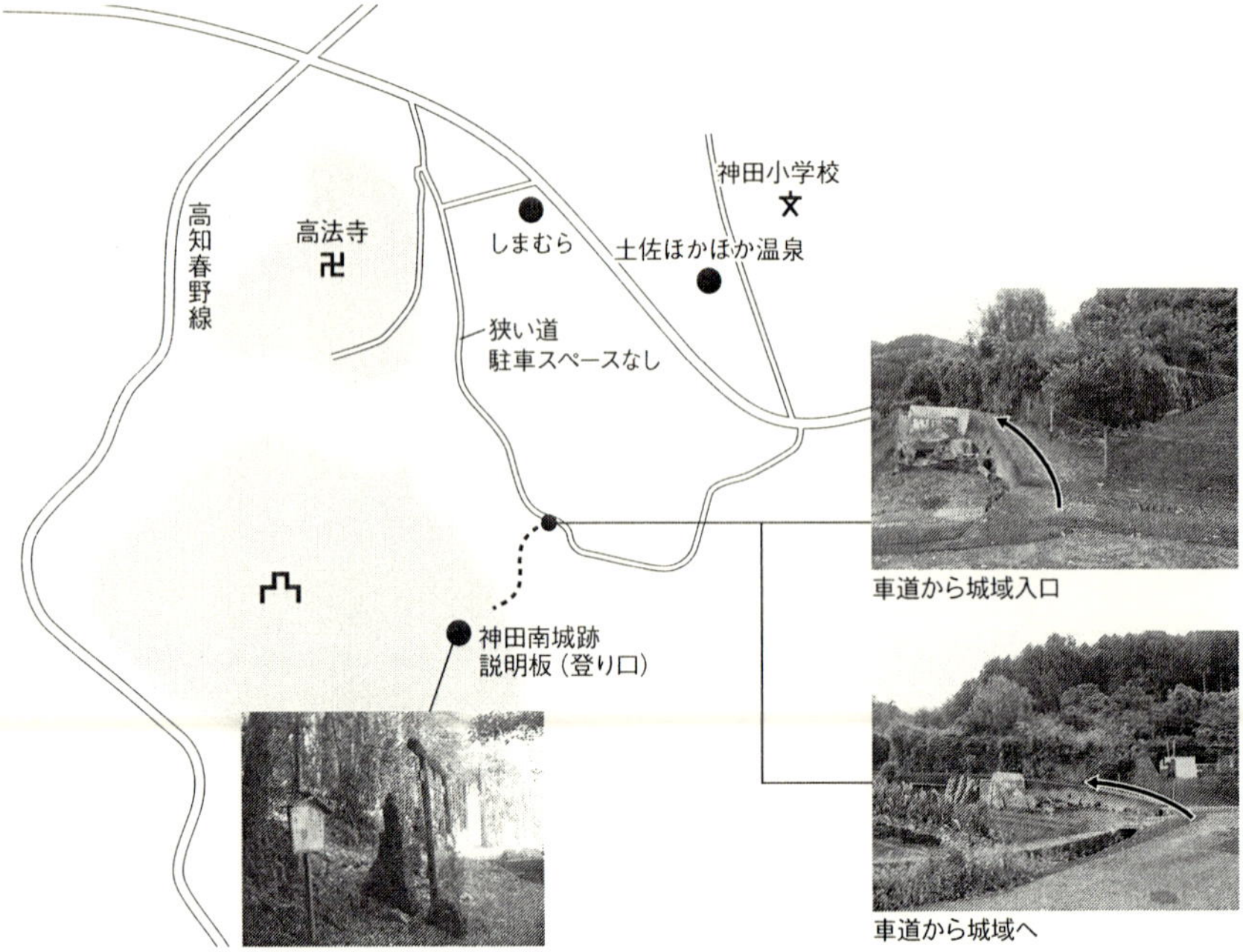

れていたかどうか城主も不詳である。歴史も長宗我部氏と本山氏の抗争の中で、この城が機能していたと考えられているが、眼下に広がる神田地区には弥生時代から中世の遺跡が分布している。中でも河川沿いにある神田ムク入道遺跡では、鎌倉時代を中心とした屋敷群が展開している。その後中世後半でも『長宗我部地検帳』を見ると神田庄が「八名分」と「地頭分」の表記が多く、この地域で領家が荘園管理を行っており重要な地域であったことが伺える。十五〜十六世紀にかけて、この地域を支配した領主が神田南城を構築した可能性も想定できる。

【縄張りの特徴】

主郭の曲輪Ⅰを中心に、周囲に帯曲輪が巡る単郭構造の山城である。主郭は東西が約五〇mを測る楕円形状を呈する曲輪で、東側に虎口を持ってきている。主郭曲輪は、北東部分がやや不明瞭であるが全体を土塁囲みしている。虎口部分に繋がる南側土塁は高く、裾部には石積みがされている。西端には、南側ほど土塁は高くないが櫓台状にしている部分があり防御を強化している構築物である。主郭から一段下がった帯曲輪は、幅約一〇m内外の幅で全周しており、主郭の虎口から続く虎口がある。さらにその下段にも全周する帯曲輪を回しており、東側は鳥居からの登城道につながる。東側の登城道の東側にも帯曲輪が数段続き、南側には尾根筋を遮断する横堀が構築されており、東端部は南斜面に落ちる竪堀となっている。単郭構造であるが、主郭およびそれを取り巻く帯曲輪の斜面は切岸で防御を固めている。下方の帯曲輪には、周囲を取り巻くように連続した竪堀を配しており防御を強固にしている。虎口は、一箇所しか確認できずここを敵が攻めてくるとなると、土塁や切岸で防御し櫓台などから攻撃していき虎口での攻防戦が想定できる城である。

主郭

主郭の石積み

虎口

虎口と土塁跡

【城跡の見所】

城跡の説明板では、細川宗桃の家臣の鍋島修理の居城で修理の墓とされる鍋島神社があったとされ、現在は城八幡が詰に鎮座している。いずれも、宗桃が朝倉城を攻める段階で構築された城で、その後その家臣が在城したと伝承されている。神田南城跡では、宗桃の築城技術が認められるかどうかが面白い。この城の大きな特徴は、詰を取り巻く土塁の存在と虎口である。宗桃の本拠である十市城跡は、主郭が土塁囲みで単郭構造の山城である点は同じである。また横堀が認められる点は、主郭を土塁囲みすることも含めて永禄期以降の時期に見られる遺構と考えることができる。主郭は、土塁囲みであるが北東部は残りが悪くよく見ないとわからない。主郭の虎口や斜面の切岸などをよく観察してほしい。

（松田直則）

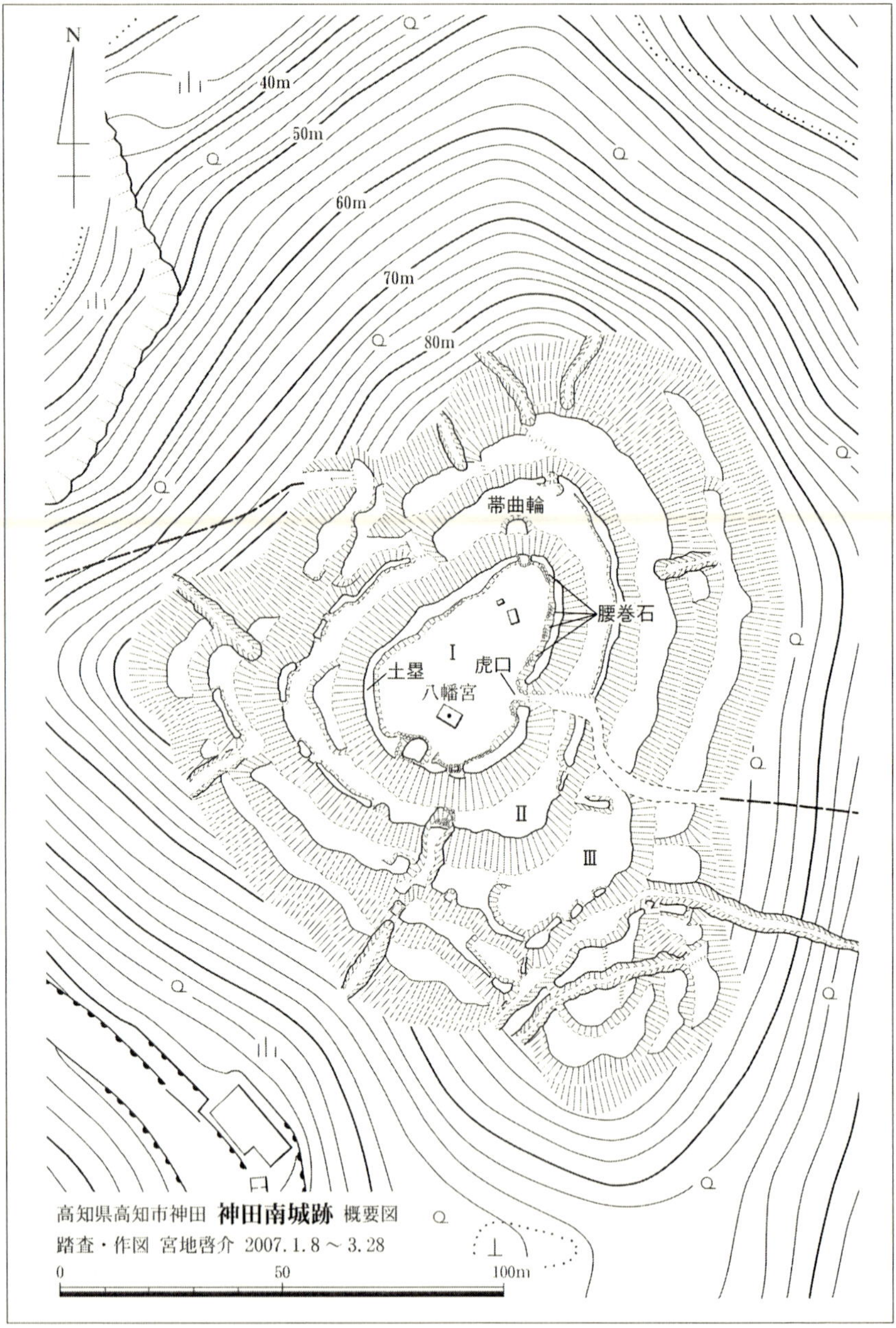

神田南城跡
所在地：高知市神田
調査日：2007年1月8日～3月28日
調査者：松田直則・尾﨑召二郎・宮地啓介
作　図：宮地啓介

30

行《なめ》川《がわ》城跡

◆所在地／高知市行川
◆標　高／二三〇ｍ　◆比　高／一〇〇ｍ
◆主な遺構／土塁・堀切・竪堀

行川城跡遠景

【地理と訪城ルート】

高知市行川に所在しており、鏡川上流域の行川口に流れ込む行川川を遡り、行川集落の南丘陵頂部に構築されている。行川は、高知市中心部から車で二十分ほどであるが、中山間地域であり集落中心部の標高は約一五〇ｍで、江戸時代の領家郷の中の行川村にあたる。現在の高知市立義務教育学校行川学園から少し遡り、行川なかよし公園入り口の細い道から登城できる。車では途中までしか行けず山道端に車を止めて、徒歩で登るようになる。

【城の歴史】

行川城跡は、残りの良い城跡であるが築城年代は不明で、城主は大黒与七兵衛と伝わっている。城跡は、桂谷と宗安寺の境の丘陵上に構築されており、鏡川の西側で位置的にも本山氏の傘下に入った頃構築されたと考えられ、その後長宗我部氏に属している。城跡についての詳

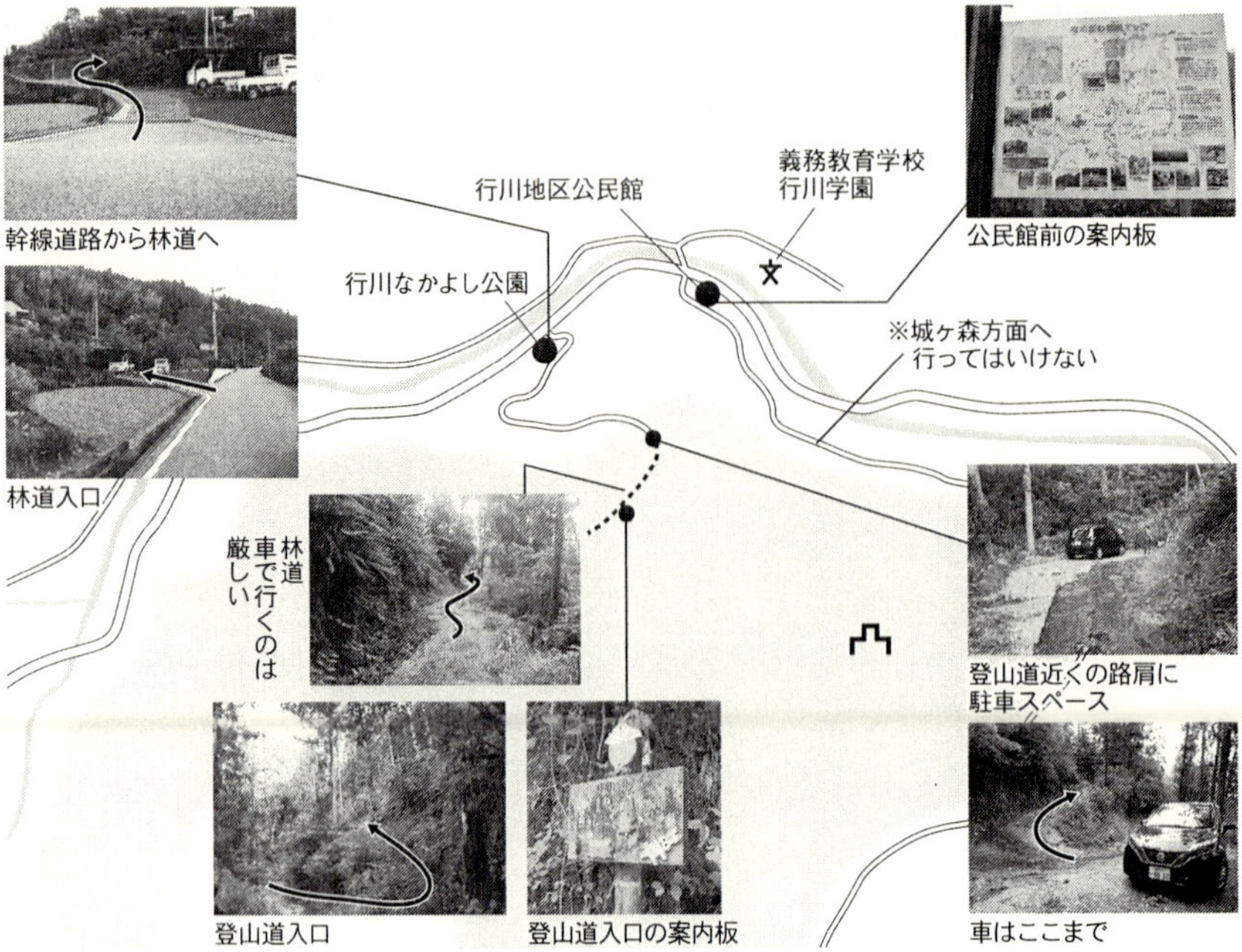

しい歴史は残っていない。

【縄張りの特徴】

主郭である曲輪Ⅰは、土塁が取り囲み南西側と北東側に虎口が築かれている。南西側に延びる尾根上に三条の堀切が構えられ防御を固めている。東側は一条の堀切が掘削されており、主郭の北側には曲輪Ⅱの帯曲輪とさらに腰曲輪が数段構えられている。主郭と西側の尾根上に構築された三条の堀切の間には、南側と北側に落ちる竪堀が見られる。東側の堀切遺構の構築時期は不明であるが、西側の三条の堀切や竪堀などの遺構は、長宗我部氏に属していた頃に構築された可能性が強い。主郭を土塁囲みしている城跡は、他にも見ることができるが長宗我部傘下に入った城の特徴でもある。

【城跡の見所】

西尾根から登れるが、最初に三条の連続した堀切が見えてくる。堀切の間は、自然地形に近くで曲輪として利用したか不明であるが、堀切近くは切岸となっており人工的な手が加わっている。一番の見所は、曲輪Ⅰの土塁囲みの主郭部分である。南西側と北東側の虎口が構えられているが、南西側が大手にあたると考えられる。（松田直則）

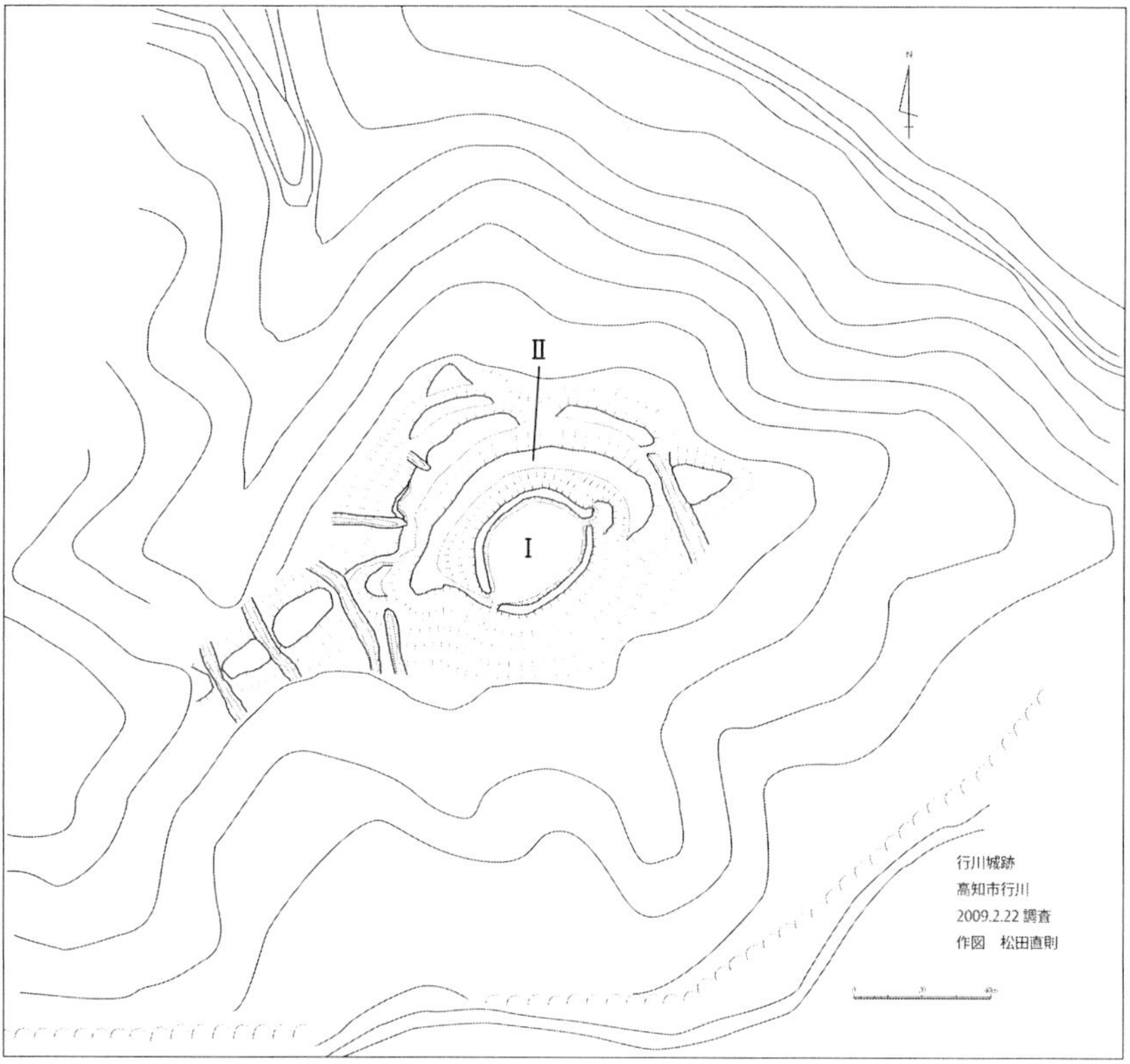

行川城跡
所在地：高知市行川
調査日：2009年２月22日
調査者：松田直則
作　図：松田直則

潮江城跡遠景

31 潮《うしお》江《え》城跡

◆所在地／高知市筆山町
◆標　高／一一八m　◆比　高／一〇〇m
◆主な遺構／畝状竪堀群・土塁

【地理と訪城ルート】

高知市南嶺から市街地に延びる丘陵先端部に筆山があり、この頂上部に構築されているのが潮江城跡である。この筆山からは、鏡川の北側に位置する大高坂城跡（現高知城）を望める位置にある。高知市の管理する公園にもなっており、夜景と桜の名所でもあり多くの人が訪れる場所である。また南斜面は筆山霊園となっており、北側斜面の麓部にかけては国史跡となった山内家歴代の墓所が築かれている。

公園の頂上平坦部には、高さ七mの展望台が設置されている。市街地が一望でき園内と丘陵斜面には一〇〇〇本あまりの桜が植えられており、春には賑わいを見せる場所でもある。

山内家墓所前から公園に登る道路があり、公園化に伴い北斜面に駐車場が設置されており、ここから歩いて五分ほどで頂上部にたどり着くことができる。多くの市民

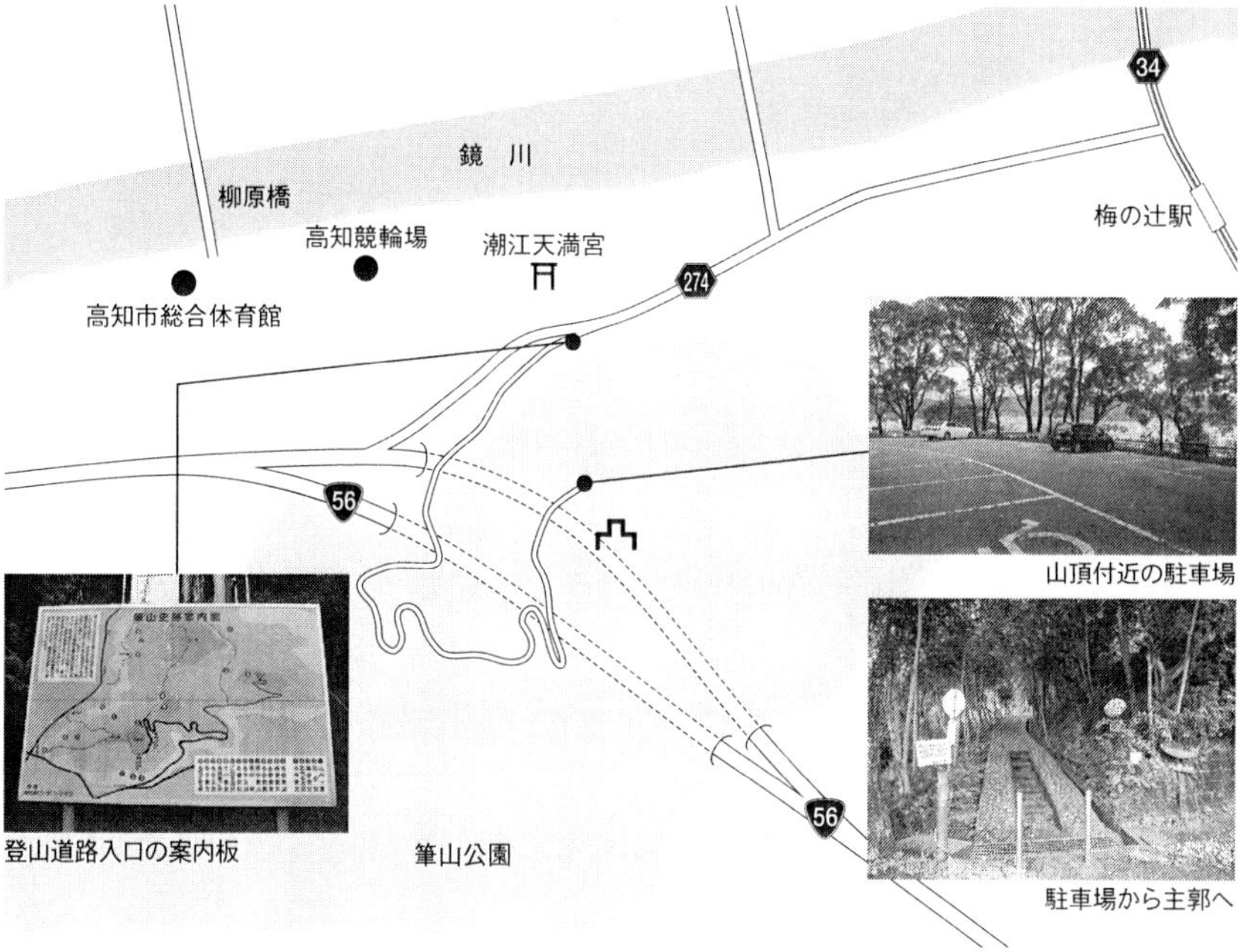

は、城としての認識が薄いのが残念であるが桜の名所としては有名である。

【城の歴史】

潮江城跡は、弘治から永禄年間にかけて、本山氏と長宗我部氏の高知平野での合戦にいち早く飲み込まれた城跡である。高知平野から浦戸湾を見渡せる良好な立地条件が、この城の争奪戦を激化させたものと想定できる。

『佐伯文書』では暦応三年（一三四〇）南朝方の大高坂城を救援するため南朝方の諸将が潮江山に陣取って北朝方と対峙した内容が記されている。この頃から立地条件が良かったため南北両党から狙われていた場所であり、その歴史は南北朝期まで遡ることができる。

戦国時代に入り、十六世紀前半頃の大高坂城跡は不明なところが多いが、大高坂氏はその頃本山氏の支配下に入っていた可能性があり、潮江城跡も本山氏の傘下に入っていた。潮江天満宮の棟札に、天文十九年（一五五〇）三月二十五日に、片山氏、長氏の名前が大檀那として天神の宮の棟上げをしたことがわかる。この『土佐国蠹簡集拾遺』に記載されている資料から、天文年間には、この潮江地域を支配していたのがこの二人で、潮江城との関連が考えられる。

『土佐国蠹簡集』では、永正元年（一五〇四）の頃であるが、吉良・大平・長宗我部・国沢・森・片山の諸氏が土佐郡鴨部社の棟札に大檀那として名前を連ねているが、この十六世紀初頭の頃の様相は明確ではない。天文年間の時期になると、片山氏や長氏が本山氏の傘下でこの地域に台頭してきたと考えられる。

しかしその後、長宗我部国親が弘治二年（一五五六）に本山氏を攻撃し、国親が亡くなった永禄三年（一五六〇）には高知市の西南部の一画を除いて長宗我部元親の支配に入っている。その後本山氏は永禄六年（一五六三）に朝倉城を焼き払い本拠の本山城に退去して長宗我部氏と和睦しており、土佐中央部は長宗我部元親の傘下に入った。その時長宗我部元親に協力したのが土佐郡森郷を本拠とする森氏であり、長宗我部傘下で潮江城を管理したのは森氏の可能性が高い。その森氏は、天正十八年（一五九〇）三月七日に潮江天満宮の棟上げに大檀那として名前が出てきており、長宗我部氏の支配が終わるまでこの城は森氏によって維持され機能していた可能性が高い。

【縄張りの特徴】

潮江城跡は、公園化されていることから遺構の残りは良好とは言えない。特に頂上部にかけては公園造成時の改修が行われており、当時の遺構かどうか判断に迷う箇所がある。

主郭は標高一一八mで、南北に幅広い長方形の曲輪Ⅰで、南側は土塁状の高まりがある。位置的にも土塁が残存しても良い場所なので当時の土塁の痕跡の可能性が高い。北側は一段低くなって段差があるが、主郭部の一部である。東側は、虎口からⅣの曲輪の北端に降れるようになっており、東側は土塁で防御されている。曲輪Ⅰの西側にある曲輪Ⅱは、Ⅲの曲輪と土塁によって区画されており、曲輪Ⅲが低くなって、帯曲輪Ⅳの方向に下っている。

北斜面部は緩斜面になっており、西側に四条、東側に五条の計九条の連続した竪堀が並ぶ畝状竪堀群が見られ、潮江城跡の縄張りの大きな特徴である。

そのほかにも駐車場の上には、竪堀三条が確認でき西側斜面の防御を固めている。東側では曲輪の造成が顕著に認められないが、自然地形の丘陵が延びており、浦戸湾から五台山を望める立地的に良好な場所であるため、見張り場所として機能していたと考えられる。主郭部に向かって土塁状の遺構が二箇所認められ南斜面に向かって二条の堀切と連動しているような配置である。

潮江城跡曲輪配置の特徴としては、主郭を中心に周辺部に帯曲輪を配置して、東側の丘陵からの敵侵入に対して防御を土塁で固め、北側の緩斜面を畝状竪堀群でさらに強固にしている点があげられる。

【城跡の見所】

北側緩斜面に築かれている畝状竪堀群が一番の見所である。この遺構は、本山氏と長宗我部氏の抗争の中で、長宗我部氏が奪い取った後に永禄年間の時期に構築されたものと考えられる。縄張り図を見ると、城跡の北側斜面に畝状竪堀群が確認でき大高坂城跡を監視しているかのような遺構が配置されている。潮江城跡は浦戸湾や高知平野を一望でき、この地域を支配するに良好な場所である。

長宗我部元親は永禄三年（一五六〇）に、本山氏の支城を攻撃し続けて潮江城を焼き払い国沢・大高坂に軍を進めたとされているが、潮江城を焼き払った後に大高坂城に睨みを効かすため、当時最新の城構築技術であった畝状竪堀群を取り入れたのではないかと想像することができる。永禄年間の前半代は、土佐中央部の争奪戦の最中で浦戸湾から高知平野を望める立地条件の良い潮江城が重要な役割を果たしていたと考えられる。

永禄十一年（一五六八）には元親が土佐中央部を支配下に収め、東の安芸氏と西の一條氏との抗争が始まり翌十二年（一五六九）には安芸氏を攻めて支配に入れている。この時期の潮江城は、森氏が支配管理しているが永禄十一年（一五六八）十月十二日の潮江天満宮の棟札に片山氏と長氏の名前が大檀那として出てくる。以前本山氏の傘下にいた両氏であるが、この時期には長宗我部氏の森氏の傘下に入っていたと理解していいのか不明なところがある。

潮江城跡の北側斜面部に残る畝状竪堀群は、全国的には永禄年間頃に出現したと考えられているが、本山氏と長宗我部氏の抗争の中で、土佐でもいち早く取り入れられていることがわかる事例として重要である。

（松田直則）

筆山駐車場から高知城を望む

五台山と浦戸湾を望む

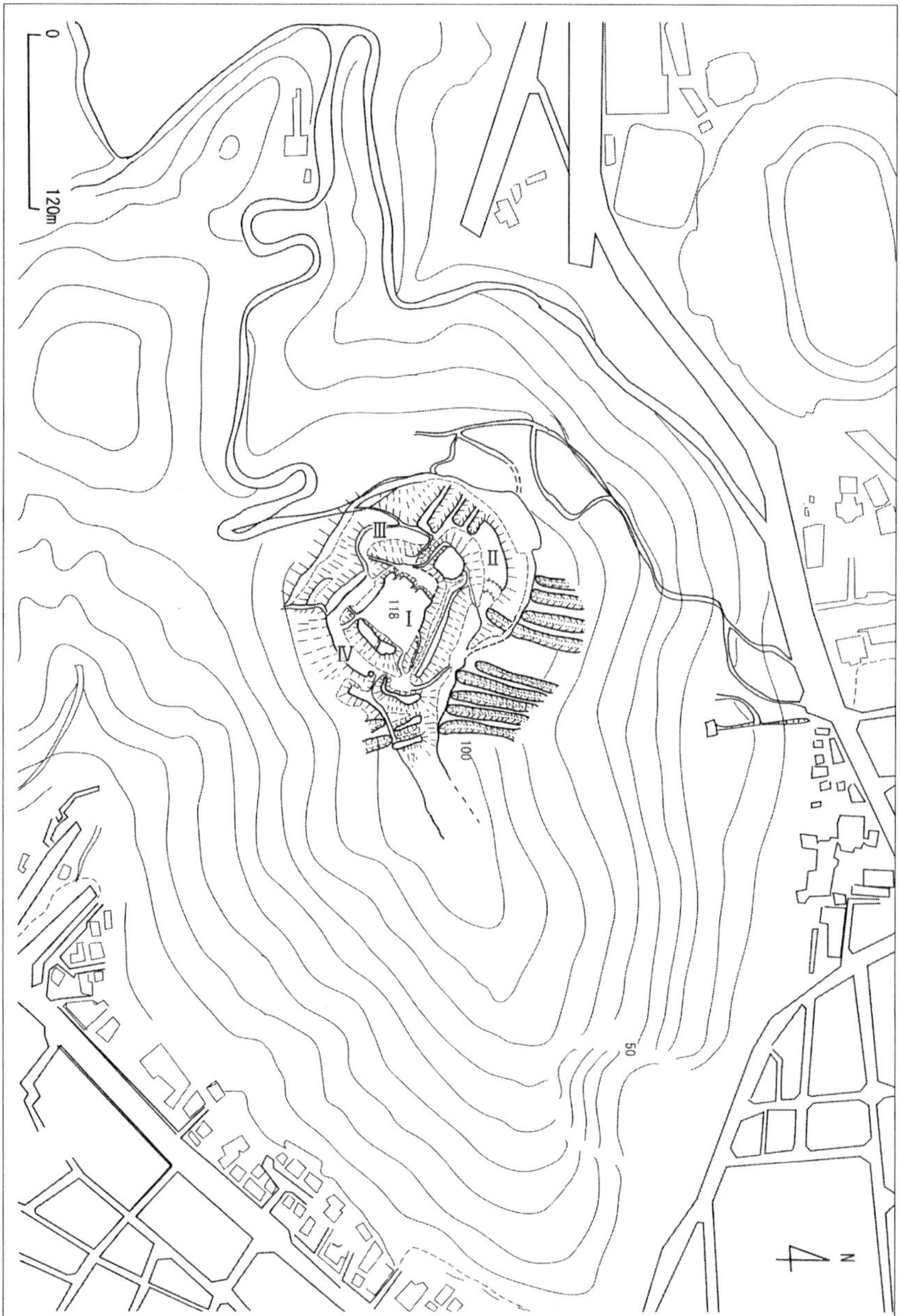

潮江城跡
所在地：高知市筆山町
調査日：2010年３月20日
調査者：松田直則・池田誠
作　図：松田直則

32

布《ぬの》師《し》田《だ》金《かな》山《やま》城跡

布師田金山城跡遠景

◆所在地／高知市布師田

◆標　高／一一〇m　◆比　高／八〇m

◆主な遺構／堀切・竪堀・横堀・土塁

【地理と訪城ルート】

高知市の南東部で、南国市との境にある丘陵上に構築されている。南側には国分川が流れており、東側には岡豊城跡を望むことができる。高知市街地から、国道一九五号・高知バイパスとJR土讃線が通過しており、布師田駅も近くにある。国分川沿いには県道二四九号後免中島線が走っており、城跡の東側には高知刑務所も所在する。丘陵麓に高知市ふれあいセンターがあり、布師田城跡の説明板も設置されている。

【城の歴史】

築城者は、石谷民部小輔重信と伝わり、一宮高鴨大明神の神職で細川氏の末流とされている。細川守護代の頼益が来た頃その権威の拡大を背景に構築されたと考えられている。細川守護代が帰京すると、土佐では戦国時代の群雄割拠が始まり、この地域で長宗我部国親が勢力を

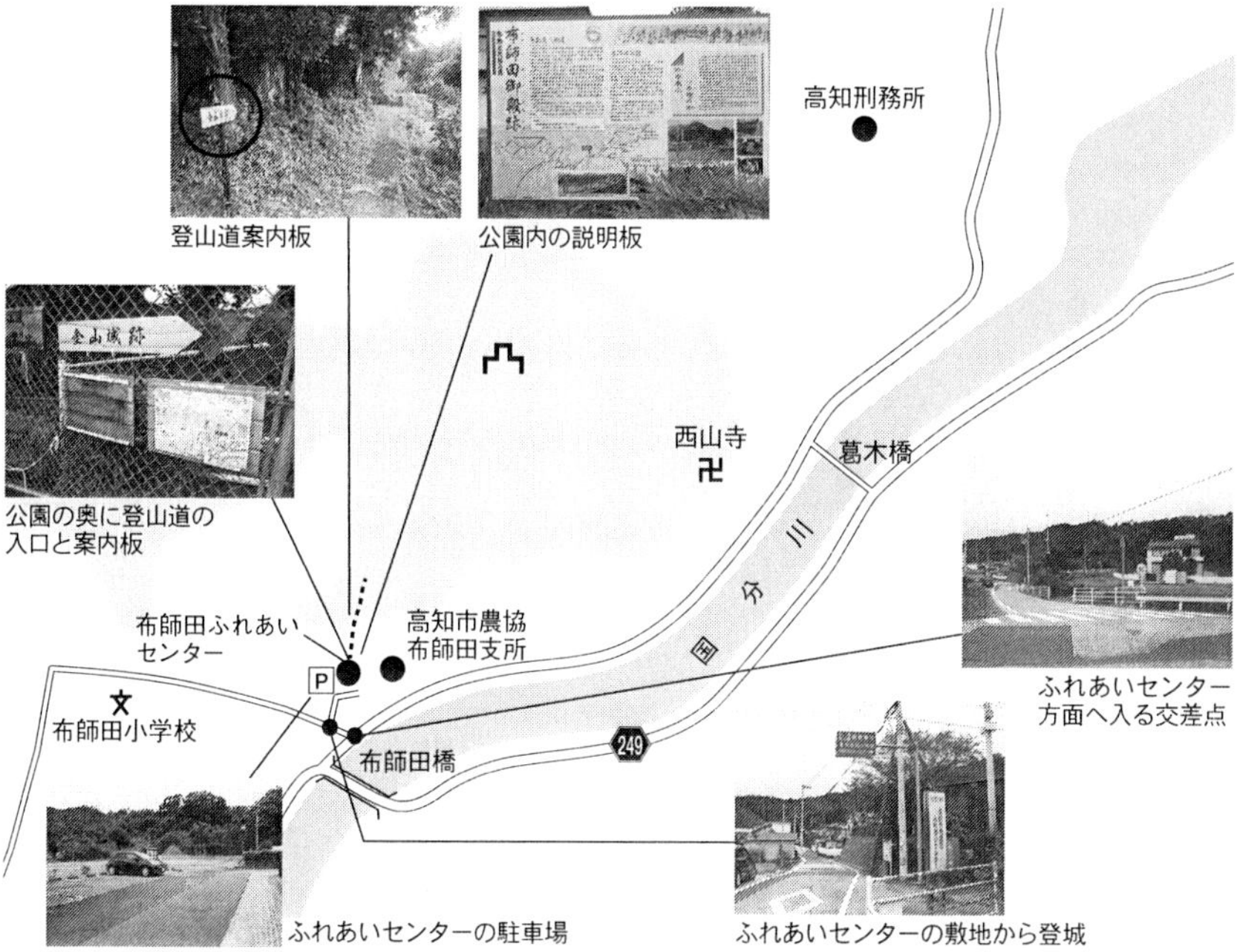

拡大し始め、石谷氏もこの頃国親に投降したと思われる。元親の代になると本城は、久武内蔵助に与えられている。この城からは、岡豊城跡を東に臨むことができ、西側には高知平野や国分川も一望でき、立地的にも久武氏の頃は岡豊城の支城群としての役割を果たしていたと考えられる。

【縄張りの特徴】

縄張りは、土塁に囲まれたⅠの主郭を中心として、東から南にかけてⅢの帯曲輪が周り、その東下にも曲輪Ⅳがある。曲輪ⅡはⅠの北側に位置しており土塁に囲まれているが西側土塁が高い。その西側には二重の横堀が掘られており、北側は二重の堀切と竪堀で防御している。Ⅲの曲輪の南側には二条の竪堀で防御を固めている。二重の堀切や横堀などは、久武氏が構築したと考えられる。南西側に延びる丘陵の尾根上三箇所に堀切が掘削されており、敵の侵入を塞いでいる。この堀切がどの時期に掘削されたものか不明であるが、西側の勢力に備えたものであれば、本山氏との関係が浮かんでくることから、抗争のあった天文から永禄年間頃に構築された可能性がある。

【城跡の見所】

石谷氏から久武親直に城主が代わり、城がどのように改修されたかを考えながら布師田金山城を登り遺構を見ると面白い。まず主郭の曲輪Ⅰは、土塁囲みで大手と搦手の虎口が構えられている。曲輪Ⅱも土塁囲みであるが西側土塁が高くなっている。その下には横堀が二重に掘削されており、西側土塁からの切岸が横堀との相乗効果で防御が一段と高くなっている。横堀の南から曲輪Ⅱに登る虎口も折れを持って曲輪Ⅱや曲輪Ⅰの土塁上から横矢が掛かる構造になっている。

本城跡は、土塁囲みの曲輪が特徴的であるが、石谷氏の時期か親直の時期かはっきりしない。虎口部分の取り付きの横矢が土塁上から掛かることから、折れを持った虎口と同時期に構築されたとすると親直の時期に改修されたと考えられるし、二重の横堀も親直の時期である。西に延びる三箇所の堀切は、最初が二条の堀切でそれより西側は単独の堀切であり、同時期に構築されたものかどうか今後検討が必要である。

（松田直則）

主郭

空堀

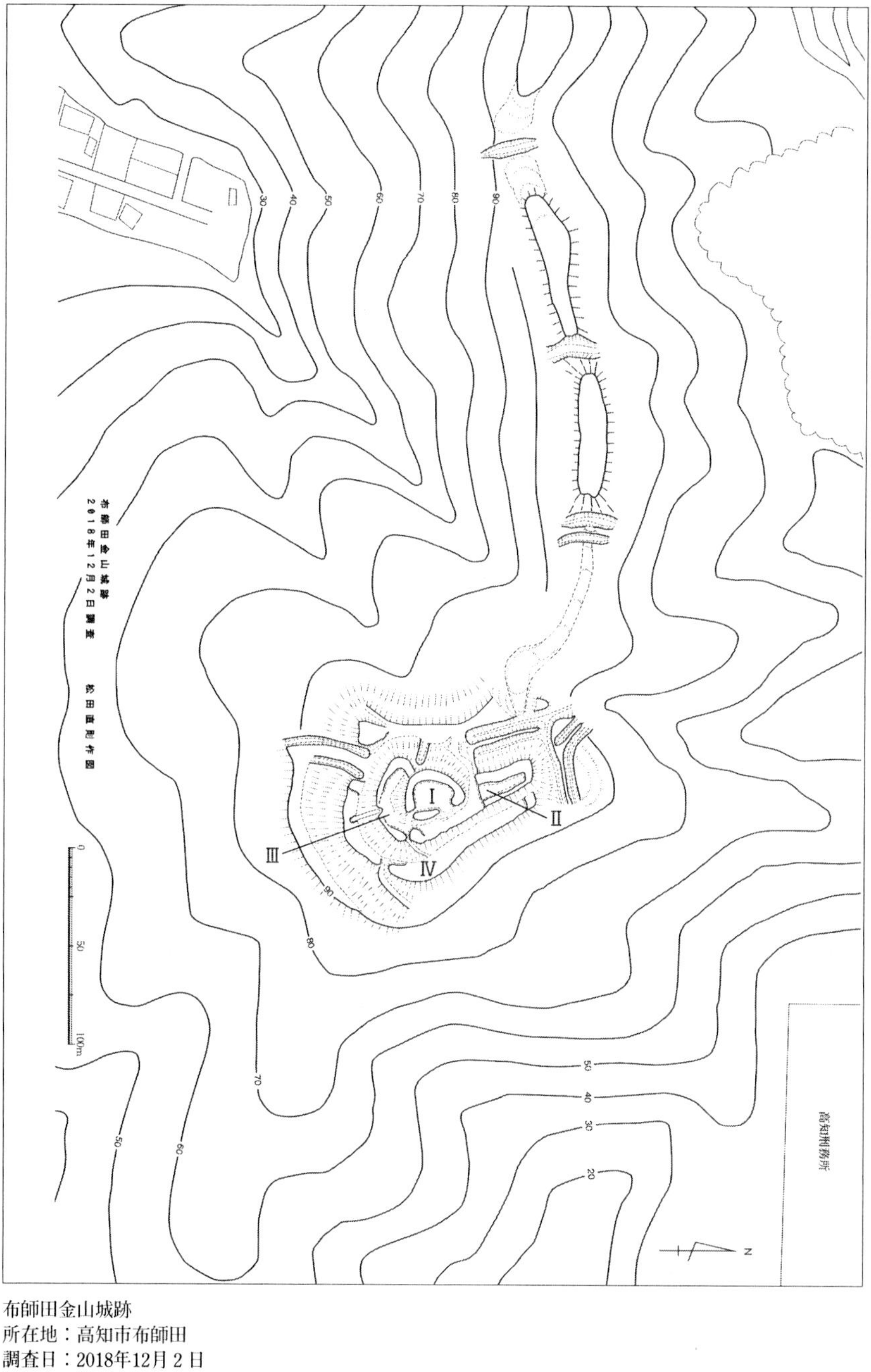

布師田金山城跡
所在地：高知市布師田
調査日：2018年12月2日
調査者：松田直則
作　図：松田直則

池城跡遠景

33
池《いけ》城跡

◆所在地／高知市池
◆標　高／七〇m　◆比　高／五〇m
◆主な遺構／堀切・竪堀・土塁

【地理と訪城ルート】

高知市池に所在する池城跡は、高知医療センターの南側丘陵上に位置している。周辺部の開発が著しく池城跡も北側が開発で破壊されている。城跡の南側には、住吉池がありこの池から完形のタイ産壺が引き上げられている。池氏は水軍の将でもあり、池氏との関係で流通によって持ち込まれた製品と考えられ、当時は住吉池から太平洋につながるルートがあったのかもしれない。県道高知南インター線を高知新港に向かって、高知医療センターを過ぎたあたりの左側丘陵裾から登城できる。

【城の歴史】

南国市十市にある十市城主である細川定輔（細川備後守入道宗桃）の二男が池城主となっている。

城主となった豊前守頼定以前の池氏は、天文十八年（一五四九）に、長宗我部国親に攻められ十市城主の国

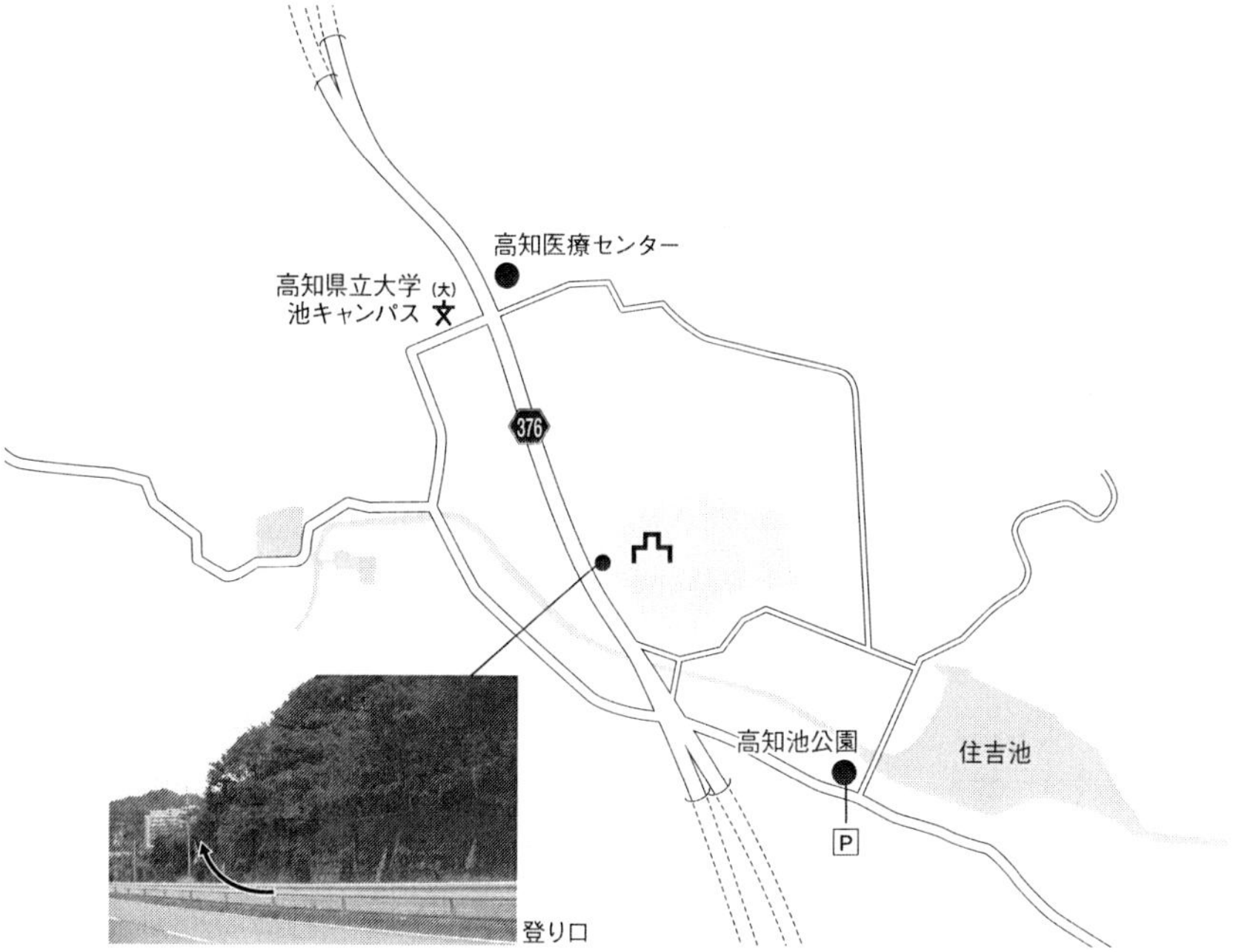

隆（定輔の父）と共に降伏している。十市城跡からは、西に三㎞の地点に位置しており、太平洋まで南に一㎞と近く十市城主と共に水軍として活躍している。池城の築城時期は、十六世紀に入って間もなくの頃と考えられる。国親の傘下に入ってもこの城は機能しており、長宗我部元親に自刃に追い込まれる文禄年間頃まで存続していた可能性がある。

【縄張りの特徴】

城跡の縄張りは、南側の主郭Ⅰを中心に残存しており、南北五五m、東西二三mで、北端部に土塁が構えられている。虎口は西側と東側に認められる。北側は、三重の連続した堀切で防御されており北からの攻撃に備えている。南側は、一段下に帯曲輪Ⅱが周りその間には腰曲輪も認められる。さらに最南端にも腰曲輪と竪堀が一条構えられている。西側の虎口を下ると帯曲輪の北端部に出て、そこからさらに下るとさらに腰曲輪が構えられ、その南北に竪堀が掘削されている。曲輪Ⅰ下の帯曲輪で、東側と南側の一部に石積みが見られる。

【城跡の見所】

主郭の曲輪Ⅰの北端部に構えられている土塁から見た、

北側の三重の堀切を見るとこの城の防御性の高さを感じることができる。土塁上からの北側切岸は急傾斜で、敵が侵入できない構造となっており、攻撃も加われば曲輪Ⅰを攻略するのが難しくなる。西側斜面に回り込めば竪堀で遮断しており、南側に進むと腰曲輪からの攻撃も加わる構造になっている。曲輪Ⅰの東側中央部から南側の曲輪Ⅱに降りると、石積みが斜面部に残りこの城に石積み技術が持ち込まれていることがわかる。

（松田直則）

曲輪Ⅰ南側石積み

曲輪Ⅰ南東部斜面下の石積み

曲輪Ⅰ北端土塁

池城跡
所在地：高知市池
調査日：2009年2月20日
調査者：松田直則・池田誠
作　図：松田直則

34

秦《じん》泉《ぜん》寺《じ》城跡

◆所在地／高知市秦泉寺
◆標　高／九〇m　◆比　高／五〇m
◆主な遺構／連続堀切・横堀・土塁

秦泉寺城跡遠景

【地理と訪城ルート】

高知市秦泉寺に所在する。高知市の北側で、土佐山に向かう県道一六号（高知・本山線）を走り麓集落が見えなくなり丘陵部に入るが、県道に沿ってその右側に見える丘陵先端部に構築されている。東秦泉寺谷と北秦泉寺谷に挟まれた中央部の丘陵先端に占地しており、麓集落との関係で構築された城郭とも考えられる。車で行くと城跡近くには駐車場がなく、公共機関のバスを利用して徒歩で県道を行くしかない。県道を丘陵裾まで登ると、東側に城は構築されており、県道脇から城の西斜面を登って行くことができる。

【城の歴史】

秦泉寺城跡は、在地の豪族で本山氏の傘下にあった吉松掃部頭茂影の城と伝えられている。吉松氏は、秦泉寺城主として鎌倉期からこの地を支配していたが、弘治二

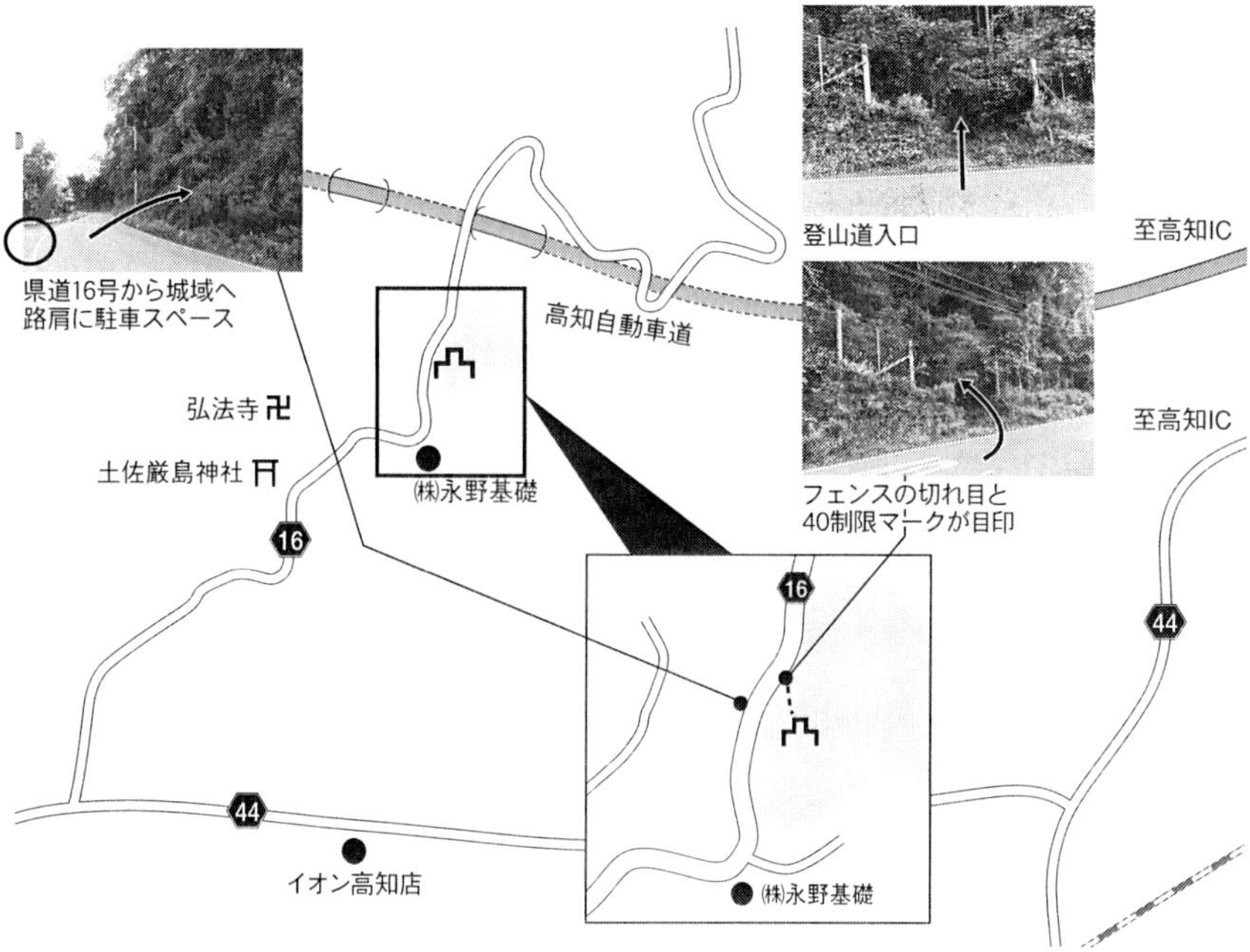

年（一五五六）から永禄三年（一五六〇）にかけての長宗我部国親・元親親子によって攻撃され、元親の時に降伏し万々城主へ移っている。その後、城主は元親家臣の秦泉寺大和守となっているが、天正十六年（一五四七）の『長宗我部地検帳』では「荒城」と記載されており既にこの時期に廃城となっている。

【縄張りの特徴】

城の構造は、「城山」と称される南北丘陵の山頂部に主郭の曲輪Ⅰを構築し、その北側にも主郭と同規模の曲輪Ⅱを造りその両曲輪を取り巻くように帯曲輪が回っている。ⅠとⅡの曲輪の間は堀切で遮断している。西側の県道側には、横堀を廻し竪堀は要所に配している。南北の尾根両端部は、連続した堀切で遮断している。主郭の曲輪Ⅰと曲輪Ⅱの北側には土塁が残存しており、北方尾根から攻めてくる敵に対しての対処を意識しての縄張りとなっている。

【城跡の見所】

城跡の南北の尾根上に構築された、連続した堀切が見所である。斜面裾部は西側が県道で、東側は宅地造成で削られているが、堀切は裾部まで竪堀として掘削されていたと考えられる。曲輪ⅠとⅡの北側の土塁上から堀切を見ると、斜面の切岸が切り立っており容易に攻めてくることができない。県道から西斜面部を登り、すぐに横堀や竪堀が現れてくるが、二条の竪堀を見逃さないようにしよう。（松田直則）

主郭石積み

横堀

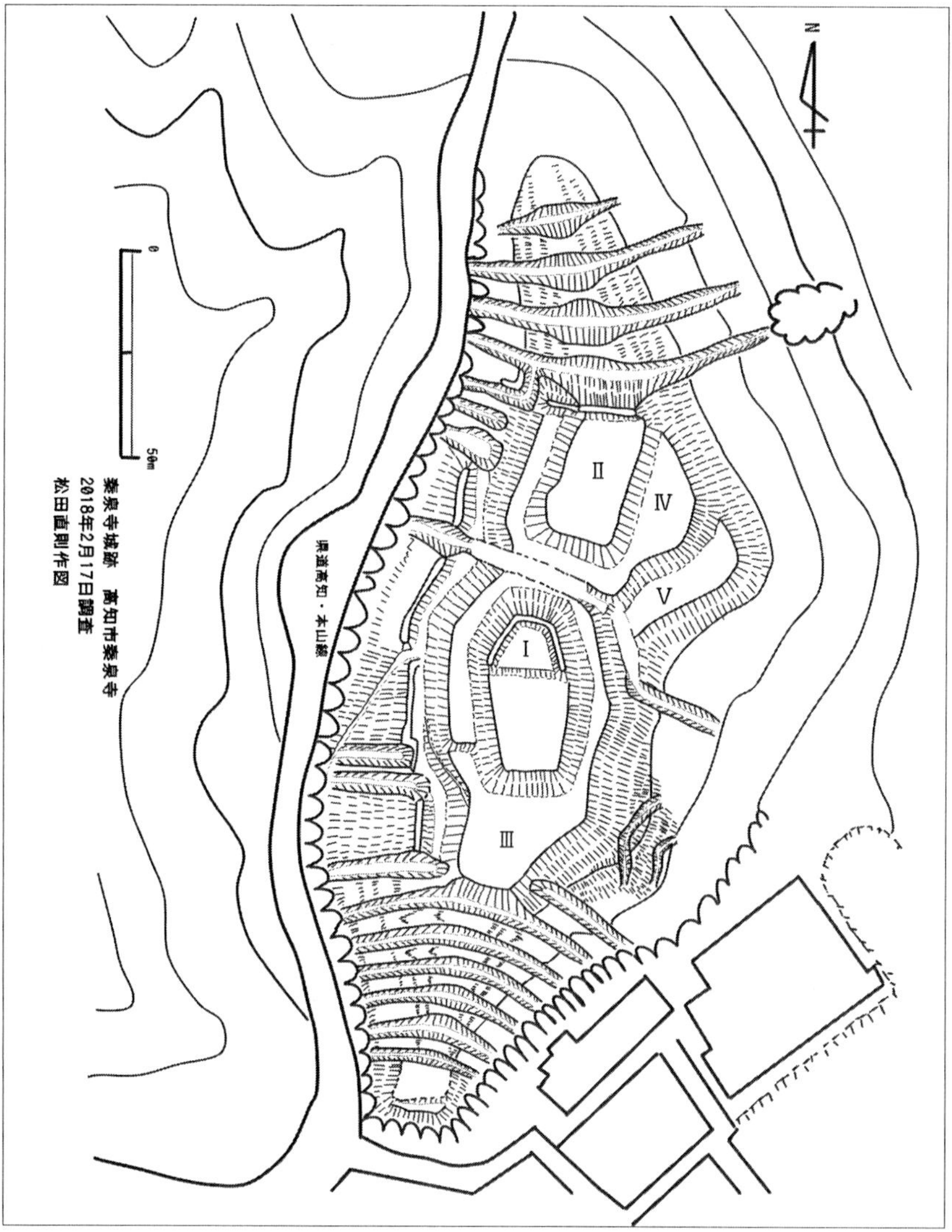

秦泉寺城跡
所在地：高知市秦泉寺
調査日：2018年２月17日
調査者：松田直則・尾﨑召二郎
作　図：松田直則

35

栗《くり》山《やま》城跡（十市城）

◆所在地／南国市十市
◆標　高／六三m　◆比　高／五〇m
◆主な遺構／土塁・竪堀

栗山城跡遠景

【地理と訪城ルート】

南国市の南西端に位置する十市栗山に所在し、四国霊場三十二番札所の禅師峰寺が立地する丘陵の東先端部に構築されている。県道一四号春野赤岡線が東西に走るが、南国市前浜から十市までの区間が改良されており新道と旧道に挟まれた丘陵になる。

旧道方面からも登ることができるが、新道の黒潮ラインが県道二四八号と交差するところに十市郵便局があるが、そこから約二〇〇m西に走った地点で南方向へ人家に入る小道があり、そこには栗山城跡の説明板も設置してある。栗山城跡の詰には八幡宮が鎮座しており、この神社に行く山道を登っていく。

【城の歴史】

栗山城跡は、別名十市城とも呼ばれている。管領細川頼之の後裔である細川氏代々の居城で、『土佐国蠹簡集』

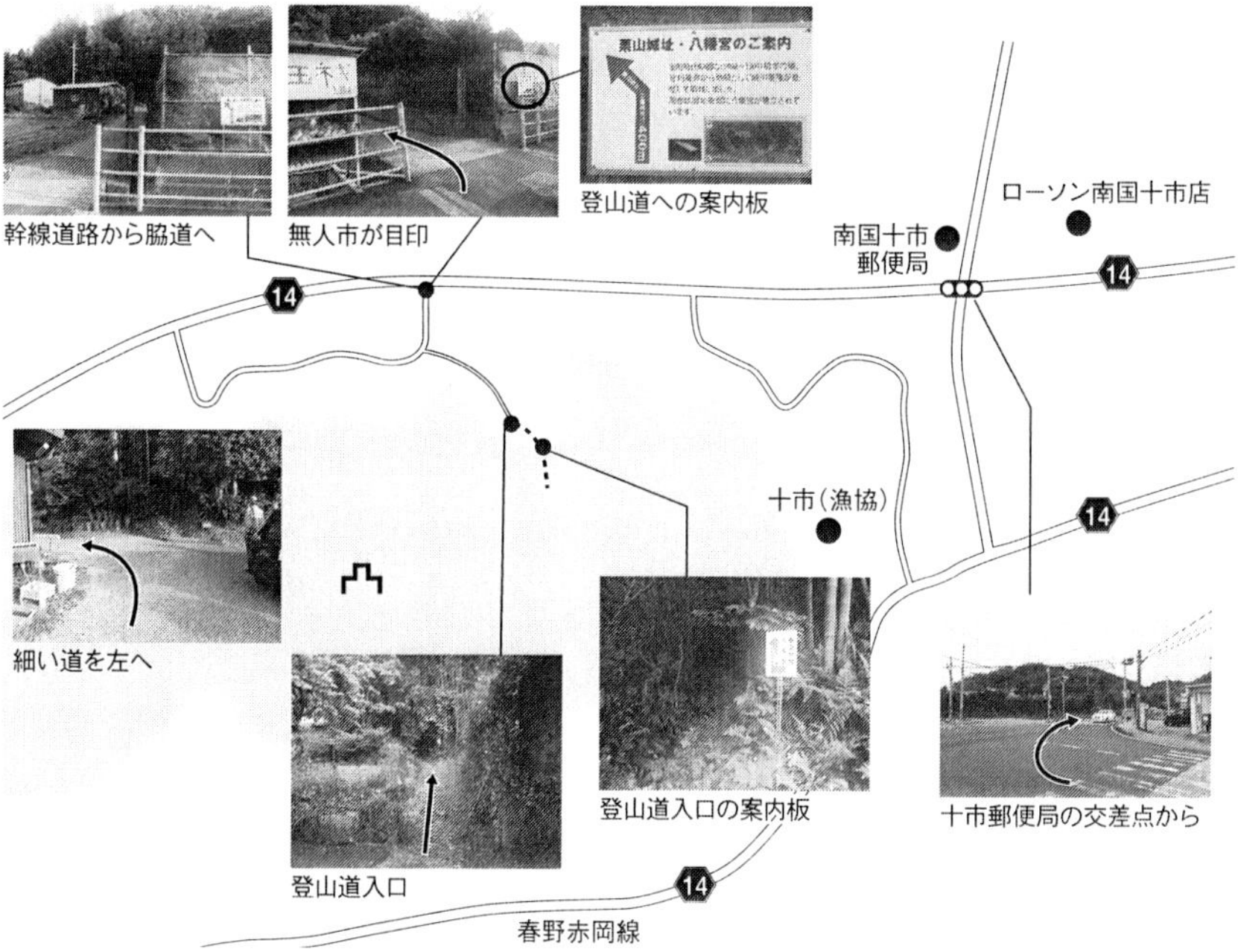

には三所権現の文亀二年（一五〇二）銘の棟札に大旦那源重隆と記されており、この重隆が明応年間頃十市の地に入部し、十市城主としてこの地域を支配したとされている。重隆以降は、実明・家俊・国隆と伝えられ、定輔にいたっている。この定輔が細川備後守と呼ばれ入道して宗桃となる人物である。十市細川氏は、代々管領目代の任についていたようで守護代細川氏と同族の家である。守護代細川氏が帰京すると、土佐は戦国時代に突入するが長宗我部氏が台頭してくると、長宗我部国親が国隆を攻め天文十八年（一五四九）頃国親に降っている。その後国隆の子である宗桃は、元親の重臣として活躍し始める。永禄の本山氏との抗争では、神田南城を構築し本山氏を攻め落とし朝倉城の大規模な改修を行い自ら詰に入城している。元親の土佐統一後は、幡多平定にあたり宿毛市の鶴ヶ城に入り四国制覇にも乗り出している。

宗桃が鶴ヶ城に入ってからは、長子の備前守が十市城に在城しており、次子の豊前守頼定は池城の当主となっている。

【縄張りの特徴】

標高約六三mを測る山頂の詰となる曲輪Ⅰは、東西約七〇m、南北一五～二〇mほどの長楕円形を呈する。詰の東端部には八幡宮があり、当時の遺構は破壊されているがこの部分が虎口部分ではないかと考える。詰の東南部端や北側中央部、西端の一部は土塁の痕跡が確認できないが、後世の破壊で削平されていると考えられ、西端と北側中央部で土塁が切れている箇所は搦め手の虎口の可能性もある。八幡宮から南側は一段低くなっており階段を降りると、曲輪が形成され東側には土塁も残る。この曲輪Ⅱの南側にも腰曲輪があり、その下は二条の竪堀が構えられている。曲輪Ⅰ端部は二から三ｍの切岸で防御されているが、南斜面と北斜面は比較的急傾斜の自然地形で竪堀がそれぞれ一条確認できる。曲輪Ⅰの南西部斜面には、腰曲輪が二箇所構築されており、その下段の平坦部は城に伴うものかどうか不明である。西端にも平坦部や石垣が存在するが城とは関係がないものと考える。

曲輪Ⅰ

曲輪Ⅰの八幡宮

虎口部分

【城跡の見所】

単郭構造の城であるが、主郭の曲輪Ⅰは広く周囲に廻る土塁が見所である。八幡宮前には、城跡の説明板が設置してあるが、八幡宮の北側から始まる土塁が折れを持って西側に延びている。残念ながら八幡宮建設で虎口部分が破壊されており、明確なことは言えないが横矢をかけるための折れの可能性もある。北側の土塁が切れている部分から、北側竪堀に降りることができるが急傾斜であるので気をつける必要がある。

（松田直則）

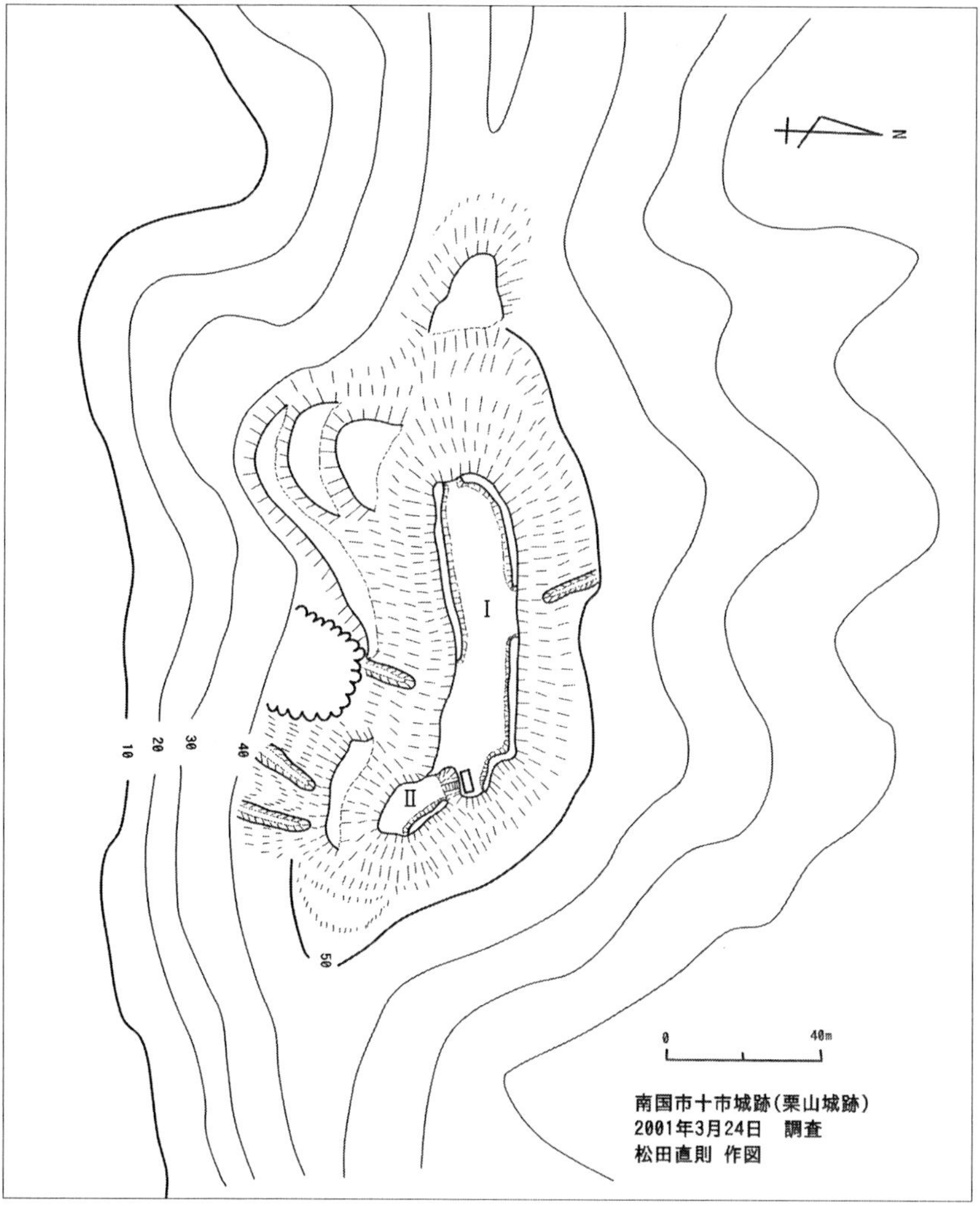

栗山城跡
所在地：南国市十市
調査日：2001年３月24日
調査者：松田直則・池田誠
作　図：松田直則

36 蛸《たこ》の森《もり》城跡

蛸の森城跡遠景

◆所在地／南国市稲生字蛸の森
◆標　高／一四七m　◆比　高／一四〇m
◆主な遺構／曲輪、堀切、竪堀、畝状竪堀、土塁
◆市指定史跡

【地理と訪城ルート】

自動車専用道路である高知南国道の南国南ＩＣ出入り口を左手に約二㎞南に進むと県道三二号土居五台山線に交わる十字路に出る。その十字路を直進し約二〇〇ｍ先が蛸の森トンネルの北口となる。稲生と十市を結ぶ蛸の森トンネルの南口に向かい、左側から山に取り付くとよい。ここから畑の間を抜けて谷間にそって尾根上まで登る。尾根上に達すると山道があり、西へ進んで行くと堀切に至る。堀切側面は鋭い切岸になっており、東側に誘導される。東側登城途中には、太平洋戦争中に掘られた軍の壕がみられ、選地として中世山城遺構との共通性がうかがえる。蛸の森といわれる山のため、蛸の足のように多方向（八方向）に尾根が伸びており、下山時には一つ尾根を間違えると意図せぬところへ降りてしまうことになるので、地形図入りの縄張り図やＧＰＳ付携帯電話等の携行をお勧めする。

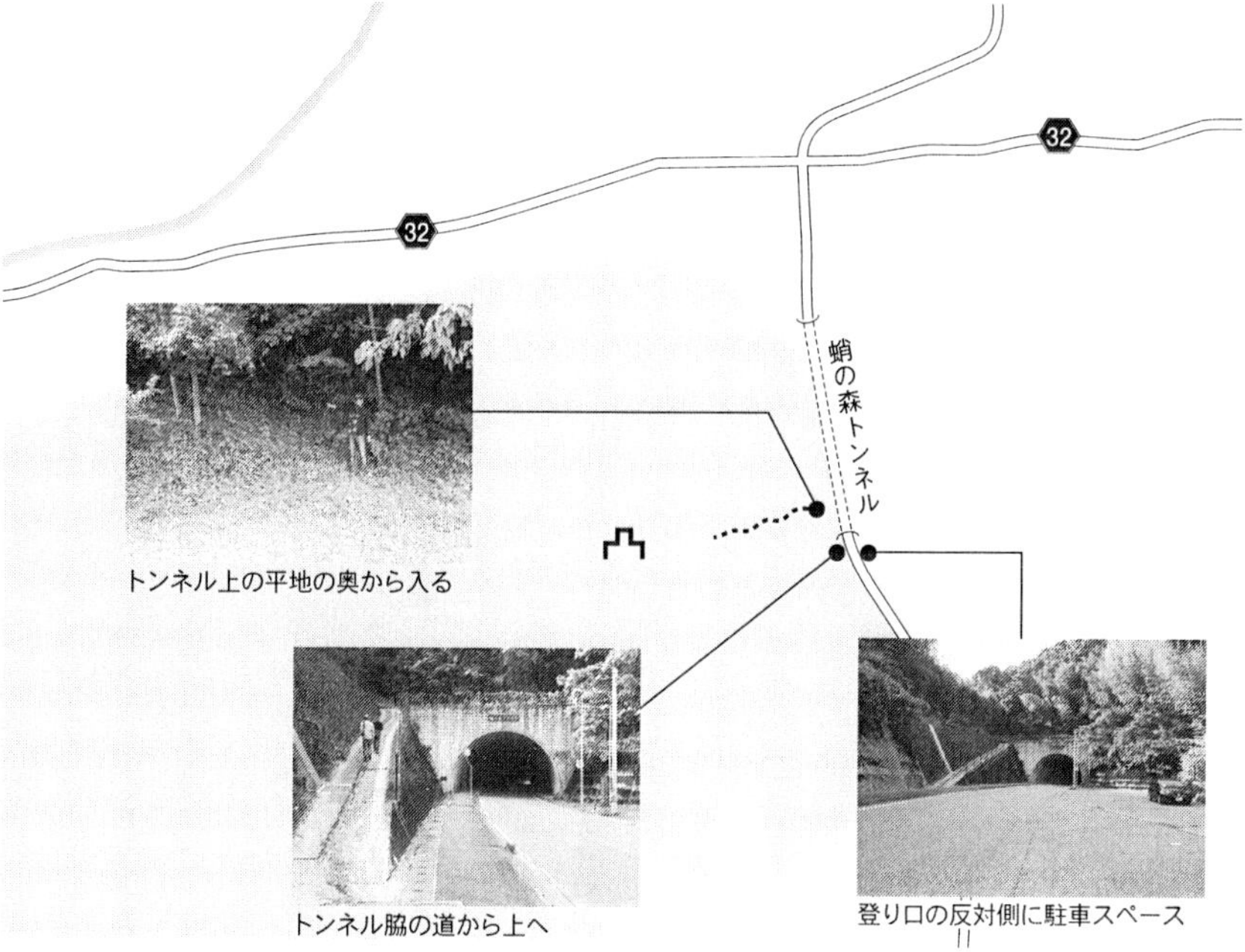

【城の歴史】

蛸の森城主は下田駿河守といい、本姓は大中臣氏と伝えられている。下田五社大明神の棟札に「文明六歳午三月六日上棟造立宮殿丹那山田式部道泰」とあることから、山田氏（大中臣氏）が文明期（一四六九～一四八七）頃に、下田の地頭として君臨し、この頃、地名を姓として城を構築したと思われる。

天文十六年（一五四七）、城主下田駿河守は介良城主の横山氏および徳善城主の公文氏（公文将監重忠・布師田金山城主石谷民部重信の子もしくは弟と伝えられる）と結んで長宗我部国親と戦い、横山氏の降伏後も抵抗したため、国親の部将久武肥後と福留隼人ら八百余の兵の攻撃をうけた。下田駿河守は胸板に流れ矢を受けながら敵を道連れに火中に飛び込み、弟七郎右衛門は自らの首を掻き落とし共に戦死したと伝えられている。落城した原因は、下田駿河守へ納める貢租が遅れ死刑となった者の老母が、計略によりこの城に侵入放火し、長宗我部軍を手引きしたという伝説がある（『土佐物語』）。『南路志闔国之部　上巻』には「焼落したる蛸の森いかなる人の料理ならん」との記述がある。

【縄張りの特徴】

曲輪Ⅰ（詰ノ段）は山頂にあり、曲輪は東西に長くやや南北に膨らんだ長楕円の卵型、西端が約六ｍの櫓台となって一段高くなっている。曲輪Ⅰ（詰ノ段）を取り囲むように曲輪Ⅱ（二ノ段）があり、主郭の櫓台脇から曲輪Ⅱ（二ノ段）、曲輪Ⅳ（三ノ段）への屈曲した虎口ラインが見える。曲輪Ⅰ（詰ノ段）虎口より曲輪Ⅱ（二ノ段）へそのまま左へ折れ、更に右に折れて曲輪Ⅳ（三ノ段）に至る。この道が大手と思われる。東の尾根は一条の堀切、北の尾根には一条の堀切、西の尾根には二条と三条の連続堀切が設けられている。北と西の堀切は鋭く堀込まれ若干崩落しているが遺構の残りは非常に良い。

【城跡の見所】

なんといっても、曲輪Ⅰ（詰ノ段）から見る虎口がこの城郭の見どころである。また、櫓台西下の曲輪状の曲輪Ⅲ西側の堀切へ落ちていく切岸（写真）は鋭く圧巻であり、上側の曲輪Ⅲは「折《おれ》」構造となっており、曲輪からの横矢掛かりを狙った構造である。その切岸下にある二条の竪堀遺構（写真）と連続堀切も非常に残りがよく見ごたえがある。

また、登城する際、最初に目に飛び込んでくる北側の堀切（写真）や堀切斜面の切岸は、これ以上、人を寄せ付けない迫力があり圧巻である。堀切に向かって左手方向に誘導されるような急峻な切岸であり、上方向の曲輪Ⅳは「折《おれ》・邪《ひずみ》」構造となっており、侵入する敵兵に横矢掛かりをねらった技巧的な構造となっている。曲輪Ⅱ（二ノ段）も同様に曲輪の形に「折」と「邪」をもち、上方からの横矢掛かりを意図した二重の防御遺構であることにも注目してほしい。実際に「折・邪」部の曲輪に立ち、下方に敵を想像してみるのも城跡を楽しむ一つと

曲輪Ⅲ西側切岸

畝状竪堀群竪土塁のコブ

曲輪Ⅰ西側櫓台

櫓台

北側の堀切

いえる。この城郭は蛸の森といわれるように複数にのびた尾根線からの敵の侵入を意識した城郭構造となっている。なお、城跡南側は急斜面で城跡遺構はなく、崩れや太平洋戦争中に軍が掘ったと思われる窪地がある。西側尾根に接続する細い道があり連続堀切に続いているが、急斜面部があり滑落しないように注意してほしい。また、城跡北東部には、シダに隠れて太平洋戦争中に本土決戦に備えた大きな深い竪穴の塹壕があり、登城には十分注意してほしい。地形図を広げ、なぜこの場所に中世山城と太平洋戦争中、軍がこの場所に入ったのか、選地（立地）というマクロ（巨視的）視点でこの城跡を見ると何か面白い発見があるのではないだろうか。

（尾﨑召二郎）

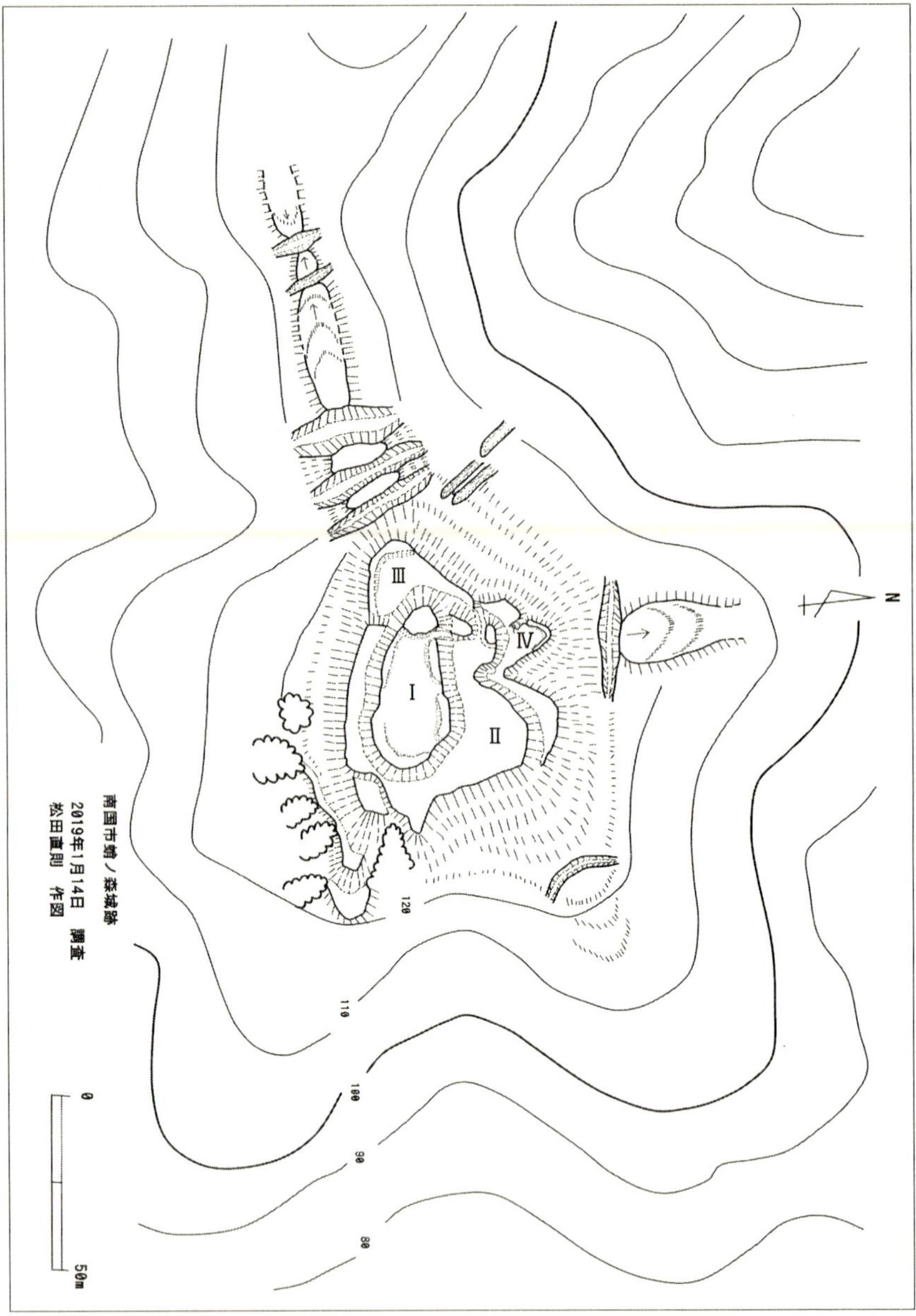

蛸の森城跡
所在地：南国市稲生字蛸の森
調査日：2019年１月14日
調査者：松田直則・尾﨑召二郎
作　図：松田直則

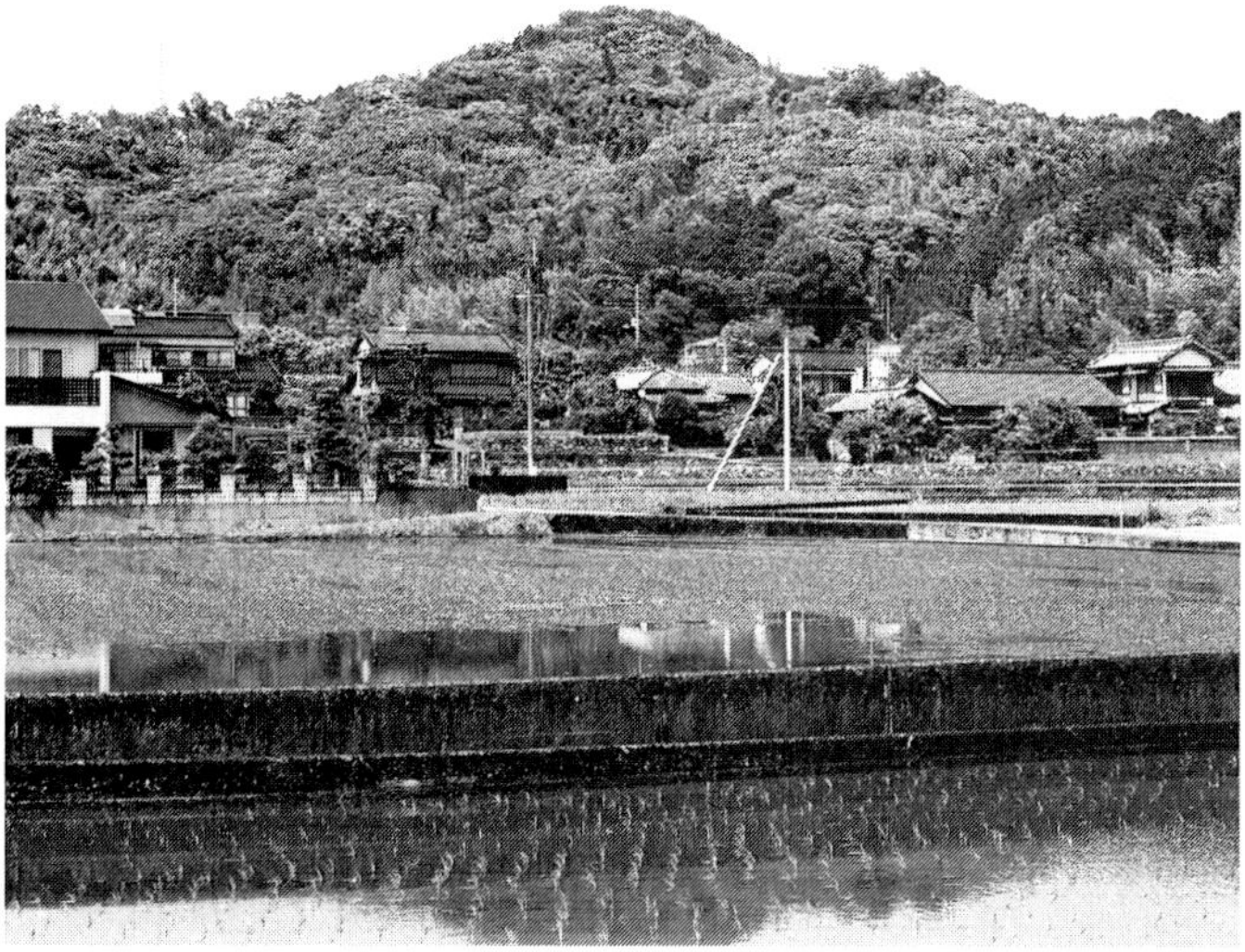

久礼田城跡遠景

37

久《く》礼《れ》田《だ》城跡

◆所在地／南国市久礼田
◆標　高／一一〇m　◆比　高／七〇m
◆主な遺構／土塁・横堀・竪堀

【地理と訪城ルート】

　南国市の北側に位置する久礼田に所在する。久礼田集落の北側丘陵上で、現在パシフィックゴルフ場の一角に所在している。ゴルフ場駐車場を目指して車で行くことができ、駐車場の南側丘陵に構築されており、登り口に城跡の説明板が設置されている。説明板が設置されているところが登城口で、少し登ると横堀の土塁上に出てくる。城郭は、現在確認できる縄張りより広い範囲で構築されていたと考えられるが、中心部を除いてゴルフ場建設で破壊されていると考えられる。周辺で南方向には、岡豊城跡や岡豊新城があり、そこから嶺北に行く流通ルートを抑えることができる丘陵上に占地している。

【城の歴史】

　久礼田氏は、長宗我部氏三代忠俊の弟である忠幸が分かれて久礼田氏を名乗っており、城跡の南麓集落に居館

を構えていた。その後、新左衛門という城主がいたとされるが、新改の甫喜山城に移り甫喜山新左衛門と号したとの伝承もあり、不明な点が多いが嶺北の本山氏の侵攻を防ぐ為に甫喜山城との関係が出てくるのかもしれない。長宗我部元親の代になると、久礼田定祐の名前がでてきており、一族ということで元親の信頼も厚かった。一条内政の子である政親を養育した久礼田御所として有名であるが、定祐は在天寺跡の近くに久礼田定祐夫妻の祠が残されており安置されている位牌に天正六年（一五七八）に卒去とあり、一條内政が伊予追放後にその子政親を養育することになったのは定祐の子とその久礼田一族と考えられる。『長宗我部地検帳』では、三十九町六反の給地があり久礼田村の過半数を領しており、この地域では勢力を持っていた。久礼田御所と呼ばれた館は、現久礼田小学校の敷地と推定されているが明確ではない。慶長五年（一六〇〇）の関ヶ原で敗れた長宗我部氏の没落と同時に、政親は京か大和に退去したと伝わっている。

【縄張りの特徴】

久礼田城跡は、標高約一一〇mの丘陵頂部に構築されている。登城口の説明板から少し登ると横堀の土塁上に出てくる。土塁上を東から南に進むと横堀の南端部に出てくる。横堀は曲輪Ⅱの土塁から切岸で急斜面になっており、北側土塁までの幅が広く防御を強固にしている。横堀の南端部では南斜面に落ちる竪堀が三条残存する。竪堀を乗り越え、曲輪Ⅱの南側裾を登るとⅡの曲輪に出てくる。曲輪Ⅰとの間に堀切が構えられ、その北側には土塁が東西に構築されている。曲輪Ⅱは東西約二五m、南北一五～二〇mを測る曲輪で、東から南側にかけては土塁の痕跡を確認できない。曲輪Ⅱの南西部から、主郭である曲輪Ⅰに登ると虎口が見えてくる。曲輪Ⅰは土塁が全周しているが、西側の残存状況が悪い。虎口付近は、東側が櫓台状に一段高くなっており、虎口に侵入してくる敵に横矢が掛かるようになっている。西南部でも土塁が切れている箇所があり、搦手虎口の可能性がある。曲輪ⅠとⅡの南から北側にかけて帯曲輪が周り、南側が一段低くなっており、北側は一段高くなり曲輪Ⅱの堀切部分につながっている。南側帯曲輪の下段には小さい腰曲輪があり、その西側には竪堀二条が確認できる。曲輪Ⅱの北側にある横堀は、南端部で竪堀に連動しており、西側は後世に破壊されている箇所があり明確ではないが、竪堀状の落ち込みを確認することができる。横堀の両先端部を竪堀として落とす構築技術は、他の城跡でも認められ防御施設として構築時期を考えて行く上でも重要な遺構である。

【城跡の見所】

主郭である曲輪Ⅰの虎口や全周している土塁、曲輪Ⅱの北側土塁とその北側から東側にかけて構築されている横堀などが見所である。駐車場から比較的登りやすい城であり、各遺構の残存状況も良好である。主郭を中心として残りの良い城であるが、特に城跡の北部の防御を強固にしている。横堀も一箇所のみではなかった可能性もあり、今となっては残念であるが朝倉城跡のように二重から三重の横堀が配置されていたかもしれない。長宗我部氏の一族で、主郭を中心とした改修時期は、永禄年間以降と考えられその時の城主は久礼田定祐である。（松田直則）

曲輪Ⅰ

横堀

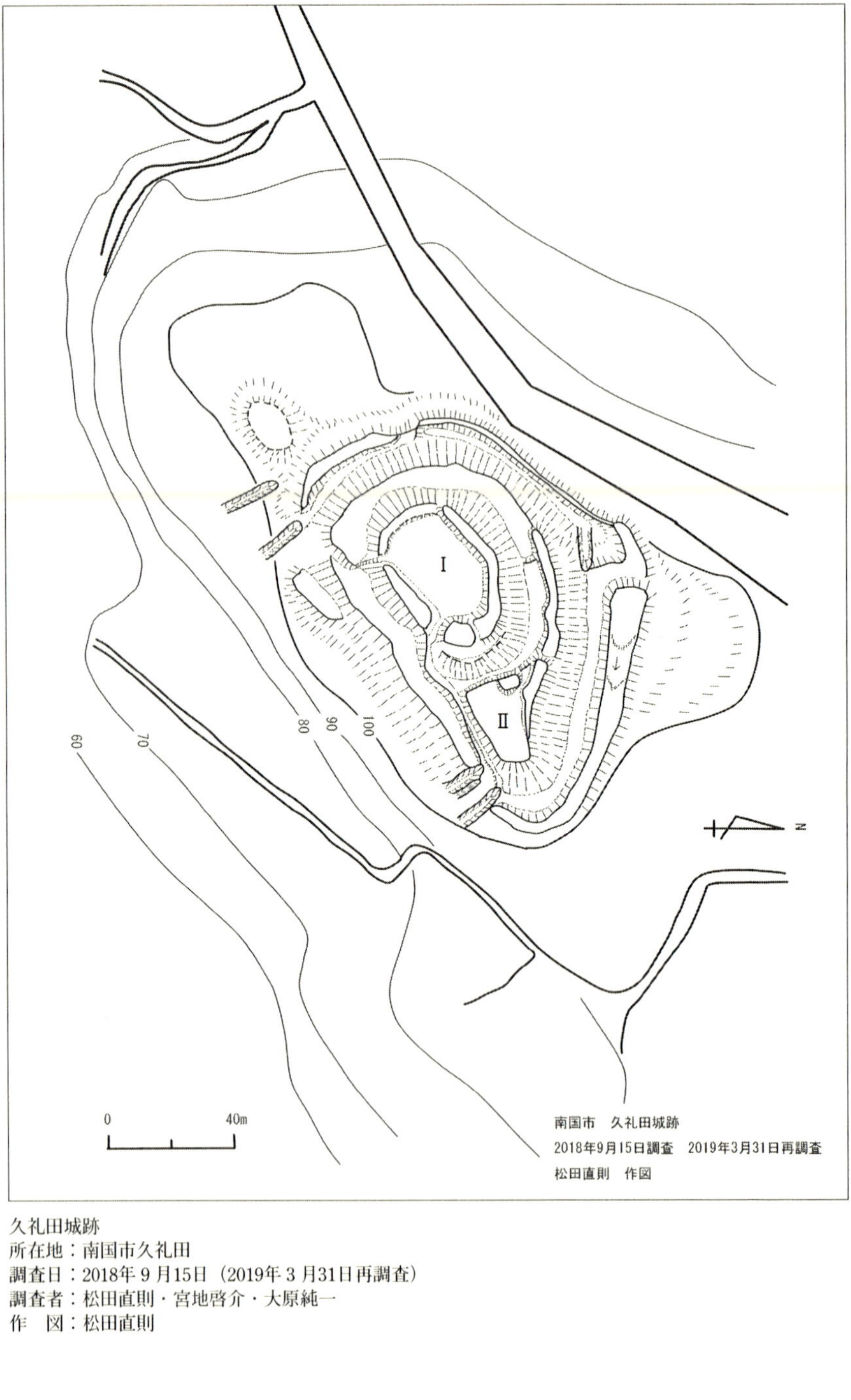

久礼田城跡
所在地：南国市久礼田
調査日：2018年９月15日（2019年３月31日再調査）
調査者：松田直則・宮地啓介・大原純一
作　図：松田直則

38 亀《かめ》岩《いわ》城跡（亀岩土居・瓶岩土居）

◆所在地／南国市亀岩字土居
◆標　高／八〇m　◆比　高／四〇m
◆主な遺構／曲輪、堀切、竪堀、竪土塁

亀岩城跡遠景

【地理と訪城ルート】

国道三二号を北上して南国ＩＣを過ぎ、高知道の高架下を越えた所から県道三三号へ。少し北上すると川に橋が架かっているのが見える。この橋を渡り直ぐ右折し左手に見えるのが坂本城跡で、その南側対面の山が亀岩城跡である。その道を進めば南国市立亀岩体育館の駐車場に至る。自動車を利用する場合は、ここの駐車場に声をかけて止めさせてもらえばいいと思う。先述の橋を渡って直ぐの道を南へ進んで行くと山の南側から未舗装の道が山に伸びている。その道を登っていけば城跡に至る。比較的、取り付きやすい城跡だが、詰ノ段はブッシュで歩きにくいかもしれない。

【城の歴史】

築城年代は不詳である。『土佐州郡志』に「名二土居一不レ知二何人所レ城一」とある。『長宗我部地検帳』によれ

ば、郷原右衛門の土居城となる。

宮地森城の『土佐國古城略史』によれば、「城主、坂本喜三兵衛。後、秦氏の時、中島源兵衛之れに居る。坂本中島の二氏の世系未だ考へず。」とある。

【縄張りの特徴】

亀岩城は北山越えの道（本山へ至る）の入口にあたり、向かい側北の坂本城とともにこの街道をおさえる要衝（谷一つ隔てた位置）に構築されている。曲輪Ⅰ（詰ノ段）は先端頂部にあり、平場は東西二〇m、南北一五mのほぼ円形である。曲輪Ⅱ（二ノ段）は曲輪Ⅰ（詰ノ段）を巻いている帯曲輪状で地形は変形で西側がやや舌状にふくらみ最大幅で約五m、南側もやや張り出して幅は約一〇mである。そこから東は約七・五m幅で北側にかけては次第に幅を狭めつつ北西部分で消滅する。曲輪Ⅱ（二ノ段）東側から西に向かって重機が入ったような直線の山道が曲輪Ⅰ（詰ノ段）へ繋がっている。北斜面には曲輪Ⅱ（二ノ段）より約五m下に、幅約五mの帯曲輪状の曲輪Ⅲ（北ノ段）がある。これらの曲輪の東西両端はそれぞれ堀切で遮断され、それ以下は急傾斜で北の谷に至っている。曲輪Ⅲ（北ノ段）西側の堀切手前は竪状の塁状地形（竪土塁・写真）が残っている。曲輪Ⅰ

（詰ノ段）の東には土橋の架かる堀切二条を経て曲輪Ⅳ（東三ノ段）があり、一段下がり曲輪Ⅴ（東四ノ段）がある。南側は一条の堀切を隔てて曲輪Ⅵ（南三ノ段）の曲輪約一四m、少し下がった曲輪Ⅶ（南四ノ段）約二一mそれぞれ南へ延びた舌状の曲輪である。曲輪Ⅶ（南四ノ段）の南先端に鉄塔が建っているので鉄塔設置工事の際に一部削平されているのかもしれない。更にその先端部より約四m下方には小規模な帯状の平坦な道がある。この道は曲輪Ⅶ（南四ノ段）の西から南そして東へ四〇mにわたって巻いており、その先端部には高さ一mほどの塁状地形があるが、これは後世に掘削されてつけられた山道だと思われる。

堀切は東に二条、南に一条、西に三条、竪堀は南東斜面に二条存在する。東堀切（**写真**）は二ノ段と東三ノ段を遮断する形で構築され、上幅約五m、底幅約一・五m、深さ約一〜二mで、北斜面帯曲輪状の北ノ段の東端を堀切って竪堀となって三〇mほど下方に落ちている。また南へは小規模な窪地となって残存し、東南斜面に存在する二条の竪堀や南堀切と合体して自然の谷を利用した大規模な竪堀（**写真**）となって下方麓（**写真**）まで落ちている。但しこれらの堀切や竪堀の合流する地点は近年の崩壊や重機の侵入によって著しく地形は変化していると思われる。南東斜面の二条の竪堀は小規模でありわずかな窪地となっているが、これは東堀切と南堀切間の斜面に畝型の阻障として構えたものであったかも知れない。流土による埋没が多分に考えられる遺構である。南堀切は二ノ段と南三ノ段を遮断して上幅約五・五m、底幅約一・五m、深さは二ノ段側が約三・五m、南三ノ段側で約二・五mと大規模な堀切である。

西へ伸びた尾根は二条（三条）連続堀切を設けて敵の尾根からの侵入を遮断している。二条連続堀切の外側（尾根側）も堀切のようになっているが、一部寸断した形（土橋状）で現在は土橋両端より竪堀となっているが、三条の連続堀切だったかもしれない。これらの堀切は二の段の切削部より西方への約一五・五m区間に三条にわたって存在する。上幅は二の段側からそれぞれ約三・五m、二・五m、四mで、底幅及び深さは約一から一・五mである。それぞれの堀切間は畝型で良好な遺構として残存している。この城跡は並列する北側の坂本城跡の遺構と比較すると、亀岩城跡の方がより防御遺構が多く、より技巧的な縄張り構造を持っている。

【城跡の見所】
規模としては小規模な城跡であるが、様々な遺構を見

竪状の塁状地形（竪土塁）

西側連続堀切尾根側より

南堀切

上部が土橋状の東堀切

自然の谷を利用した大規模な竪堀

左の竪堀下方麓

ることのできる城跡である。西側の尾根線は三条の連続堀切（尾根側は土橋のようになっており、南北へ竪堀状となっている）で断ち切っており、尾根線からの敵の侵入を意識している。東側の堀切には現在、土橋が架かっているがこの土橋は当時のものかはわからない。南側の曲輪Ⅱ（二ノ段）と曲輪Ⅵ（南三ノ段）を断ち切る堀切は切岸も鋭く、見ごたえのある堀切（写真）である。また、帯曲輪状の曲輪Ⅲ（北ノ段）西端にある堀切との境には竪状の土塁らしき塁状地形が残っている。コンパクトな城郭であるが様々な遺構が凝縮された山城初心者には登城しやすい城跡である。

（尾﨑召二郎）

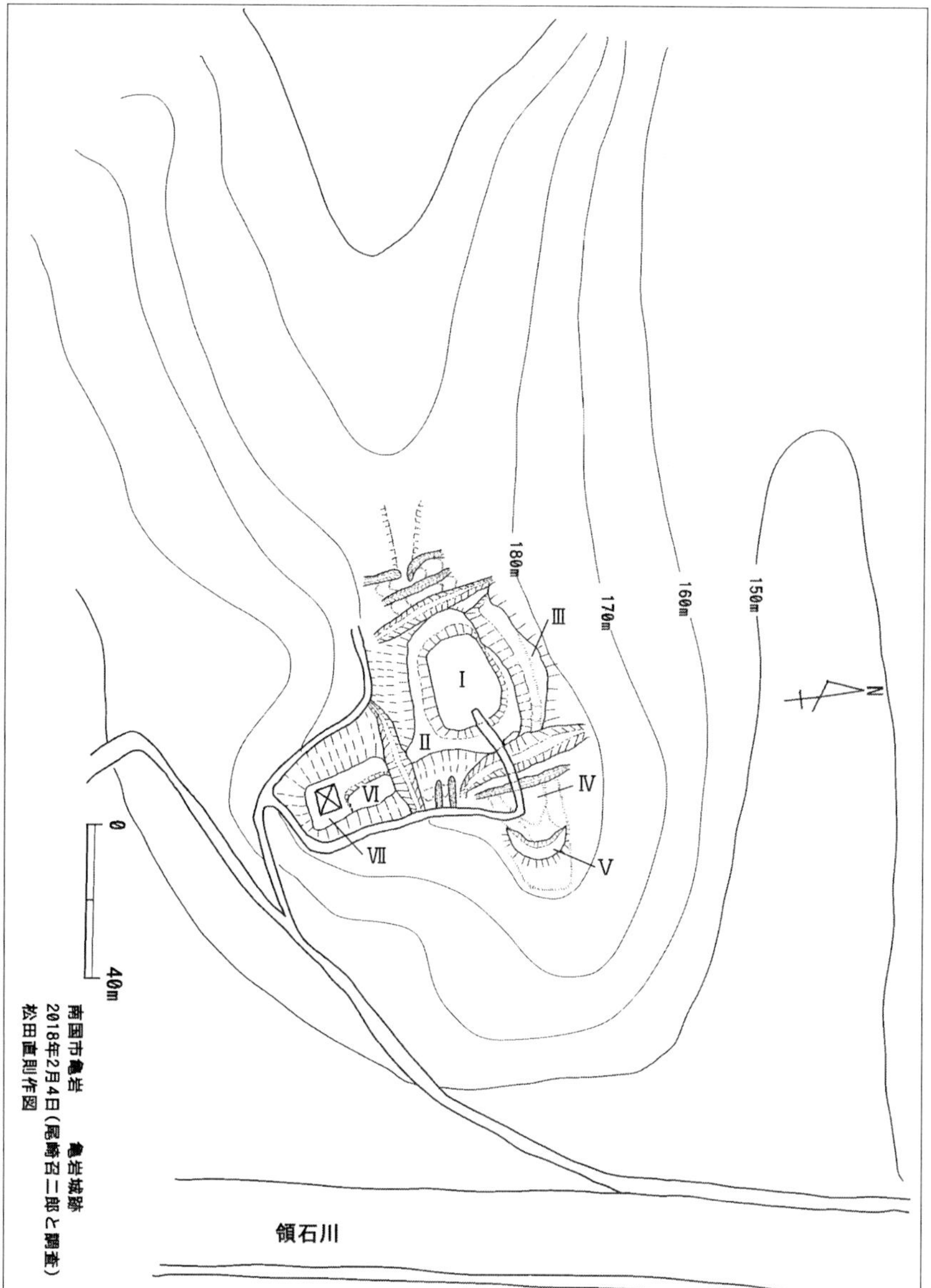

亀岩城跡
所在地：南国市亀岩字土居
調査日：2018年２月４日
調査者：松田直則・尾﨑召二郎
作　図：松田直則

本山城跡遠景

39 本《もと》山《やま》城跡

◆所在地／長岡郡本山町本山
◆標　高／三八〇m　◆比　高／九〇m
◆主な遺構／堀切・切岸

【地理と訪城ルート】

本山城跡は、本山町本山に所在する。本山中心地の南丘陵の田井山の東端近くで北に延びる尾根の先端部に構築されており、土居屋敷は城跡の北側で吉野川南岸の低丘陵上に位置している。城跡の登り口は、国道四三九号が走る本山町中心集落の本山町プラチナセンターから南側の丘陵を目指して、十二社神社の鳥居付近から西側に向けて山道がある。

【城の歴史】

『土佐州郡志』や『南路志』には「古城」と記載されており本山某とか本山佐渡守茂定居とかが見える。本山氏の祖先は八木氏と考えられており、八木氏がこの地に入ってきたのは平安末の頃とされている。八木氏が後に地名をとって本山氏と称したと考えられており、室町時代には守護代細川氏の被官として、本山一帯に亘り地域

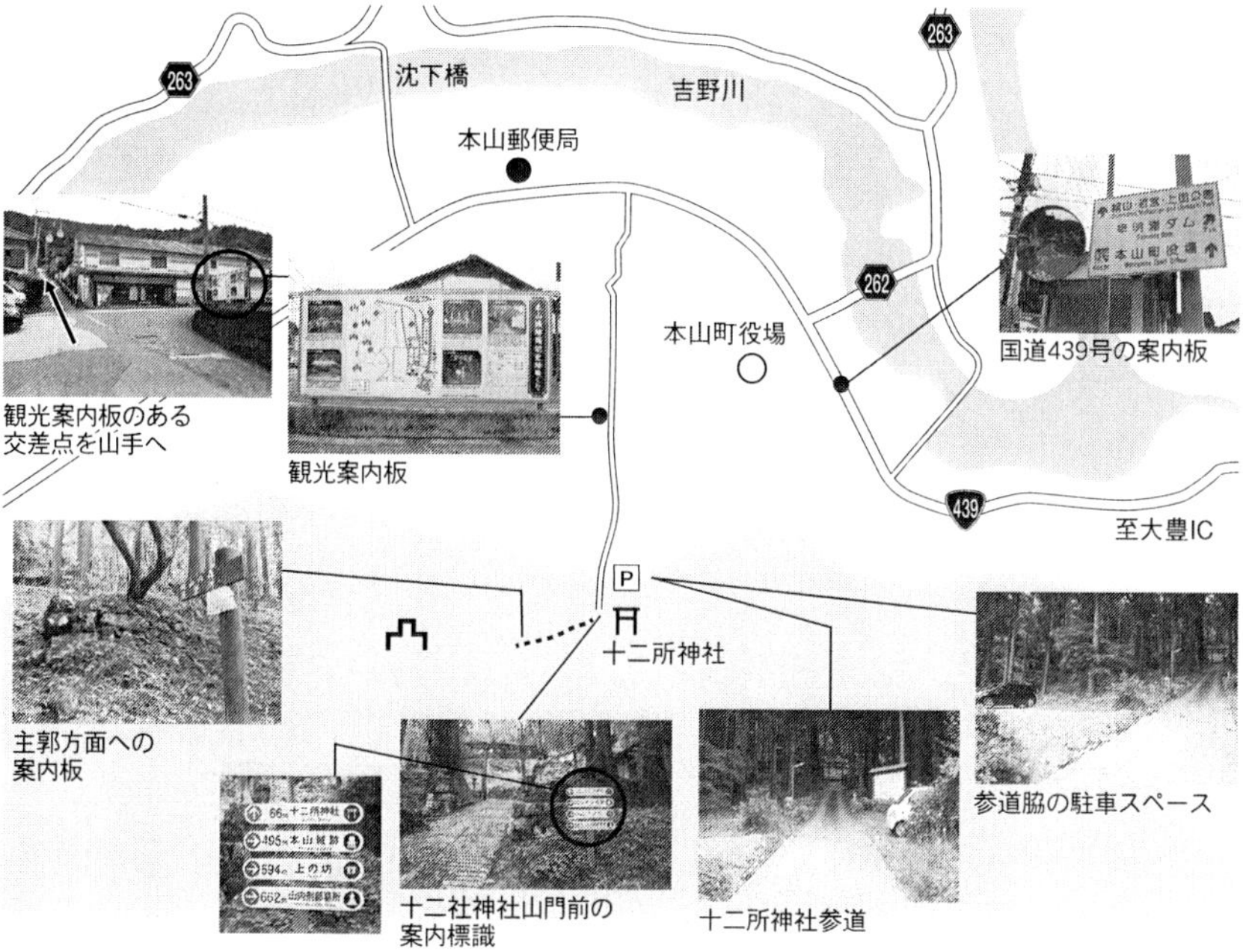

支配を確立していった。

　山内時代になると、山内刑部がこの地に入り一三〇〇石を領している。しかし、本山氏が居城した本山城に入城したかどうか不明である。しかし、慶長六年（一六〇一）から元和元年（一六一五）頃までは、山内氏から城詰として配置した深尾氏以下有力家臣は城常駐を義務付けされ、長宗我部氏家臣団の城を改修して入城していることから、山内刑部も本山城に入城した可能性が高い。山内刑部の死後は、惣領の但馬が元和六年（一六二〇）に知行を没収されている。但馬の頃は、本山土居に移り住んでいたと考えられる。

【縄張りの特徴】

　本山城跡は、丘陵頂上部に主郭の曲輪Ⅰが構築されており、北側に向けて一段下がって曲輪Ⅱ、さらにそれを取り巻くように曲輪Ⅲが構築されている。北側は切岸で急傾斜面を造り出しその下方は自然傾斜になっている。曲輪Ⅰの南側下方は切岸で防御され堀切状の遺構が認められる。さらに南側は、痩せ尾根が続き一条の堀切が構えられており、南からの敵の侵入を抑えるための防御遺構が認められる。

　本山城跡の詰を中心とした曲輪群は、大正四年（一九一五）に農林省林業試験場森林測候所が設置され、職員住宅の敷地や太平洋戦争後射的場として転用されており、その時の手が加えられた部分が多く当時のまま残存している部分が少ないのは残念である。このように後世の手が入っても、曲輪の全てが破壊されているわけではなく残存状況や機能した時期等を掴むためにも発掘調査が必要である。

【城跡の見所】

本山城を登ると曲輪Ⅲに取り付き、そこから本山町の集落を広く見渡すことができ、北側の眺望は素晴らしい。

曲輪Ⅰから見る市街地

曲輪Ⅱと曲輪Ⅰ

曲輪Ⅲから南に曲輪Ⅱ、曲輪Ⅰと登れるが曲輪Ⅰからの南側の切岸を見てほしい。全体的に北側の斜面部は急な自然傾斜で、南側の尾根を遮断するため堀切や切岸で防御している。土佐中央部の朝倉城を改修して居城とした本山氏であるが、本拠の本山城は比較的単純な縄張りをしている。

本山城跡の特徴を考えてみると、十五世紀から十六世紀中頃まで嶺北の地から土佐中央部にかけて勢力を持った本山氏の城郭としたら小規模な曲輪配置である。発掘調査をしないと機能した時期を掴むことはできないが、詰を取り巻く曲輪で構成されており、南尾根からの遮断を数本の堀切で行っていることから、十五世紀段階に築かれた山城の可能性がある。その後本山氏は土佐中央部で、朝倉城跡を拠点として勢力を展開しており、本山城跡を改修することがなかったのではないかと考える。本山氏が、長宗我部氏に敗れ朝倉城を手放し嶺北に帰った時に本山城跡に退去するが、茂辰の子である親茂は瓜生野城跡に立て籠り抗戦している。何故本山城ではなく瓜生野城なのか、その時に本山城は利用されていたのか多くの疑問が残る。

（松田直則）

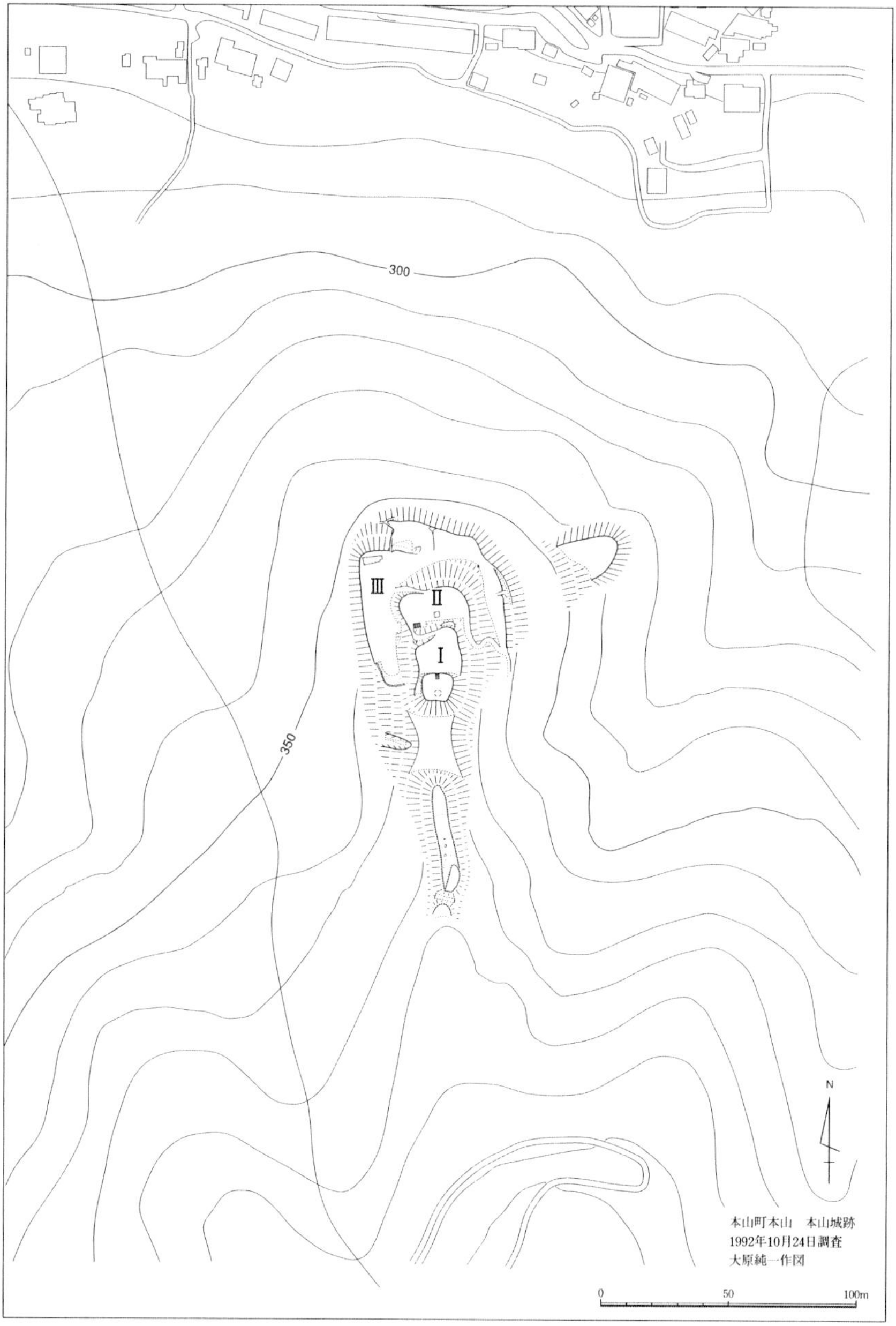

本山城跡
所在地：長岡郡本山町本山
調査日：1992年10月24日
調査者：大原純一
作　図：大原純一

粟井城跡遠景

40 粟《あわ》井《い》城跡（豊永・下土居城）

◆所在地／長岡郡大豊町粟生小字城山
◆標　高／四五五m　◆比　高／二〇〇m
◆主な遺構／曲輪、堀切、横堀、土塁、石積
◆町史跡

【地理と訪城ルート】

粟井（豊永・下土居）城は、北側に吉野川を臨みJR土讃線豊永駅の南側豊永山山上にある。豊永山は北を吉野川、西と南を南小川に囲まれた天険の地であり、東側だけが尾根続きとなっている。登城には自動車でのアクセスをお勧めする。豊永駅近くの踏切より国道四三九号を吉野川支流の南小川に沿って南方向に約一・三㎞進み、国道から細道に左折して豊永郷民俗資料館を目標に登っていくとその先に熊野神社・定福寺がある。もう少し登ると、左手にカーブミラーのある急カーブがある。そこから見える斜面にある住宅の上の鉄塔左側が城跡である。自動車では鉄塔手前付近まで入ることができる（普通車でも入れるが、軽自動車が望ましい）ので道なりに自動車を進めていくと、左手に一八〇度上方向に曲がるコンクリート舗装された道がある（**地図写真**）。そちらから入っていくことで城跡への取り付きが容易になる。この道

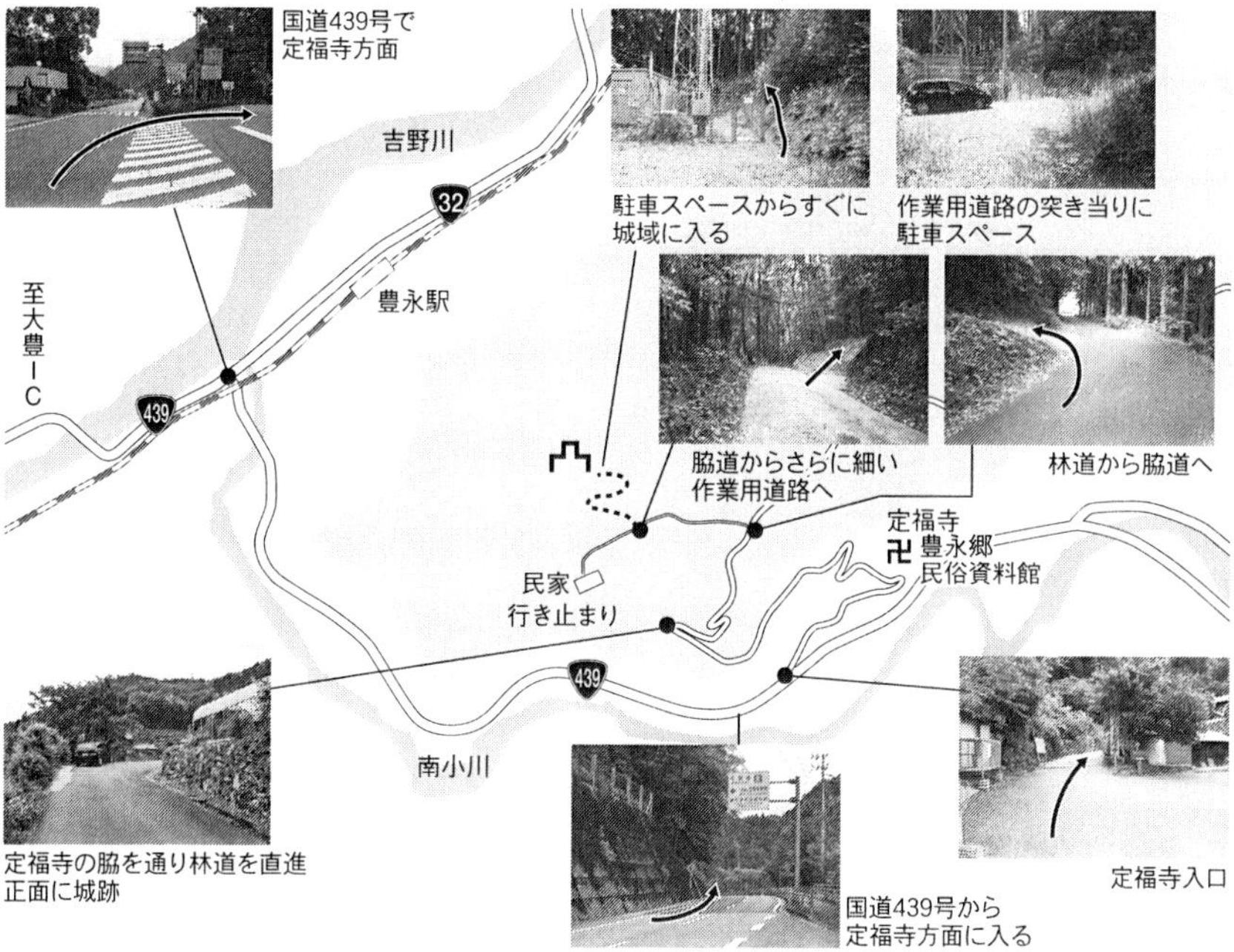

は狭小であるが鉄塔のところまで伸びている。鉄塔奥の林を尾根伝いにやや下降していくと、右手（北側）の急斜面を横目に規模の大きな空堀（横堀）と切岸が見えてくる。そこが城跡である。

【城の歴史】

築城年は正平年間（一三四六〜一三七〇）だといわれている。粟井（豊永）城主豊永氏は本姓を小笠原氏というが、阿波の小笠原氏が吉野川をさかのぼって来往したといわれている。しかし、一説には阿波の小笠原氏が、南北朝時代、懐良親王《かねながしんのう》に従い、九州へ下向し、現在の熊本県玉名郡南関町豊永に拠ったが、懐良親王の死後、この豊永郷に移り住んだともいわれている。この地に移った時に粟井城を豊永城と改称したとも伝えられている。

『土佐國古城略史』には、「豊永下士居　小笠原備中守豊永居之」とある。土居の地名は領主の居所を言う。そこで上の領主の居所に対して、下の領主の居所を下土居と言ったものであろうともいわれている。嶺北の地名には、阿波の方から名付けたと思われる地名が多い。例えば西峰の地名は阿波からつけたものである。土佐から名付けると東峰である。これで言うと阿波小笠原の上土居に対して、土佐小笠原氏の居所は下土居である。この小笠原氏の居城下士居城はその機構が山城的築城法で、この城を中心として約四㎞余四方に佐賀山城、庵谷城、桃原城、三子野城、粟生城、中内城、西峰城等が取り囲んでいる。いずれも山城式である。ここで豊永小笠原氏が阿波小笠原や山岳武士とともにその防備を固めたことがしのばれる。

上述したように豊永氏は当初、阿波の土豪たちと結託し、在地領主としてこの地を治めていたが、戦国時代に長宗我部氏の勢力がこの地に及び豊永藤五郎のときに長宗我部氏の傘下となり、元親の阿波攻略に活躍した。藤五郎は政治的手腕に富み、のちに、その他の家臣とともに国政をあずかる奉行となって庶務を担当した。また、藤五郎は元親の有力下臣で十六世紀後半には中五郡の奉行として、役給二十二町歩を給せられていた。岡豊城北側にそびえる「岡豊新城」は、この豊永藤五郎の砦であったとの記述が、『土佐州郡志』に以下のように記述されている。「相伝昔シ豊永藤五郎カ砦也是レ視ルノ南海異国船ノ来ルヲ之処（下略）」

長宗我部氏の滅亡後浪人となったが、大坂の役で旧主盛親の八尾の戦いに従い奮戦した。豊永氏はその後、土佐に入った山内氏の家臣に組み込まれ、土豪としては異例の上士となって豊永郷を治め続けたといわれている。

【縄張りの特徴】

曲輪は詰ノ段のみ、長辺約三〇ｍ×約二五ｍの平場をもつ単郭構造の城郭である。曲輪Ⅰ（詰ノ段）は北西側を除き「コの字」形の土塁囲いであり土塁内側下部には立派な腰巻石（石積）が巡っている（**写真**）。また、土塁外側には土塁上部から空堀底部まで約五ｍの落差を持つ空堀が土塁に沿って約四〇ｍ構築されている。曲輪の南西部にも曲輪上部で幅二ｍから三ｍの土塁が約二〇ｍ残り、その土塁の外側下には土塁上部から空堀底部まで約三ｍの落差を持つ堀切が約一五ｍ残っている。この堀切には現在、倒木があり一部埋まっている。城跡の南側には虎口があり、土塁の切れている開口部は残りがいい。土塁が構築されていない北西側は敵を寄せ付けない急峻な斜面となっているので、土塁の必要性はなかったのであろう。この城郭に構築されている土塁上部幅は、北西部で約六ｍの部分が南東方向に約六ｍ続き、平場よりこの土塁に登るためのスロープ（**写真**）が北西方向に約二ｍ幅でついている。土塁はスロープ上部より南東方向へ約三ｍ幅で約二〇ｍ伸び、広くなりながら南西方向に屈曲し、そこより徐々に幅が細くなりながら約一三ｍで虎口開口部に至り土塁が切れている。この屈曲部は広いところで約六ｍあり、屈曲部の内側は崩れているが石積みが崩壊を留めてくれている。尚、屈曲部の外側にも比較的大きな石積みが露出した状態できれいに残っている。この屈曲部の上部は比較的広く、何かを祀っていた痕跡がある。虎口ははっきりとしており、南側に下降していて、土塁下の空堀に繋がっている。虎口の西側は一部土塁が残っているが、南側に虎口に沿った竪土塁のような塁状地形が残っている。虎口から南下した通路は、土塁下約四ｍぐらいのところから東側に折れ、土塁下をめぐる空堀（横堀）に繋がっている。空堀は、通路下から約五ｍほど埋れながらそこから上方の土塁の屈曲するあたりまでは、外側が崩落し、僅かに窪みを残している。これに対して北東側土塁下から北西部に続く約四〇ｍの空堀（横堀）は残りがよく、土塁上部から空堀の底部までは約四ｍから五ｍの落差を持っている。城域としては小規模なものだが、遺構の残りのいい城跡である。この城郭は単郭構造・土塁囲いと考えると下土居城と別称があるように山上の土居（居館）であったのかもしれない。

土塁に登るためのスロープ

土塁屈曲部外側の一部露出した石積

土塁内側腰巻石（石積）

北東部に設けられた空堀

【城跡の見所】

この城跡の見どころは、北東部に設けられた空堀（横堀）（写真）と残りのいい曲輪を囲った土塁である。尾根線を断ち切っているので堀切的な機能を持った空堀（横堀）であるが非常に長く、屈曲部を含めると約五〇mもあり堀の中に立つと圧巻である。また、空堀上部の土塁は制高土塁として機能している。この城跡を訪れた時、最初に目に入ってくるのが、この空堀と曲輪側の土塁であり（写真）、空堀の曲輪側の側面は敵の行く手を阻む高い壁として圧巻である。また、土塁屈曲部外側の一部露出した石積（写真）と土塁内側には土塁崩落防止のための腰巻石（石積）（写真）もこの城跡の見どころであろう。虎口（写真）も比較的残りがよく、虎口へのアクセス斜面左手は竪土塁状である。南西側の堀切も南西尾根筋からの敵を意識したものだが、北東部の空堀と比較すると規模も小さく、倒木もあり一部埋まっていると思われる。規模としては小規模な城跡であるが、残りのいい一見の価値あるすばらしい城跡である。

（尾﨑召二郎）

空堀と曲輪側の土塁

虎口

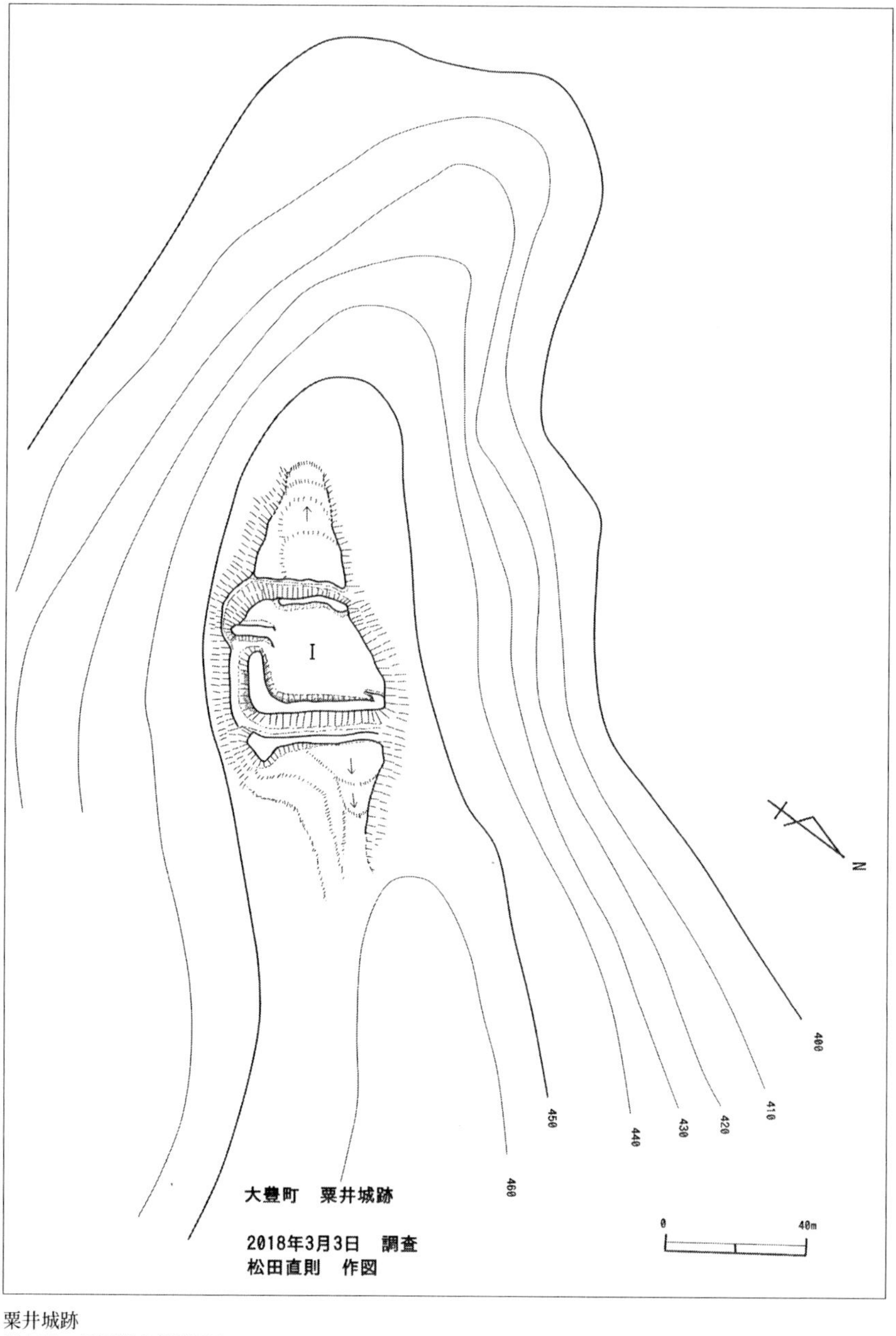

粟井城跡
所在地：長岡郡大豊町粟生
調査日：2018年３月３日
調査者：松田直則・尾﨑召二郎
作　図：松田直則

41 植《うえ》村《むら》城跡（上村城）

◆所在地／香美市土佐山田町植字古城北平
◆標　高／九〇m　◆比　高／五〇m
◆主な遺構／曲輪、堀切、横堀、土塁

植村城跡遠景

【地理と訪城ルート】

香美市土佐山田町植に所在する。現在は「ふるさと霊園」が城跡東側に作られその西側端に城跡がある。香美市立鏡野中学校の南側から西に走り県道三一号に至る道路の北側に位置し、県道三一号に接続する場所から一二〇m手前（東側）に石垣を積んだ細い路地を北側に約一九〇m入り、十字路を右側に折れて坂を下る。「ふるさと霊園」（看板あり）を目指すとわかりやすい。十字路から約一一〇m下ったところから北側に左折して坂を約一二〇m上りY（T）字路を右折する。そこから道なりに約八五m進んだ付近のカーブに右手に墓地、左側に少し広い路肩がある。その墓地の上が城跡となっている。墓地の東寄りを南方向に登れば、空堀の北側土塁の開口部に至る。城跡へのアクセスは比較的容易な城郭である。

【城の歴史】

築城年代は不詳であるが上村氏によって築かれたと言われる。『南路志』のなかには「古城記云上村越前守居之」と記し、『土佐州郡志』は「村東山上昔上村孫左衛門ト云者ノ居レ之」と記している。『佐川村上村八郎兵衛先祖書』には上村氏が代々勤めたという「都王番」の記述があり、「土州鏡之郡上村ニ一城ヲ構、代〃都王番ヲ勤」とある。もと山田氏の配下で西の守りに当たっていたと思われるが、上村越前守元行の代に長宗我部元親に従い、元親の「親」の字を給わり、越前守親行に改めたという。その後、上村兵庫頭親貞の代に「上村兵庫頭親貞在世ノ内、四国・九州・高麗ヲ相勤老死。但親貞代マテ具足役廿五騎ト有。其子上村七郎左衛門貞高代ニ長宗我部家破滅、以来流浪仕也。」との記述があり、上村七郎左衛門貞高の代に関ヶ原合戦によって長宗我部氏が改易となると流浪の身となったといわれている。詳細不明だが城主として上村越前守、上村孫左衛門、上村兵庫、上村七郎左衛門の名が前述したように伝えられている。

また、「北谷口の戦い」で討死した越知の片岡城主片岡光綱の首は従臣、竹内又左衛門、上村孫左衛門、安並玄蕃等に護られ土佐国に帰り、藤田馬之祐が片岡郷に持ち帰り葬っている。

【縄張りの特徴】

『土佐山田町史』の中で示されている安岡源一氏の分類としては、「第一類円心式」といい「中央に一つの単郭があり其れを取り巻いて、一つ又は二つ目の空堀がつくられている。」という形態の城郭である。

標高は約九〇mの古城山頂に曲輪Ⅰ（詰ノ段）をかまえている。曲輪Ⅰ（詰ノ段）は東西約三〇m、南北は最大で約三五mの不正四角形をなしている。北側と西側そして北東部に土塁が構築されている。北東部の土塁は近年の台風の影響で倒木により一部崩壊している。曲輪の内部には八幡宮の崩れた小祠があり、その東側に石垣をついた一段高い平場（写真）がある。また、曲輪Ⅰの南側には後世につけられたと思われる通路が下の曲輪Ⅱ（二ノ段）に繋がっている。曲輪Ⅰ（詰ノ段）下には約四から五mに帯曲輪状の段（二ノ段・曲輪Ⅱ）があり、曲輪Ⅰ（詰ノ段）東側を除き最大幅一五mで曲輪Ⅰ（詰ノ段）北東下から北辺下、西辺をめぐって南東下に至っている。西辺の中央部は一部細くなっている。曲輪Ⅱ（二ノ段）の北辺には土塁が残っており、一部開口部がある。この曲輪Ⅱ下北辺には大きな空堀が東西約八〇mに走っており、西側の谷に落ち、東側は詰ノ段東側から落ちてきている竪堀に接続している。堀の北側は土塁状になっており、曲輪Ⅱ（二ノ段）同様に北側に土塁の切れた開口部がある。

曲輪Ⅰ（詰ノ段）東側は埋まっているが、もとは曲輪Ⅰ（詰ノ段）の東方を堀切とし、南側に抜け、曲輪Ⅰ（詰ノ段）南東下に落ちていたと思われる。城郭の西下は広い谷であり、北東と南東にも狭い谷が入り込み要害の地を形づくっているが、古城山は南北から入り込んだ狭い谷の上を東方に伸びているので、詰ノ段東方を敵の侵入を防ぐために何らかの形で断ち切る必要があり、ここに堀切があったことは明白である。

【城跡の見所】

城跡の一番の見どころは、曲輪Ⅱの北側下部にある規模の大きな空堀（横堀）（写真）である。倒木で一部塞がっているが、この空堀のスケール感は圧巻である。また、曲輪Ⅰ（詰ノ段）より深い竪堀がこの空堀（横堀）の東端に落ちている。なお、空堀（横堀）東端は竪土塁となっている。曲輪Ⅰ（詰ノ段）・曲輪Ⅱ（二ノ段）の土塁（写真）も残りがいいが、一部崩れている。空堀（横堀）北側の土塁上には五輪塔の一部が転がっている。現存土塁・空堀の状況を勘案すると北からの侵入を強く意識した城づくりとなっている。ただ、現状は竹藪に覆

曲輪Ⅰの北側土塁

曲輪Ⅰの石積と土塁

南側から北側へ落ちる竪堀

空堀（横堀）

われている部分が多く足元に注意して入山されたい。また、台風の被害によって倒木が土塁を崩落させている部分があり保全が望まれる。

（尾﨑召二郎）

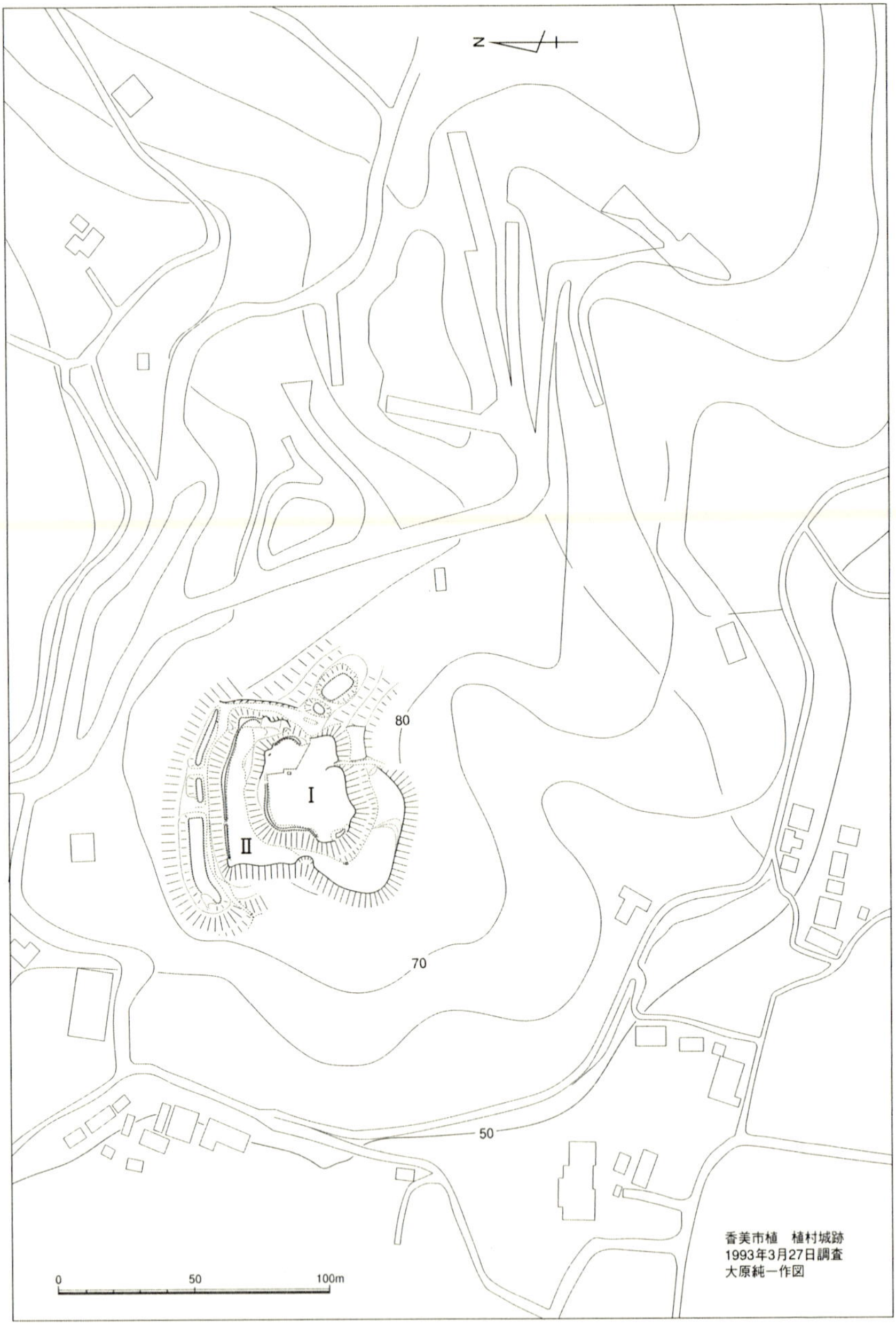

植村城跡
所在地：香美市土佐山田町植
調査日：1993年３月27日
調査者：大原純一
作　図：大原純一

42 岡《おか》ノ《の》上《うえ》城跡（馬場玄蕃城）

◆所在地／香美市土佐山田町平山字城ノ本
◆標　高／二三〇ｍ　◆比　高／一二〇ｍ
◆主な遺構／曲輪、堀切、竪堀、連続竪堀、土塁、虎口

岡ノ上城跡遠景

【地理と訪城ルート】

香美市土佐山田町平山字城ノ本に所在する。県道二五三・二五四号を平山方面に北上し、新改北部構造改善センターを目指す。その施設の上が城跡である。城跡へは北尾根から入るのがアクセスし易い。この新改北部構造改善センターを右手に左手に朝倉商店をはさむ道路を約六五〇ｍ道なりに北進すると、大きく右へ一八〇度曲がる山への細い道があり、そこから約六五〇m登ったところに小さな物置が右手にある。その下に山道があり道なりに進んでいけば、城跡である。途中墓地がいくつかあるが、道なりに尾根筋をたどれば城跡が右手に見えてくる。

【城の歴史】

築城年代は不詳である。『土佐州郡志』によると馬場玄蕃の名前があり、城郭の別名称にも馬場玄蕃がついて

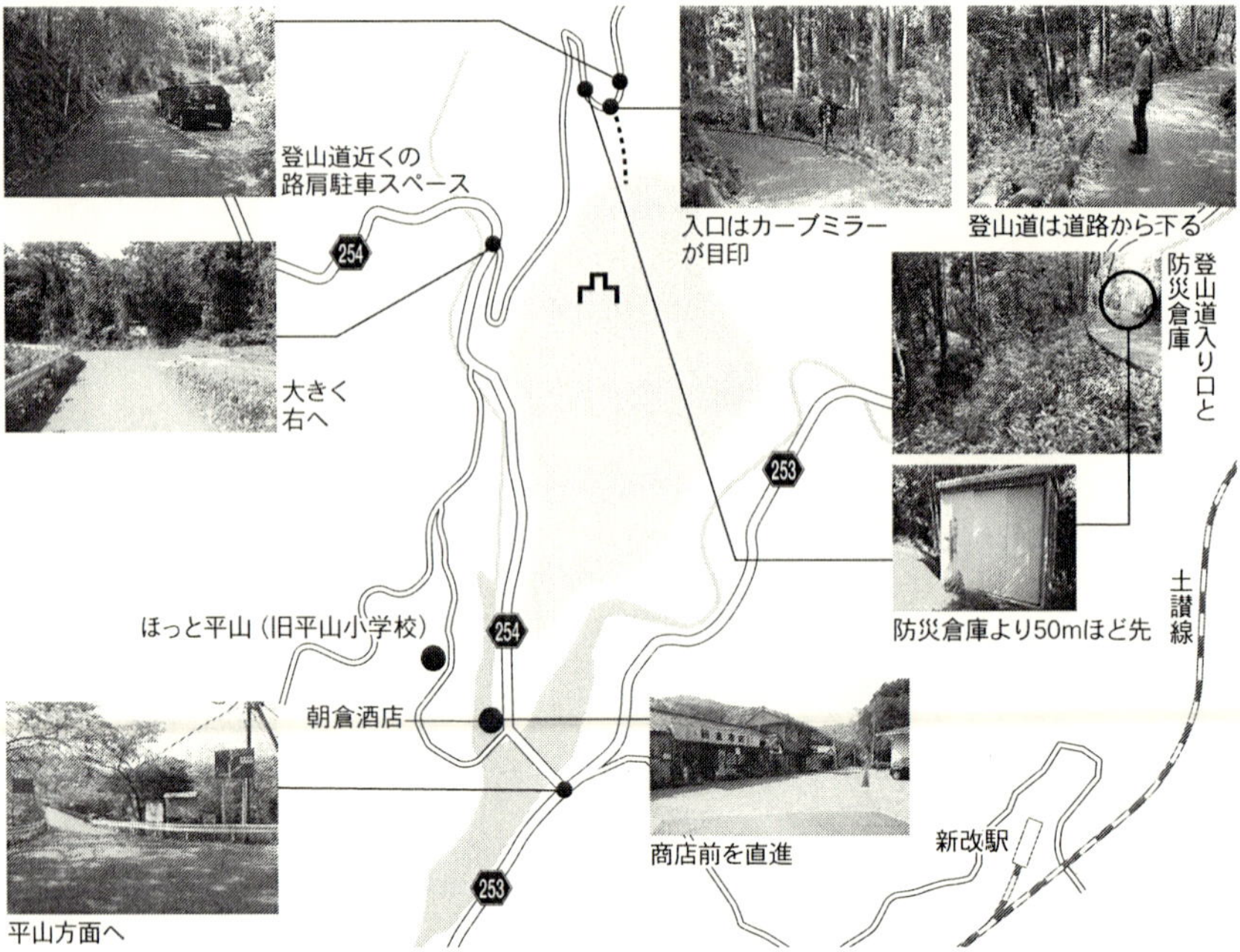

いる。この城郭の西側上方には甫木山氏城跡（甫木山別城）、南南西側に平山（亀ノ野）城跡がある。『南路志』には「古城　元親番城後馬場惣衛門居之」、「古城　平山村　甫木山新左衛門居之」、甫木山城「古城記云　元親公番城、後馬場惣衛門居之。元親記云　甫木山城主馬場因幡守、三千三百石。」とある。「番城」とは城主を置かず、家臣を置く城の事であり、同じ地域に三箇所の城郭があり、これらの史料がどの城郭を指しているのか詳細は不明である。この地域の三つの城郭遺構を比較すれば、この岡ノ上（馬場玄蕃）城跡がこの地域の主城であることは明白である。この地域への馬場氏の入部についての詳細はわからないが、『長宗我部地検帳』の中には香宗我部氏のもとに馬場氏への給地が散見される。香宗我部氏と山田氏（香宗我部氏と同族）との関連性から考えると、香宗我部氏と関連のある馬場氏がこちらの城に入ってもおかしくはないだろう。また、甫木山氏は長宗我部氏と関連の深い久礼田氏の分家である。

【縄張りの特徴】

単郭の城郭であり曲輪Ⅰには土塁が曲輪全体を囲う土塁囲いである。曲輪Ⅰの虎口付近には城八幡があり、扉を開くと中には「城八幡の娘」の肖像画と、小さな円形の鏡（銅鏡）が祀られている。曲輪Ⅰ南側には曲輪Ⅱ（腰曲輪）があり、南側の曲輪Ⅱの西側から曲輪Ⅰへのスロープ状の出入り口として土塁が開口した虎口（写真）がある。下方より虎口の右手には、曲輪Ⅰから曲輪Ⅱまで大きな自然石があり虎口の一部としてうまく利用されている。曲輪Ⅰの北側は堀切によって北尾根筋からの敵の侵入を断ち切っている。曲輪Ⅰの東緩斜面には、香美市の他の城郭には見られない七条の畝状竪堀群がある。特に東斜面南端（曲輪Ⅱの北東部端）からの三条の竪堀は非常に深く削り込まれている。北側堀切の南側からの四条の竪堀は緩斜面に掘られており、斜面からの崩れによって埋まっているが、横からみると連続する竪堀（スクラッチ型）であることがはっきりと見える。また、曲輪Ⅱの南側の尾根筋には尾根線を跨ぐ形で二条の「ハの字」の竪堀があり、南尾根線からの敵の侵入を防御している。

土塁囲い

虎口

【城跡の見所】

この城郭の地形から考えると、北の尾根線からの敵の侵入が最も警戒すべきであり、北からの侵入を北の堀切で断ち切っている。堀切を超えて西斜面は急斜面となっているので侵入は難しく、堀切を超えれば自然と東斜面に誘導される。

その東斜面に構築されているのが、この城郭の見どころとしている七条の畝状竪堀群である。どのような人物がこの城郭に城主としていたのか、なぜこの城郭に長宗我部氏の築城技術の特徴がみられるのか、「馬場玄蕃」という人物との関係性を想像するだけでもロマンが尽きない。また、曲輪Ⅰを全周部にわたり囲む立派な土塁囲い（写真）は曲輪の上に立つと圧巻である。香美市を訪れるなら外せない城跡の一つである。

（尾﨑召二郎）

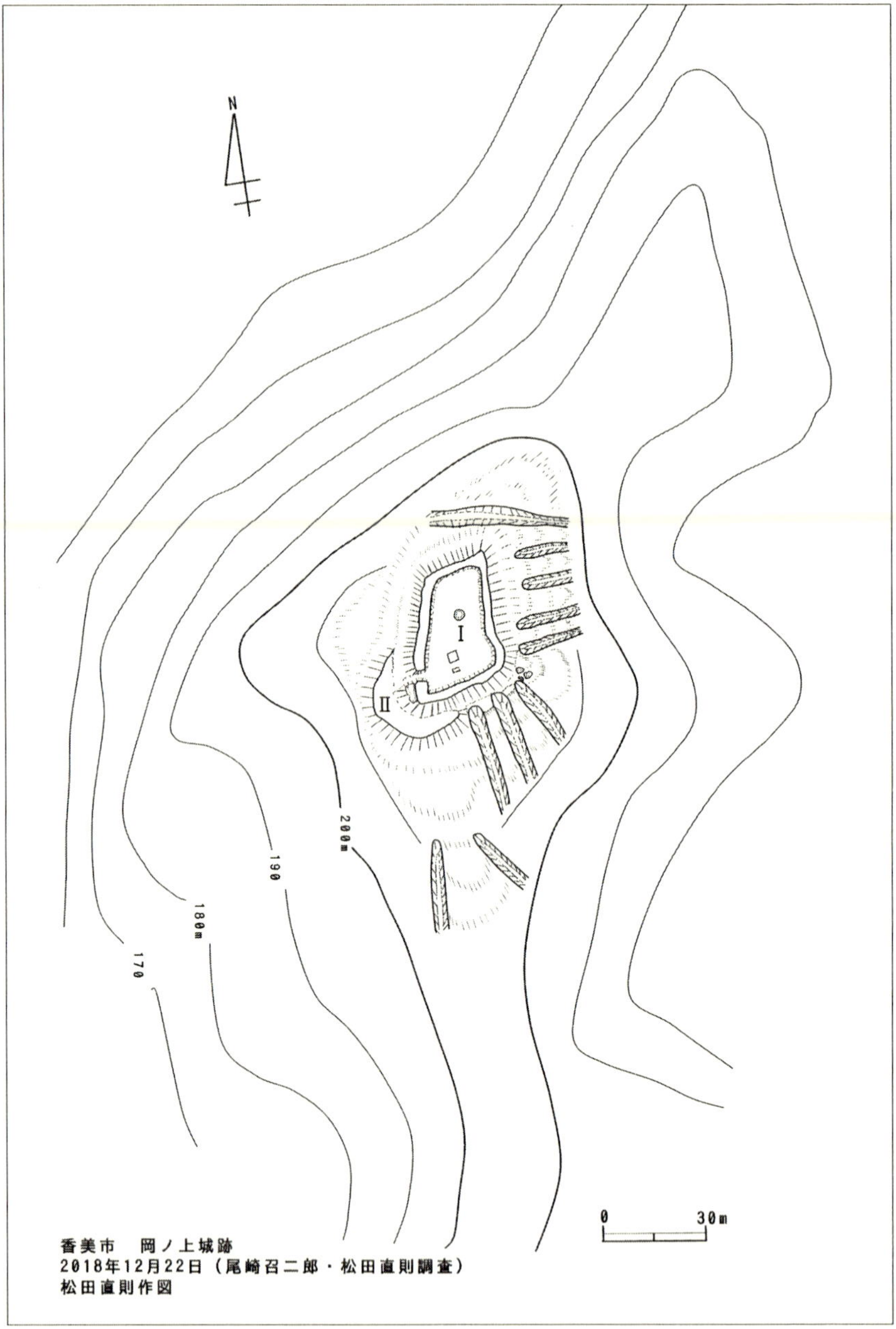

岡ノ上城跡
所在地：香美市土佐山田町平山
調査日：2018年12月22日
調査者：尾崎召二郎・松田直則
作　図：松田直則

43 尼《あま》ケ《が》森《もり》城跡

尼ヶ森城跡遠景

◆所在地／香南市夜須町上夜須
◆標　高／七六m　◆比　高／五〇m
◆主な遺構／連続竪堀・土塁・堀切

【地理と訪城ルート】

尼ヶ森城跡の所在する香南市夜須町上夜須は旧町域（香美郡夜須町）の中央南寄りに位置し、南は夜須川（二級河川）の東岸に十ノ木、西岸に長宗我部氏の外護を受けていた西山八幡宮の鎮座する西山と接し、北は光国城跡の所在する夜須川、東は手結山山系を距てて安芸郡芸西村、西は月見山山系の分水嶺で同市香我美町と境を形成する。地内の中央を夜須川が南流し、西岸を主要地方道の県道五一号夜須物部線がほぼ南北に縦貫して地域の基幹を成している。社は上夜須の氏神が八王子宮に祀られている。同社には戦国時代に長宗我部氏と安芸氏が干戈を交えていた頃の伝承として「棒打ち奉納由来」の民話が遺されており、祭事で奉納される「上夜須二十人棒」は香南市の無形民俗文化財に指定されている。物語に登場する国光（夜須川）の武将（城主）は安芸氏方として参陣しているが、合戦と棒打ちの起源には直接の

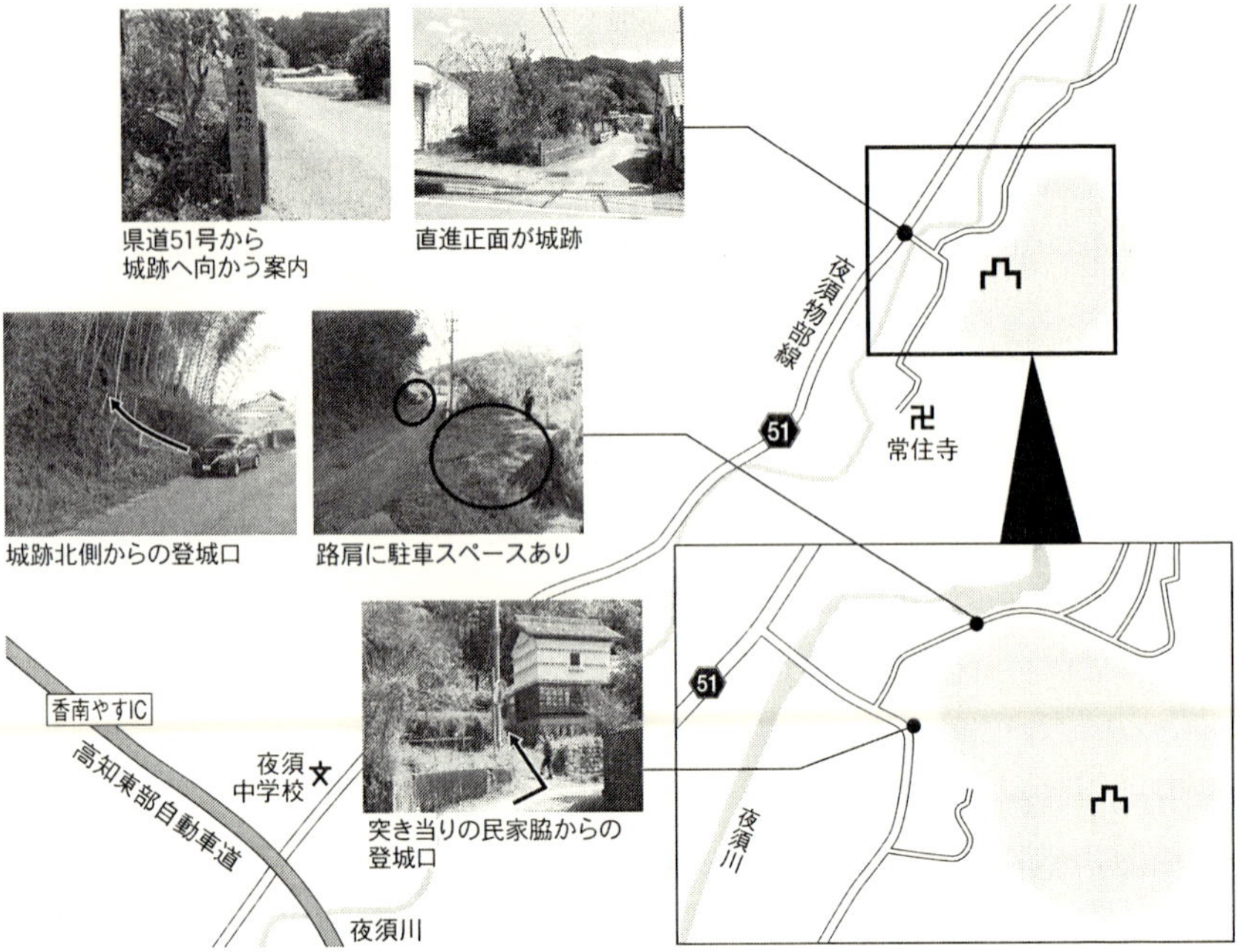

県道51号から
城跡へ向かう案内
直進正面が城跡
城跡北側からの登城口
路肩に駐車スペースあり
突き当りの民家脇からの
登城口

関係は無く「八王子宮が四ツ足の血で汚されて以来、祭神が四ツ足を忌むようになったので、獅子舞などの四ツ足の奉納に代えて棒を打つようになった」（『夜須町史下巻』）と口碑は伝えており、境内には狛犬も存置されていない。また古跡としては当城跡の他、ツリガネが森城跡や経塚跡等を存している。

当城跡は字「クスダ」に所在しているが、周辺には「京塚」や「赤蔵」「弓細工」「イバヤシキ」「月林寺」などの中世に由来すると思われる小字が扇状地または段丘上に散見される。当城跡の占位する丘陵及び山麓は広義の香我美丘陵に位置しており、地質的には新荘川層群に属する須崎層に該当する。同丘陵を含む香我美山地は、郡境（安芸・香美郡）山地と土佐湾沿岸低地との間に位置する中・小起伏状の低山地であり、四万十帯の地層走行と一致する山稜方向は、香宗川や夜須川（香南市）、和食《わじき》川（安芸郡芸西村）、安芸川（安芸市）などの見事な必従河川を発達させている。山麓地域は嘗ての定高性に富んだ低地が傾動し、同山地は地形的には東部山地群と中部低地との漸移地域としての傾向が強い地勢であると考えられている。

城跡へは、国道五五号（旧東街道・阿波路）から主要県道夜須物部線を北上し、八王子宮附近に架設される上夜須橋を対岸に渡る道筋と、夜須川東岸の市道千切備後線を北上する経路があり、何れも城跡山麓に鎮座する仁井田神社の裏手を登城口とするが、草木が繁茂し、訪城には困難が予想される。

【城の歴史】

尼ヶ森城跡はその縄張の構造的特性から永禄年間（一五五八～一五六九）にこの地域に進出してきた長宗我部氏による築城の可能性が指摘されている。中世城郭研究会の大久保健司氏は「連続竪堀群から見た戦国土佐の城」（『中世城郭研究　第二〇号』）において当城跡などを事例として取り上げ、「地政的に考察すれば、安芸・畑山両氏を意識した長宗我部氏の修築関与も想定されないだろうか」と述べている。この意見を参考にすれば、長宗我部氏と安芸氏の係争地であった大忍庄南部及び和食庄（安芸郡芸西村）に接し、庄境に所在する当城が長宗我部氏の境目の城として存在していた可能性が考察される。

『土佐州郡志』夜須庄の項に「古跡城跡在二上夜須村一曰二尼ヵ之森一ト吉田右近者居之」とあり、また『南路志』には上夜須尼森城として「古城記云　秦氏之時吉田右近居之。」「土左遺語曰　香美郡上夜須村尼森古城、秦氏之時吉田右近居之。」と記されている。同書の上夜須釣鐘森城に「土左故事云、或書云、元親使吉田大備後監二本松城・釣鐘森城。」とある。釣鐘森（ツリガネが森）城跡は尼ヶ森城跡と夜須川を隔てた西岸の夜須町上夜須字トイノ谷に所在する中世城跡であり、標高約四〇m前後を測る月見山山系山麓の丘陵上（比高約二〇m前後）に占位している。現状は詰ノ段に城八幡の小祠が鎮座する土塁を存し、背後の堀切は谷道となっている。二ノ段他は宅地や耕作地に改変されて城跡としての旧態を存していないが、地元では「東の城（尼ヶ森城跡）」「西の城（釣鐘森城跡）」と並称している。釣鐘森城を監していたとされる吉田大備後とは長宗我部家の有力部将である吉田（備後守）重俊のことであり、尼ヶ森城を監したとされる右近とは曾孫に当たる重年（康俊）を指している。重年は天正七年（一五七九）に十五歳で阿波に出征したと伝えられており、年齢的にも永禄年間に当城を監することは難しく、この時期の城監は土佐東部の経略に重要な役割を果たしたとされる重俊であったと見た方が自然と考える。軍記物の類で信憑性に限界があるとされるが、『土佐物語』には安芸氏による岡豊城攻めの際、重俊の籠る上夜須城（尼ヶ森城）の押（抑）えに三〇〇騎余の軍勢を残置する場面がある。創作であったとしても当城跡が境目の城として後世まで認識されていたことを物語っている演出と思量する。尚、岡豊城攻めの寄せ手には夜須川の光国氏らの名が記され、また既述の八王子宮「棒打ち奉納由来」の別伝として「長宗我部時代、圧政に苦しめられた農民が、棒を武器として蜂起した名残である」(『夜須町史　下巻』)とする口伝も遺されているなど、傍証乍ら当該地において両勢力の鬩ぎ合いがあった可能性を示唆していると想見する。

藩政期に記されたと考えられる『土佐國蠹簡集』所収の「吉田氏系図」に依れば、重俊(香美郡上夜須城主)―重康(同城主・安芸郡馬上城主)―孝俊(同城主・安芸郡新荘城主)―重年(同城主・新荘・甲浦・阿波渭山城主)と検討は要するものの代々上夜須城主を兼帯していたとされており、永禄十二年(一五六九)の安芸氏敗亡によりその立地的重要性が弱化していく中においても、吉田氏の持城として存続していたと推量する。『夜須町史　上巻』に依れば、天正十八年(一五九〇)の『長宗我部地検帳「夜須庄地検帳」』に「アカソウ(赤蔵)東大道懸テ」とあり、「大道」が当城跡の山下まで存在していたことを示しているとし、『地検帳』から夜須川の両岸を南北方向に展開していることが読み取れるとしている。大道(本道)については、『長宗我部氏掟書』(『土佐國蠹簡集』)にも記されており、『地検帳』の頃までこの地域は主要拠点として重要な地であったとの認識が看取出来る。前記『地検帳』に「アマカ森　一所拾代出弐十代　下々山屋敷　庄境村　庄境名　吉田右近給」とあり、城に関する記述は無いが、「山ノトウ　一所拾五代五歩勺才　下畠大忍月輪寺　在城之時寺職　森之村延近名」と記載され、『南路志』には「社記云　吉田右近在城之時勧請。」と記されている。また城麓には仁井田神社が鎮座しており、社は前記『地検帳』に「新井田宮中□□□」として記載されている。天正十年(一五八二)五月に重年の創建を示す棟札が遺されていると『南路志』は伝えており、天正年間(一五七三～一五九一)の一時期に城監は旧記に載録されている右近重年であったとも考えられるが、社の建立は廃城に伴うものと捉える向きもある。城跡山麓に現存する小字「鳥首」近傍には、「モリヤシキ」として数筆の上屋敷が記載されており、山下屋敷に吉田氏の被官と考えられる和食衆や番匠の給地が記されている。周辺には「馬場ヤシキ」「クラヤシキ」「弓細工ヤシキ」などのホノギも散見出来、城館と膝下の集落が有機的に結合していたと思われるが、この頃に前後する時期には衰微し、廃されていった可能性を考量する。

【縄張りの特徴】

尼ヶ森城跡は手結山山系より派生する山稜支尾根の山麓丘陵に立地し、庄境を制する独立峰（標高七六ｍ余・比高約五〇ｍ前後）に占位している中世城郭であり、夜須川が外縁の防御線の役割を果たしていたと考えられている。主郭（曲輪Ⅰ）を中心として段状に各曲輪を配置しており、求心的な構造の特性が看取出来る。縄張における求心性とは、主郭に対する他の曲輪の従属性に視点を当て、主郭を中心とした纏まりを築城主体の権力構造との関係で説明出来るとされ、一般的に織豊系城郭や近世城郭は求心性の強い縄張を有する傾向が指摘されている。当城跡は仁井田神社背後の丘陵全体を曲輪化する構造であり、曲輪Ⅳ下段の果樹園となっている囲郭状の平坦地西側にも塁状地形が確認出来、城域の一部であったと想定している。

土塁

主郭石積み

現在は腐朽した八幡宮の社が鎮座しているが、曲輪Ⅰに櫓台状の土塁を設けて眼下の各方面を監視・制圧している。また曲輪Ⅰ～Ⅳには北及び東側を意識した土塁を備えて一体化した防塁（防禦壁）の役割を果たしていると考えられ、曲輪Ⅰ北側の土塁内面には一部に崩落防止と考えられる石積が施されている。曲輪Ⅰ直下の北側緩斜面上には竪堀群を配し、これに同曲輪北側の土塁及び櫓台が対応している。また曲輪Ⅱの土塁からも竪堀群に対し側射の効果が期待出来るなど、折歪を伴う塁線上で横矢が掛かるようにしているのも当城跡の特徴と考察する。また曲輪Ⅰの東及び南側に堀切を構えて切岸の効果を補完していると同時に、櫓台状土塁が各々を制圧している。更に南側に曲輪Ⅴを設けてその周辺を小規模な竪堀群が囲繞するように敷設されている。この竪堀群は斜面の横方向への移動を制限するものと併行して、曲輪Ⅴ周辺の地形的不備を無効化して排撃する抵抗線としての役割を果たしていたと考えられる。これら群小の竪堀は幅一m前後、現在は堆積し不明であるが深さは背丈を越えないものと推測され、全体的に短小乍ら寄せ手は仕寄りを敢為すればこの凹地に嵌るより他に曲輪Ⅴに達することが出来ず、謂わば自らが望む場所での「拘束」による衝力の無力化（減殺）であると推察される。また主郭に到る登城道の小規模な曲輪虎口に対しても、常に曲輪Ⅰ南側の櫓台状土塁が警戒して防備を固めている。

　このように尼ヶ森城跡は丘陵を全体的に曲輪化し、常に上段が下段を制圧下に置ける重層的な構造を呈して抗湛性が看取される点において、当城の城監が統一的な指揮機構と組織化された家臣団を有して序列的な空間を構成する城域を統轄していたものと推量する。

　（本文中の□ノ段等の表記は仮称である。）

【城跡の見所】

　当城跡の特徴とされる、ⅠとⅡの曲輪の土塁上の櫓台から竪堀に側射できるように、塁線上に横矢が掛かるような構造が取られているので注意して見てほしい。丘陵全体を曲輪化しているので、それぞれの曲輪を巡って、上段から下段の曲輪を見てみると求心的構造を持っていることがわかる。

（宮地啓介）

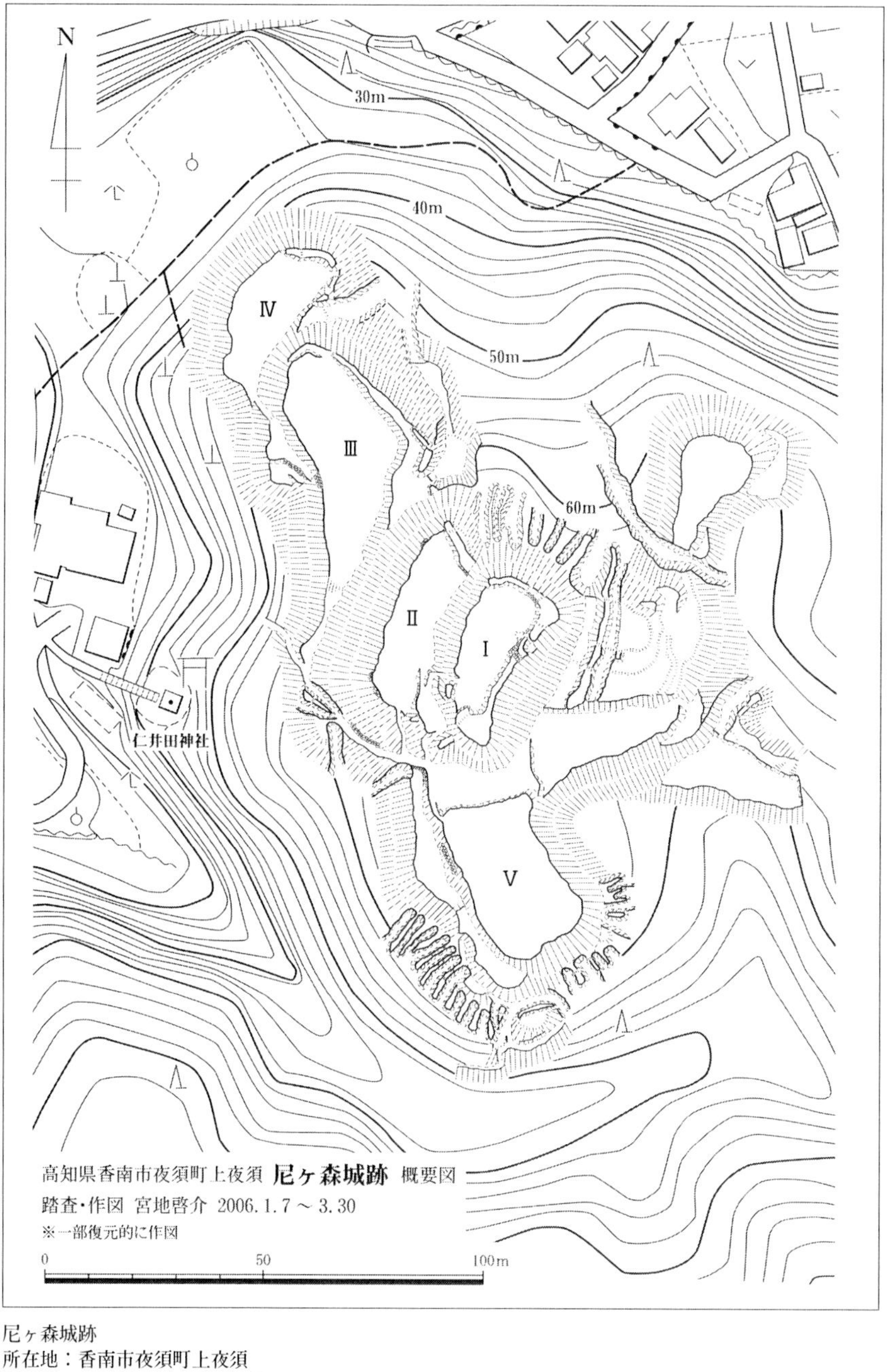

尼ヶ森城跡
所在地：香南市夜須町上夜須
調査日：2006年１月７日～３月30日
調査者：宮地啓介
作　図：宮地啓介

山川土居城跡遠景

44 山《やま》川《かわ》土《ど》居《い》城跡

◆所在地／香南市香我美町山川
◆標　高／一三三m　◆比　高／四〇m
◆主な遺構／連続堀切・土塁

【地理と訪城ルート】

山川（土居）城跡の所在する香南市香我美町山川は同町上分の北に位置し、山間部を蛇行する香宗川が矩形状に迂曲する抉状部に立地している。当地は同町東川の北方尾根筋附近に位置する中起伏山地の熊王山山系から小起伏山地へ地形変化し、斜面勾配が二〇〜三〇度の値を示す山地から丘陵への漸移部に該当する。当城跡が立地する丘陵は蛇行山脚状を呈し、山裾部に緩傾斜する半島状の突洲（蛇行洲）を形成している。滑走斜面には嘗ての河床の名残である生育蛇行段丘（低位段丘面）が発達し、基部となる砂礫質の寄洲は小規模な出水では冠水しない地形的特性を有して、集落や農地、往還路等の適地となっており、山下には中世期を主要な帰属時期とする周知の埋蔵文化財包蔵地（清遠遺跡）が遺存している。当該地周辺は地帯構造的には四万十帯（北帯）に属しており、安芸構造体によって南帯と分けられている。当城

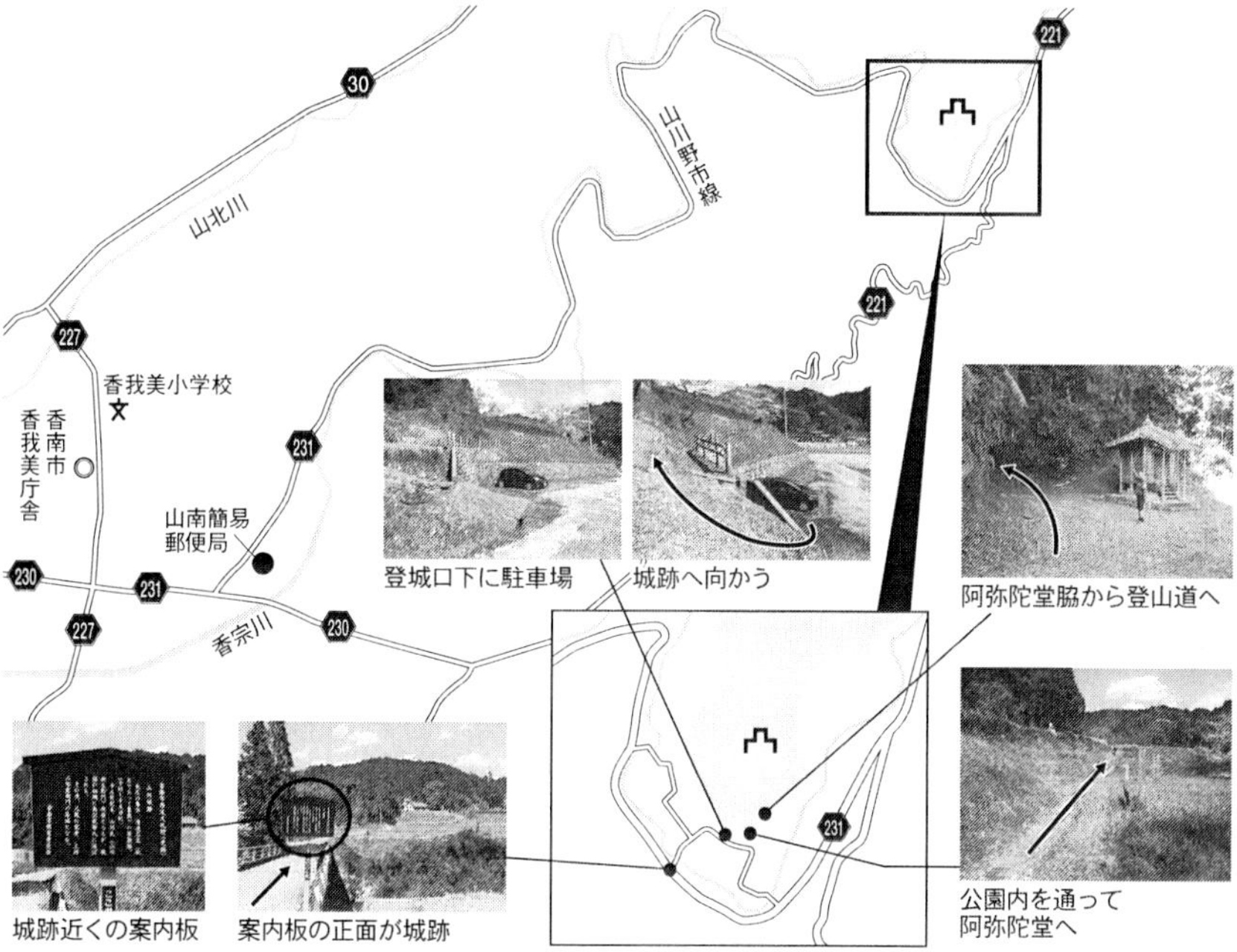

跡周辺は新荘川層群に属する須崎層に該当し、半山層の分布地域の南側に漸移関係で上位に重なる地層である。

当城跡の存する山川は旧町域（香美郡香我美町）の中央附近に位置し、北は中西川（延清城跡）、東は末延（末延城跡）、西は福万（福万城跡）の集落が近郷し、南の同市夜須町夜須川に所在する光国城跡とは旧往還路によって接していた。当地は下山川と中山川から成り、当城跡は中山川に立地している。御社は下山川に延喜式内社の天忍《あまのおし》穂《ほ》別《わけ》神社（石船神社）が鎮座しており、香南市の指定史跡となっている。また城跡の南麓には阿弥陀堂が建立し、蔵されていた地蔵板碑（自然石塔婆）は室町時代初期の造像とみられて県の有形文化財（考古資料）に指定され、現在は県立歴史民俗資料館（南国市）に委託管理されている。近年同町福万薬師堂の集積石造物群から濱田眞尚氏（香南市文化財保護審議会委員）によって類例が発見され、今後の調査成果に期待したい。城跡山麓周辺には五輪塔群が存置しており、花崗岩製の残欠も埋存している。当地へは県道二二一号奥西川岸本線がカブリ石峠を越えて地内に入り香宗川に遡行して北東進するが、中山川で県道二三一号山川野市線を分岐し、同線は蛇行する香宗川に沿って南下して平野部に至る。香宗川沿いの県道は市営バスが運行しており、訪城の際は確認の上利用されたい。当城跡は香南市指定史跡となっており、市教育委員会が沿道に設置した説明板が目標となる。

【城の歴史】

『土佐州郡志』山川村の項に「古蹟　古城跡　在村北山上相傳古山川某居城」と記されている。山川城跡は字「清遠ヤシキ」に所在している。字名が示す様に当地は中世清遠名の故地であり、明徳五年（一三九四）の「東川専当職宛行状案」（『安芸文書』）などにより大忍庄東川専当職を宛行われていたとされている。その後、物部氏を遠祖とする清遠名庶流の山川氏が抬頭し、次の「東川専当職打渡状」（『安芸文書』）に示されるように「大里庄西御分東川の専当軄之事、依二仰ニ一専当軄を渡付候処実也。仍而為二後日一渡状如レ件。嘉吉弐年（一四四二）十二月七日　山河新左衛門殿」として応永末年から永享年間（一四二九～一四四一）に分割された東川西分の専当職を渡付されている。山川新左衛門に関して詳細は不明であるが、年不詳の「梶原資景奉書案」（『安芸文書』）に記される「殊ニ専当御事、去年於二御陣一致二忠節一者事候間、別而可レ加二扶持一之由被二仰下一候。（抜粋）」や「梶原資景折紙」（『安芸文書』）の「殊ニ彼仁於二堺合戦ニ致二忠節一候之間、別而被二仰付一候。（抜粋）」等の軍功恩賞として、清遠名の宛行（支配権）を所望していたとされている。更に山川氏は東川専当職と関わりの深い畑山（安芸）氏と結び付き、その経済力を背景として在地小領主化へと興盛していった。山川城がいつ築かれたのかを示す史料は遺されていないが、永正年間（一五〇四～一五二〇）の守護代細川氏の土佐国支配放棄に起因する国人層の動向の中で、永正八年（一五一一）の「行宗兵衛門尉証状」（『行宗文書』）に「大忍西河行宗名之支證之事山田大里御取相之時行宗被官田中之治部東河専頭殿公事人中屋所江預申候處ニ中屋方此支證山河殿城へあけ申處専頭殿御支證ニ相そへられ候て安藝畑山へ御あつけ候間弓矢無事（略）」とあり、書面に「山河殿城」と記されていることから、永正年間には城が存在していたと勘案できる。書状から山川氏は畑山（安芸）氏の庇護の許にこの地を掌握していたとみられ、当地に姓氏「山川」の地名を遺すに至る。清遠氏の庶流から戦功により主家の名田を領し、また「正延田地売券」（『安芸文書』）等に示されるように、近隣の田地を買得するなどして周辺を圧しつつ勢力を伸張させ、戦国期には一城の主と成って土佐七雄の一人ともされる山田氏の大忍庄東川への進出を阻んだ山川氏であったが、聽て永禄十二年（一五六九）の長宗我部氏による安芸氏討滅に先立つ「大忍庄討入」（『香我美町史　上巻』）により、この地域から一掃されたものと推察される。安芸氏が滅亡してから今年（二〇一九）で四五〇年の年序を経た。

『南路志』には当城跡について「古城記云　上村五郎左衛門殿」と次の主の名を記している。天正十六年（一五八八）の『長宗我部地検帳「大忍庄地検帳」』には山川村（山川分）の事として、「清当ヤシキ二所懸テ　一所廿代　出十代　中ヤシキ」「清当ヤシキノ上下懸テ　土ゐ　一所廿代　出廿代　上ヤシキ土ゐ識」等と記載され、全て上村五良（郎）左衛門尉の給地となっている。当地には「上村ヤシキ」の小字が遺されているなど、五郎左衛門は山川村を中心に旧香我美町域において二十五町余の給地を得ている有力給人である。上村氏は長宗我部氏の支族として家臣団を形成し勢力拡大に貢献したと伝えられており、現存する当城跡の一部は長宗我部氏方による修築関与の可能性も考えられている。王子村（香我美町徳王子）に鎮座する周辺八カ村の総鎮守である若一王子宮棟札に「大檀那長宗我部秦朝臣元親　代官上村千熊丸・同五郎左衛門尉　願主上村三郎兵衛尉　文禄二年（一五九三）癸巳十二月廿三日」（『南路志』）とあり、十六世紀末頃まで当地を領していたとされるが、慶長五年（一六〇〇）の主家改易に伴い上村氏も失領し、当城もこの頃までには廃されていたと推量する。

堀切

【縄張りの特徴】

山川城跡は『東川村誌』に「山川城墟　元標ノ西方山川部落中ノ小字清遠屋敷ニ在東西拾五間南北拾六間目今山林トナリ樹木繁茂ス其一部ハ八幡宮ノ鎮座アリ」と記されている。

当城跡は香宗川流域の山間部に位置し、同川が穿入曲流する湾曲部に形成するやや開けた河谷盆地の標高一三三m余（比高約五〇m前後）の山麓丘陵上に立地している。詰ノ段（曲輪Ⅰ）は僅かに歪な矩形状を呈し、北及び西側を中心に土塁が遺存している。北西隅の土塁は拡幅し、櫓台状を呈して北方尾根に連続する五重の堀切を矢頃（遠矢）に置いて禦止する構えを成しており、現在は八幡宮の小祠が鎮座している。また西側の土塁は虎口状に開口し、西方に位置する曲輪Ⅴへ堀切を隔てて木橋等で連絡していた可能性が考えられる。詰ノ段の南東下方に二ノ段（曲輪Ⅱ）が所在し、土塁が矩形状に囲繞しているが、一部は炭窯跡により旧態を存していない。南隅の土塁が詰ノ段への上り道となっており、従属関係を勘案できる配置である。二ノ段の南下方には三ノ段とも謂うべき歪な三角形状を呈した平坦地（曲輪Ⅲ）が在り、更に東下方にも北端に土塁を備えた曲輪Ⅳが存在している。その先には北方尾根に構えられている連続堀切から派生した竪堀が垂下している。

詰ノ段の西方に位置する曲輪Ⅴの北側には土塁が設けられ、詰ノ段の櫓台状の土塁と共に横矢掛状の射線を有し、眼下の谷状地形を完全に制圧下（「殺し間」）に置いている。この方向からの仕寄りを敢行する寄せ手は土塁と各曲輪の切岸（塁壁）に阻害され、詰ノ段と曲輪Ⅴとの通路状を呈する堀切底へ動線を誘導されるが、滞留により両曲輪（Ⅰ・Ⅴ）から掣肘を受け無力化が予想されるなど、香南（旧香美郡南部）屈指の城容を誇る当城の構えは浅くはない（実効性は個人の感想に因る）。更に曲輪Ⅴの西側にも堀切を隔てて曲輪Ⅵが存在し、その西南端の切岸直下には現在は埋没し判然としていないが、横堀状の凹地が巡り、両端は「ひ」字形に竪堀となって斜面を下っている。このような遺構は長宗我部氏の関与した城跡に遺されている事例が指摘されており、同氏の意匠による改修の可能性を推量している。その南斜面には長大な竪堀が山麓へ垂下しているが、自然地形の様な遺存状態の為か、掲載している図面には曲輪Ⅵ南面の横堀状遺構や南斜面を下る竪堀等が表現されていない。

当城跡の特徴として、詰ノ段（曲輪Ⅰ）と各々堀切を隔てて縦列的に等置する二つの曲輪（Ⅴ・Ⅵ）の存在について小見を略述したいと思量する。これらの曲輪群が分立性を有して構築されている可能性を視野に考察すれば、詰ノ段は櫓台状の土塁や北方尾根を遮断する五重の連続堀切、従属的な配置で枡形的空間を呈している二ノ段の存在など他の曲輪群に比して格段に優位性が高いと評価され得るが、西方の曲輪群は対照的に粗放な造成乍ら堀切等により相対的な独立性を確保して附属しており、主郭（詰ノ段）に対して並列的な遺構配置と捉えることも可能と推量する。このような各曲輪の完結的な城郭遺構は、当城を構築した築城主体が分立的な権力構造を背景としていた為、城域を構成する曲輪群の配列も相対的に独立したものとなり、参与の名主層を城主（山川氏）の下に非階層的な纏まりにおいて糾合し、籠城（収容）させることを意図した陣所であったとも推察出来る。優勢な長宗我部氏に対し、安芸氏方に与した名主層を主体とする一隍一塁の小規模城砦群では対敵し得ない状勢においては、宗主の「後詰め」を期待しつつ連衡して当城に拠ることを想定した抗戦拠点としての臨戦的な普請と思考するが、所謂「大忍庄討入」に先駆けて福万氏や末延氏ら周辺の名主達が先刻長宗我部氏に帰降していた可能性を史料等から勘案出来、更に勘査を要したい。

　次の主となった上村氏は、当該地周辺において大きな軍事的緊張状況は生起せず、当城の構造を継承して西端に位置する曲輪Ⅵ下の形骸化した小規模な横堀状遺構や二ノ段の機能分化以外に大規模な改修を施すことなく廃城に至った可能性を推論する。城郭における防禦力とは「相対性」と「適合性」の問題であり、個々の城塁の多様性や偏差の実態は構築に際しての前提条件が一様では無かったことを示唆していると思われる。当城跡における多重堀切等の存在は敵性勢力の脅威に対する発露とも捉えられ、城郭を権威や統治（政所）の象徴と見る向きもあるが、戦国期における権威とは軍事力を背景にしなければ成立し得ず、城塞の存在は抑止力（視覚的効果）も含めた軍事施設であったと思量し、軍事的緊張状況の有無によっては相対的に堅固にして高度な修築は必要とはされなかった可能性を推量する。

　尚、当城跡については『土佐史談　第二二八号』所収の「山川城跡」（前田和男・大原純一）において詳細に図解されているので併読をお奨めしたい。

（本文中の□ノ段等の表記は仮称である。また城跡の特徴は主に自身の踏査と前記所収図面に依拠して述べている。）

【城の見所】

　山川城跡で確認できる遺構の中で、曲輪Ⅰの北側土塁上で拡幅された地点から、北尾根上に構築されている五重の堀切を見ると圧巻で見所である。また、曲輪1の西側にも土塁が伸びているが一部開口している箇所がある。この開口部から西側に位置する曲輪Ⅱに木橋が架かっていた可能性があり構造的な点も興味が唆られる。主郭西側の曲輪ⅡからⅢにかけては防禦性を高めるため堀切や竪堀が構えられておりこの場所も散策してほしい。

（宮地啓介）

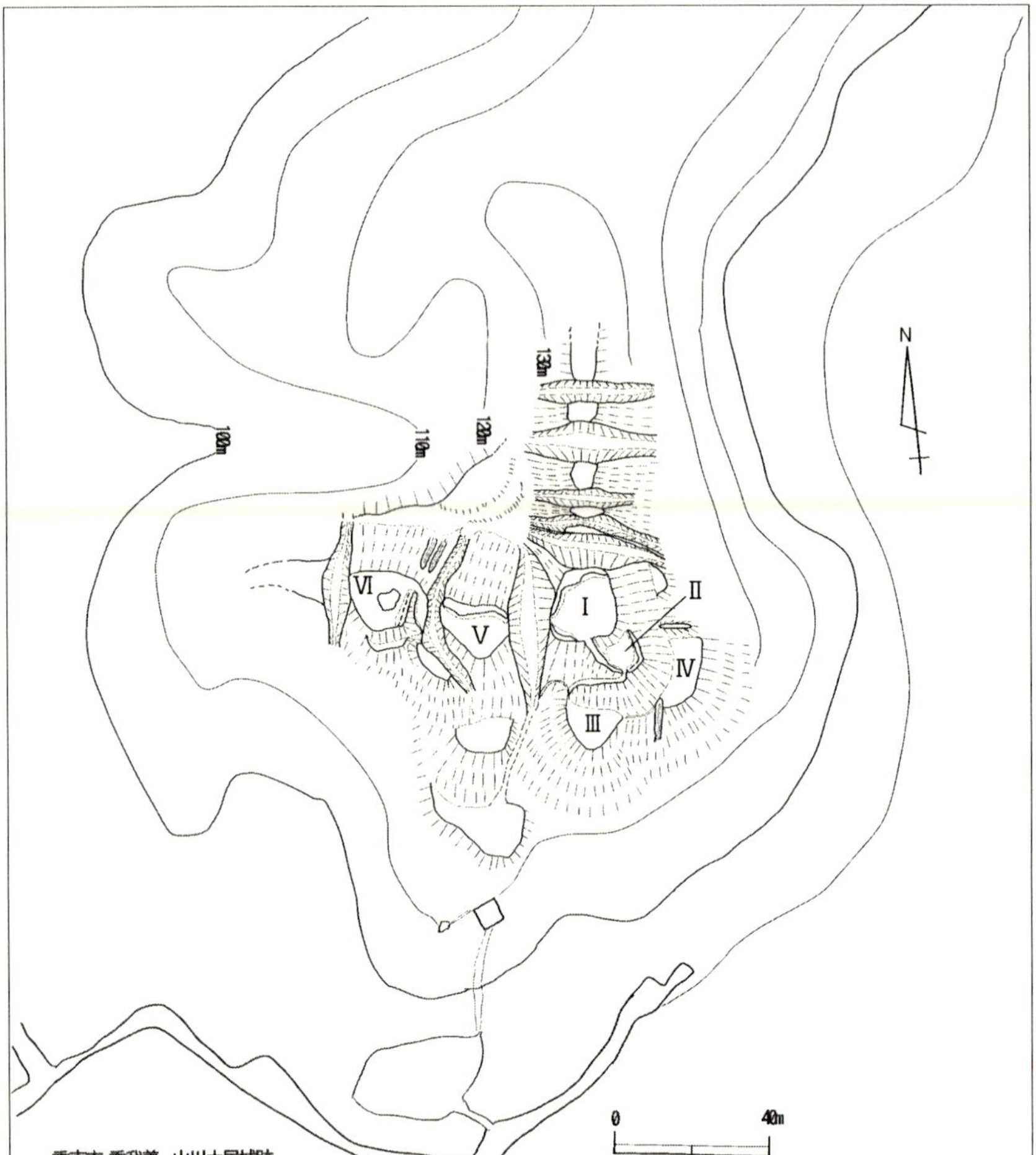

山川城跡
所在地：香南市香我美町山川
調査日：2018年１月13日
調査者：松田直則・尾崎召二郎
作　図：松田直則

末延城跡遠景

45
末《すえ》延《のぶ》城跡

◆所在地／香南市香我美町末延
◆標　高／一四〇m　◆比　高／四〇m
◆主な遺構／堀切・土塁

【地理と訪城ルート】

香南市香我美町末延に所在する。香宗川の上流に位置し、県道二三一号の山川野市線を走り山川に出てきて、県道二二一号の奥西川岸本線と合流してからすぐの集落が末延である。山川には、山川土居城跡が所在するが、その前を大きく屈曲して香宗川が流れているがその上流にあたり、香宗川の右岸の集落で現在香南市東川公民館がある手前の丘陵先端部に末延城跡が構築されている。東川公民館に駐車場があり、そこから西側にある丘陵麓の人家の裏側から登城することができる。


【城の歴史】

『土佐國古城略史』では、正平十一年（一三五六）に大忍庄東川の末延を末延右兵衛尉信末に与えられていることや、末延城主が末延右兵衛、末延治部、小太郎などの名前が出ている。これは、『末延文書』の「出雲守時

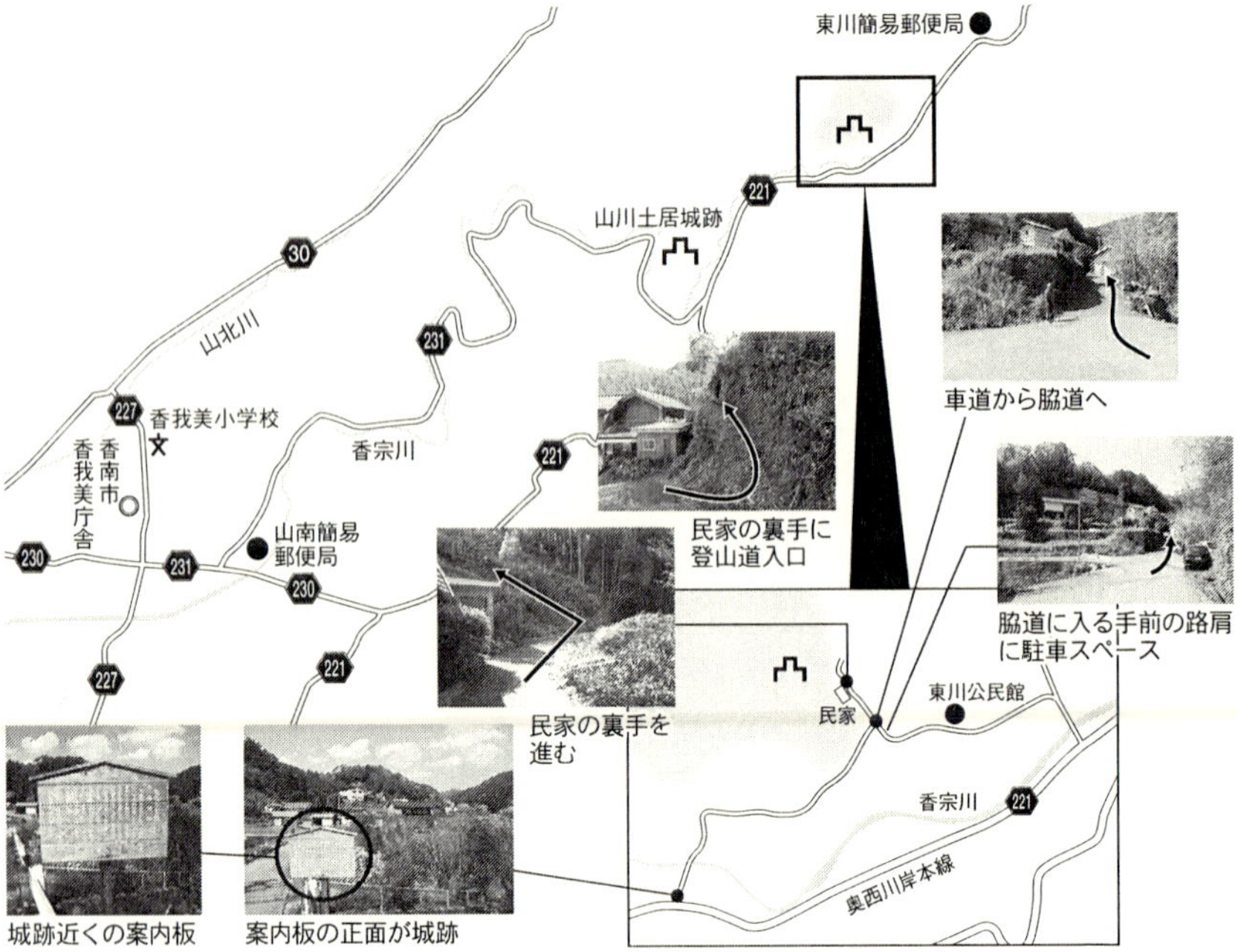

寿奉書」に出てくる粟野三位中将より末延信末に対し恩賞としてこの地を与えられた内容と同じである。この地は大忍庄の東川にあたり、大忍庄の成立年や成立事情は不詳であるが、鎌倉初期には成立していたと見られる。大忍庄の小豪族について、永禄十一年（一五六八）の一宮神社を長宗我部氏が再興した時の「一宮再興人夫割帳」に、大忍庄東川衆の中に末延神兵衛と末延小三郎の名前が見える。また、『長宗我部地検帳』では、居ヤシキとして末延小大良（小太郎）給と出てくるので、天正十六年（一五八八）段階では、小大良が末延城を管理していたと考えられる。ちなみに、小太郎は文禄慶長の役で戦死し、その後子孫は帰農したと伝わっている。城跡の主郭に残る五輪塔はやや古い時期のものと考えられるが、麓に残る一石五輪塔などはこの時期の供養塔で、末延氏に関係する人のものであろう。

現在残る城跡の縄張りが、永禄年間頃に出てくる、末延神兵衛や末延小三郎が関わった可能性が出てくる。この香宗川上流域の城の縄張りを見ると、同じような築城技術が見られる。山川土居城跡、末清城跡、正延城跡などは、丘陵先端頂部に主郭を設け、尾根側に土塁を構築し二から三重の連続した堀切で防御するという構築方法である。この時期、香宗川上流を遡り、元親軍が安芸氏を攻める段階でこの地の豪族を傘下に入れ城を改修していった可能性もある。

【縄張りの特徴】

末延城跡は、標高約一四〇mを測る丘陵先端頂部に構築されている。曲輪Ⅰは、南北約二五m、東西は一五から一七m程の長方形をした平坦部を有している。北側に削り出して造られたと考えられる土塁が残存しており、土塁上に祠も現存している。この土塁の手前に石碑が建っており明治四十五年に末延元規書と刻まれている。曲輪Ⅰの北側には連続した二重の堀切が構えられており、土塁上から堀切に向けての切岸は急傾斜で防御を高めている。その北側にはⅣとした地点は曲輪であっただろうと想定できるが、現在は墓地になっており保元銘が刻まれてある自然石の墓があるが、保元年間まで遡るかどうか不詳である。このⅣの西斜面にも竪堀がある。曲輪Ⅰの東下には二箇所の腰曲輪がありその北側は堀切となっている。曲輪Ⅰの南側には切岸でⅡとⅢの曲輪があり東側には竪堀が一条構えられている。この曲輪の西側斜面が登城道になっており、西側斜面の土塁状の地点に取り付いている。

土塁

連続堀切

【城跡の見所】

曲輪Ⅰの土塁上から見た連続堀切が見所で、敵が尾根から攻めてきてもここで防御できる。登城して曲輪Ⅲから Ⅱに入ることができるが、曲輪Ⅰには東側に竪堀もあり、切岸で防御されており登りづらい。南麓には、末延氏の屋敷が想定されるが、その前には香宗川が堀としての役割を果たしていたと考えられるが、城跡の南側の防御が薄いようにも思われる。

（松田直則）

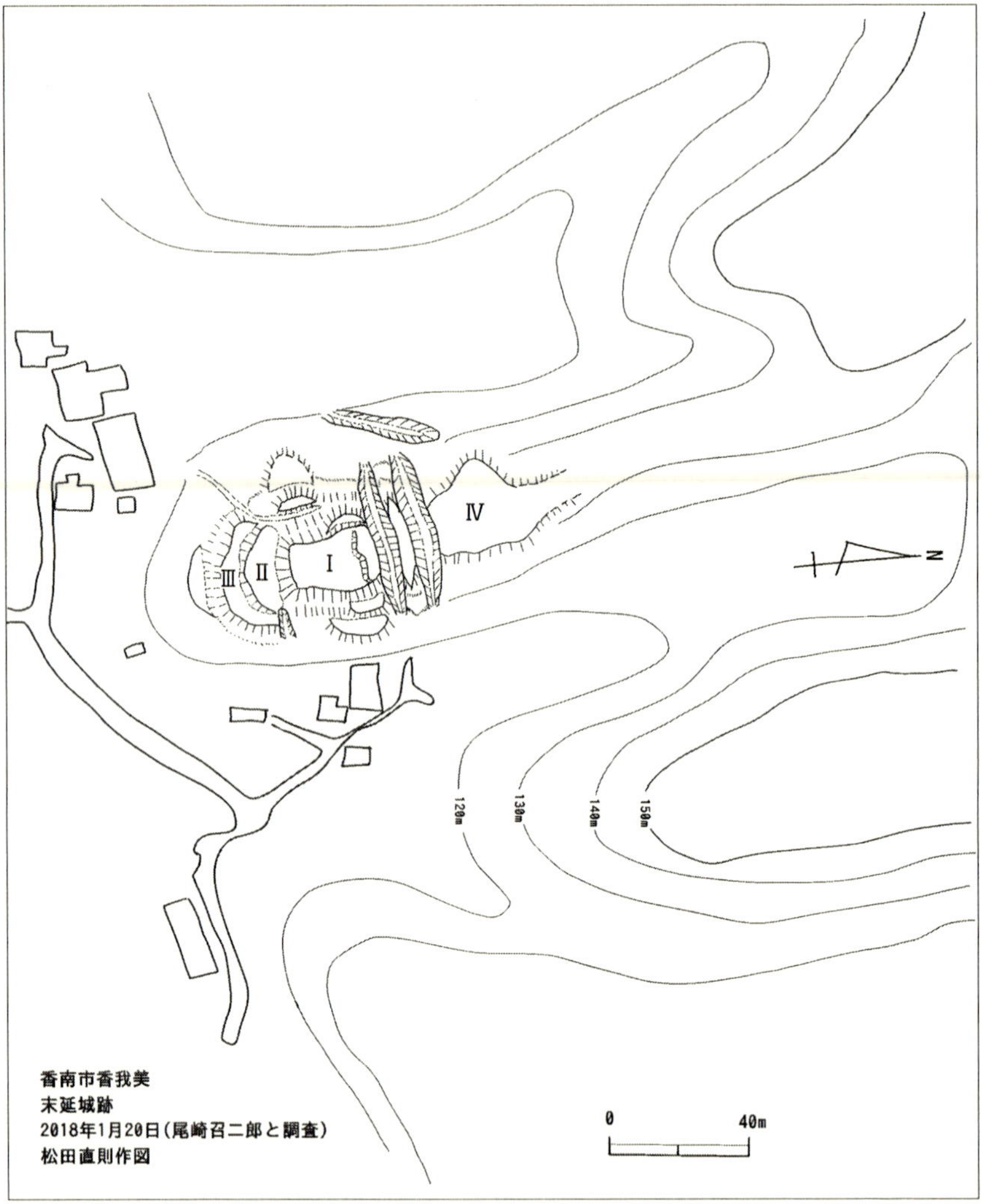

末延城跡
所在地：香南市香我美町末延
調査日：2018年 1 月20日
調査者：松田直則・尾崎召二郎
作　図：松田直則

46 光《みつ》国《くに》城跡

◆所在地／香南市夜須町光国
◆標　高／一〇〇m　◆比　高／五〇m
◆主な遺構／堀切・土塁

光国城跡遠景

【地理と訪城ルート】

光国城跡は広義の香美山地が中起伏山地へ漸移し、長者ヶ森（標高七二三m）を主峰とする同山系が南西方向に次第に標高を減じて形成される南部丘陵の尾根崎頂部に立地している。当城跡の所在する香南市夜須町夜須川は、旧町域（香美郡夜須町）の中央北寄りに位置し、北に国光、細川の集落があり、南は尼ヶ森城跡の存する上夜須に接している。旧村では東に馬ノ上村（安芸郡芸西村）、西に山川城跡の存する東川村（香南市香我美町）、北東に同村枝郷の道家村（同郡芸西村）、同羽尾村（同市夜須町）が周辺に存立していた。地内を夜須川（二級河川）が南西流し、同川による沖積平野は地区南端の添地附近を限りとして上流域は谷沿いに棚田等の景観を展開している。夜須川流域の夜須平野は月見山・手結山両山系間の狭長な地溝状低地に形成されて夜須庄をはじめとする流域の基盤を成しており、城跡山裾に発展する集

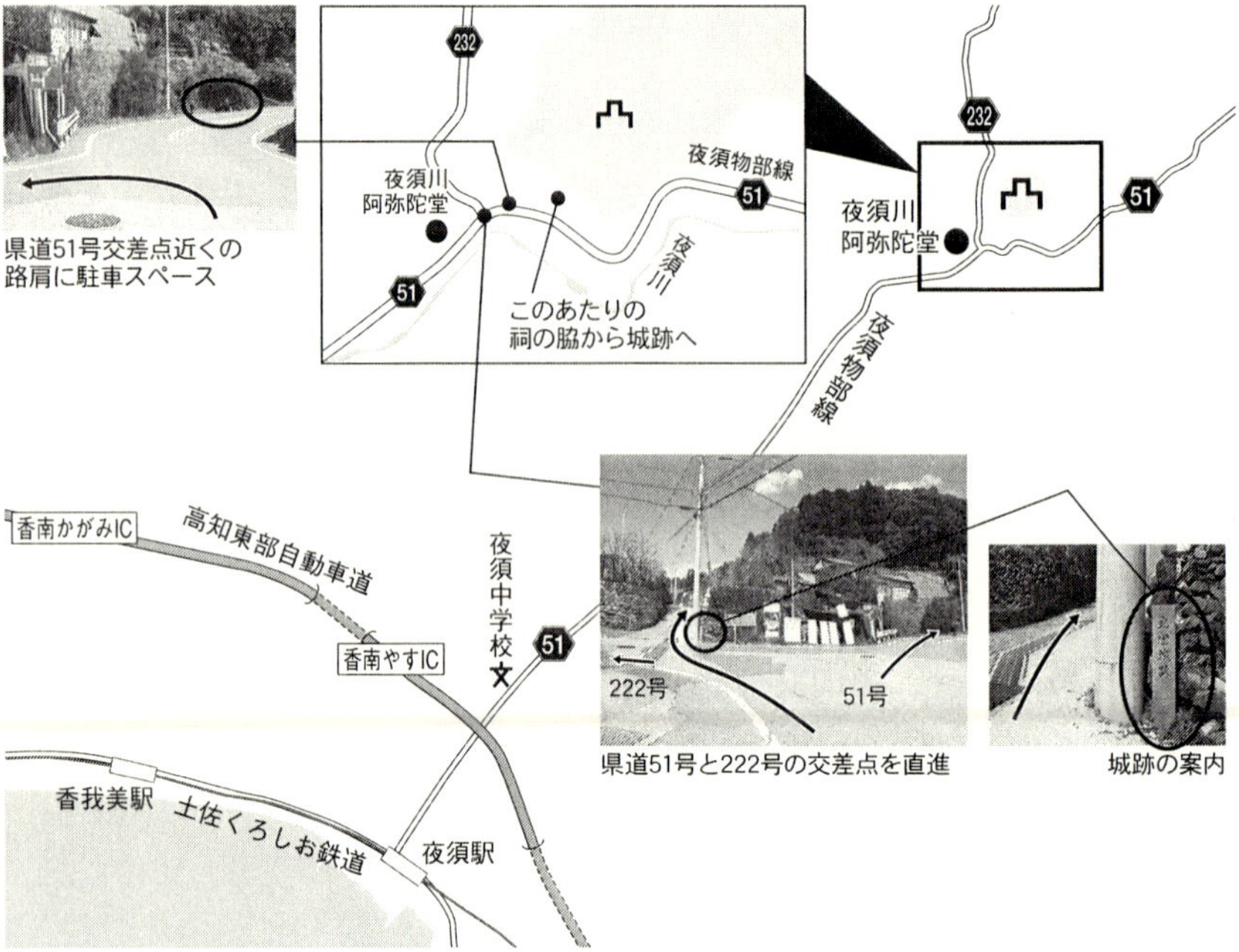

県道51号交差点近くの
路肩に駐車スペース

県道51号と222号の交差点を直進
城跡の案内

落は中世には段丘上に恒光名を、山麓堆積地形に光国名をそれぞれ成立させている。川沿いに主要地方道の県道五一号夜須物部線が縦貫し、同県道から城跡山麓で県道二二二号末清夜須線が分岐して北進する。県道の岐路には海津見神社が鎮座し、同社近傍には阿弥陀堂が建立されている。

訪城は県道分岐点附近に、山腹斜面に存置する墓地及び山頂の八幡宮（光国城跡）へ参向する参道が所在し、それが登城口となっている。また市営バスも運行しており、確認の上利用されたい。

【城の歴史】

『南路志』に依れば「土左故事云　或書云、大忍光國城、光國左衛門佐居之。蓋左衛門佐、初仕安藝國虎、安藝家没落従秦氏。」と記されている。光国氏に関する詳細は不明であるが、大忍庄夜須川の名主として康正三年（一四五七）の「大忍庄西川東川名主等連署契約状案」（『安芸文書』）等にその名が遺されている。その後、文亀三年（一五〇三）の「寺尾正則証状」（『安芸文書』）などからこの地域に畑山（安芸）氏が進出してきたことが窺え、『土佐國蠹簡集』所収の永正～大永年間（一五〇四～一五二七）とされる年不詳の文書には、安芸氏が光国氏ら夜須川周辺の名主層を懐柔し、大忍・夜須番頭（『安芸文書』所収「安芸家由緒覚書」）を称する畑山（八多山）氏を介して勢力圏に組み込もうとする様子が看取出来る。永禄年間（一五五八〜一五六九）、当地は地域権力として存在した安芸氏と、香宗我部氏を擁した長宗我部氏との係争地であったとされ、安芸（畑山）氏は夜須庄に進出した長宗我部氏に抗する為、夜須川と支流西川（細川川）との結節点を俯瞰する山稜尾根先端項部（字「ジョウノウ」／城之尾ヵ）に占位する当城に、在地の光国氏を配して境目の備えとしたと考えられる。『香我美町史　上巻』には、安芸氏討滅前年の永禄十一年（一五六八）に「大忍庄討入」が行われたとされ、畑山（安芸）氏勢力が敗績し大忍庄から一掃されたと述べている。「大忍庄討入」の時期については諸説あるが、この時に当城も長宗我部氏の勢力下に帰属したと推察される。

夜須川周辺の長宗我部氏の支配を示すものとして、城跡南麓に鎮座する海津見神社（龍王宮・矢護宮）の天正八年（一五八〇）の棟札に「大日那　吉田左衛門助」（『土佐國蠹簡集』）とある。吉田左衛門助（佐）とは尼ヶ森城を監した吉田重俊の孫に当たる孝俊であり、右近重年（康俊）の父とされる人物であるが、天正十年（一五八二）の阿波「中富川の戦い」において陣没している。天正十六年（一五八八）の『長宗我部地検帳「大忍庄地検帳」』には「ヤコノ宮　一所八代　堂床社五尺四方横殿三間　ホリ川ノ村　常光分」とあり、「和食　吉田右近給」として「ヤコノ宮神田正月六日ノ神田」「同し（ヤコ）ノ宮修理テン」と記載されている。

前記『地検帳』に依れば夜須川地域には公領（直分）が集中しており、光国村に「光国土ゐ蔵段共ニ　一所壱反廿代　出卅代　下ヤシキ　小使平衛門扣　御公領　光国分」と記されている。『夜須町史　上巻』に小使平衛門は光国・常光・宗円分で扣地を有し、夜須川地域の庄務を所管していた小吏的人物であったと捉える向きを指摘しており、営為の有無は不明であるが光国城地も職掌として管理していた可能性を有している。隣接する光国西ノ村には「光国ノ城ノ西　一所壱反　出廿代　下ヤシキ　弘瀬九（久）兵衛給　常光分」と記されており、「光国ノ城」が存在していたことが窺える。当地には「蔵ノ段」や「常光ヤシキ」等の旧名主の故地に由来すると思われる小字が遺されており、山下には中世期を主要な帰属時期とする周知の埋蔵文化財包蔵地（シイノニワ遺跡）が遺存している。

尚、光国城跡に関して『恒光家文書』なる家伝に依ると、当城は光国山大高立波城跡と称して南北朝期の文和三年（一三五四）頃の築城とし、城主は恒光氏であったと云う。『夜須町史　上巻』には年不詳の「大忍庄東川百姓等申状」（『安芸文書』）により、恒光氏は夜須川における有力名主として存在していた可能性を指摘している。書状に記される恒光（物可）宗源（玄）は、臨済宗妙心寺派の末寺である槙牧山平等院長谷寺（夜須町羽尾）に文明三年（一四七一）の年紀を有する梵鐘（県指定有形文化財）を寄進している。また小字「ホテ」には同氏の菩提所である当林山松本院法亭寺が建立されていたとの伝承が遺されているなど、当地を代表する名主で在ったが、家伝では文明元年（一四六九）頃、安芸氏に城を明け渡したと伝えている。戦国期には安芸氏方の光国（惟宗）氏が当城の主として仕えたが、安芸氏敗亡の爾後、長宗我部氏に降ったとされている。『夜須町史下巻』に依れば、前記『地検帳』に「阿弥陀堂ヤシキ寺中　一所卅代　出廿代　下ヤシキ内十代アレ　ホリ川ノ村　常住寺扣　常光名」とあり、この阿弥陀堂に「光国右近領、永禄乱、元亀天正之頃合戦ニ及大忍ハ破却シ長宗我部秦元親公…」との書付が遺されている。後世に記されたものと思量されるが、当地が戦禍に巻き込まれた様子が傍証乍ら看取出来、一方の書付には「光国落城」の文字が窺える。『南路志』所収「光國氏系図」には永禄十一年（一五六八）の事として、城主（光国氏）兄弟が不和と成り弟は韮生（香美市香北町）に出奔し、兄の子も慶長年間（一五九六～一六一四）に帰農したと伝えており、当城の経歴に鑑みても示唆的である。然るにこれら傍証は家伝も含めて何れも一次史料とは言い難く、批評を含む内容であることを念頭に考察しなければならない。

【縄張りの特徴】

光国城跡は通称「光国山」に所在し、夜須川と支流西川（細川川）との結節点北方の標高九七m余の山稜尾根先端頂部に立地している。麓からの比高（高低差）は約五〇m前後を測り、主郭（曲輪Ⅰ）は現在八幡宮の浄域と成っている。主郭は長径約四〇m、短径約二〇mの楕円形状を呈しており、北端に櫓台状の土塁を設けているが、社地造成に因由する石積等により若干の改変を受け、今は社が鎮座している。土塁直下の堀切は四重に構えられ、各々両端が竪堀と成って斜面を垂下することでその機能を補完して接近経路と成り得る尾根筋からの侵入を強固に遮断しているが、多重堀切の存在は敵性勢力に対する脅威の表れとも捉えられる。主郭の下段を帯曲輪状

堀切と土塁上の祠

に造成して主郭の切岸を明瞭にすると共に、曲輪Ⅲ・Ⅳに竪堀を配して側面方向からの移動を阻んでいる。境内の入口附近は後世に参道として開削され階《きざはし》状の通路となっているが、旧態は主郭の南下方に位置する小曲輪Ⅱ（東側は若干掘削された可能性を有している）直下の隘路を迂回して曲輪Ⅲから曲輪Ⅱを経て主郭へ到ったと想定出来、この曲輪Ⅱが常に衝路を制圧する防備の要であったと考えられる。また曲輪Ⅲ・Ⅳにも城兵を配置することが出来れば、より強力な防衛を行うことも可能と推量する。

当城跡は副次的に曲輪Ⅲ・Ⅳ等を備えているが、構築の基本は主郭を中心とした単郭の縄張であり、前衛となる曲輪Ⅱと、主郭の背面を櫓台状の土塁と多重堀切で防禦する単純な構造と理解出来る。これは当城に配せられた城番（光国氏）が強力な家臣団（手勢）を有し得ず、主郭域のみの固守を主眼に置いていた可能性を考える。主家（安芸・畑山氏）及び近隣土豪層からの増援次第では各曲輪に援兵を配備してより強固な防戦を行えたと思量するが、名主層などの脆弱な階層組織にあっては加番を含む全体（「衆」）の指顧・令達系統の意思疎通等が守城戦における課題と成り得たであろうと想像する。

【城の見所】

主郭の北側で櫓台状の土塁の上に立って見える、土塁直下の連続した多重堀切が一番の見所である。また、敵方となって尾根筋から攻めることを想定しながら多重の堀切を乗り越え、土塁上を見上げてほしい。味方側からすれば、この場所からの最後の攻撃となり、この城でのポイントとなる遺構群である。東と西斜に構築されている竪堀も両斜面に回り込んで確認してみると、主郭に行くにも遮断されていることがわかる。

（宮地啓介）

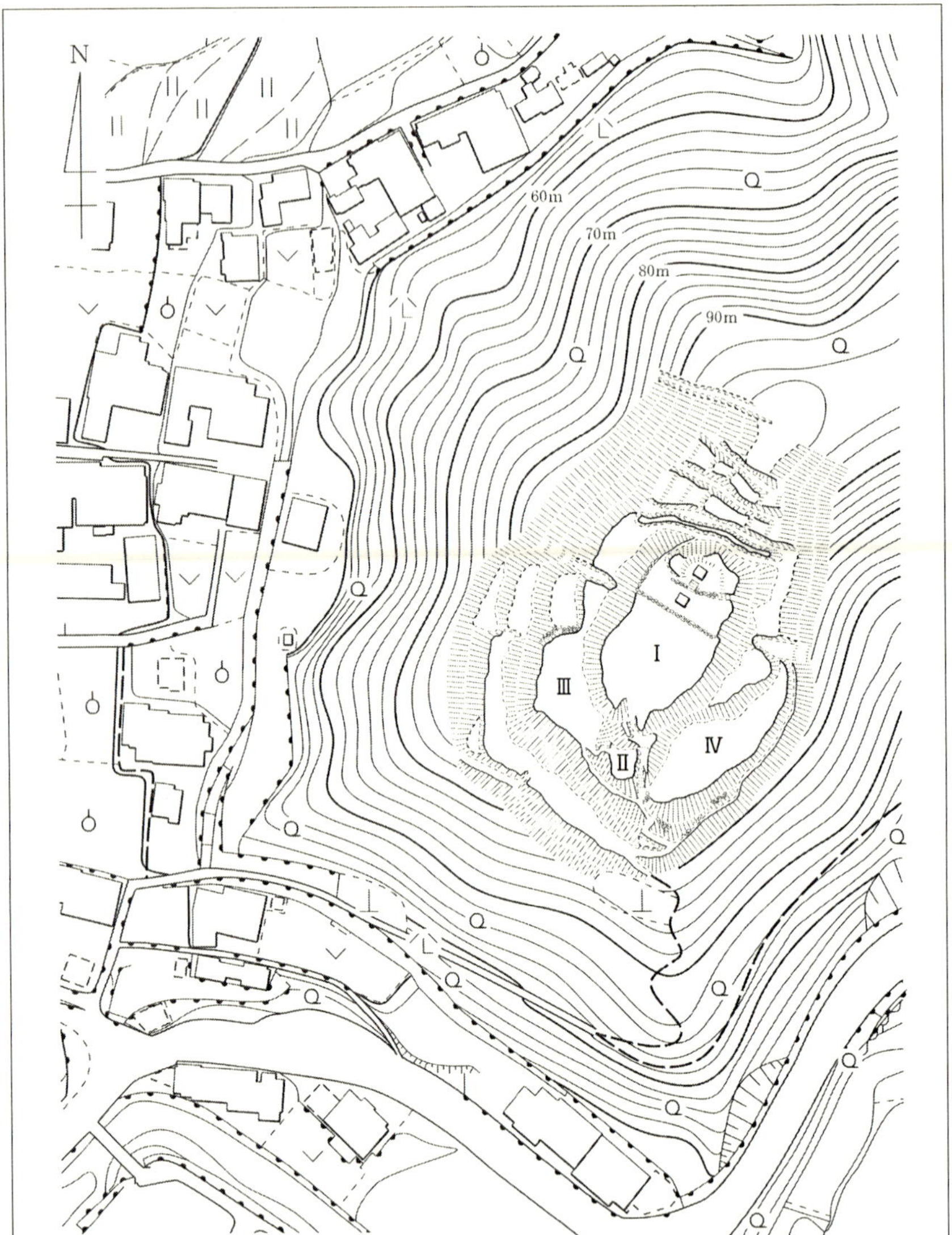

光国城跡
所在地：香南市夜須町光国
調査日：2005年１月９日・10日
調査者：宮地啓介
作　図：宮地啓介

47 安《あ》芸《き》城跡（土居遺跡）

◆所在地／安芸市土居
◆標　高／三九ｍ　◆比　高／二五ｍ
◆主な遺構／堀切・土塁

安芸城跡遠景

【地理と訪城ルート】

安芸平野のほぼ中央部に位置し、香美市物部との境にある五位ケ森付近を源流とする安芸川が南流しており、安芸川下流の右岸に島状の小丘陵に城跡は築かれている。安芸平野は、東・北・西を丘陵に囲まれており、南は太平洋に面した地形で、市街地は平野の南側の海岸線に接して形成されている。周囲の東側丘陵上に安芸太郎城跡や安芸次郎城跡があり西側丘陵上には植野城跡などが構築されている。城跡は、江戸期には土佐藩家老の五藤家が入っており、丘陵裾部に居館を構えていて現在も土塁や石垣が残存している。南側正面の石垣で囲まれた虎口から入り、歴史民俗資料館や書道美術館が建設されているが、ここを通り抜け北に進むと登城口が見えてくる。登り口には、説明板があり城の歴史や縄張り図も掲載されており城跡の概略を知ることができる。

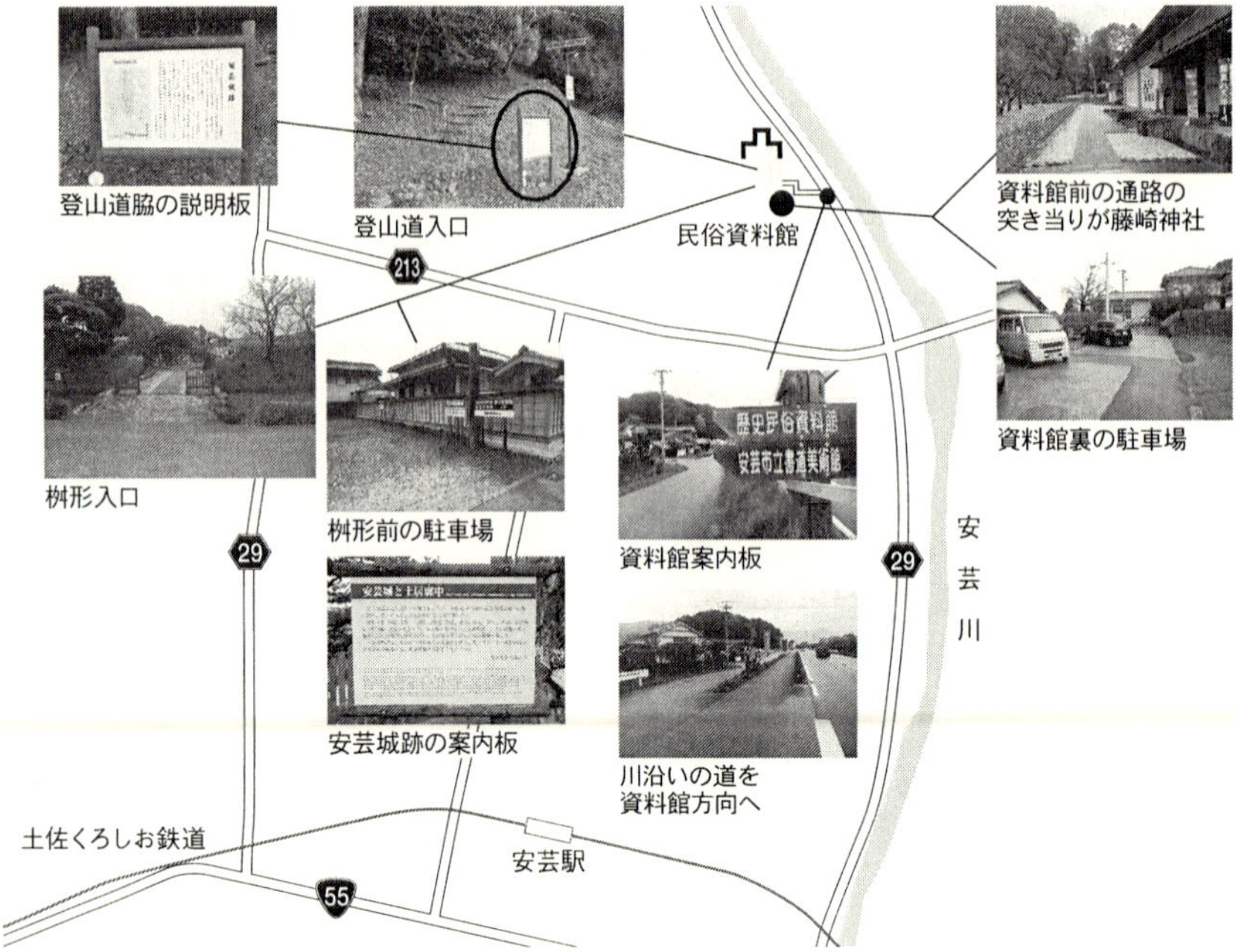

【城の歴史】

安芸氏が支配したこの地域は、平安末期には荘園化されていたようで安芸庄と称され、その初見は建長二年（一二五〇）で九条家文書に「土佐国安芸庄」と見える。安芸氏は、この頃まで遡るのか不明ではあるが、地頭職としての存在が推定できる。安芸城は、鎌倉時代の延慶元年（一三〇八）に安芸親氏によって築かれたと伝えられている。安芸氏が最も勢力を有したのが国虎の時期であるが、その親で元泰の頃にも安芸五千貫の領主として力を持っていた。国虎は永禄六年（一五六三）に一條氏の援けを得て、岡豊城の長宗我部氏を攻めているが失敗に終わり、永禄十二年（一五六九）に長宗我部元親に攻められ城は陥落し国虎は菩提寺でもある浄貞寺で自害し安芸氏は滅びた。その後長宗我部元親の弟である香宗我部親泰が入って名門安芸氏を称しているが、阿波攻撃以降は元親の子である盛親や、家臣の岩神新右衛門が在城している。岩神氏は、城に入らず城番を置いて安芸浦に役宅を構えたとされるが、文禄・慶長の役に備えた対策の可能性もある。

慶長六年（一六〇一）には、山内一豊土佐入国とともに家老の五藤為重が一一〇〇石の知行を受けて城に入り居館を構えている。安芸土居と呼ばれたこの居館の変遷は、五藤家に残る絵図や文書によって知ることができる。特徴的なこととして、天和三年（一六八三）の洪水で門の石垣崩壊、宝暦十年（一七六〇）東西堀と石垣の改修、寛政十二年（一八〇〇）土居内側の改修などがある。明治三年（一八七〇）には、門、塀、家宅、長屋等が取り壊されている。しかし、安芸城跡は、土塁や堀、虎口などが残りがよく昭和四十四年（一九六九）には安芸市の保護有形文化財に指定されて現在に至っている。城内には、昭和五十六年（一九八一）に書道美術館、六十年（一九八五）には歴史民俗資料館が建設されている。

『土居村史稿』の安芸城周辺について記載されて内容を見ると、安芸川の右岸の小高い山にある城は、北側が城ノ渕その西側が矢川（矢川原に通じていた流れで江ゴ川へ流れるがその存在は不明）が流れていたとされており、天然の堀に囲まれた立地であったと想定できる。南側には安芸川と矢川を結ぶ堀を掘って外堀にしたとも言われているが、その確認はできてないため今後の調査に期待したい。

【縄張りの特徴】

安芸川の右岸に位置し、標高三九mの小独立丘陵に築かれた平山城である。麓の居館から主郭の詰までの比高差は約二五mで、南北の斜面は急傾斜で南側には数段の曲輪が形成されている。山頂部に構築されている主郭の曲輪Ⅰは、城跡曲輪の大部分を占めており、南北約九〇m、東西は広いところで約二三mを測る規模を有する。曲輪Ⅰは三段に築成されており、北側が狭く低くなっている。Ⅰ―1の南端部には虎口が設けられており、両端部は土塁が周り南側は広くなっており櫓台となっている。西側土塁は、虎口部分から約三〇mのところで切れている。東側土塁は、約一四mで切れており、当時から現在の残存している部分だけが築かれていたのか、その後いつの段階かで削平されたのか不明である。Ⅰ―1曲輪の虎口から約四〇m北にⅠ―2曲輪があり、〇・五から〇・六mの段差があり一段低くなっている。段差には川原石が積まれているが、明確ではない。さらに北側にⅠ―3曲輪があり、境には約一mの段差があり川原石の石積みが残存しているが残りは良くない。西側には、土塁が残るが中程が切れており搦め手虎口の可能性もある。

曲輪Ⅰの南端虎口から南下すると、曲輪Ⅱが築成されているが比高差は約五mで斜面は切岸となっている。規模は、虎口直下で約一五m、南端部で約六mあり南側が狭められている。この曲輪の東側には、幅約三〜九mで細長い帯曲輪Ⅳが構築されており、全長約七〇mで中程

石垣

曲輪Ⅰ

曲輪Ⅰ南側の土塁

曲輪Ⅰ北端の堀切

から北側にかけて一段ゆるくスロープ状に低くなっており、Ⅰ—3曲輪の中程まで延びている。曲輪Ⅱから南側に一段低い曲輪Ⅲが構築されている。この北側が一段低くなっているが、堀切と考えている研究者もいる。しかし、東西の端部を見ると平坦であり堀切とするには検討を要する。曲輪Ⅳの南側で東斜面部に、幅三〜五mで長さ三五mほどの細長い曲輪Ⅴが構築されており、竪堀状の凹みが三箇所認められるが、崩壊したものか竪堀の遺構が存在していたのか判然としない。曲輪Ⅰ—3の北側は、崩壊している部分が多いが堀切一条が現在確認できる。以前はその北側にもう一条残存していたが崩落して今は確認できない。残存している絵図面からも北側の防御は、二条の堀切のみであったと考えられる。

　居館部分は、歴史民俗資料館と美術館の敷地部分について、発掘調査が実施されており報告書にまとめられている。遺構は江戸期のものが多いが、出土遺物を見ると十五世紀から十六世紀後半の、安芸氏の支配した時期から長宗我部氏家臣が在城した時期の陶磁器類を含めた遺物が出土している。虎口の石垣から土塁・堀・石垣などは五藤家が入城してから構築されたものと考えられる。

【城跡の見所】

独立した丘陵で、安芸川や周辺の自然流路に囲まれ、安芸平野を一望できる立地条件の良い場所に構築されている。比高差がなく防御性が弱いと考えられるが、西側の矢川が復元できれば、安芸川も含め外堀としての役割を果たしており、容易に攻めてくることができないであろう。見所は、主郭の曲輪Ⅰの南側虎口であろう。この虎口の西側土塁が幅広く形成されており、櫓台と考えられる。この櫓台から虎口に侵入してくる敵に横矢を掛けることができるよう東側の土塁と喰違いにしており少し突出した地形となっている。曲輪Ⅱから虎口を見上げると、切岸とともに迫力がある。また、南側に目をやれば太平洋や安芸平野を一望することができる。

丘陵の西側部分については、急傾斜と雑林で一部崩壊箇所もあり入ることができなかったが、東側部分には帯曲輪が二段に廻っており、西側も存在していた可能性もある。比高差が少ない丘陵上に構築された城跡は、高知市春野町の木塚城跡や芳原城跡など比較的古い時代に機能した城跡が多い。また、堀切や竪堀などの遺構が少なく、曲輪と切岸が中心の城が多い。安芸城跡に認められる主郭の虎口や土塁、北側の堀切等は安芸氏でも国虎の時期か長宗我部氏が入った段階に構築された可能性が強い。しかし、広い曲輪を有し切岸中心で防御していた安芸城は、十五世紀代には機能していたと考えられる。丘陵南側裾部に見られる石垣は、野面積みの石垣で高さ約一・八mを測り、鈍角の隅角部を持ち算木積み状にも見えるが、重ね積みになっており、隅脇石もはっきりしない。これらの特徴から慶長年間でも最初の頃の石垣と考えられる。位置的に南丘陵裾を抑えて土留め的な機能も有していることから、五藤氏が入った段階で屋敷を構える時に構築した可能性がある。県内に残存している慶長期の石垣は数少ないことから、見どころでもあり貴重な石垣である。

（松田直則）

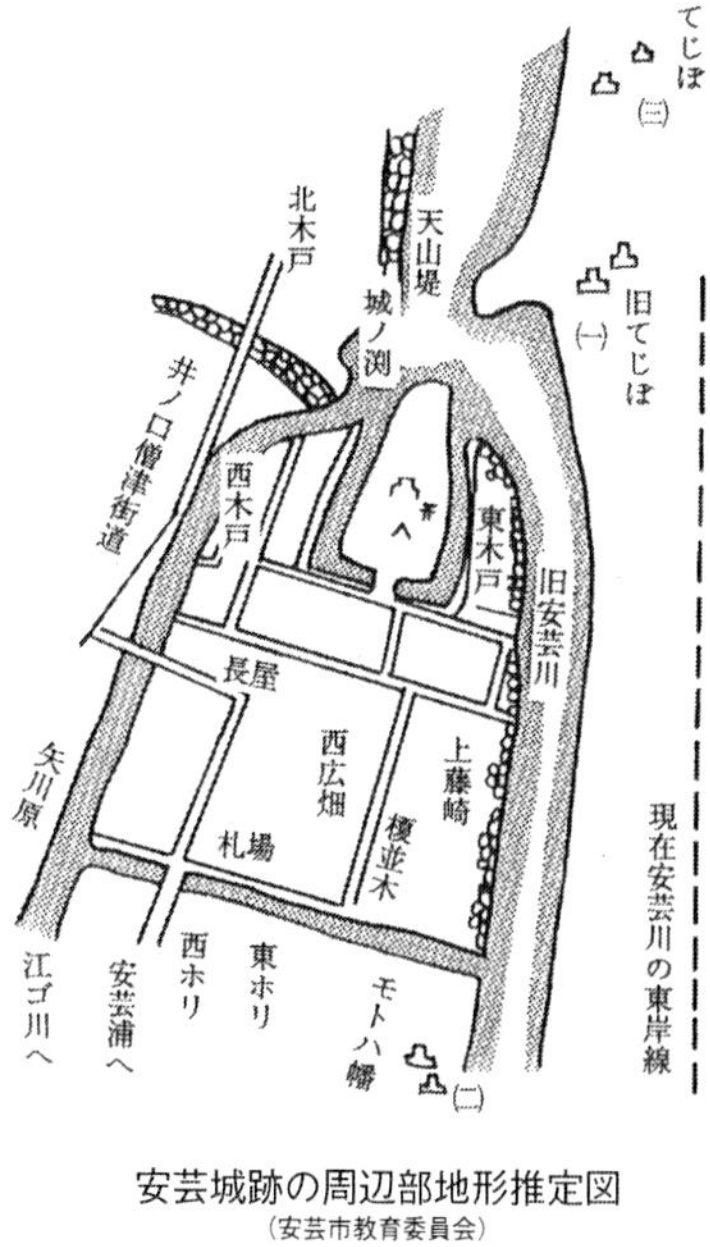

安芸城跡の周辺部地形推定図
（安芸市教育委員会）

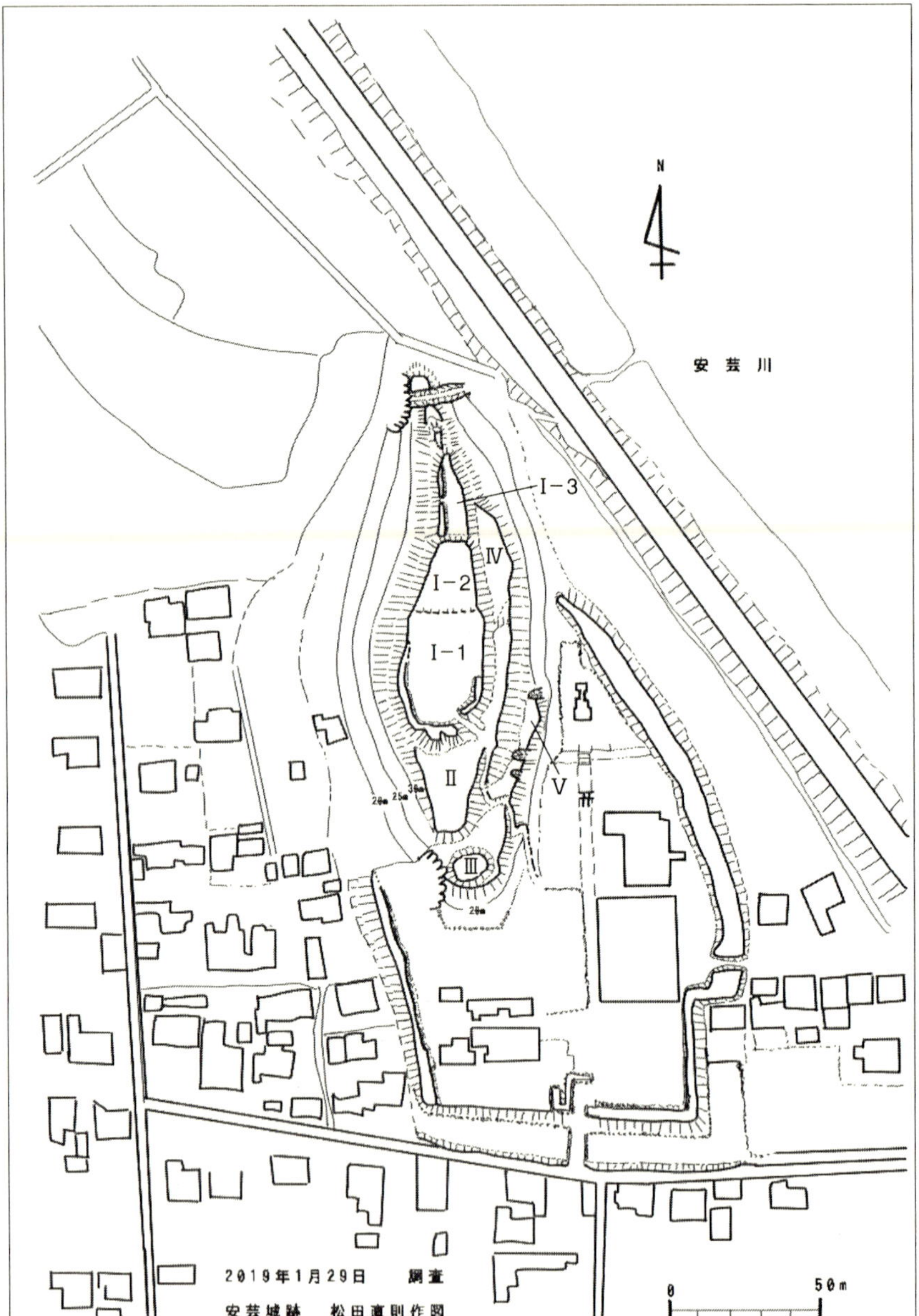

安芸城跡
所在地　安芸市土居
調査日　2019年１月29日
調査者　松田直則
作　図　松田直則

48 室《む》津《ろ》城《つ》跡

◆所在地／室戸市室津
◆標　高／九〇m　◆比　高／六〇m
◆主な遺構／堀切・竪堀

室津城跡遠景

【地理と訪城ルート】

室津城跡は、室戸市室津に所在する。室戸市街地から、国道二〇二号を室戸高校方面に走り、その手前の室津川の蛇行する北側丘陵先端部に位置する。丘陵先端中央部が小さい谷状地形になっており、谷奥には延喜式内社室津神社八幡宮が鎮座している。この八幡宮の裏山に室津城跡は構築されており、道はないが右側の丘陵斜面を登り尾根伝いに登城することもできる。鳥居の手前を右に曲がり集落に入る小道を行き、丘陵先端部から登って行くルートもある。集落からのルートも、八幡宮から登っても同じ尾根上に出てくることになる。この尾根筋を北側に向かって進むと堀切が見えてくる。

【城の歴史】

室戸市には、四国霊場の三寺が所在しており、『長宗我部地検帳』でも東寺、西寺、津寺分として天正十五年

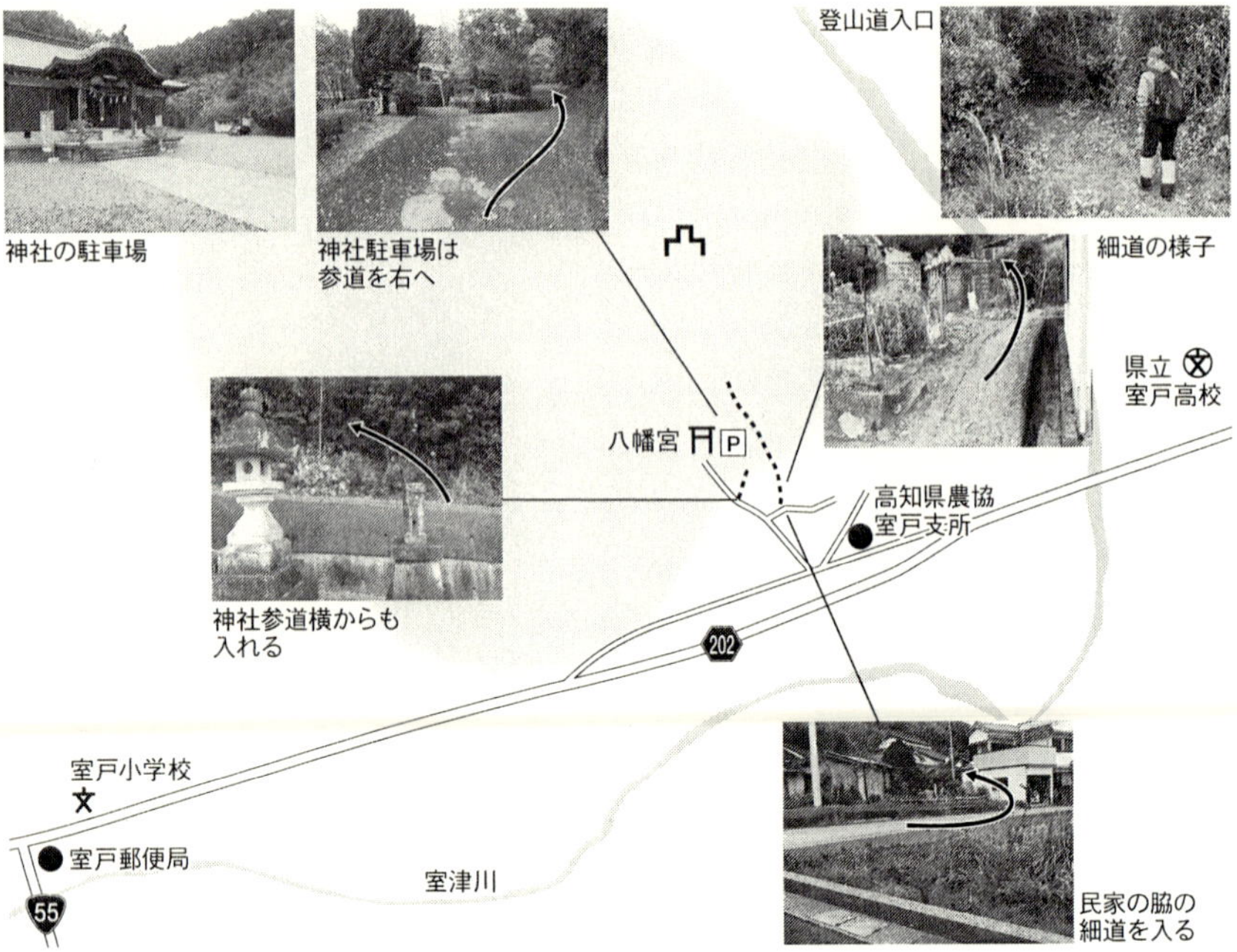

（一五八七）に検地が行われている。室津城跡が所在する室津も同時期に検地されており、その時の屋敷数を見ると、東寺が一九三、西寺が一二六、津寺が一〇、室津が七八屋敷となっている。佐喜浜村も一八一屋敷が記載されているが、現室戸市の中心部は東寺と西寺の寺領として認められ、すべて寺分となっていることが特徴である。その中で、室津も七八屋敷が記載されており、室津城跡の構築された丘陵麓の上里・下里周辺が中心となっている。土豪の室津氏（惟宗氏）が地頭となり室津城を構築したと伝承されている。『土佐州郡志』では惟宗右衛門が築城とされ、『南路志』では惟宗右衛門尉長氏居で惟宗氏の番城と記載されている。室津氏（惟宗氏）は、永正年間に惟宗右衛門尉長氏の名前が出てきて、さらに永禄年間に長氏の子である惟宗政長の名前が記録に残っている。政長が、長宗我部元親に元亀から天正年間に攻められて、その傘下に入りこの地を安堵されていたと考えられる。長宗我部軍は、阿波侵攻時、北川村から東洋町野根に出る陸上山越えルートと、室戸の海岸沖を船で通る海上ルートの両面を利用し侵攻したと考えられる。室戸岬の丘陵先端部に東寺と呼ばれる最御崎寺が存在するが、現在も寺の所在する丘陵先端部に灯台があり、当時も室戸岬沖の流通を監視する機能が最御崎寺の所在す

る地に存在していた可能性もある。この地域は、寺の存在が歴史的にも重要な役割を果たしていたと考えられるが、室津城主であった室津氏（惟宗氏）の存在は大きかったのではないかと思われる。

【縄張りの特徴】

主郭の曲輪Ⅰは、北側丘陵頂部に位置し、最も広い曲輪で東側が狭くなっている。土塁の痕跡が認められないが、曲輪Ⅳの西側には土塁の痕跡が残っているので、主郭に存在した土塁は後世に削平された可能性もある。曲輪Ⅰの南側が虎口と考えられ、曲輪Ⅱに降りることができる。曲輪Ⅱは、東側に向けて段差を持って狭い平坦部になっている。その東側の尾根上には三条の連続した堀切と、その先端部にも一条の堀切が存在する。曲輪Ⅱの北側では、曲輪Ⅰの東端斜面下に細い道があり、数条の竪堀が掘削されている。曲輪Ⅰの北西部にのびる尾根上には、四重の連続した堀切で強固な防御を行っている。曲輪Ⅰの南側は切岸で、その下には曲輪Ⅲがある。その南側に尾根がのびているが、三重の連続した堀切が構えられている。さらに南に少し尾根を登り、南東部と西側に尾根が分岐し、南東部に下ると三条の堀切があり、登城口の尾根先端部に降りて行く。尾根の分岐点から西側に進むと西端の曲輪Ⅳに行き着く。Ⅳは、西端に残存状況は悪いが土塁の痕跡が残っており、南側は堀切を挟んで小規模な曲輪が二段になり、先端部は堀切で防御されている。室津城跡の中心曲輪ⅠからⅢを防御するため多重の堀切群を構築しており、曲輪Ⅳは地形的制約からか少し離れた位置にあり、出丸で見張り台的な機能を有した曲輪の可能性もある。

曲輪Ⅰと祠

【城跡の見所】

曲輪Ⅰの北西尾根に構築されている四重の連続堀切や、曲輪Ⅲの南側尾根の三重の連続堀切などが見所である。四重の堀切は、曲輪Ⅱの北側の細い通路状の小道から曲輪Ⅰの北側斜面を通り行くことができる。そこから、曲輪Ⅰの西側切岸を左に見ながら曲輪Ⅲに出てくることが

南側尾根の堀切を見下ろす

南側尾根の堀切

曲輪Ⅰ北西の連続堀切

できる。曲輪Ⅲから三重の堀切を見ると防御の強固さがわかる。三重の堀切を乗り越え、南側尾根頂部にでるがこの地点は自然地形と見ることができる。分岐する尾根を西に進むと、曲輪Ⅳの虎口に入ることができるが、明確な虎口遺構の痕跡は認められない。分岐から南側尾根を下ると、かなり急傾斜で堀切の防御機能が高くなっていることを体感することができる。

（松田直則）

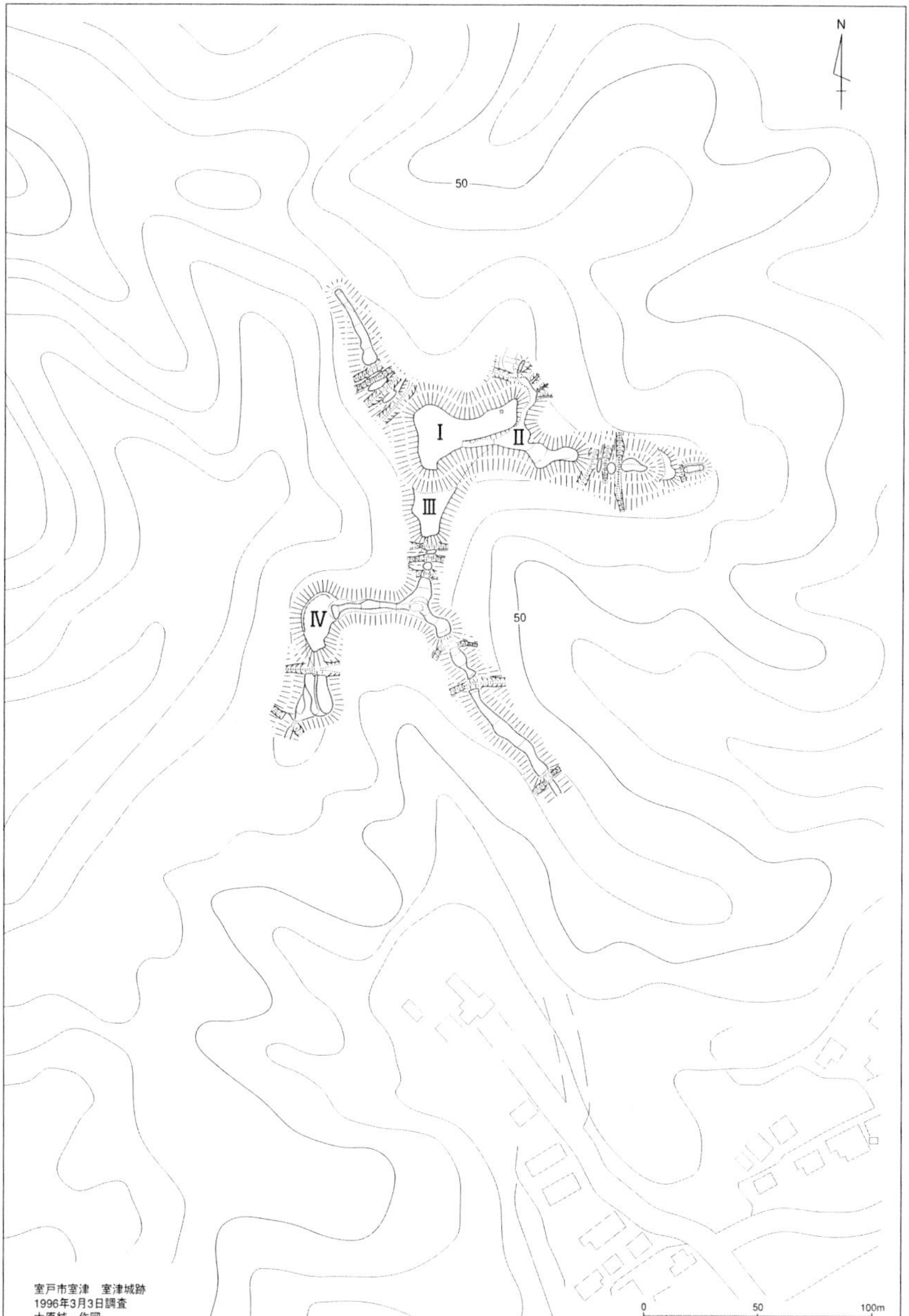

室津城跡
所在地：室戸市室津
調査日：1996年 3 月 3 日
調査者：大原純一
作　図：大原純一

北川城跡遠景

49 北川《きたがわ》城跡 （烏ケ森城）

◆所在地／安芸郡北川村大字柏木字城山
◆標　高／二五〇m　◆比　高／二〇〇m
◆主な遺構／堀切、横堀、竪堀、土塁

【地理と訪城ルート】

国道五五号を室戸方面に進み、奈半利駅前を左折して国道四九三号を北に約五㎞入った奈半利川の屈曲した部分に突き出した尾根上の南側に城跡は構築されている。柏木にある中岡慎太郎の生家の近くから城跡への登山道があるが、南の菖浦側から舗装された林道がありその道からアクセスすれば、城跡に続く東の尾根伝いまで車で入山することができ、容易に城跡の南側堀切に架かる木橋に至る。

【城の歴史】

築城年代の詳細は不明である。北川氏の祖は詳らかではないが、建久年間（一一九〇～一一九九）には周辺に勢力を持っていたようで、北川筑前守の子、北川浄珍が北川家の菩提寺松林寺を創建したという。この城郭は戦国時代には北川玄蕃頭道清の居城であり、永禄十二年

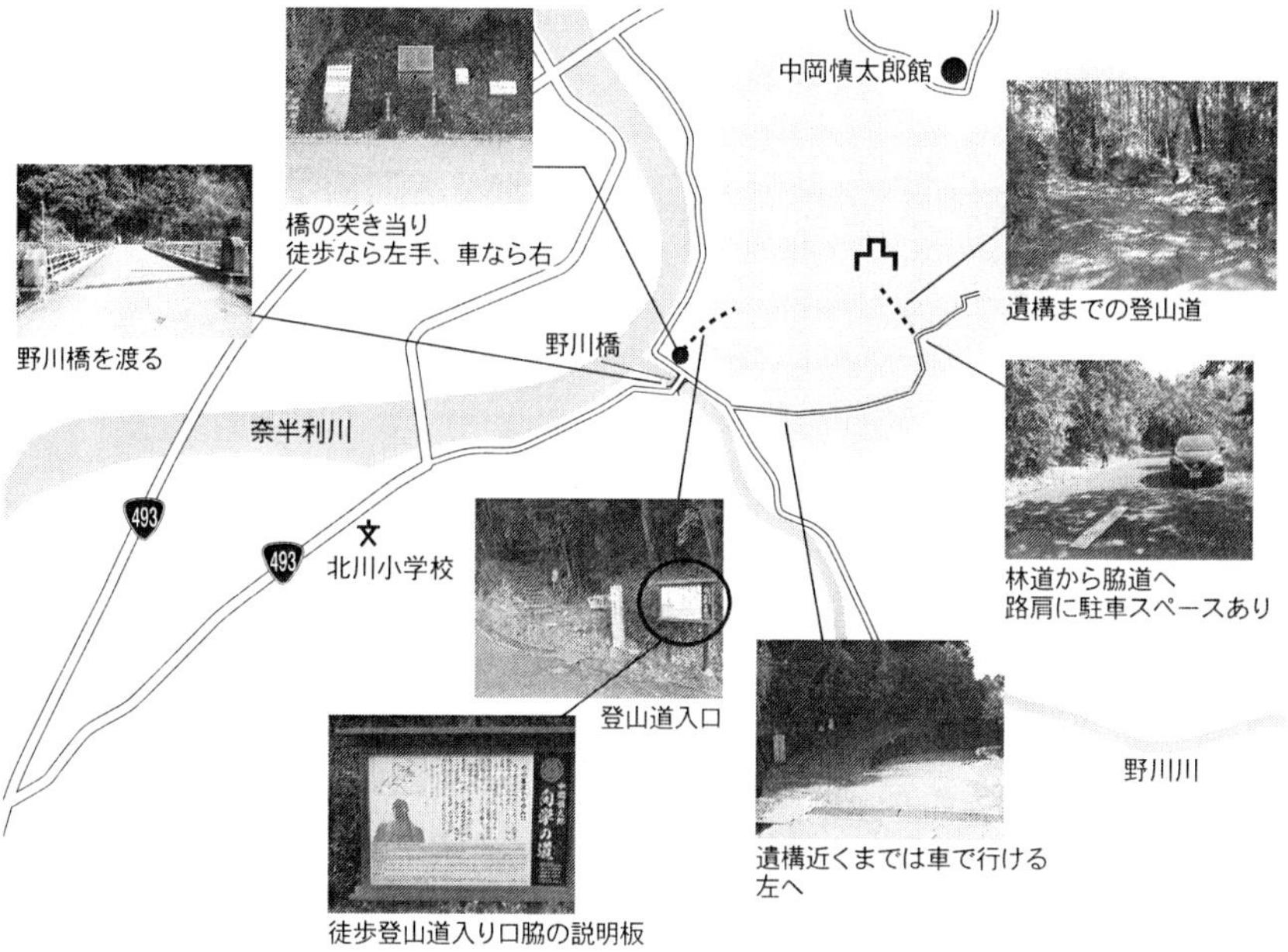

（一五六九）秋、長宗我部の軍勢によって攻められたとき、奈半利川をはさんで西側にある権現城の小笹民部と連携して戦ったが、城内から内通者がでて落城、北川玄蕃頭は敵将の福留権左衛門によって槍殺されている。

【縄張りの特徴】

陸路移動については江戸期までこの山を越えていたようで、この城郭は交通の要路（野根山街道への道）を抑えていたものと思われる。標高二五〇m付近、比高二〇〇mと比較的高いところに構築されている。城の北尾根に沿って麓には、現在は柚子畑となっている「北川玄蕃土居屋敷跡」がある。城郭は南北に長い方形の単郭構造で北側に小規模な腰曲輪がついている。また、曲輪は土塁囲いで西側に一部虎口状に土塁が開口している場所がある。現在、この曲輪の中心には木製の展望台と望遠鏡が設置されている。曲輪の南側には三条（二条）の堀切があり木製の橋が架かっている。南端の堀切の東側は二重の竪堀となって落ちている。東斜面南側には横堀（**写真**）の両端が竪堀で落ち、東斜面北側にも両端が竪堀で落ちていく「ひの字（コの字）」状の空堀（**写真**）がある。曲輪北側には、二段の腰曲輪がついていて、北側の小さな腰曲輪の先には堀切がある。

【城跡の見所】

この城郭の見どころとして、この場所は山越えの要路であったこともあり、北側の尾根線に設けられた落差のある堀切及び急峻な切岸（**写真**）、南側の尾根線につけられている三条（二条）連続堀切と曲輪全体を囲った土塁囲いの遺構である。詰ノ段に設置してある展望台から見る奈半利川と太平洋の眺望はすばらしく、下界を見ながら当時のことに思いをはせるのも城跡を楽しむ一つである（**写真**）。

曲輪Ⅰの東斜面南北にある二組の横堀の両端が竪堀で落ちていく「ひの字（コの字）状空堀」があり、これと同じような形状で規模の大きな遺構が東洋町の内田城跡にある。城郭の規模は小さいがこの城跡と内田城跡には「野根山街道」の出入り口という共通点があり築城法による何らかの影響があったのかもしれない。

（尾﨑召二郎）

北側の堀切及び急峻な切岸

東斜面南側の横堀

東斜面北側の「ひの字（コの字）状」の空堀

曲輪展望台からの眺望

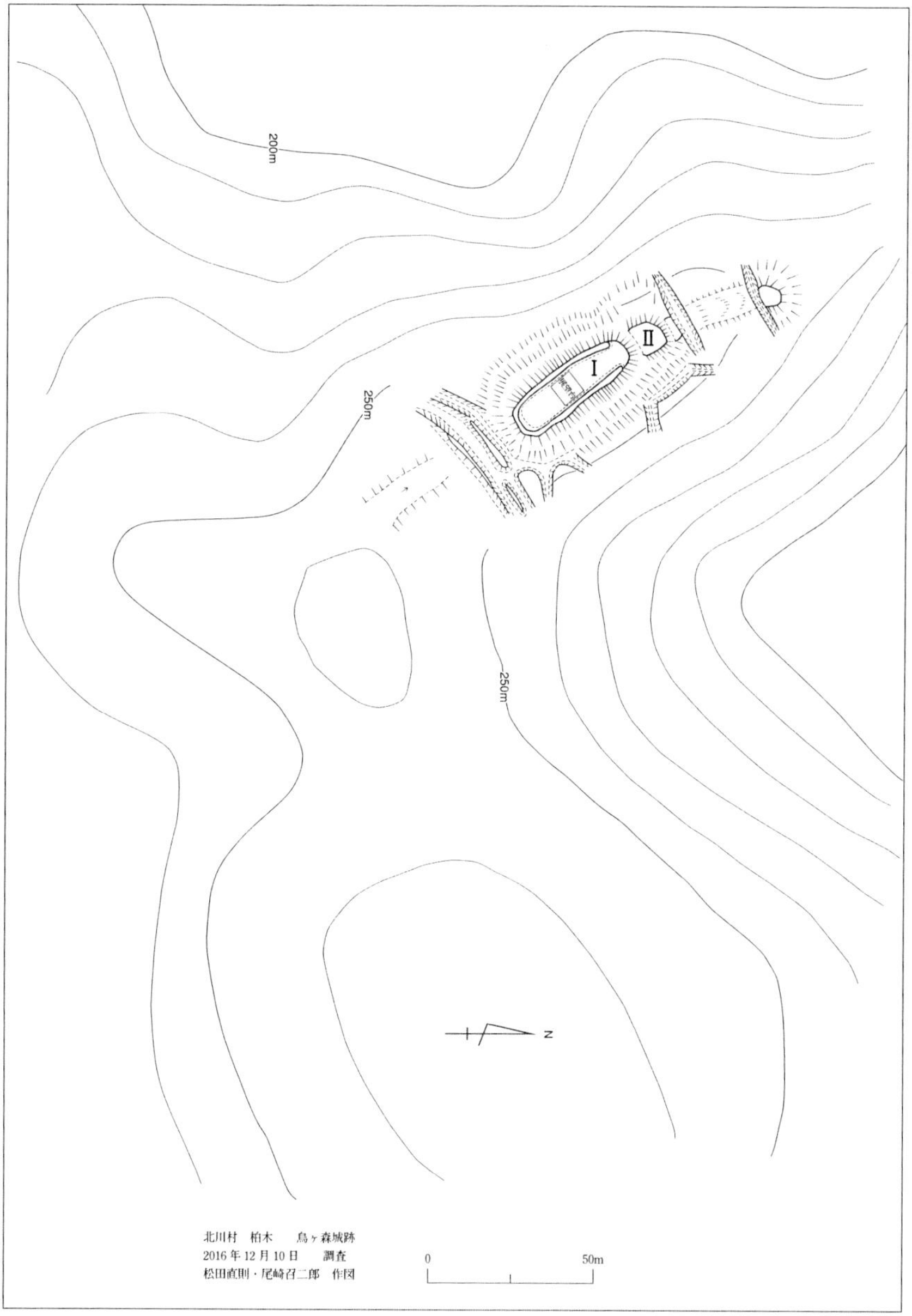

北川城跡
所在地：安芸郡北川村大字柏木
調査日：2016年12月10日
調査者：松田直則・尾崎召二郎
作　図：松田直則・尾崎召二郎

50 内《うち》田《だ》城跡

内田城跡遠景

◆所在地／安芸郡東洋町野根
◆標　高／一二〇ｍ　◆比　高／九〇ｍ
◆主な遺構／堀切・横堀・竪堀

【地理と訪城ルート】

徳島県との県境にほど近い安芸郡東洋町大字野根に所在している。城跡は、東洋町野根の沿海集落から野根川を上流に四㎞ほど遡った川の北側丘陵に位置する。野根川の左岸沿いに続く丘陵上に城が構築されている。東洋町には高知市方面から国道五五号を奈半利町まで車で走り、国道四九三号（野根山街道）を走るルートと、国道五五号をそのまま海岸線沿いに走り室戸市を経由するルートがある。所要時間は二時間三十分くらいである。公共機関で行くのはバスの便数が少ないため難しく、車で行くしかない。前者の国道四九三号ルートで野根山を越えると平野が開けてくるが、野根川の橋を渡り、野根中学校の分岐を左折し、川沿い（県道一〇一号）に八〇〇ｍほど走ると再び野根川の橋に差しかかるが、橋の手前の分岐を右折し、そのまま農道を一㎞ほど道なりに北進すると山裾に寺院が見えてくる。車はこの寺に声をかけ

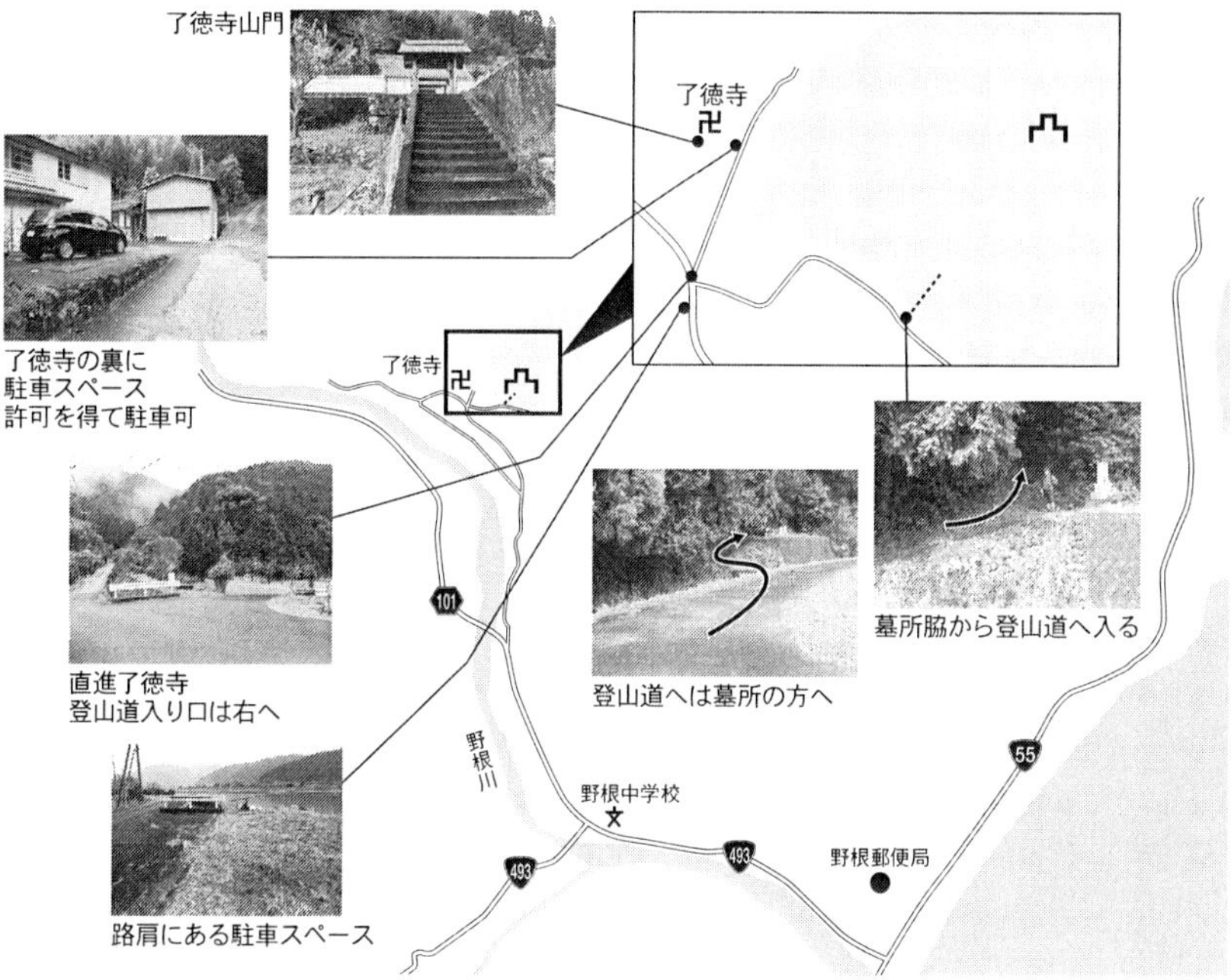

駐車させてもらい、お寺の南から東側に向けて山裾沿いの小道を歩くと比較的新しい墓地が見えてくる。この墓地の裏側の小道から登城すれば良い。山斜面は急峻であるが登っていくと曲輪Vの平場が見えてくる。

【城の歴史】

城跡の立地する東洋町は、徳島県海陽町に隣接し県境に位置する。古代は土佐国にも阿波国にも属さない脚咋《あしくい》別《わけ》という小国家であったと云われている。戦国時代までは城跡の立地する野根と、北方に位置する甲浦一帯を野根氏が支配していた。天正三年（一五七五）に長宗我部元親によって滅ぼされる伝承が残っているだけで、内田城跡についての築城年代、城主等は不明な点が多い。慶長五年（一六〇〇）以降は土佐藩主である山内氏により、海の東玄関として甲浦港は土佐の重要な港として整備が進む。奈半利から野根に続く野根山街道は江戸時代には参勤交代道としての役割も果たし、交通の要衝である。

内田城跡は、野根山街道から少し奥まった場所に立地し、街道と野根川の合流地点を見据える場所に位置しており、野根川を挟んで対岸には丸山城跡、周辺には野根氏の居館があった野根（土居）城跡、その背後の愛宕城跡などが立地する。野根氏の段階の居城は、元々、沿岸部に近い場所にあったものと思われ、内田城跡、丸山城跡は野根川を挟んで対峙しているところから、天正三年（一五七五）に長宗我部元親の進軍の頃に築城、もしくは再編された可能性が考えられる。

【縄張りの特徴】

城跡は、野根川の北側丘陵上の標高一〇〇ｍから一二〇ｍに所在している。北部から南部に派生する尾根上に曲輪が連続して構築されており、曲輪一〇箇所、虎口四箇所、堀切三条、竪堀一三条が配される。詰ノ段に相当する曲輪Ⅰは標高一二〇ｍほどの頂部に築かれている。規模は、長軸二六ｍ、短軸一七ｍの広さを持つ。曲輪の南東側には、幅三・〇ｍ、高さ〇・七〜一・〇ｍ、長さ四・五ｍを測る土塁が残る。この詰ノ段の三〜四ｍ下に、幅三・〇〜七ｍの帯曲輪がある。この帯曲輪は詰ノ段下の北西側から南西側にかけて延び、南西側と南東側に分岐し、曲輪Ⅰ南下に位置する曲輪Ⅱを取り囲む馬蹄形の土塁となる。曲輪Ⅱは曲輪Ⅰとの比高差が八・〇ｍほどあり、曲輪Ⅱを取り巻く土塁の内側を削り出し平場に構築している。曲輪Ⅱの南西隅と南東側の二箇所に虎口が構えられ、南下にある曲輪Ⅲに続く通路も残る。曲輪Ⅲは曲輪Ⅱ下五・〇ｍにあり、曲輪Ⅱを囲むように配置される。幅は五・〇ｍ〜一七・〇ｍと広く、現在は栗が栽培されている。この曲輪Ⅲ下方に二つの尾根筋が延び、南方下には曲輪Ⅳ、西方下には三段の段状を呈した連続する平場で構成される曲輪Ⅴがある。それぞれの尾根筋には虎口が設けられている。曲輪Ⅳは南方に傾斜する地形であり、最大幅南北三〇ｍ、東西四〇ｍほどを測る。この曲輪Ⅳ下には内田城跡の縄張で最も特徴的と言える尾根筋を遮断する堀切がある。この堀切は、曲輪Ⅳを横堀状に取り囲み南からの尾根筋を完全に遮断している。この堀の両端には竪堀が付け足される「ひの字状空堀」がある。西側の竪堀は曲輪Ⅲ南斜面から延びる竪堀と合流する。城跡の立地する丘陵の中で比較的緩やかな南尾根筋に設けられた堅固な防御遺構といえる。曲輪Ⅴは曲輪Ⅲ西側の虎口から七ｍ下に三角形状の平場がある。この平場の北に接して曲輪Ⅲ斜面から西方下に延びる竪堀がある。竪堀と接する部分は土塁があるが一部崩落している。竪堀は上端幅二・〇〜六・〇ｍ、深さ二・〇〜三・〇ｍで西斜面下に向けて七〇ｍほど下降する。曲輪Ⅴ下には、三段の小規模な平場が段状に配され、下段部の西方下に北斜面、南斜面の双方下方に向け竪堀が配される。内田城跡には竪堀が一三条配されているが、特に主郭に相当する曲輪Ⅰから曲輪Ⅲにかけての西斜面に規模の大きな竪堀が多く配されている。曲輪Ⅰ、曲輪Ⅱの西側の帯曲輪下一〇mに幅五・〇～七・〇m、長さ三三・〇mほどの平場があり、北側と南側に幅四・〇～一〇・〇m、深さ二・〇～四・〇m、長さ五八・〇mを測る最大規模の竪堀が配される。主郭の北側には、三条の連続堀切がみられる。中でも曲輪Ⅰ下の堀切は、曲輪Ⅰ側の傾斜角六〇度の切岸を持ち、曲輪Ⅰからの比高差九・〇m、幅一一・〇mの規模で両端は竪堀として西方、東方下に延びる。さらに、この堀切の北には幅一五・〇m、長さ三〇mほどの平場を持ちその北側には二条の連続堀切が配されている。内田城跡の縄張りとしては、この北側の連続堀切までで、北には尾根筋が続く。北側の尾根筋には、石垣が伴う平場もみられるが性格は不明である。

内田城跡では踏査の際、破片を含め八〇点ほどの遺物が採取されている。採取された地点は曲輪Ⅲがほとんどであり、現況の栗林の地表面でみつかった。図示した遺物はその一部であるが、1～11は中国産の貿易陶磁器である。1～3は、青磁であり、1・2は碗、3は香炉である。1は無文、2は口縁部外面に雷文が施される。4～9は青花（染付）皿であり、外面に唐草文、見込みに玉取獅子やアラベスク文の文様が施されたものである。

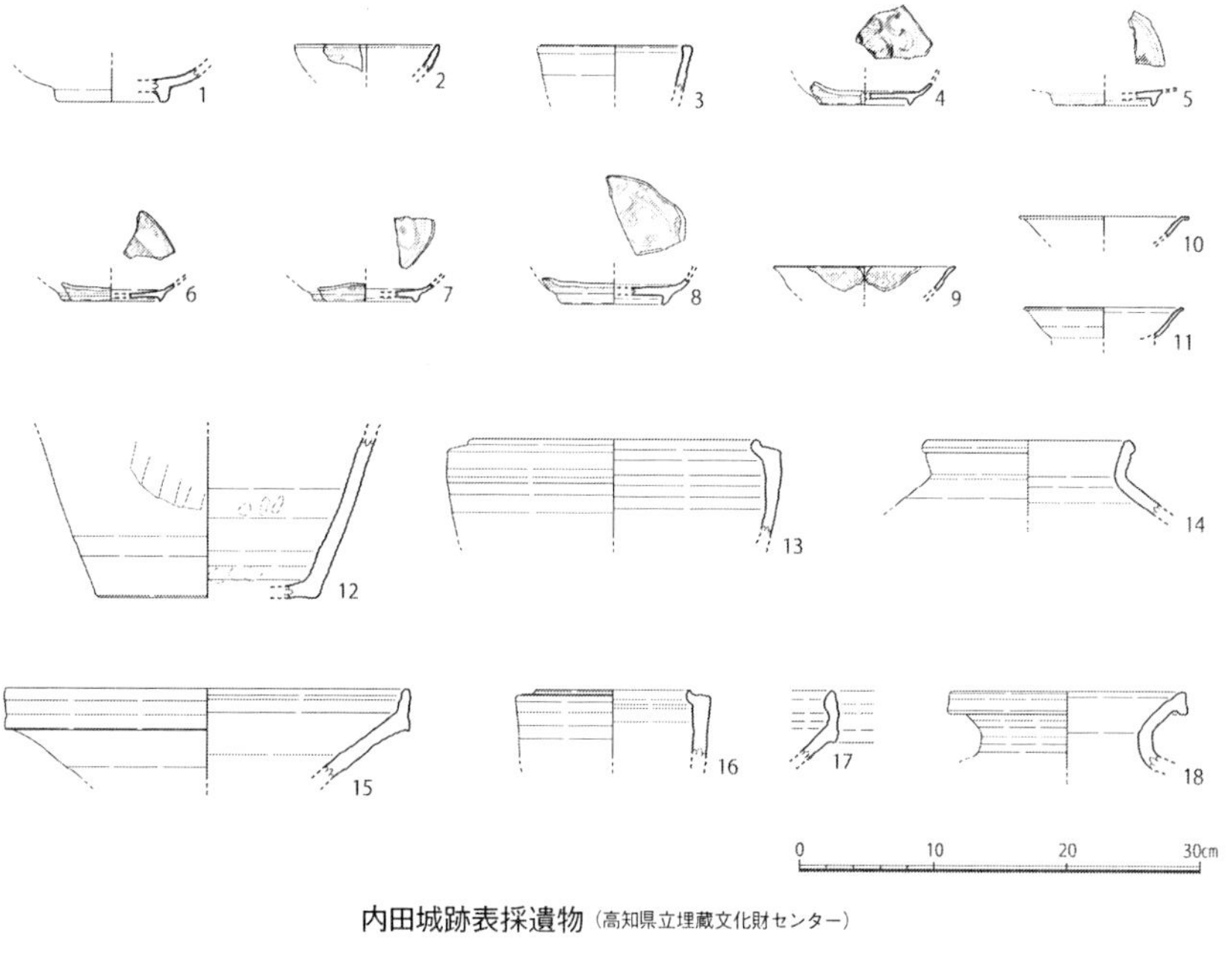

内田城跡表採遺物（高知県立埋蔵文化財センター）

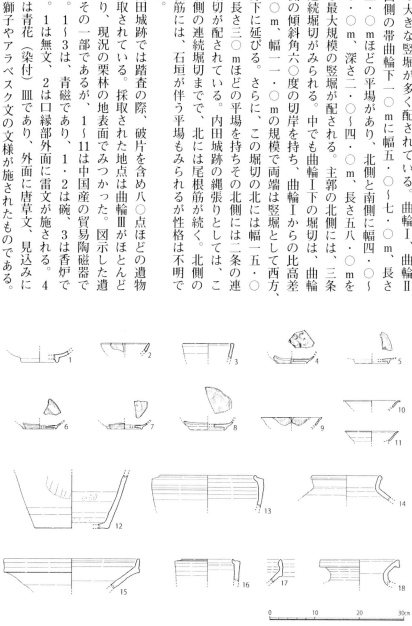

10・11は白磁の端反り皿である。12〜17は国産陶器の備前焼である。12は甕の胴部片である。13・16は水盤の口縁部、15・17はすり鉢の口縁部片である。踏査で採取された遺物の中では、備前焼の破片が最も多い。18は東南アジアのタイ産（ノイ川窯）褐釉壺の口縁部片である。県内の遺跡からの出土、発見例が少なく、今回で四例目である。

これらの採取された遺物の帰属時期を整理すると、貿易陶磁器からは概ね十五世紀後半〜十六世紀前半、備前焼は十五世紀後半〜十六世紀後半と幅が広く、概ね十五世紀代から十六世紀前半にかけての城郭の機能時期が窺える。中でも雑器類である備前焼のすり鉢など日常的な遺物をみると少なくとも遺物が採取された曲輪Ⅲの曲輪は十六世紀後半にピークがみられる。

【城跡の見所】

主郭部は、曲輪Ⅰから曲輪Ⅲにかけてであり、土塁や帯曲輪、さらに四箇所の虎口を設け、曲輪Ⅰ北側の堀切は竪堀と連結し、主郭部を完全に断ち切っている。曲輪Ⅱは曲輪Ⅰよりも面積が広く、曲輪Ⅰ下の帯曲輪から派生する馬蹄形の土塁で取り囲む構造は内田城跡の特徴の一つといえる。また、曲輪Ⅲ下の曲輪Ⅳについては、自然地形を利用した前線基地的な空間であり、主郭の立地する丘陵の中で比較的緩やかな南尾根筋に「ひの字状空堀」を配した堅固な防御遺構といえる。内田城跡の最も特徴的な遺構であり、城郭縄張りのメルクマールになるものと思われる。この城は、南側と西斜面を最も意識して防御遺構が築かれているのが特徴である。主郭の曲輪Ⅰと曲輪Ⅱは構造的にセット関係で同時期に構築されていたと思われるが、曲輪Ⅲ、及び曲輪Ⅳと曲輪Ⅴは自然的な地形を利用しながら特徴的な遺構を配しており、採取された遺物から見て永禄年間から元亀年間に再構築された可能性が強い。

しかし、縄張りだけでは機能した時期を明確にすることはできないが、将来発掘調査が実施されればさらに城跡の全体像が見えてくるであろう。

（吉成承三）

詰ノ段下堀切

西斜面竪堀

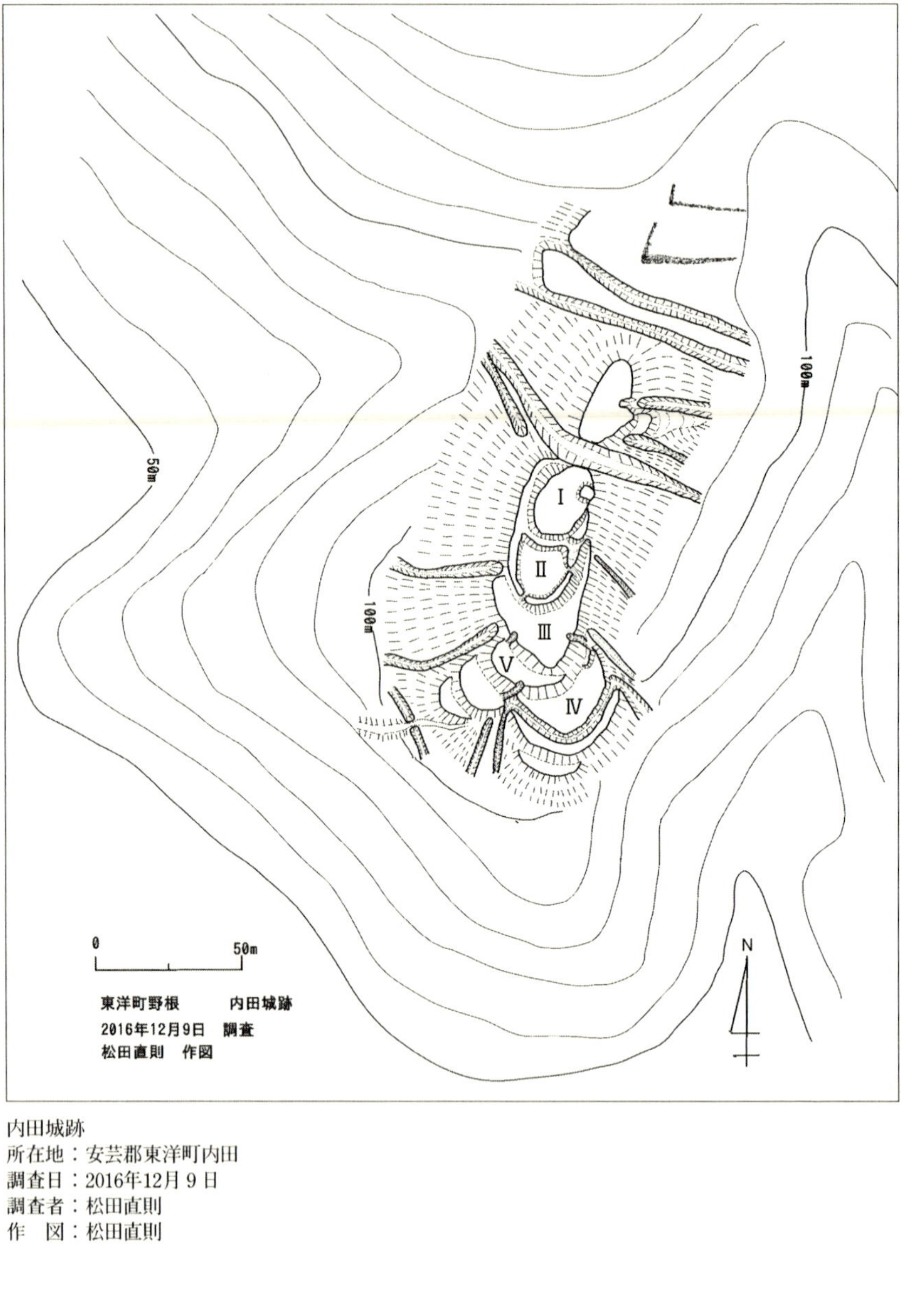

内田城跡
所在地：安芸郡東洋町内田
調査日：2016年12月９日
調査者：松田直則
作　図：松田直則

第三章　発掘された中世城郭

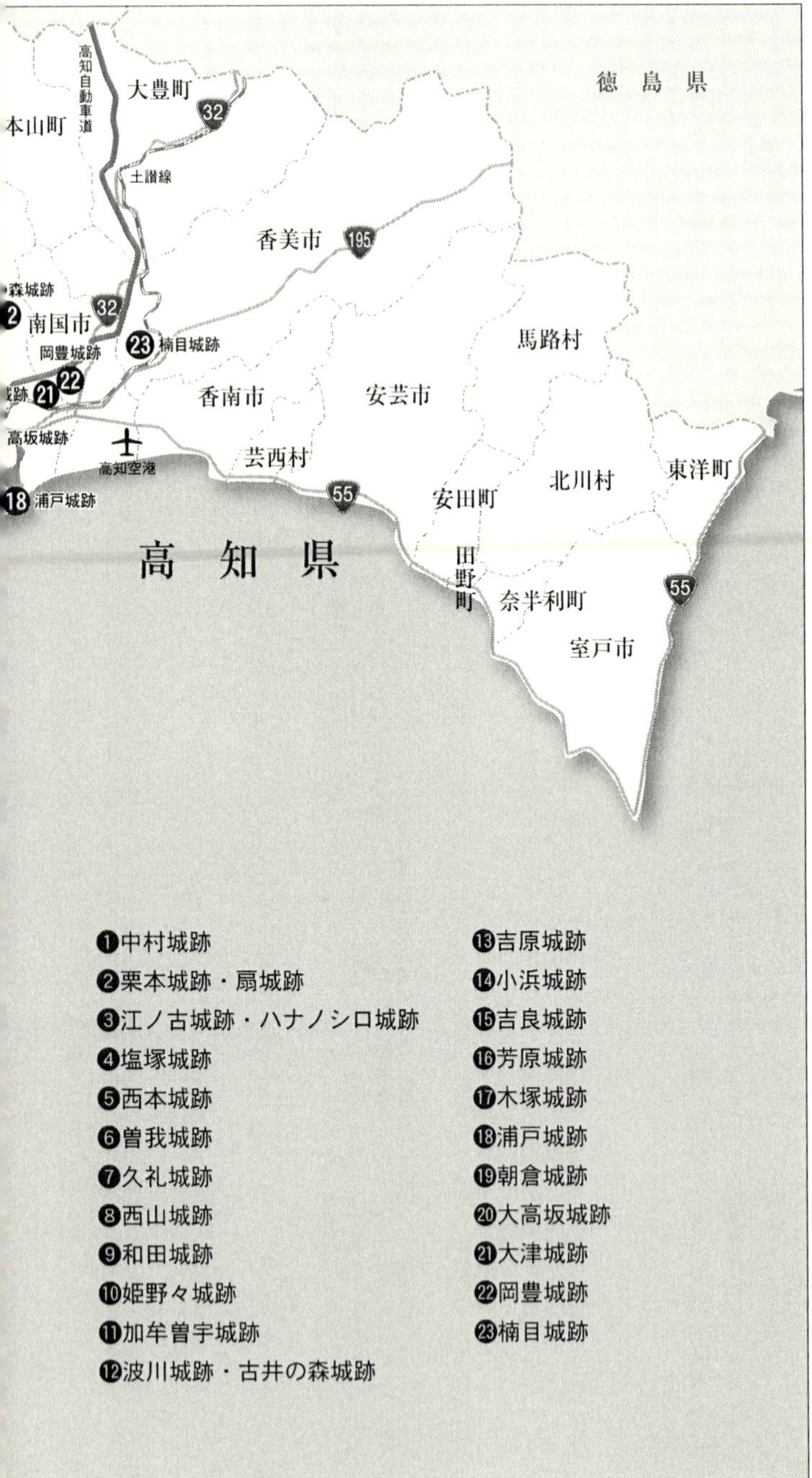

高知県では、中世山城の発掘調査が多く実施されている。報告書では、調査された内容で記録保存の詳細はわかるが、全体的に山城の内容を把握することが難しい。ここでは、発掘調査された山城の全てを網羅することはできなかったが、山城の調査で注目されたことをわかりやすく、城郭考古学として研究されている内容も含めて紹介していくことにする。

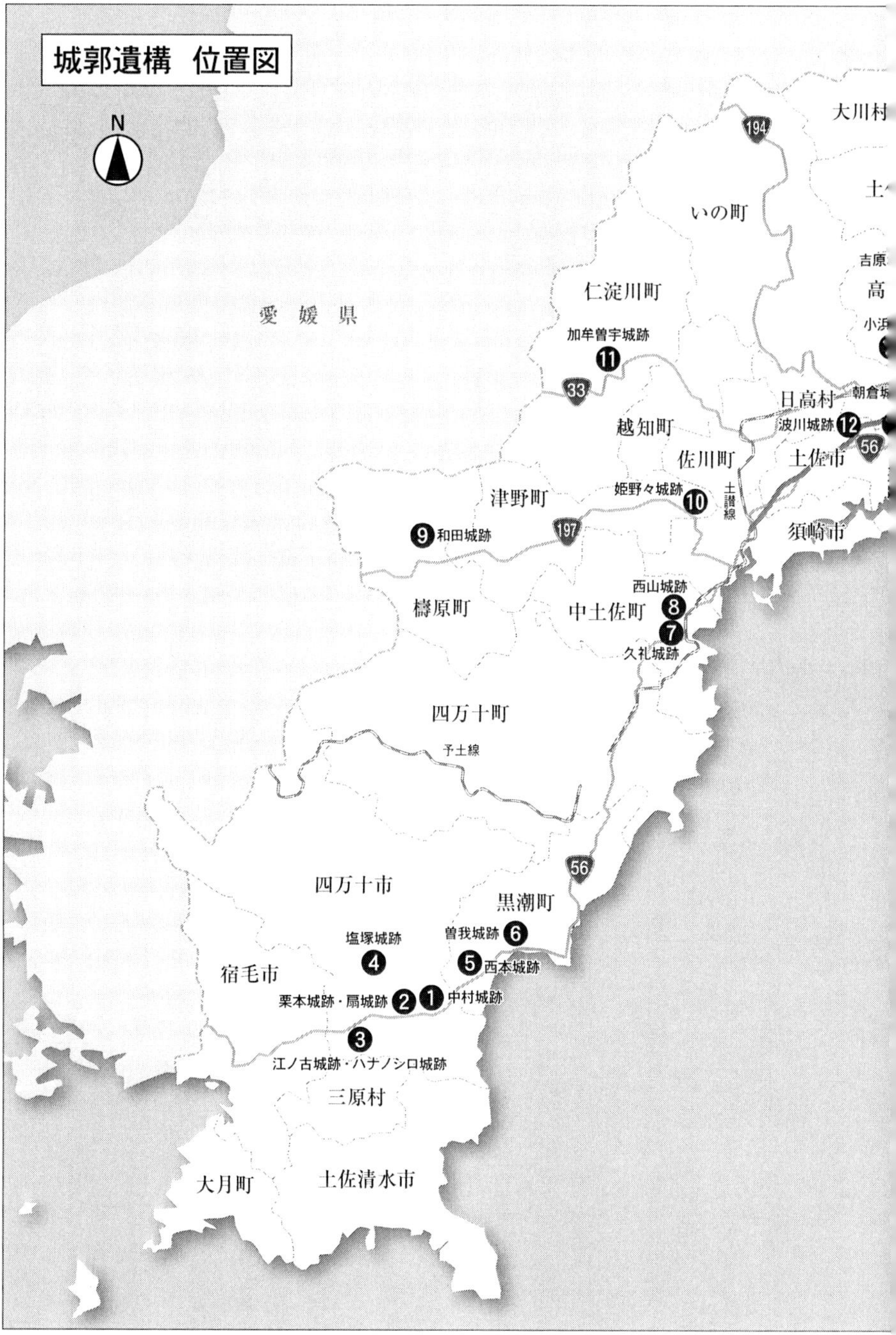
城郭遺構　位置図
N
愛媛県
大川村
いの町
吉原
高
小浜
仁淀川町
加牟曽宇城跡
11
33
194
日高村
朝倉城
波川城跡
12
56
越知町
佐川町
土佐市
津野町
姫野々城跡
10
土讃線
須崎市
9
和田城跡
197
西山城跡
8
檮原町
中土佐町
7
久礼城跡
四万十町
予土線
56
四万十市
黒潮町
曽我城跡
6
塩塚城跡
4
5
西本城跡
宿毛市
栗本城跡・扇城跡
2
1
中村城跡
3
江ノ古城跡・ハナノシロ城跡
三原村
大月町
土佐清水市

1　中村《なかむら》城跡

―「御城詰」・「御城西弐ノ塀」・「今城ノ旦」の発掘調査―

中村城跡発掘調査地点の遠景（四万十市教育委員会）

中村城跡は、四万十市中村に所在している。中村城跡は、四万十市街地の北西方にある標高一〇〇～一二〇mの山並みの一部、古城山上に構築された城郭である。中村城という名称は、一條氏時代には四家老の一人である為松氏が築いた城が最初と考えられており、長宗我部期では中村城監、江戸時代に入ると元和の廃城まで中村山内氏が居城しており、各時代に使用された複数の城の総称である。天正十七年（一五八九）に実施された中村郷の『長宗我部地検帳』には、検地順に「東城」「為松城」「中ノ森」「御城詰」「御城西弐ノ塀」「今城ノ旦」が記されている。東城は、一條氏の一族である西小路氏が居城しており、現在の上小姓町の裁判所宿舎西方で古城山の南東に張り出した尾根の先端部にあたるが、登山道や旧武道館の建設によって削平されている。

為松城は、現在本丸・二の丸と呼ばれているところで、二の丸には幡多郷土資料館が建設されており、この曲輪には北側を除き三方に土塁が残るが、西方の土塁は資料館の出入り口として破壊されている。資料館の東側にも三箇所の曲輪が続くが土塁は残存していない。為松城と

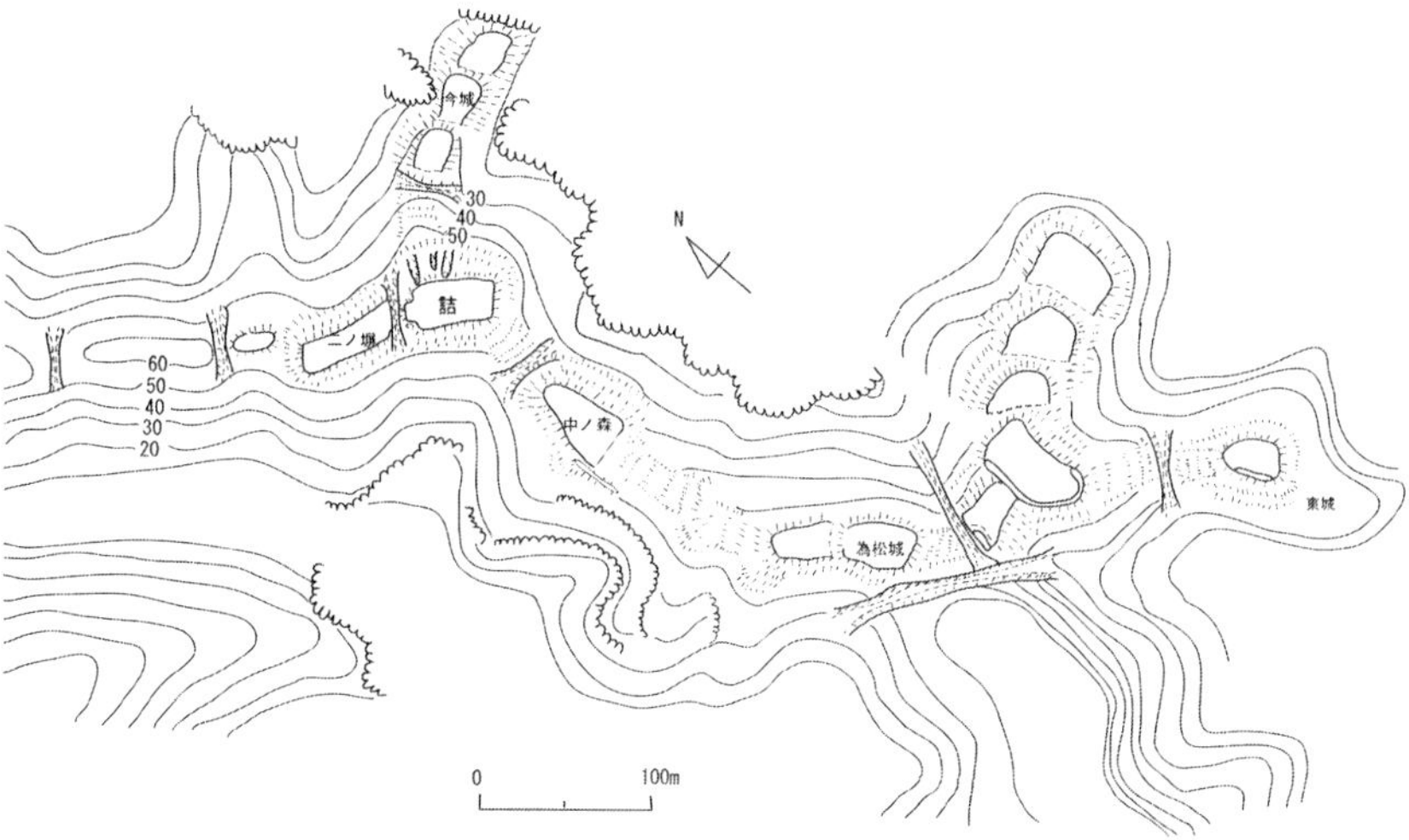

中村城跡縄張り図（松田直則作図）

東側の曲輪の間は堀切で防御されており、北側は竪堀となり尾根の斜面を下る。為松城の南斜面には石垣が残存しているが、これは中村山内氏の時の構築と考えられる。さらに時期は不明であるが、南西部に延びる現在桜の段と呼ばれている丘陵の間にも堀切が掘削されていたと考えられるが現在は舗装道路で埋められている。

為松城跡から北側に延びる丘陵にも曲輪が続き中ノ森と呼ばれる曲輪が残存するが、この場所は動物園として利用されていた場所で土塁などの遺構の残りは悪い。中ノ森からさらに北側には『長宗我部地検帳』で「御城詰」「西弐ノ旦」「今城ノ旦」と記載されている場所で、防災工事に伴い昭和五十八年（一九八三）に発掘調査されている。

発掘調査では、御城詰で石垣や礎石建物跡、土塁等が検出されている。さらに遺物は十五世紀から十六世紀後半にかけてのものが出土しており、貿易陶磁や国産陶器、土師質土器等が見られる。中でも石垣周辺部においては瓦が多量に出土しており、岡豊城跡や湯築城跡と同紋の軒平瓦が出土している。軒丸瓦は、右巻きの三巴文に残る丸瓦部ではコビキA（糸引き）が観察できるが、左巻きの三巴文はコビキB（鉄線引き）である。主に北側石垣の流れ込み堆積土の13・14四層からコビキB、6層か

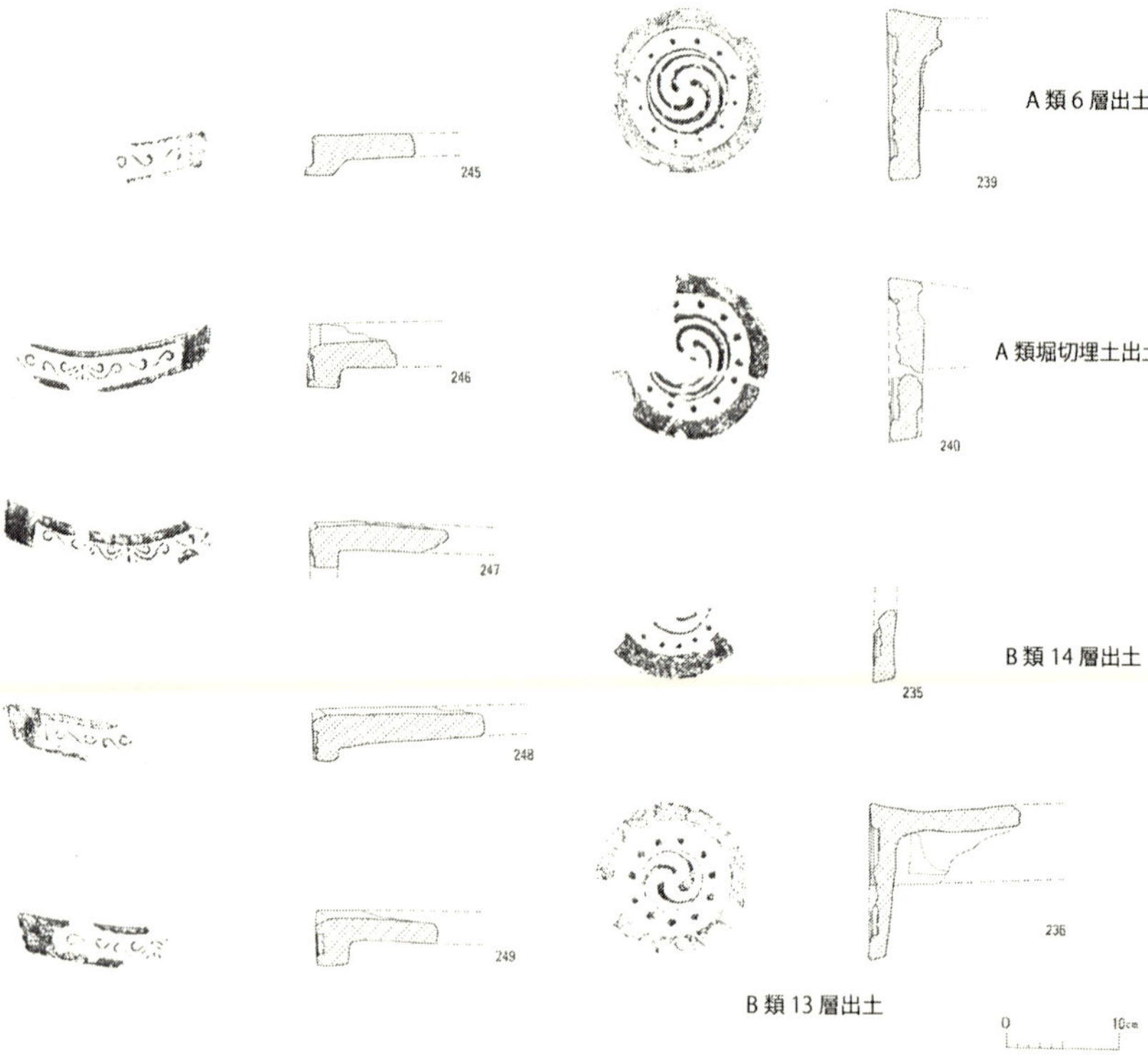

中村城跡出土瓦（四万十市教育委員会）

らコビキAが出土しており、堆積状況から見るとコビキBが先でのちにコビキAが葺かれている。その他注目される貿易陶磁器は、青磁が最も多く次いで青花・白磁となっており、中でも高麗青磁の出土が注目される。中村城跡は、この地域の拠点的城郭として捉えることができ、土師質土器が多量に出土している状況は、長宗我部元親の居城である岡豊城跡と同じ傾向を示している。また、中村城跡出土のものは、幡多地方一円で出土しているものと同様に、砂粒子を全く含まない精製品である。『長宗我部地検帳』によれば、土器分・土器給と中村地域で記載されている場所が、安並村、森沢村、横瀬村にある。中村城跡で使用された土師質土器は、これらの地域で製作された可能性がある。

御城詰の主郭となる曲輪には、土塁の基礎部分が確認されており、周縁部は土塁で囲まれていたと考えられ、北側には虎口や三条の竪堀が検出されている。詰と弐ノ塀との間には浅いが堀切が掘られ、さらに弐ノ塀の西側には二箇所に堀切が見られ西側の防御を固めている。詰の東側には今城ノ旦と記載されている曲輪が続く。詰との間は堀切で仕切られ、三段の曲輪が東側に造られている。今城ノ旦からは、掘立柱建物跡が検出されており、土塁遺構や石垣などは検出されなかった。

この発掘調査された場所は現在切り取られ住宅になっている。当時御城詰などの曲輪があったとされる場所は現在公園となっており、検出された石垣が移築復元されている。

御城詰の西端から検出された石垣（四万十市教育委員会）

中村城跡復元石垣

2　栗本《くりもと》城跡・扇《おうぎ》城跡

―四万十川合戦（渡川）での一條氏の拠点城郭―

栗本城跡・扇城跡・ナリカド城跡航空写真（高知県立埋蔵文化財センター）

土佐中村の四万十川は、さまざまな歴史を呑み込みながら日本最後の清流として生き続けている。中でも四万十川（渡川）の合戦は、土佐の歴史の中で大きな画期となった戦いである。天正三年（一五七五）土佐統一のため長宗我部元親は、一條氏と四万十川を挟んで合戦を行っている。一條兼定は、前年の天正二年（一五七四）長宗我部氏の策略で本貫地の中村を明け渡し、豊後に退去している。しかし伊予の法華津や御荘の土豪の支援を得て所領回復のため兵を起こし四万十川の合戦となっている。このとき一條氏側の拠点となった城が、栗本城跡と扇城跡である。

栗本城跡は、中村城跡から四万十川の対岸約二㎞の地点に位置している。資料に見える栗本城跡は、『土佐州郡志』や『土佐物語』等にその名前が見られるが城主も各時代さまざまであり明確な文献資料は認められない。しかしこれら資料には、一條兼定が四万十川合戦で陣を張った城であることが共通に記載されている。城跡の全体的な地形と配置をみれば、U字状を呈する丘陵上に栗本・扇・ナリカド城跡が隣接して構築されており、丘陵

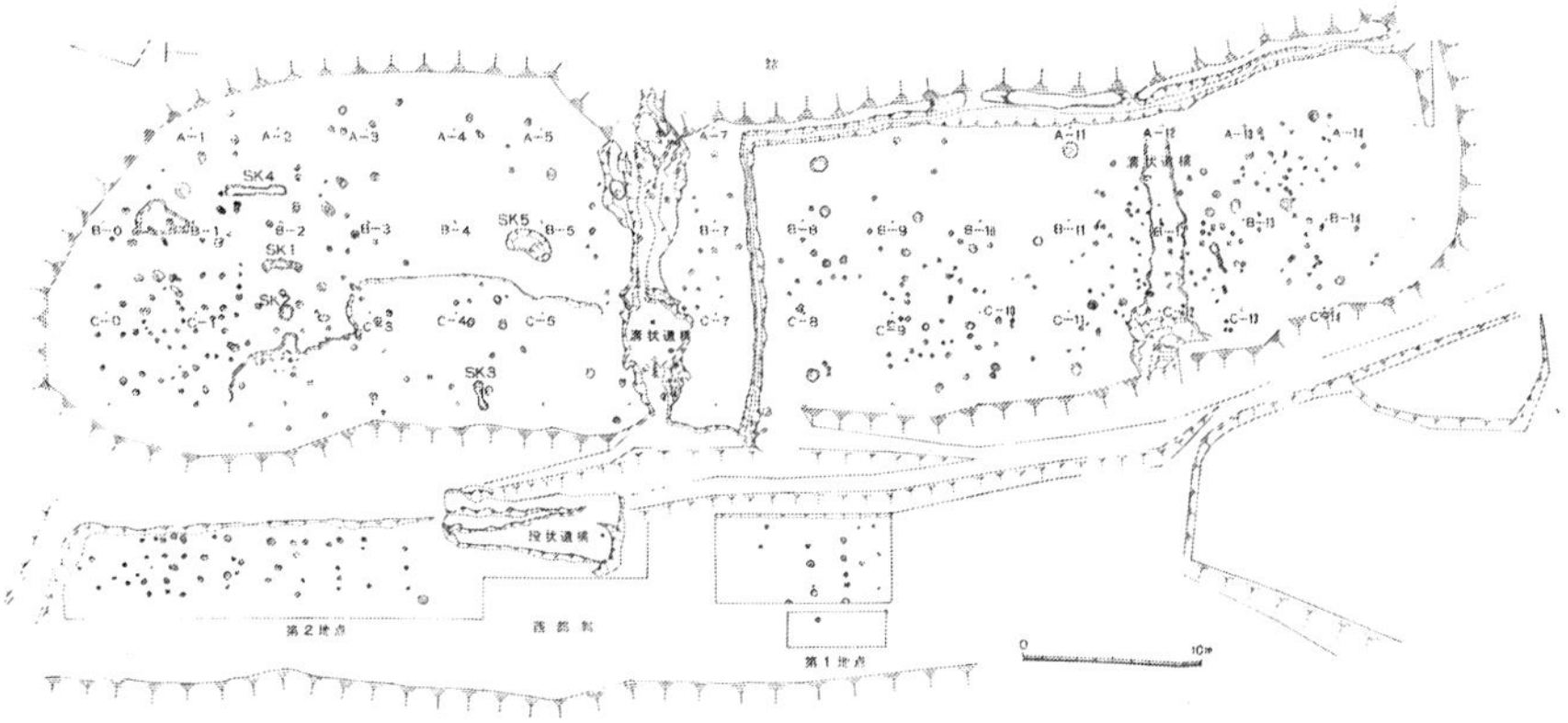

栗本城跡遺構全体図（四万十市教育委員会）

先端部から栗本・扇・ナリカド城跡となっている。扇城跡も調査されており、栗本城跡と機能した時期も検出された各遺構・遺物も類似している。ナリカド城跡は未調査であるが、各城跡は同丘陵上に構築されており一連の城郭と考えられる。栗本城跡は、標高五八ｍの地点に詰の曲輪が存在する。この曲輪からは、柱穴群が多数検出されている。報告書では建物跡の復元はされていないが、柱穴の集中箇所が数箇所みられ間違いなく掘立柱建物跡が数棟確認できるようである。土塁の痕跡は認められないが、やや規模の小さいピットが曲輪の周縁に確認できることから柵列で防御していたと考えられる。出土遺物をみると、ここでも貿易陶磁が多数出土しており、中でも青磁類が多くその他国産陶器の備前焼などがある。貿易陶磁の編年からすると、青磁・白磁類は十五世紀代に位置づけられるものがほとんどで、中に若干ではあるが十六世紀でも後半代の青花が存在し、数少ないが八王子城跡で出土しているタイプと同類のものがある。これらのことから十六世紀代にもこの城跡が一時期ではあるが機能していることがわかる。数少ない十六世紀後半代の遺物類が、天正三年（一五七五）の四万十川の合戦時に一條兼定が陣を張った時の証拠となりそうである。隣接する扇城跡を見てみることにする。

扇城跡は、文献面の資料は栗本城跡より少なく内容については発掘調査の成果に頼るしかない。城跡の曲輪は、八箇所の曲輪が確認されており各曲輪は南北方向の尾根上に連続して構築されている。各曲輪から掘立柱建物跡一四棟、柵跡八列、土坑一〇基、溝跡一条、段状遺構二基、通路状遺構一基、柱穴群二六八個が検出されている。その他各曲輪を区画するように堀切六条が掘り切られている。建物跡は、掘立柱建物の他に焼けた礎石と考えられる石が二個出土しており礎石建物があった可能性も示唆している。もし礎石建物があったとしたら掘立柱建物跡と同時期に存在したものか、その時期が気にかかるところである。簡単に掘立柱建物から礎石建物の変遷を考えると、礎石建物は、一時期に使用されたと考えられる。扇城跡では掘立柱建物が一四棟検出されており、そのうち数棟が礎石建物と併存していたと考えるのが一般的ではないだろうか。いずれにしても、建物跡から二時期の使用が推定できることは重要な点である。出土遺物は、土師質土器・瓦質土器・貿易陶磁・国産陶器・土製品・金属製品等が出土している。貿易陶磁をみると、栗本城跡と同じように青磁類が多く白磁・青花の順となる出土量である。青磁・白磁をみると、その多くが十五世紀代に編年できるものである。しかしここでも青花や備前焼等に十六世紀後半の遺物が散見できる。扇城跡は、発掘調査の成果から栗本城跡と同時に機能していることがわかり、城跡の立地等から一連の城郭と考えてよさそうである。

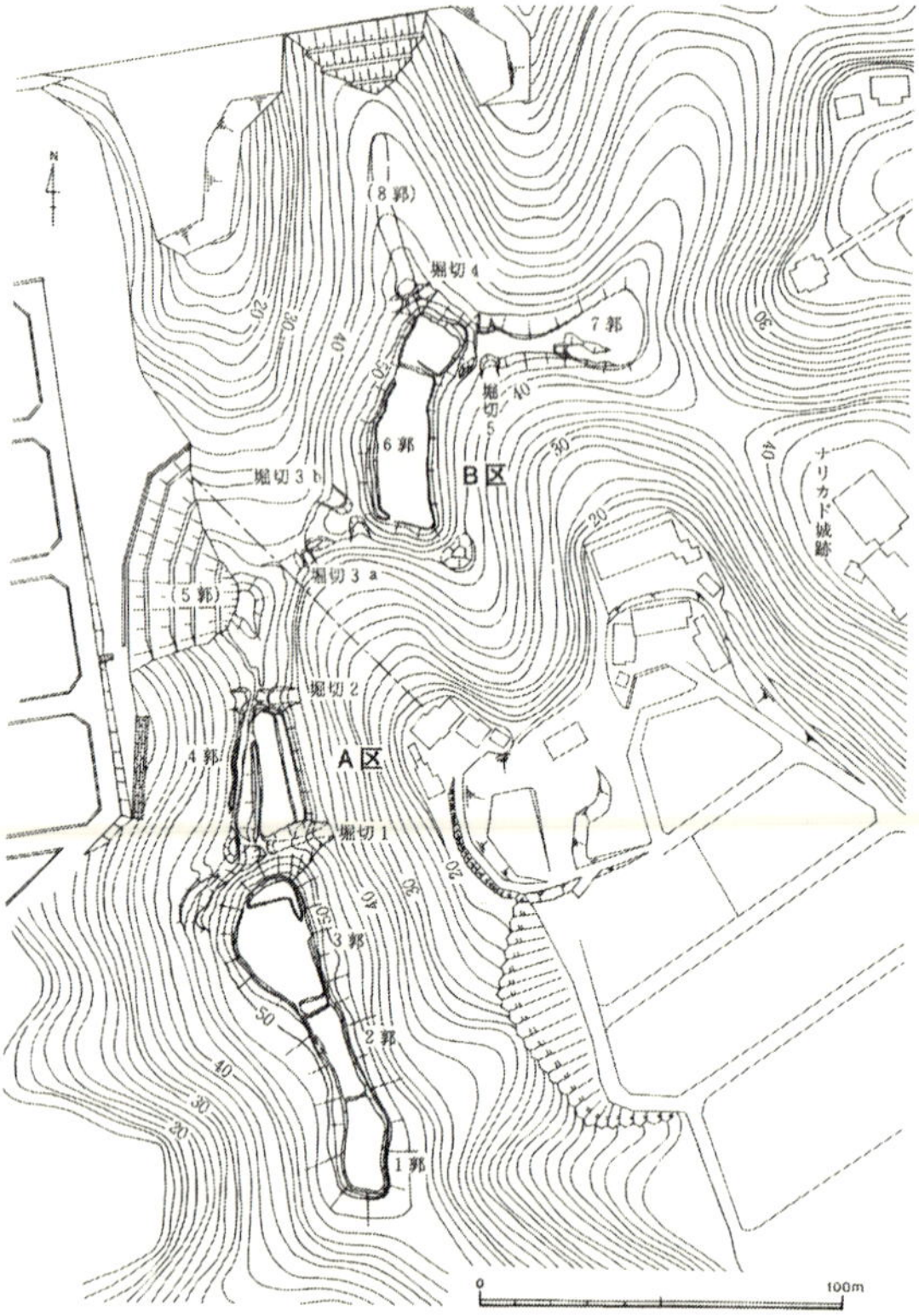

扇城跡全体図（高知県立埋蔵文化財センター）

3 江《え》ノ《の》古《こ》城跡・ハナノシロ城跡
—四万十の小さな村の小さなお城—

中村市江ノ村は、四万十川支流で中筋川の中流域に所在する小村であるが、江ノ古城跡やハナノシロ城跡が所在する。この地域は、過疎地域であるがゆえ、開発からも逃れてきているところであり今日に残る伝承や慣行、地名など中世以来の要素がまだ生き残っている地域と考えられる。高規格道路の建設が計画され、村として持ち合わせていた村落景観が大きく変わろうとしていることから、江ノ古城跡とハナノシロ城跡の発掘調査成果をもとに、縄張り研究及び『長宗我部地検帳』（以下地検帳）と地籍図の検討を含め、中世江ノ村の復元がされ小さな村の中で築かれた中世城郭の位置付けがされている。

江ノ古城跡は、地検帳ではツメノタン・二ノ塀・東二ノ塀・三ノ塀と記載されすべて下々久荒となっている。ハナノシロ城跡は、古城とのみ記載され下々山畠で二反六代の面積を有している。ハナノシロ城跡の現存する各曲輪の平坦部は、南北の長さが約一五〇ｍで幅は平均して一八〜二三ｍを測

江ノ古城跡縄張り図（池田誠作図）（高知県立埋蔵文化財センター）

り、下々山畠となっており地検帳の面積とほぼ一致する。
江ノ古城跡の発掘調査は、詰から北西に延びる丘陵裾部の斜面地形部分と三箇所の平坦地の発掘を実施している。調査地点から掘立柱建物跡等の遺構が検出されているが、遺構に伴う出土遺物がなく時期不明とされている。しかし、建物跡以外のピットから土師質土器が出土していることから、城が機能していた時期まで遡る可能性もある。縄張りは、標高が五八ｍで主郭の南端と主郭から北側に連続する曲輪の北端を堀切で防御し、二条単位の竪堀が主郭の東西の斜面部に見られる。規模的にも小規模であるが、江ノ村集落と密接に関わりを持つ城郭である。

ハナノシロ城跡は、標高三五ｍ前後の尾根の先端部分に構築されている。調査前は、尾根上に四箇所の平坦地形を呈していることと、小字地名がハナノシロと呼ばれ「シロ」の名称を持つことから中世城郭であることが推定された。江ノ古城跡よりも小規模な城郭で、『長宗我部地検帳』には古城と記されているのみで、築城年代及び城主も不明である。江ノ村には江ノ古城跡の本城が存在し、ハナノシロ城跡は地域の伝承で江ノ古城跡の支城であるとされている。

ハナノシロ城跡の発掘調査は、尾根上平坦部四箇所と東側斜面を中心に実施された。調査の結果、詰にあたる曲輪Ⅰとその南に削平された曲輪Ⅱ・Ⅲから、掘立柱建物跡・土坑・土塁状遺構・ピット等の遺構を検出した。曲輪Ⅱの西側には、曲輪Ⅳが存在し柵列を検出し、さらに曲輪Ⅱ・Ⅲ東側斜面では壇状の遺構（雛壇状遺構）を検出した。曲輪Ⅲの西側斜面では竪堀三条、南東側の谷部では堀切が掘削されている。曲輪Ⅱ・Ⅲ東側斜面で検出した雛壇状遺構であるが、堀切を望む位置に斜面を利用して壇状に削平された細長い平坦地形である。今後この遺構の性格は検討の余地があるが、戦時に堀切を渡って進入してくる敵を射撃し、斜面を登ってくる敵を阻むため兵を配置した場所である可能性が強い。

出土遺物であるが、輸入陶磁器の青磁・備前焼・土師質土器・鉄釘等がある。土師質土器は、精選された胎土を用いロクロ成形で底部外面に回転糸切り痕が残る。底部径がやや広く十五世紀後半代に編年されるものである。貿易陶磁器は青磁と白磁が出土している。青磁は稜花皿と碗が出土している。青磁碗は、口縁部は外反するタイプで見込みにスタンプが施され内外面無文である。さらに口縁部破片であるが、外面に雷文帯が施されるものもある。白磁の皿は、白濁色の釉がかかり高台アーチ状と輪高台のものがある。国産陶器は備前焼の擂鉢と甕で、

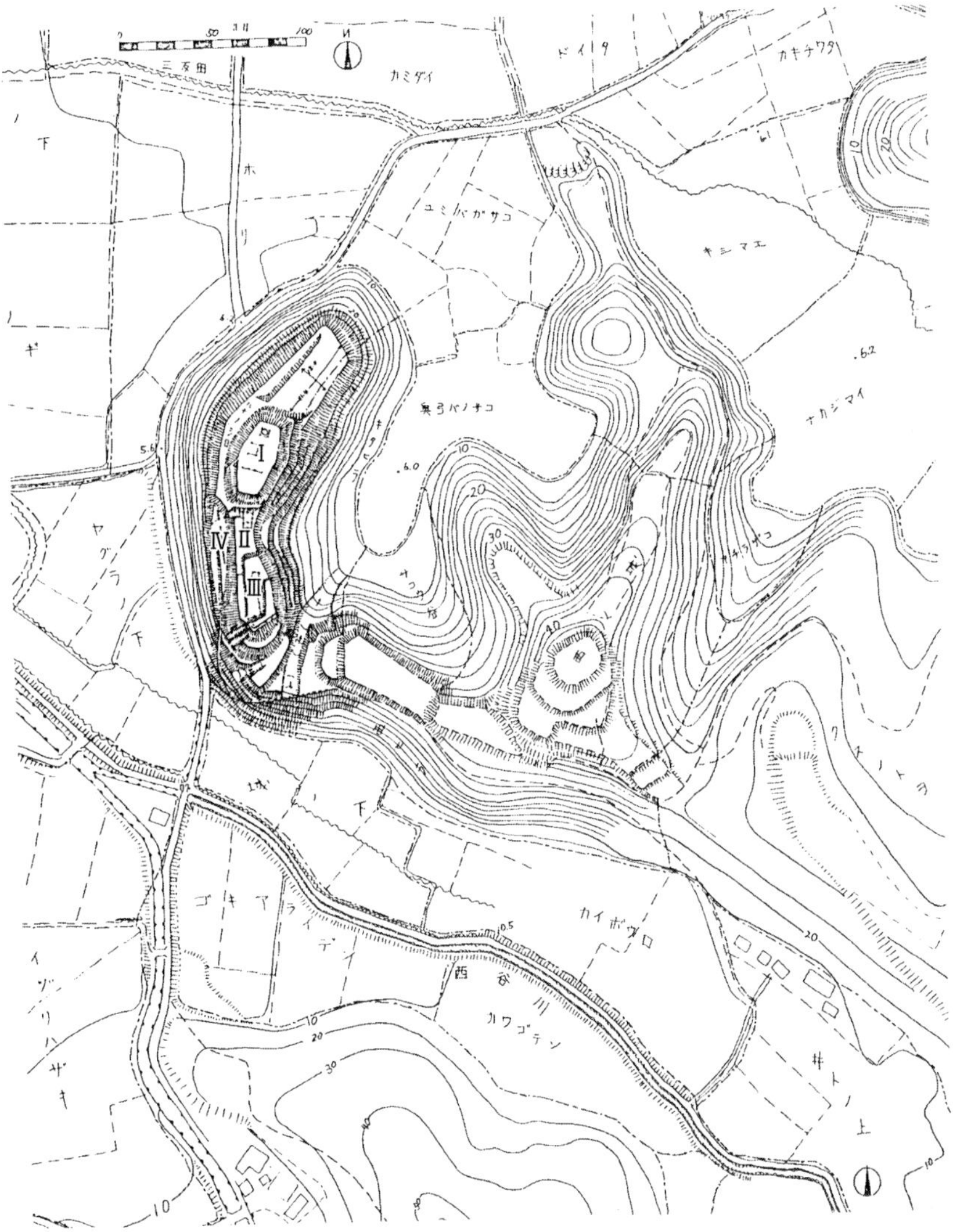

ハナノシロ城跡縄張り図（池田誠作図）（高知県立埋蔵文化財センター）

ハナノシロ城跡航空写真（高知県立埋蔵文化財センター）

備前焼編年Ⅳ期の製品である。備前焼や青磁を見ると十五世紀後半を中心とした時期に編年される遺物ばかりであり、城跡の機能した時期を推定することができる。ハナノシロ城跡は、四国でも認められる一般的な小規模城郭と類似する点が多いが、防御的に優れた遺構配置がなされており、建物群も掘立柱建物跡のみで構成されている点が特徴となる。

以上現江ノ村に構築されていた城郭は、天正年間にはすべて廃城になっているが、城郭の規模によって、江ノ古城跡は曲輪の名前まで残っているが、ハナノシロ城跡は古城とのみ記されており地検帳の記載も異なっていることがわかる。隣接する久木ノ村所在の二城跡は、構築されていた場所さえ記載されておらず、天正年間にはすでに忘れ去られている。両城跡は、標高も低く小規模な城郭であることから、江ノ古城跡の東側に位置し現在も続く集落との密接な関係が読み取れる。築城主体は『土佐州郡志』に見られる中世江ノ村を支配する小規模な土豪である「江野摂津守」である可能性が強い。江ノ古城跡の主郭を発掘調査していないので、推論になるが支城であるハナノシロ城跡の出土遺物を見ていると、貿易陶磁の内容からすると一定の権力を持ち合わせていた人物かもしれない。

4 塩塚《しおづか》城跡 ―一條氏から長宗我部氏の傘下で機能した城―

塩塚城跡は、四万十川の中流域にあたる四万十市川登に所在する。城跡は、川登の中でも字コエト山及び字横ジリ山に構築されており、字コエト山を「里の城」横ジリ山を「タキモト城」と呼称している。里の城は、塩塚城の本城でタキモト城は出城と考えられている。里の城からタキモト城へは、丘陵を移動することで往来ができる。タキモト城の方が標高九〇mの高所に築かれており、里の城は五一mの丘陵先端部に構築されておりタキモト城から里の城を一望することができる。

城跡の歴史としては、軍記物や伝承等により一條氏や長宗我部氏の支配下で数人の城主名が残る。築城者は不明であるが、敷地氏の可能性が高く天文二年（一五三三）に敷地民部少輔藤廉が一條房冬により賜死をうけてタキモト城で自刃したと『敷地軍記』に記されている。敷地氏は四万十市敷

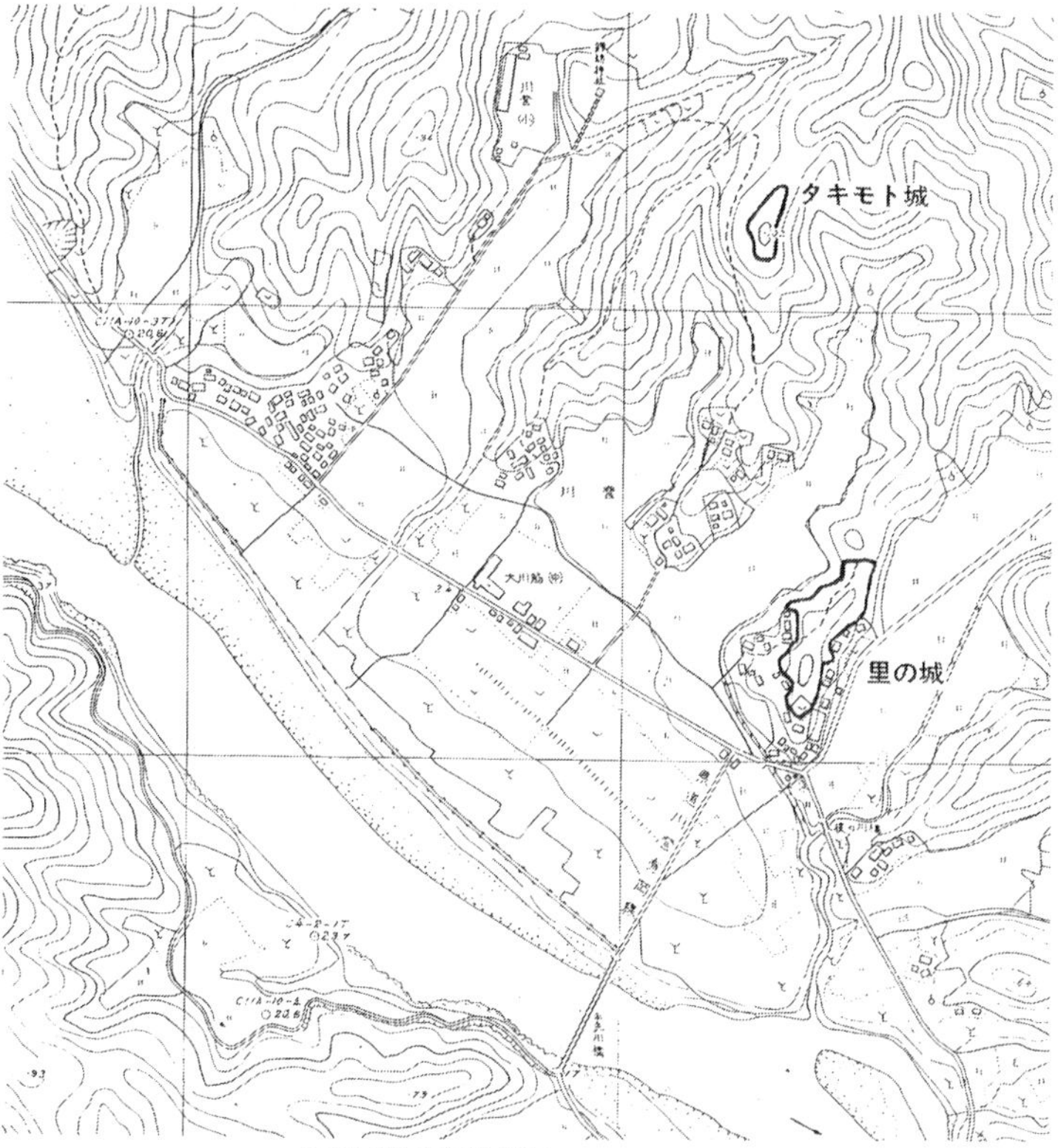

塩塚城跡周辺地形図（四万十市教育委員会）

塩塚城跡詰調査風景（南から）（四万十市教育委員会）

地本村に所在する敷地城を本拠としているが、川登郷や三原郷、敷地など五千貫を領した土豪で、塩塚城跡も敷地の出城であったと考えられている。天正三年（一五七五）の渡川合戦の時は、一條方の武将で岡村権五郎の名前が見え、長宗我部元親勢の攻撃によって討ち死にしている。長宗我部氏の支配後は、奥村織部、伊予田兵庫守などが塩塚城に居城していることが伝えられている。

　里の城の縄張りは、詰・二ノヘイ・三ノヘイに該当する曲輪が残り、詰の北側に堀切が残る。その他の竪堀や土塁等の遺構は認められず、平坦部の曲輪を連続して形成させており、北側のみ堀切で防御するという単純な城造りがされている。

　発掘調査は、バイパス道の工事対象区域にあたる里の城の詰曲輪と西側斜面部で、地番は四万十市川登字里ノシロ、字コエト山である。発掘面積は四〇〇㎡ほどの狭い範囲であるが、遺構・遺物が出土している。詰から柱穴九個が検出されており、掘立柱建物跡の一部の柱穴と考えられており、詰に建物が存在していたことがわかる。柱穴の埋土からは備前焼片が出土していることから戦国時代の建物跡である。備前焼壺の細片であるため、詳細な時期を掴むことができないが、出土遺物の全体を見ると十五世紀後半から十六世紀前半の時期に機能していた

集石墓検出状態（東から）（四万十市教育委員会）

と考えられる。詰の西斜面部の段上部からは集石墓を検出している。集石墓は、地山を掘り込み墓壙とした火葬墓であったと考えられている。墓壙上には、拳大の河原石の集石が見られ、中には半裁された茶臼片が転用されているものもある。遺物は、青磁、備前焼壺、甕、天目茶碗片が散在している状態で出土している。墓壙内の堆積土中には、多量の木炭片と細片の骨片が含まれ、鉄釘や銅製品も見られる。集石中から出土した遺物類は、十五世紀末から十六世紀前半に位置付けられるもので、墓に伴う供献用の陶磁器類と考えられ、一條氏の傘下にいた敷地氏に関係する人物の墓の可能性もある。

塩塚城跡の出土遺物を見てみると、おおよそ十五世紀後半から十六世紀前半に編年される土器・陶磁器類であり、十六世紀後半の遺物は認められない。しかし、狭い調査区の中でも貿易陶磁や国産陶器類、土師質土器、石製品、鉄製品が出土しており、貿易陶磁を見ると青磁碗、稜花皿、香炉片などがあり、国産陶器の中には瀬戸産の天目茶碗も存在する。石製品も使用された痕跡が著しい石硯も認められ、お茶を嗜み文字も書けて高級品を持ち合わせている人物がこの城にいたことがわかる。

5 西本《にしもと》城跡

—畝状竪堀群を初めて調査した山城—

西本城跡航空写真（高知県立埋蔵文化財センター）

西本城跡は、黒潮町上田の口に所在する。隣接する四万十市中村は、応仁二年（一四六八）に前関白一條教房が下向している土地である。この西本城跡の所在する黒潮町（旧大方町）の中世をみると、南北朝時代以降大方郷の豪族として入野氏の名前がみえてくる。入野氏は、一條氏が中村に下向するまでその勢力を保ち、下向後は一條氏の有力家臣団に組み込まれているが依然として大方郷を支配していた。旧大方町には、中世城郭が二十五城跡確認されている。これら確認されている中世城郭は、小規模城郭が多く一條氏の傘下で入野氏と関わりのある小土豪の持ち城の可能性が強い。しかしこの入野氏の詳細については不明な点が多く、入野氏滅亡に関しても文献面の資料は数少ない。その中で、高野山円満院の過去帳に入野家和・家重父子の名前が認められる。この過去帳によると、永正十七年（一五二〇）卯月二十四日という命日の記録がある。この過去帳の記録を残して、入野氏の名前が突如として大方の歴史から姿を消している。『大方町史』によると、主家である一條房家が入野父子を誅殺したとされ、その誅殺に手を貸した者が褒賞として入野郷に給地が与えられていることを『長宗我部地検帳』の分析から指摘している。この永正年間という時期の、一條氏と入野氏というパスワードが西本城跡を解明していく手がかりになりそうである。

西本城跡は、標高約四〇〜五〇m前後の北東から南に伸びる尾根上に立地している。西側は上流の馬荷集落から蛎瀬川が南流し、東は対岸の岩倉城とともに入野〜中村間の往還を抑えるとともに、上田ノ口の集落を防御する交通の要衝を抑えている。発掘調査の成果として、斜面部で連続竪堀三条、三重の堀切、掘立柱建物跡六棟、柵跡二列、土坑三基、ピット群などの遺構を検出している。連続竪堀は、未調査部分や崩壊部分を合わせると五〜六条の竪堀が構築されていたと考えられる。

出土遺物は、小規模城郭ながら貿易陶磁をはじめ各種の遺物が出土している。同じ町内で発掘調査された小規模城郭である曽我城跡と比較しても量的に内容の或るものである。出土遺物の総点数は、三三六点である。その中でも貿易陶磁の出土量が最も多く、土師質土器の量を凌いでいる。貿易陶磁は、青磁・青花・白磁が出土しているが、青磁が一二四点、青花が一二点、白磁が一一点の内訳で、青磁が最も多く出土している。土師質土器が一一六点で、国産陶器は備前焼が三八点、瀬戸美濃系陶器が一点とその多くは備前擂鉢が占めている。土器・陶磁器類以外では土製品で土錘、石製品は砥石、金属製品は釘類や渡来銭などが出土している。これら出土量のデータは、拠点的城郭と異なり土師質土器の出土量が少なく、県内の小規模城郭の出土傾向を示している。国産陶器の備前焼や貿易陶磁から、十五世紀中頃から十六世紀前半の時期を考えることができる。

今回の検出遺構の中で注目されるのは連続竪堀と三重の堀切である。連続した竪堀群は、畝状竪堀群の出現期でも草創期に当てはめることができ、全国的に普及する畝状竪堀群の先駆的な構築技術手法と考えられる。県内でも畝状竪堀群は多く確認されているが、これら城郭に多用される城郭構築技術の解明に重要な資料を提供することができた。尾根上の防御的役割をはたす堀切については、今回曲輪Ⅰ・Ⅱの両端に三重の連続した堀切を構築していることがわかった。長宗我部系構築技術についての詳細は後述するが、二〜三重の連続した堀切はこれまで長宗我部氏系の特徴と考えられていた。しかし西本

西本城跡連続堀切（高知県立埋蔵文化財センター）

城跡では、廃城の時期が出土遺物からみると十六世紀前半頃と考えられ、この時期には、長宗我部勢力は幡多地域までおよんでいない。伊予側においても河後森城跡を取り巻くその周辺の小規模城郭でも二重の連続堀切が認められることから、一條氏が幡多地域や愛媛県南予地域に進出していく段階で、同じ手法で城郭造りが行われたとも考えられる。

西本城跡で認められる遺構は、一條氏勢力の構築技術と考えられ、地域支配のあり方が城郭の構築技術から読み取れる貴重な資料と考えることができる。大方郷を支配していた入野氏は、永正十七年（一五二〇）卯月二十四日という命日の記録以降その名を歴史に残していない。西本城跡は、出土遺物から十六世紀前半代で城の機能が終焉を迎えているが、入野氏滅亡後一條氏勢力が大方郷を完全に支配した段階と一致している。

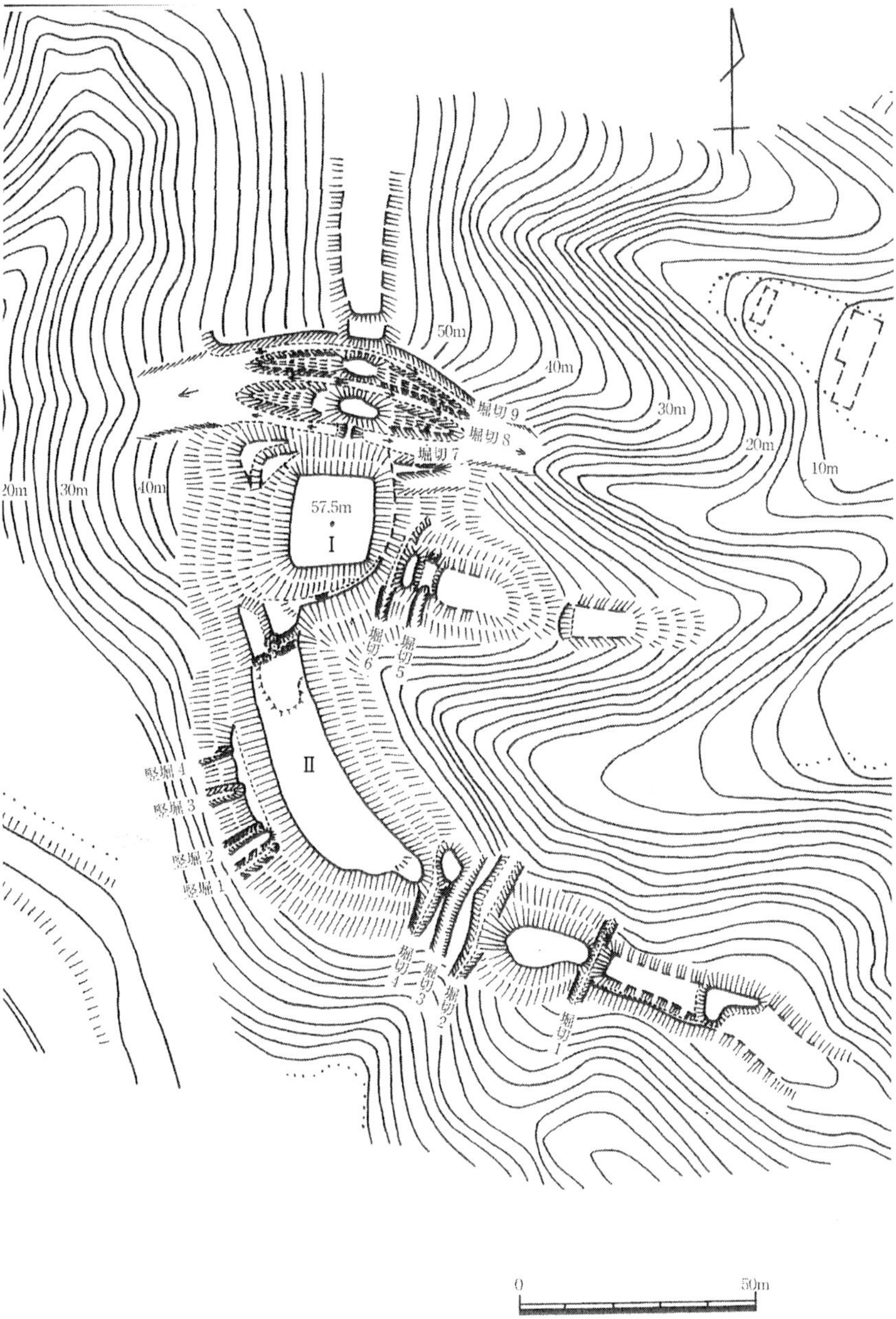

西本城跡縄張り図（中井均作図）

6 曽《そ》我《が》城跡

―河川を監視する山城―

曽我城跡航空写真（黒潮町教育委員会）

曽我城跡は、黒潮町浮鞭に所在する。標高四五ｍの丘陵先端頂部に主郭が造られ、前方の集落や河川が一望できる場所に立地している。前方眼下には湊川が流れており、この流域には上流から湊川城跡、米津城跡、浮鞭城跡が所在しており河川に関わる何らかの関係があると考えられる。

丘陵先端部の約二〇〇ｍの間には、曲輪や平場が形成され、主郭を中心として西と東に曲輪が設けられている。主郭である曲輪Ⅰの西端部には土塁が構築されていたと報告されているが、後世に畑地として利用されていることから慎重な検討が必要である。西側一段下方に曲輪Ⅲがあるが、曲輪Ⅰの北側下方にある平坦部と段差はあるが一体となった帯曲輪と考えられる。曲輪Ⅲの西側の鞍部には堀切が構えられ西丘陵からの防御施設となっている。曲輪Ⅱは主郭の東側に位置しているが、曲輪Ⅰの東側の一部に窪みがありそれが虎口だとすれば曲輪Ⅱを通って南側に構築されている平坦部に通じる城道の想定も可能となる。曲輪Ⅱの北側には縄張りでは二条の竪堀とされているが、虎口と対応して北側の防御を意識した曲輪配置になっている。東側下方に広がる平坦部は、曲輪になるかどうか不明である。

曲輪Ⅲの西側は、堀切を挟んで丘陵が延びてその頂部には旧水道タンクが設定されていたが、曲輪として利用されていたかどうかは不明である。旧水道タンクに向けて壇上に平坦部が形成されている。その南側斜面部は雛壇状に帯状の平坦部が数段確認できる。ここで認められる雛壇状平坦部は、四万十市のハナノシロ城跡にも確認でき、当時の城の防御施設と考えられている。出土遺物は、土師質土器や国産陶器、貿易陶磁等が出土しており十五世紀後半から十六世紀前半頃にかけて機能したと考えられ、入野氏の傘下にいた土豪の城の可能性もある。

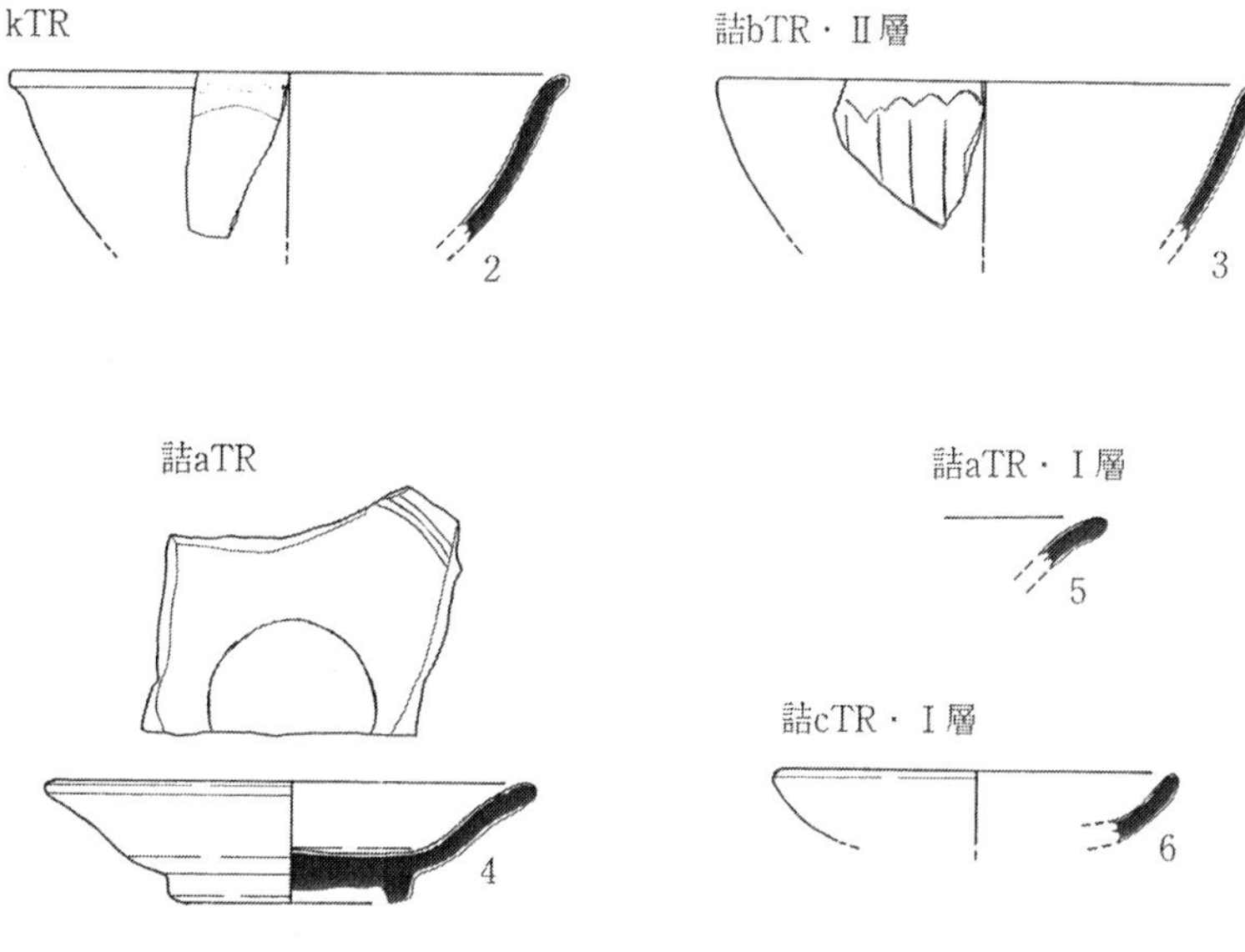

曽我城跡出土遺物（黒潮町教育委員会）

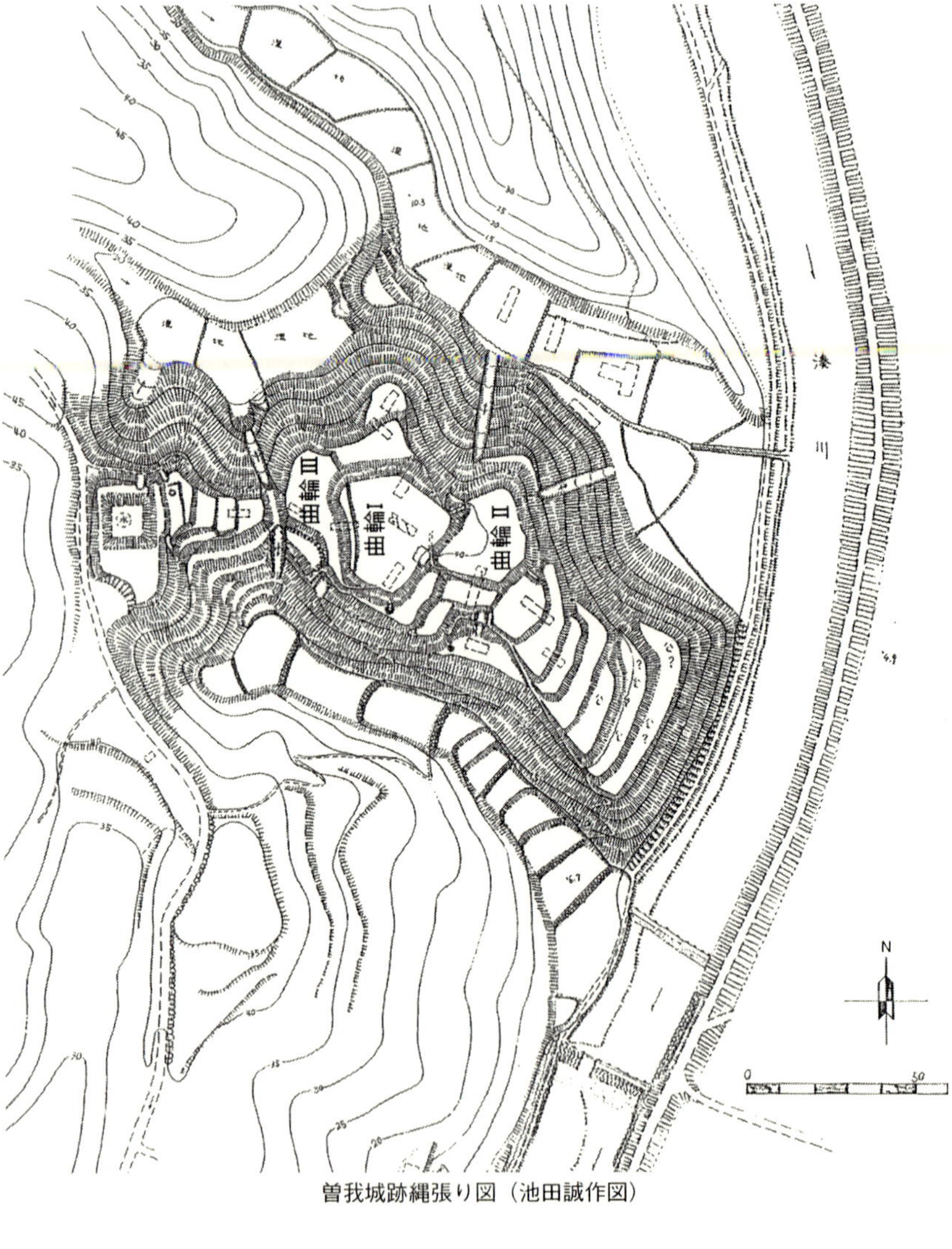

曽我城跡縄張り図（池田誠作図）

7　久礼《くれ》城跡　―礎石建物跡が検出された城―

中土佐町久礼に所在し、国人佐竹氏の居城であるが一條氏の支配後、天正年間には長宗我部氏の傘下で慶長五年（一六〇〇）まで存続したと考えられる城郭である。主郭である曲輪Ⅰの東側に曲輪Ⅱ、西側に曲輪Ⅲが配置され、特にⅠからⅢの曲輪の南西部にかけて畝状竪堀群や連続堀切で防御されている。

久礼城跡の縄張りについて見てみる。久礼中学校の北側に登り口があり、その登り口付近には遺構はまだ見えないが、南側に向かって丘陵を登っていくと竪堀遺構が見えてくる。この竪堀を覗きながらさらに登ると曲輪Ⅱとした平坦部に出てくる。この場所が最初の曲輪になる。曲輪Ⅱから西側に登ると曲輪Ⅰに出る。本丸にあたるところで、この曲輪から礎石の建物跡が三棟見つかっている。主郭である曲輪Ⅰの南側尾根には、六条の連続した堀切群や畝状竪堀群が存在し南側の尾根筋から攻めてくる敵を意識して掘られている。さらに曲輪Ⅰの西側には曲輪Ⅲがあり畝状竪堀群で厳重に守られている。簡単に久礼城の縄張りを見てきたが、これほど多くの遺構が造られ、現在も見ることができる中世城郭は高知県内でも数少なくとても貴重なものである。

昭和五十八年（一九八三）に町史編纂のため発掘調査が実施されている。詰である曲輪Ⅰの発掘調査が実施され礎石建物跡を三棟検出している。詰東端部のＳＢ01礎石建物跡は、八間×四間の南北棟の建物で側柱も一部残存しており礎石の北側部分の外に割石を立てた石列も検出している。建物の中心部には通し柱用の礎石と考えられるものも存在しており、重層的な建物の可能性もある。

ＳＢ02礎石建物跡は、ＳＢ01の西側に隣接して位置しており、二間×二間の建物でＳＢ01と同様に北側部分の外に割石を立てた石列を検出している。ＳＢ03は詰の西端部に位置しており六間×二間の南北棟で、三方を土塁に囲まれておりＳＢ01のような側柱石や石列は検出されていない。

久礼城跡の詰で検出された礎石建物は、塁線に沿って建てられており、礎石の検出状況や位置等から性格や機能が異なる建物が想定される。各城郭研究者がこの礎石建物跡に注目しており、早川圭は半間側柱礎石建物の壁構造の強固さを活かして何らかの契機に塁線に沿って配

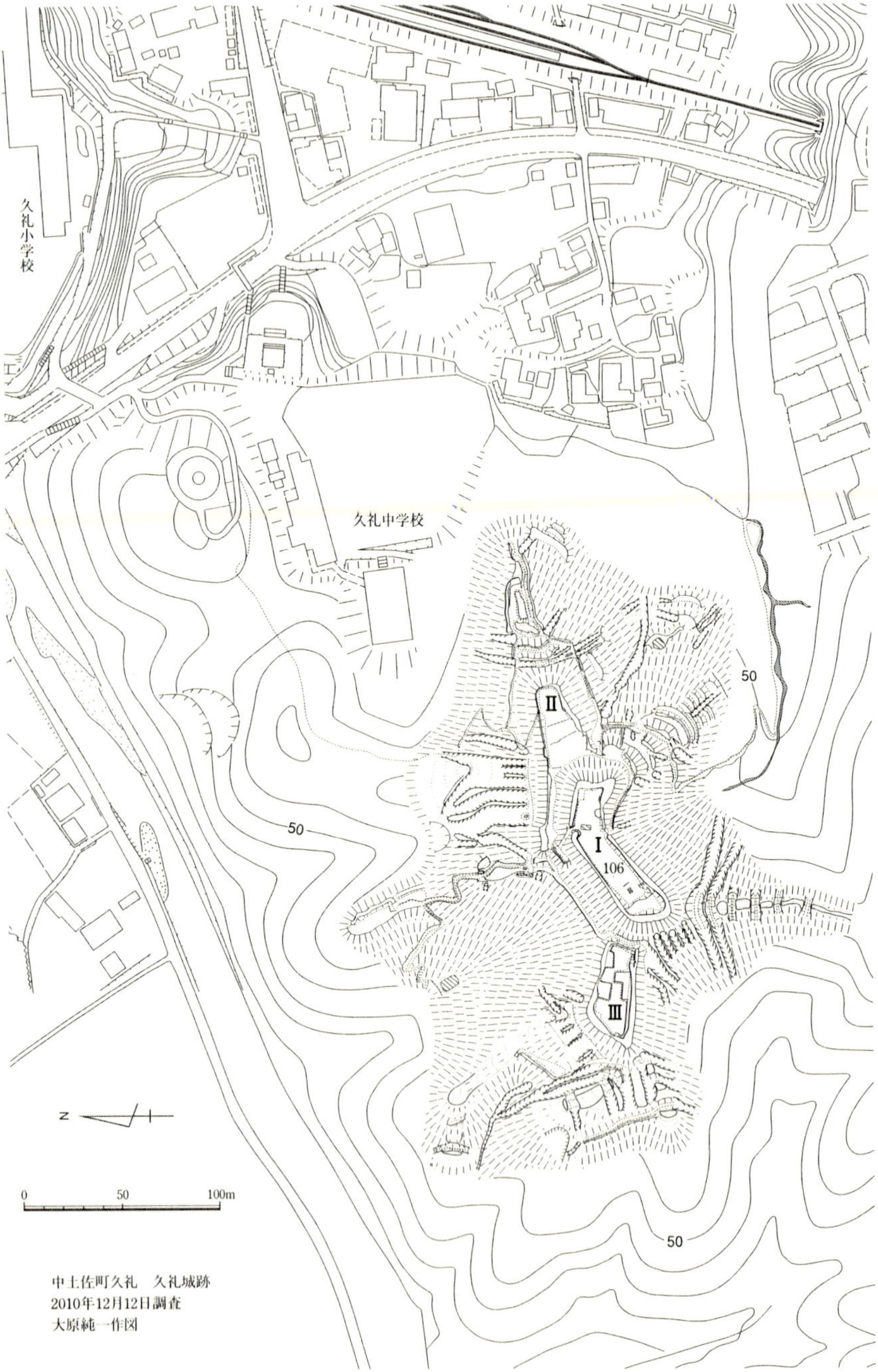

久礼城縄張り図（大原純一作図）

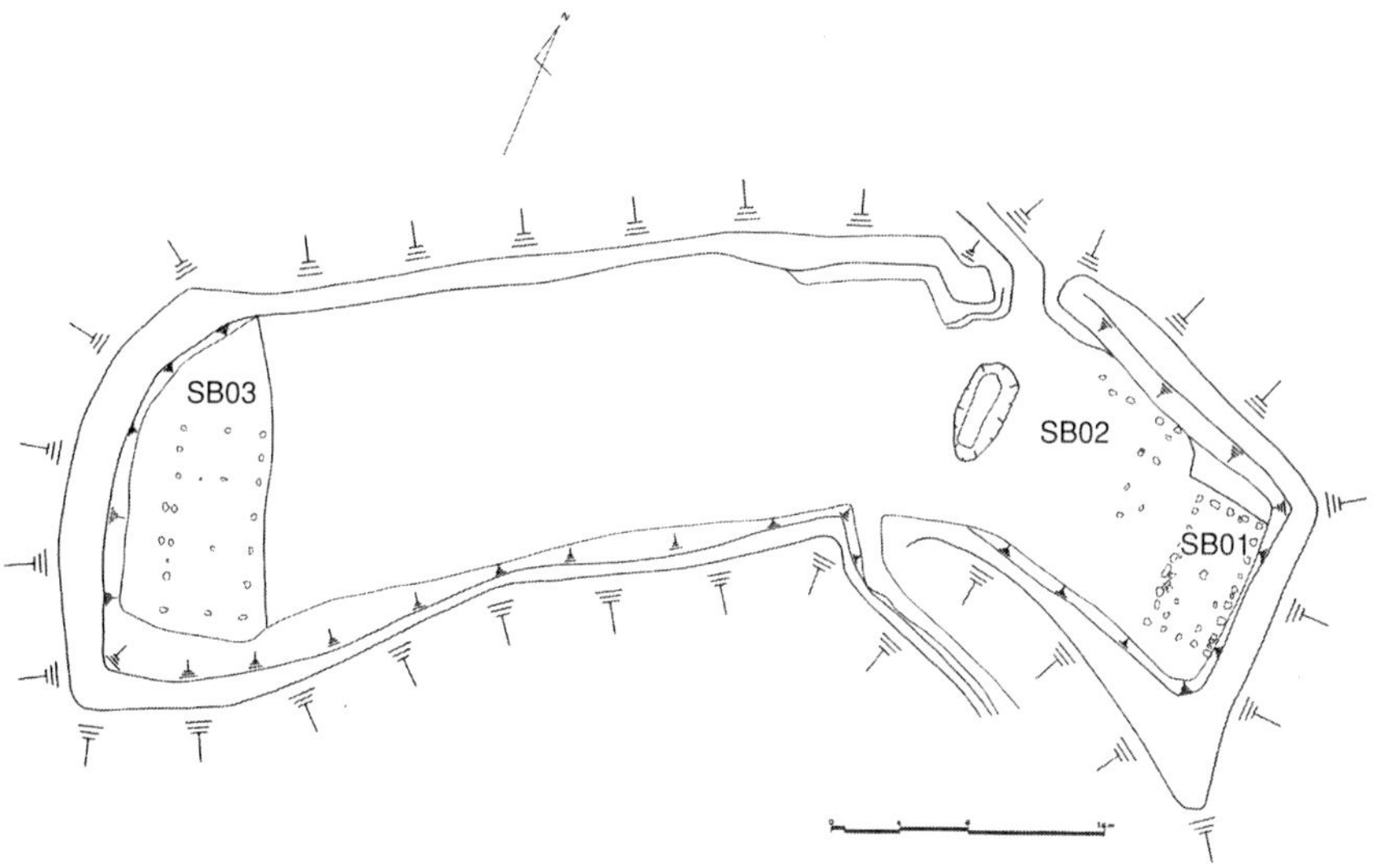

久礼城跡遺構配置図（中土佐町教育委員会）

置され防御用建物として使われるようになったと想定しており、特にＳＢ01は、半間側柱礎石建物で塁線に沿って配置されていることは重要であると考えている。

中井均は、久礼城跡の礎石建物について、本郭の端部塁線上に位置しており明らかに防御施設であることがわかり、近世城郭でいう多聞的な施設と考えている。

ＳＢ01の礎石建物跡は、主郭の東端部に位置しており、久礼の港も含め一望できる最も適した場所に構築されており重層的な建物である可能性もあり、西端部のＳＢ03とは明らかに機能の差を認めることができることから、物見目的の機能も持ち合わしていると考えられる。

出土遺物は、発掘調査した面積も狭く量的に少ない。土師質土器、貿易陶磁、鉄釘、古銭等が出土している。古銭は、寛永通宝であり、曲輪Ⅰに鎮座している佐竹神社関係のものと考えられる。貿易陶磁は、青花二点が出土しているが、時期的なことは細片でもあり明確でないが十六世紀後半代のものであることがわかっている。元亀二年（一五七一）佐竹氏が長宗我部氏の軍門に降ってからの資料は皆無であるが、縄張りに見られる畝状竪堀群や検出された礎石建物跡などは、長宗我部氏に降ってから改修された遺構と考えられる。

SB01　完掘状況（中土佐町教育委員会）

SB03　完掘状況（中土佐町教育委員会）

8 西山《にしやま》城跡

―津野氏と一條氏の攻防の城か―

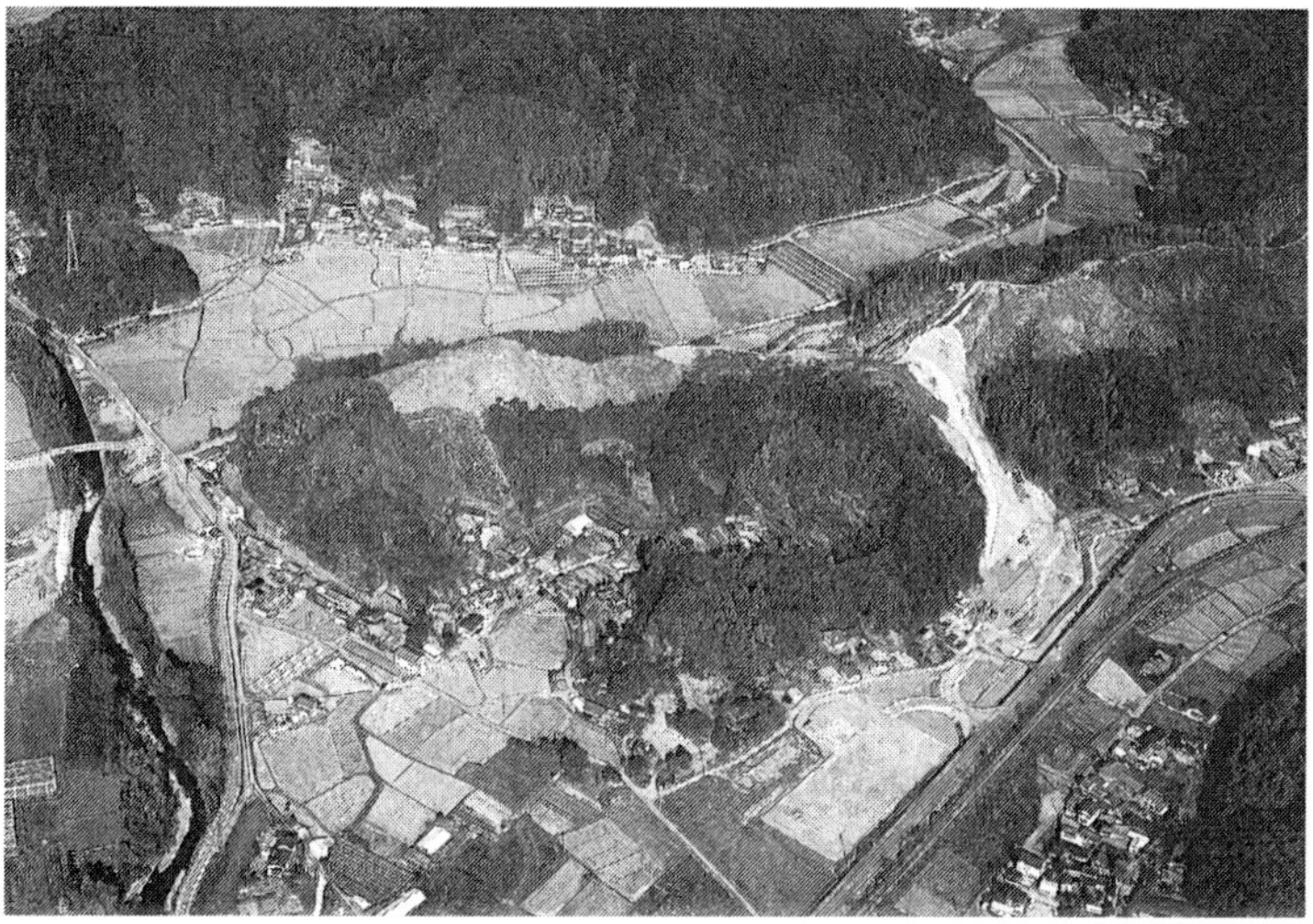

西山城跡航空写真（高知県立埋蔵文化財センター）

西山城跡は、中土佐町久礼に所在する。標高七〇mを測る山頂部に主郭が構築されており、規模は約南北二五〇m、東西一七五mの範囲で丘陵先端部に構築されている。四国横断自動車道建設に伴い発掘調査が平成十六年（二〇〇四）から十七年（二〇〇五）まで実施されている。

城の縄張りは、曲輪Ⅰの主郭と東側に曲輪Ⅱの帯曲輪が構えられ、主郭の南側尾根上には四条の堀切と竪堀一条が掘削され、北側尾根上にも五条の連続した堀切で防御されている。東側及び西側斜面には畝状竪堀群が構築されている。主郭の南東部端には横堀が検出されており北と南端部の竪堀と連結して防御機能を高めている。発掘調査で確認された堀切や竪堀群は、この城が機能した最終段階の遺構群であり、全てが一時期に構築されたとは考えられない。各パーツの正確な構築年代を示すことは不可能であるが、遺構の配置や機能から推測をしてみることにする。最初に構築された遺構として、北側尾根状の堀切2・3・4が考えられ、その後堀切1・堀切5と東斜面の竪堀20・11が加えられたと想定できる。また南側尾根の堀切6・7・8・9が構築され、その後堀切

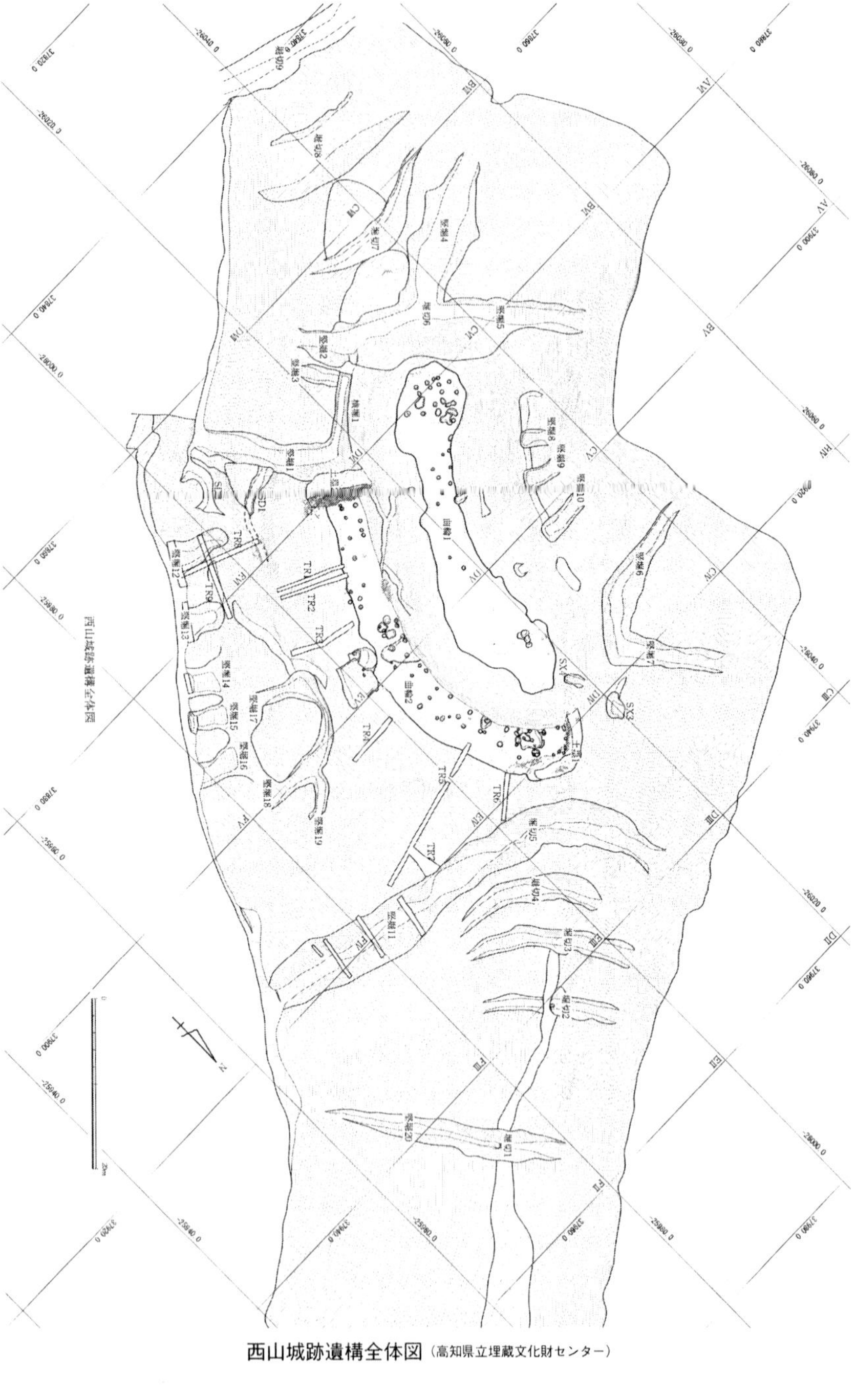

西山城跡遺構全体図（高知県立埋蔵文化財センター）

西山城跡出土遺物（高知県立埋蔵文化財センター）

5の南・東・西斜面に構築された竪堀2・4・5が加えられる。横堀1とそれに連結する竪堀1・3は帯曲輪の南端の土塁と石積み遺構と連動した防御遺構となっており、最終段階と考えられる。東と西斜面の畝状竪堀群も最終段階の遺構と考えられる。

出土遺物を見てみると、その出土状況の特徴として曲輪Ⅰと曲輪Ⅱの北端部に集中して出土している。貿易陶磁器の中でも、奢侈品が曲輪Ⅰの中央部から西斜面にかけて出土していることから重要品は曲輪Ⅰに保管されていた可能性がある。しかし曲輪Ⅰの建物跡は南端部に一棟しか認められないことからこの場所に保管されその後使用され廃棄された場所が北側だったと想定できる。

曲輪Ⅱの北側には土塁に囲まれた掘立柱建物跡が検出されており、遺物の内容も擂鉢などの調理具や羽釜などの煮炊具が出土しており、緊張関係が続いた一定期間恒常的に使用された空間と考えられる。

出土遺物の概要は、総点数が三一八三点で、山城としては量的に多い。土師質土器八九五点、瓦質土器六六点、備前焼一〇八九点、貿易陶磁器の青磁二四五点・白磁二七点・青花五一点・褐釉壷四点、鉄製品七一五点、羽口四点、スラグ三二点、古銭一三点、銅製品一六点その他土・石製品二四点、須恵器二点が出土している。西山城跡の出土遺物の特徴として、国産陶器の備前焼が一番多く出土している点である。中村城跡や岡豊城跡、芳原城跡などの拠点的城郭は土師質土器が最も多く出土しているが、土師質土器の出土が少ないことが挙げられる。

出土遺物から時期を探ってみると、備前焼は十五世紀後半代が主体で、羽釜は播磨型も見られ十五世紀中頃から後半の時期を想定できる。調理具や煮炊具をみると、十五世紀後半代に中心があり、貿易陶磁器は青磁が最も多く出土しているが、青花や白磁も出土している。編年では十五世紀後半から十六世紀前半という時期が与えられているが、青花の端反り皿で見込みに玉取獅子、外面に牡丹唐草文の皿などは、十五世紀から出土しているが天正元年（一五七三）に廃絶する一乗谷遺跡で主体となる皿で百年以上も主要タイプで使用されているとか、入手できる機会に同時期にまとまって入ってきたとの指摘もある。西山城跡では、このタイプの皿がまとまって出土しており、入手し使用した時期が問題となるところである。

西山城跡が機能した時期が一時期考えられるようで、新しい時期が十六世紀前半代と想定できるが、今後在地の土師質土器の編年を確立して裏付けていく必要がある。しかし、同じ町内には久礼城跡が存在しており、立地や縄張り及び検出遺構の相違点など総合的に考察していく必要がある。西山城跡の城主については、不明な点が多いが地元伝承では久礼川北部一帯を支配していた在地領主で北村氏という名前が伝わっている。また、南北朝期以降の佐竹氏が関与していたとも考えられている。永正十四年（一五一七）の戸波城攻めの恵良沼の戦いや天文年間（一五三二〜一五五五）にかけての一條氏と津野氏の戦いにおいて西山城跡が利用された可能性がある。貿易陶磁の奢侈品やまとまって出土した青花の皿など入手できたのは一條氏が関係している可能性もある。

西山城跡遠景（高知県立埋蔵文化財センター）

9 和田《わだ》城跡

―長宗我部氏伊予侵攻の拠点―

和田城跡航空写真（檮原町教育委員会）

和田城跡は、伊予との県境の街で檮原町川西路に所在する。檮原町では、中世城館跡が一〇箇所残存するが、その中でも街の中心部に位置する城跡である。

和田城跡は、『前田家蔵文書』にその名称が記載されているが詳細は不明である。伝承では和田城跡の南側丘陵上の標高五二〇mに構築されている檮原城跡の支城とされている。檮原城は津野氏の家臣である中平氏が在城したとされているので、その一族が和田城を構築した可能性が強い。

城跡は、檮原川と国道一九七号から町道和田島線に挟まれた標高四三六mの独立丘陵に構築されている。檮原川が屈曲する北側に位置し、小規模な城ながら檮原の中心で檮原川を自然の堀として利用している。地理的に伊予からの進入路口にあたり、侵攻にも良好な場所で伊予方面からの防御的機能を果たしていた城郭でもある。

この独立丘陵は、砂岩と頁岩から構成されており、砂岩は灰褐色化され風化が著しいが、その砂岩と一部に見られる頁岩を削平して曲輪が形成されている。

城の縄張りであるが、独立丘陵北端部が登り口になっており、百段近い階段が標高四三〇ｍのところまで設置されている。道路から頂上までの比高差は約三〇ｍである。登り終えると尾根筋を東西に堀切が掘削されており、まず最初の防御施設である。東側は急傾斜になっているが、西側は比較的傾斜が緩く下方まで堀切が延びる。さらに南に進むと平坦地が見られ曲輪ⅡAとした地点にでる。さらに南側には、調査の結果堀切を埋め戻した平坦部が続き城跡の中で最も高い曲輪Ⅰがある。曲輪Ⅰと北側平坦部の比高差は約二ｍである。曲輪Ⅰは、シイの大木があり小さな祠が残存しているが、南半分の大半が出雲稲荷神社が改修されたため破壊されている。曲輪Ⅰを取り囲むように東と西側部分に小道が開けており、その南側は城跡の中で最も広い平坦部である曲輪ⅡBにでる。この曲輪は、約四〇〇㎡の広さを持ち南から東側にかけて土塁に囲まれている。東側土塁は、一部墓地化しており破

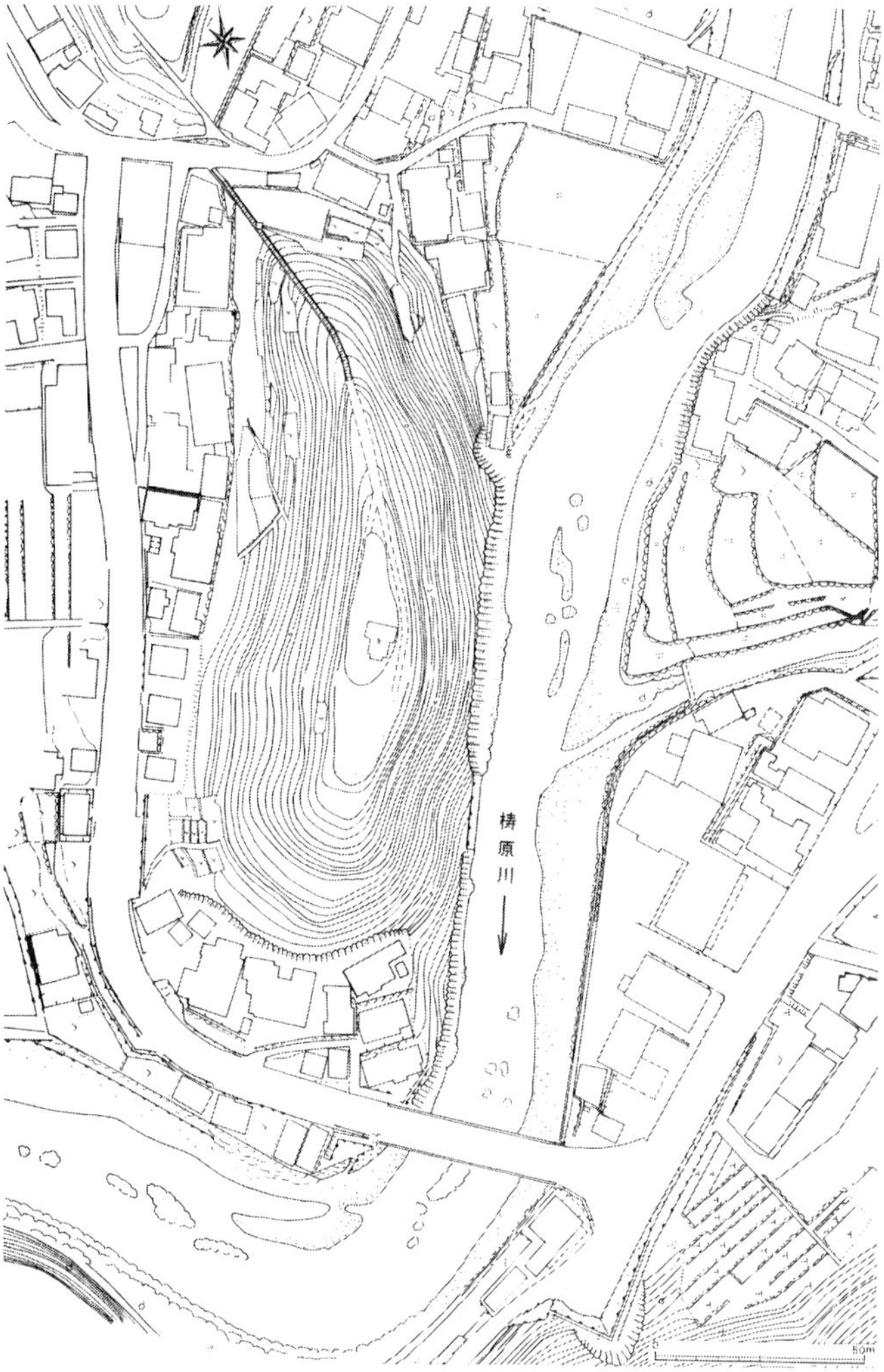

和田城跡周辺地形図（梼原町教育委員会）

壊されている。その南側には曲輪Ⅲが造成され、曲輪ⅡBとの比高差は約二・五mである。曲輪Ⅲは一七四㎡の広さを持つが調査の結果では遺構は検出されなかった。

この地域は、檮原川沿いの独立丘陵で急傾斜地が多く、川西路急傾斜崩壊対策事業計画があがり、記録保存の発掘調査が実施されている。調査の結果、津野氏が支配していた十五世紀後半代と、長宗我部氏の傘下に入った十六世紀後半の二時期の遺構・遺物が検出されている。遺構は、堀切や土塁、掘立柱建物跡や土坑等が検出されている。曲輪ⅡBの掘立柱建物跡の柱穴からの遺物は皆無で、機能した時期は不明であるが土塁も含めて、長宗我部氏が伊予攻めの拠点の一つとして利用された時に構築されたと考えられる。また、曲輪Ⅰの一段高い場所からコビキA（糸引き）の瓦片が出土しており城八幡に葺かれたものと推定されている。堀切を埋めて石垣を構築しているが、基礎は松の胴木が使用されており、石垣構築の時期は不明である。

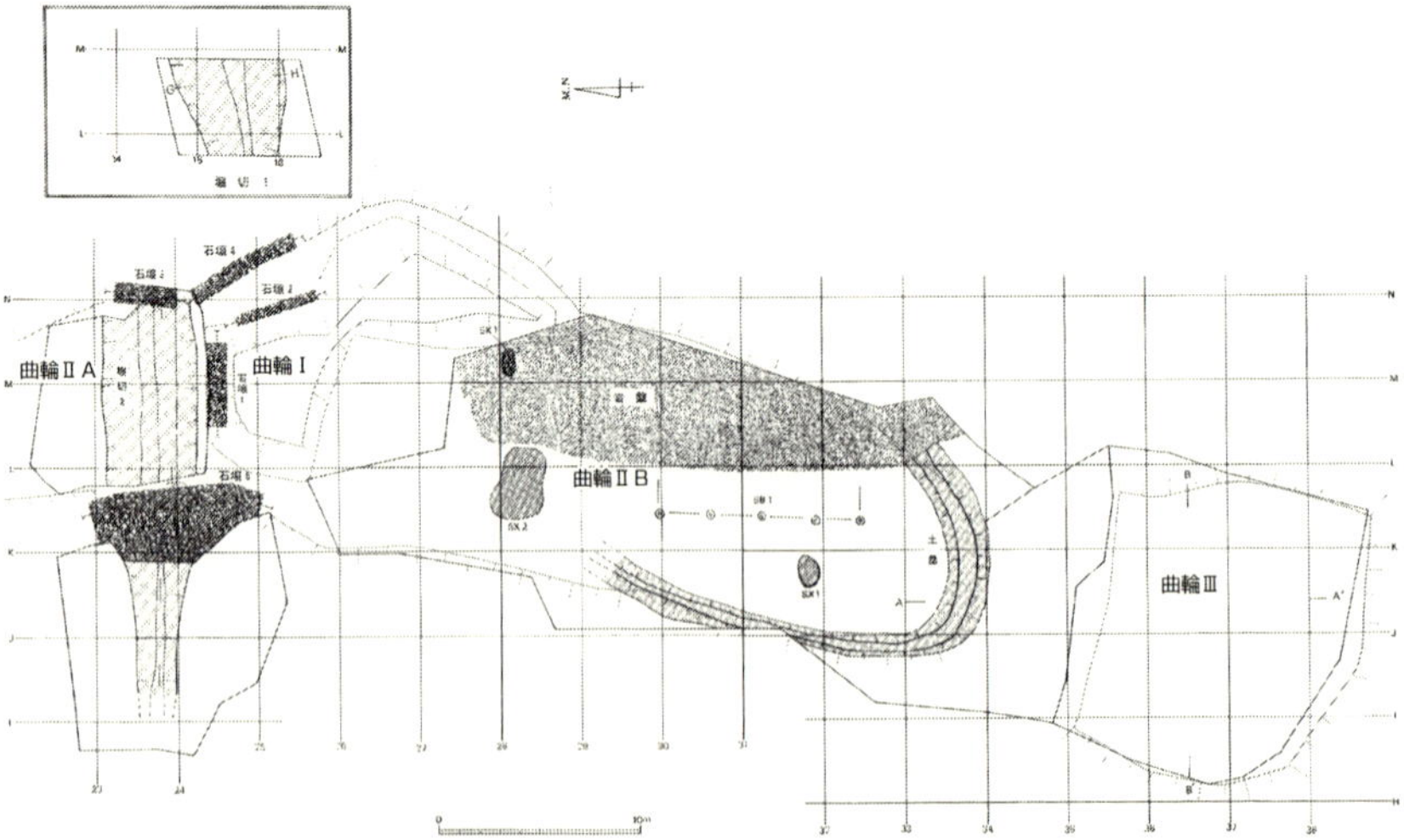

和田城跡遺構概略図（檮原町教育委員会）

10 姫《ひめ》野《の》々《の》城跡 ―有力国人津野氏の居城―

姫野々城跡は、高知県中央部西寄りに位置している津野町姫野々に所在し、津野町から檮原町にかけて支配した津野氏の居城である。平成六・七年（一九九四・一九九五）度にかけて公園整備に伴い山城部分の発掘調査が行われている。

津野氏については、伝承によると伊予からの入国説と、平安時代後半に成立したと思われる津野荘（現在の須崎市多ノ郷、吾桑地区）から新荘川上流域に発展したという説などがあり明確ではない。文献では、『勘中記』（紙背文書）、『南路志』、『佐伯文書』（堅田文書）などが見られ、康和二年（一一〇〇）に京都賀茂御祖社の荘園として成立したとか、「地頭津野」という記載や、鎌倉時代末期に「津野新荘里方」に対して葉山、津野山方面を「津野新荘山形」といった記載がみられることから、津野氏は鎌倉時代には地頭として封建領主化に成功していったと考えられる。

このように、南北朝末期には檮原方面も新荘内に組み入れられていることがわかる。姫野々はこれらの地を押える要所に位置していることから、南北朝時代の繁高の頃には居城が現在の津野町姫野々にあったと考えられる。南北朝期から室町期にかけて津野氏の全盛であり、『十八代記』によると津野繁高の後に浄高・元高・春高と継いでいる。伊予の河野氏から入ってきた之高が春高の養子となった明徳年間（一三九〇～一三九三）の時期には、津野之高が地頭として封建領主化に成功していったと考えられている。その後支配地域も十五世紀の中頃からは四万十川上流（檮原町・東津野村）より新荘川全流域の制圧し、永正五年（一五〇八）に五千貫の国人領主となり当地城の土豪名主層の家臣団への編成を達成しているようである。

その後十六世紀の中頃に入ると天文年間（一五三二～一五五五）に一條氏との戦いで敗退し、津野氏は一條氏に降伏し所領は安堵された。元亀二年（一五七一）には長宗我部氏の傘下に入り、長宗我部元親の三男である親忠を津野勝興の養子として迎え入れた。親忠は、天正末期頃に城を葉山姫野々から須崎に移したが、長宗我部氏の家督相続争いに巻き込まれ、慶長四年（一五九九）三月には元親によって幽閉され、その後長宗我部家を継いだ盛親によって慶長五年（一六〇〇）香美郡岩村・霊巌寺にて殺害され津野氏は滅亡する。親忠を殺したことにより、盛親は「兄殺し」として家康に咎められたことが長宗我部氏改易の一因となった。

　城跡は、標高一九三mの山上に立地し、家臣団屋敷の立地する姫野々集落からの比高差は一三〇mを測る。山頂部には、東西二三m・南北最大幅八・九mを測る平面楕円形を呈した「詰ノ段」にあたる平坦面が存在し、この詰ノ段から比高差三m～五m下方には帯曲輪を呈した「二ノ段」が存在する。二ノ段南及び二ノ段西は、それぞれ最大幅一一・二m、一六・五mを測り、帯曲輪の中でも広くなっている。二ノ段南の西南端からは幅二・五mほどの通路が西下に延びており、二ノ段西に通じている。詰ノ段及び二ノ段には土塁等の遺構はみられないが、詰ノ段斜面及び二ノ段斜面は急峻な切岸であり部分的に土止めの石積みに使われていたような石材がみられる。二ノ段の七～一〇m下には畝状竪堀群が存在し南東斜面には六条、北斜面は九条、南西斜面に五条みられ、合計二〇条の畝状竪堀で主郭をとり囲むように放射状に構築している。また、詰ノ段・二ノ段の主郭を中心とした東西の尾根とそこから南に延びる尾根が続いており、この尾根にはそれぞれ堀切が連続して構築されている。この

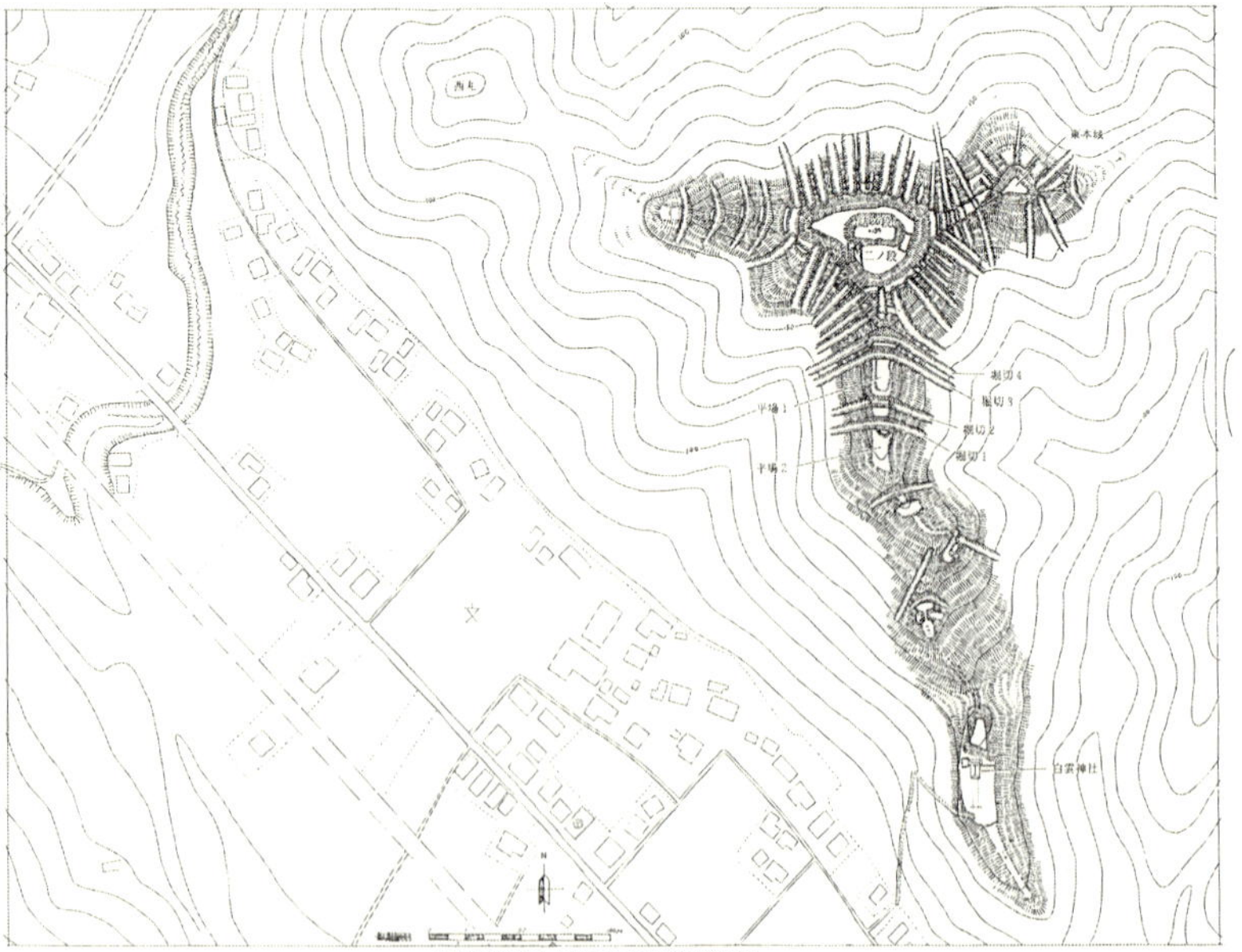

姫野々城跡縄張り図（池田誠作図）（津野町教育委員会）

城の縄張りの大きな特徴は、主郭を取り巻く畝状竪堀群が構築されていることである。

発掘調査は、詰ノ段と二ノ段の調査が行われており、礎石建物跡が二ノ段西の曲輪で検出されており規模は大きくないが三間×一間以上の建物跡と推定している。詰ノ段や二ノ段から多くの遺物が出土しており、十四世紀後半から十五世紀前半代と十五世紀後半から十六世紀に収まる一群が確認できる。主郭を中心に畝状竪堀群が確認できることから、二ノ段で検出されている礎石建物も含めて十六世紀でも後半代の親忠が入った段階の遺構も残存していると考えている。

土佐における畝状竪堀群の発生と展開について、一條氏から長宗我部氏が構築技術を継承し使用されたものと考えているが、長宗我部元親の三男親忠が津野氏を継いだ前後の頃で元亀から天正初年頃に姫野々城が再構築された時の遺構群と考えている。地検帳では、山城部分の検地が行われておらず、長宗我部氏の本拠である岡豊城と同じように直轄地として認識されていたと考えられる。

津野親忠が姫野々城から須崎城に居城を移した後も、給人屋敷は姫野々城下に存在しているが、さらに家臣の給地は須崎城麓の平野部周辺にも与えられている。姫野々では領内流通経済の掌握や城下町建設が不可能であるということから、港湾集落である須崎を外港として選び移城したと考えられている。しかし、文禄慶長の役に備えるための移城とも考えることができる。時を同じくして、父である元親も長宗我部氏の本拠とした大高坂城から浦戸城への移城を計画し、天正十九年（一五九一）には浦戸城を構築している。さらに東部の安芸でも豊臣期の城下町形成に朝鮮出兵期における軍役負担の実態について歴史地理学的研究が進んでおり、安芸城下も朝鮮出兵によって豊臣期に都市基盤が整備されたと考えられている。須崎城下も安芸同様に海運の充実や掌握も含めて整備された可能性があり、豊臣秀吉の強い意向により文禄慶長の役に備え浦戸城やその城下町も含め元親と連動した動きの一環で移城したと考えられる。

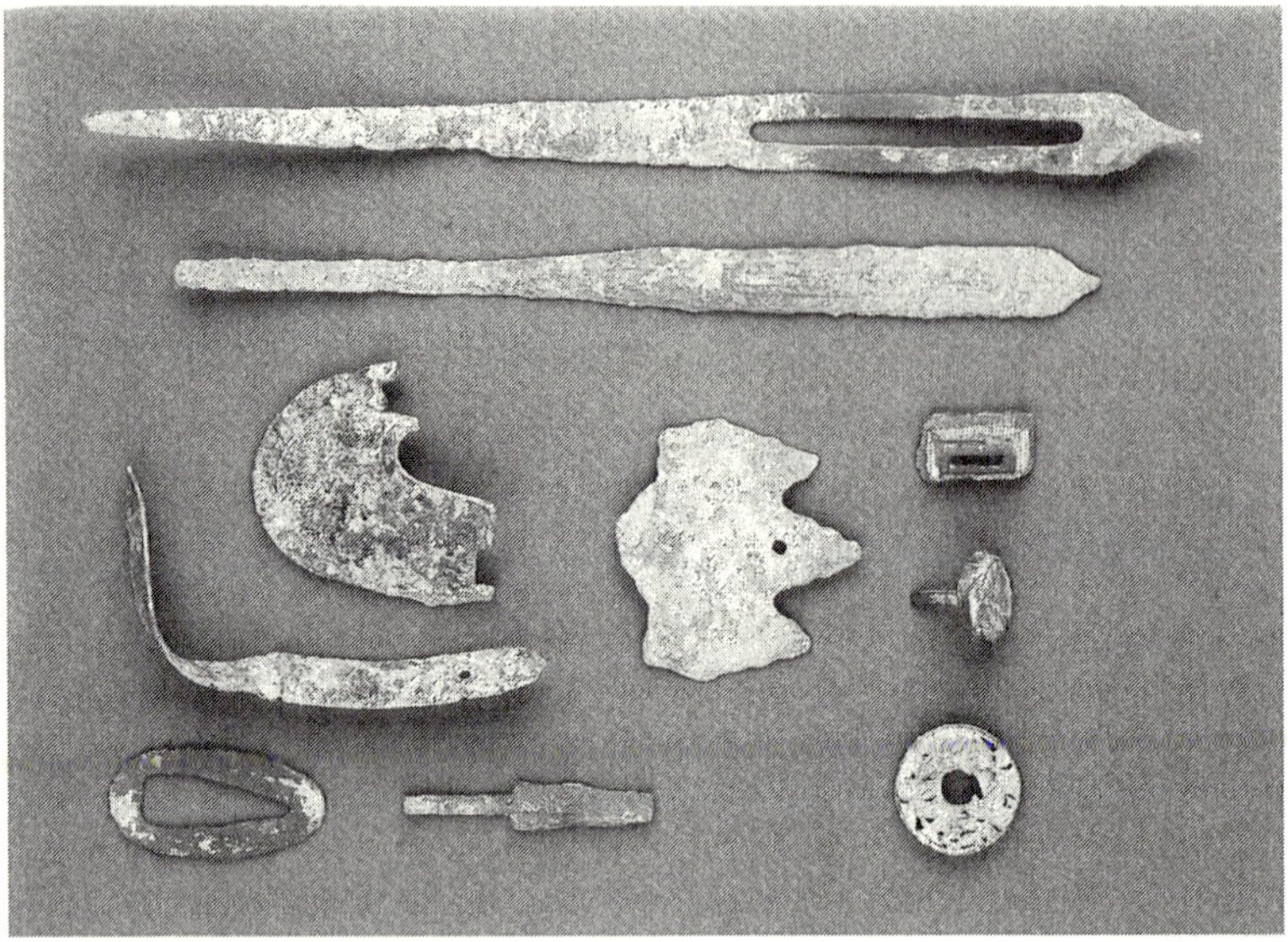

銅製品

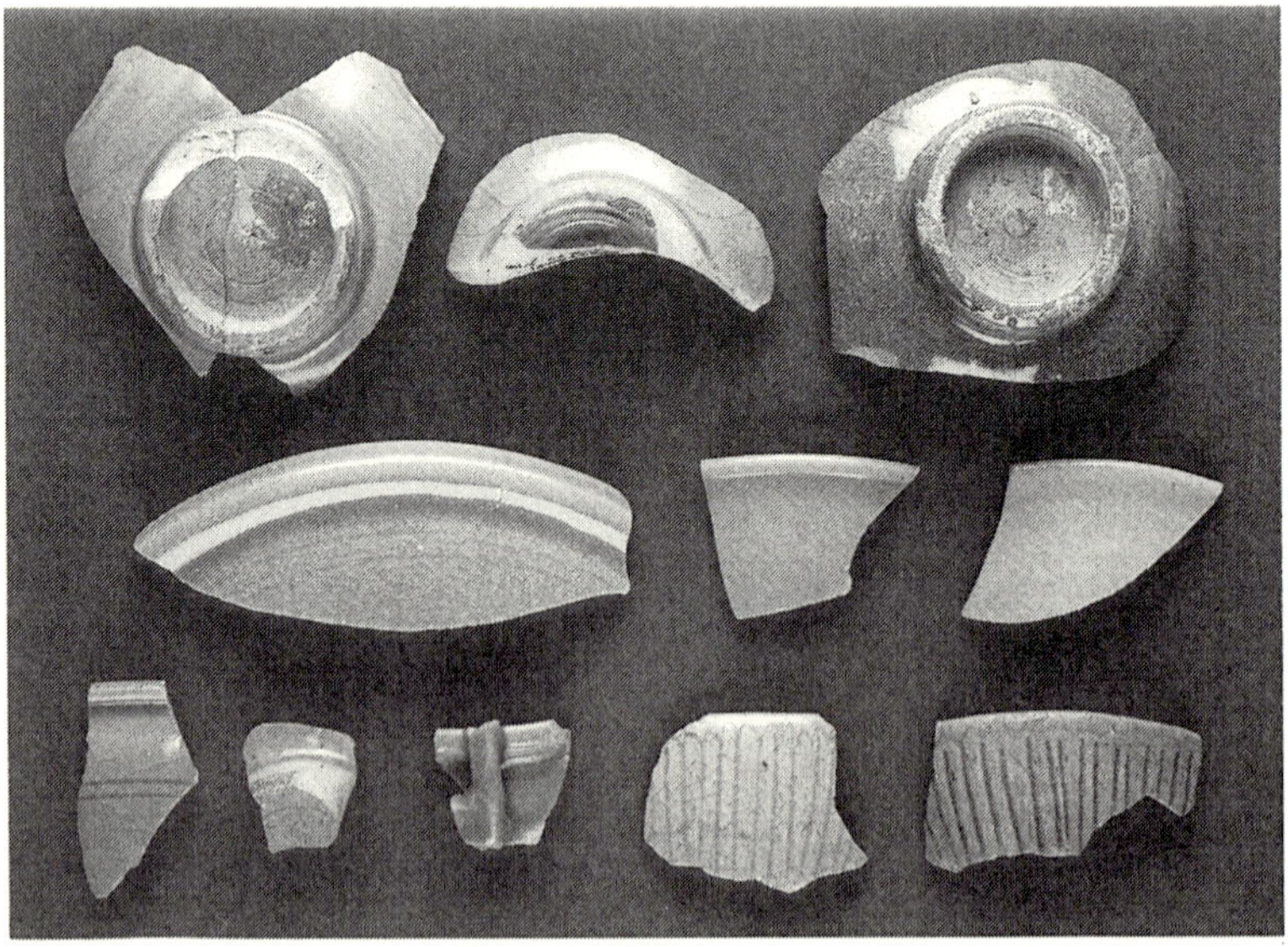

青磁

姫野々城跡出土遺物（津野町教育委員会）

11 加牟曽宇城跡《かんぞう》

―伊予県境に築かれた城―

加牟曽宇城跡遠景　中津明神山側（西）より（仁淀川町教育委員会）

加牟曽宇城跡は、愛媛県との県境で仁淀川町の森山・下名野川集落を挟む丘陵山頂に構築されている。標高八三四ｍの高所で、仁淀川を挟んで旧仁淀村の長者の奥まで見渡せることができる場所である。周辺の中世城跡として、愛媛県境にそびえる松岡城跡、仁淀川町大崎に所在する古城跡などが確認されている。また、大崎から愛媛県境に抜ける旧街道周辺には、長泉寺、願成寺、菜野河神社、西願寺などの寺社、仁淀川沿いには川井舟宿、筏津（イカナヅ）、船戸などの船着場の地名も残る。

城主は、『土佐州郡志』や『南路志』に片岡上総介の名前が記載されており、中世に高吾北一帯を治めていた土豪の片岡一族の持城と考えられる。片岡氏は、黒岩城や片岡城を居城としているが、元亀二年（一五七一）城主である片岡光綱の時に長宗我部元親に降ったと伝えられている。さらに天正十三年（一五八五）伊予の金子元宅の援軍に赴き小早川軍と戦って討死している。

加牟曽宇城跡の縄張りは、標高八三四ｍに主郭の曲輪Ⅰが築かれ長径二〇・五ｍ短径一七・一ｍを測り平面三角形状を呈している。北側には土塁が築かれ、長さ約一

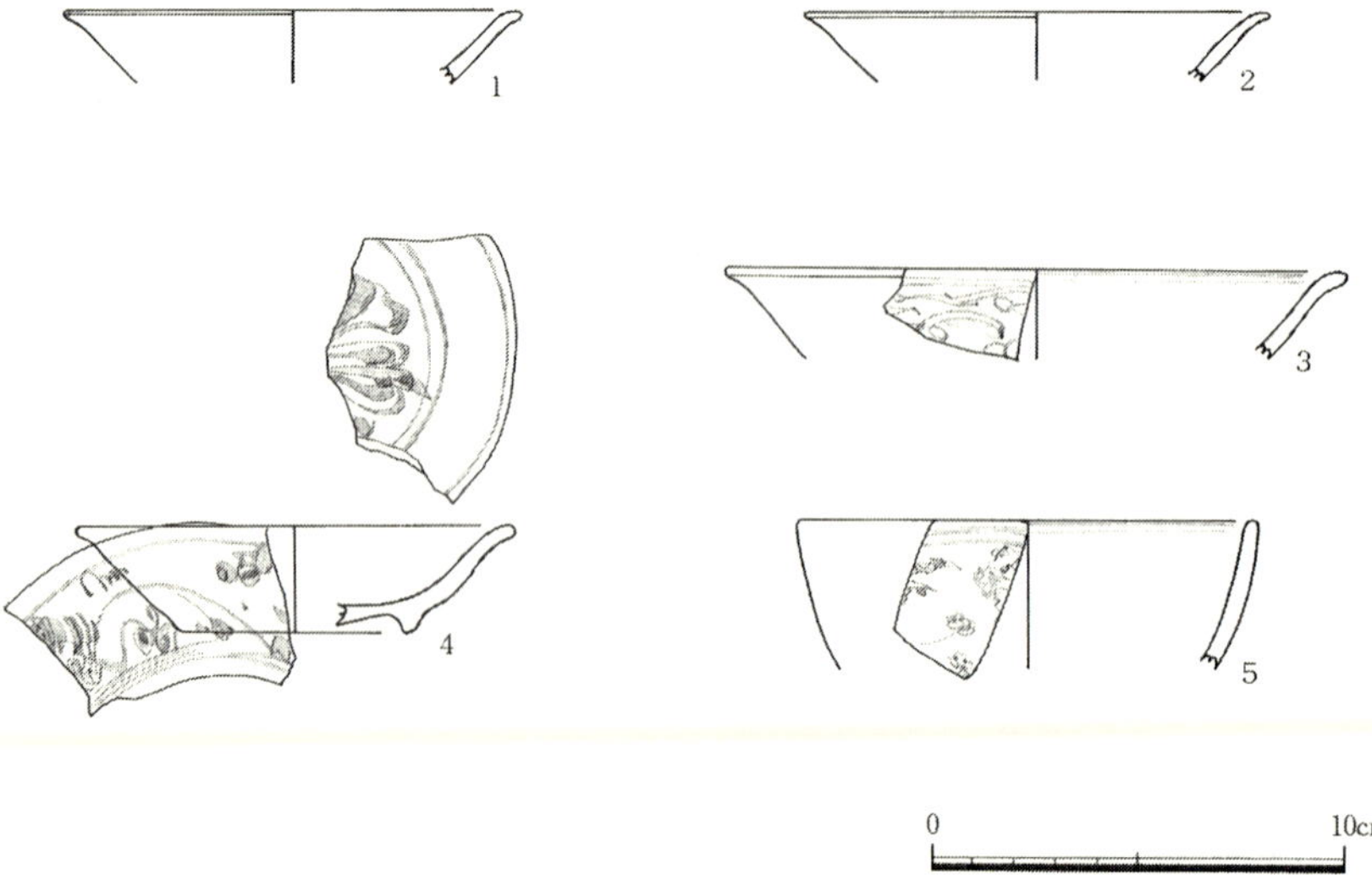

加牟曽宇城跡出土遺物（仁淀川町教育委員会）

一ｍにわたり残存しており、北側の尾根筋からの侵入に備えている。北側の尾根筋を下ると主郭の三分の一ほどの広さを持つ曲輪Ⅱがあり周囲に竪堀が巡っている。連続した竪堀群で、曲輪Ⅰの土塁と同様に北からの防御に備えている。曲輪Ⅱを取り巻くように竪堀群が構築されていることは注目される。南尾根では、三条の堀切と一条の竪堀が掘削されている。曲輪Ⅰの東側に堀切を挟んで曲輪Ⅲが存在し、その東側は尾根の自然地形がのびている。曲輪Ⅲの南北に竪堀と尾根の南北にも竪堀が掘られている。

東端部には、二箇所の平坦部が存在するが、当初城として機能していた曲輪かどうか判断できなかったが、以前に城八幡が所在していた時期があり、最近造成された石段や石垣が存在する。

旧吾川村が実施した城跡の学術調査で、各曲輪の性格を掴むため数本のトレンチが設定され調査されている。主郭の曲輪Ⅰに九箇所のトレンチを設定し、土塁を断ち割って盛土状況を確認している。土留め石を確認しており盛土の流出を抑えている。その他曲輪Ⅰからは、土坑やピットが検出されており、土師質土器や貿易陶磁の青花・白磁、古銭（洪武通寶他）などが出土している。出土遺物は少ないが、貿易陶磁器を見てみると青花と白磁

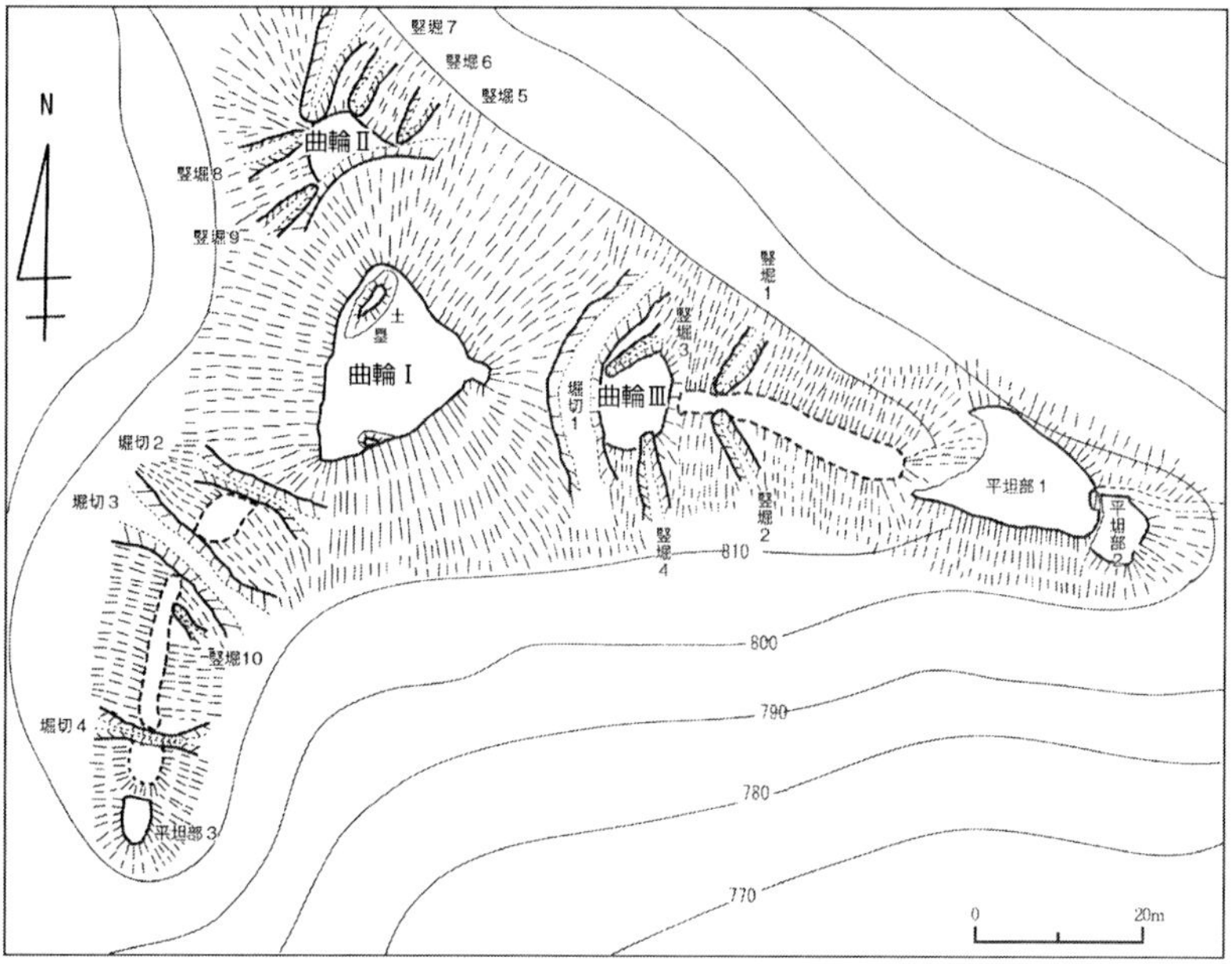

加牟曽宇城跡縄張り図（松田直則作図）

が出土している。青磁が認められないことや、青花の皿や碗の特徴から十六世紀前半代のものもあるが、主に後半代に搬入されたものであり、縄張りで確認された遺構群と時期的にも重なる時期である。長宗我部氏の傘下に入った時期に再構築され伊予侵攻にも利用された城と考えられる。

12 波《は》川《かわ》城跡・古《こ》井《い》の森《もり》城跡

―高知県での山城発掘調査のはじまり―

高知県で初めて山城の発掘調査が実施されたのが、いの町波川に所在する波川城跡である。波川城跡は、別名城主名から波川玄蕃城とか葛木城とか呼ばれている。城跡は、天正年間長宗我部元親の家臣で波川玄蕃頭清宗の居城と伝えられており、現在いの町の登録有形文化財に指定されている。波川玄蕃頭清宗は、元親の妹を妻にしており有力家臣であった。しかし、伊予国の大野直之を援護するため派遣されたおり、河野氏の援軍である小早川隆景と独断で和睦を結び、元親から蟄居させられその後反乱を企てたが露見して、天正八年（一五八〇）には阿波国海部に逃れたが香宗我部親泰に自刃に追い込まれたという歴史がある。

発掘調査は、ＮＨＫ、ＲＫＣテレビアンテナ中継地建設に伴うもので、昭和四十八年（一九七三）に波川城跡の主郭の一部が発掘されている。標高一七一ｍの土塁に囲

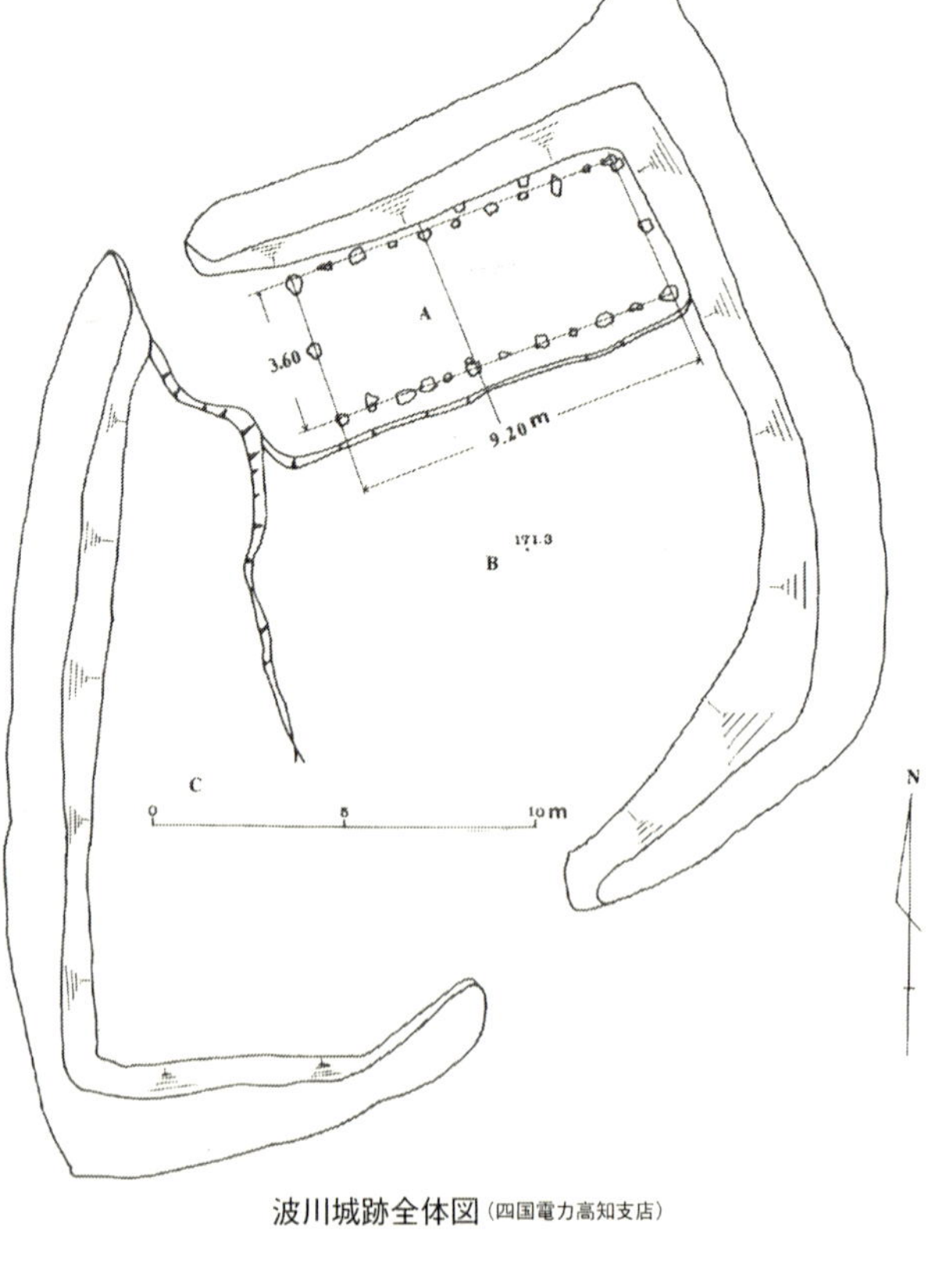

波川城跡全体図（四国電力高知支店）

古井の森城跡（四国電力高知支店）

まれた主郭で、調査結果では礎石建物跡が検出されている。二間×五間で東西九・二m、南北九・二mの規模をもち、南北の礎石列には半間間隔の側柱が配置されている。久礼城跡のＳＢ１の半間側柱建物跡と類似しており、北東隅の土塁に接して構築されている。出土遺物は土師質土器片のみであり、遺物から時期を求めることは不可能であるが、久礼城跡の礎石建物と類似性がある点は重要と考える。波川城跡に礎石建物が導入された時期は、波川玄蕃が長宗我部氏の傘下に入った時期から天正八年の廃城時期までと考えられる。

次に発掘調査された山城が古井の森城跡で、高知市土佐山の鏡川上流域の中切に所在する。四国電力が発電所新設に伴い既設鏡川線への電源輸送設備の鉄塔が必要となったため緊急発掘調査が昭和五十二年（一九七七）に実施されている。

城跡は、鏡川と東川が合流する地点の要害で、標高一九九mの円錐形の丘陵頂部に構築されている。頂上部の一六九㎡の面積を持つ平坦部に主郭が形成されている。文献では、わずかに『土佐州郡志』に古城跡の記載があるのみで城主も不明であるが、弘瀬権之丞が城主で本山軍の攻撃を受け、権之丞の機知でかろうじて本山軍と対抗できたということなどが地域の伝承として残る。

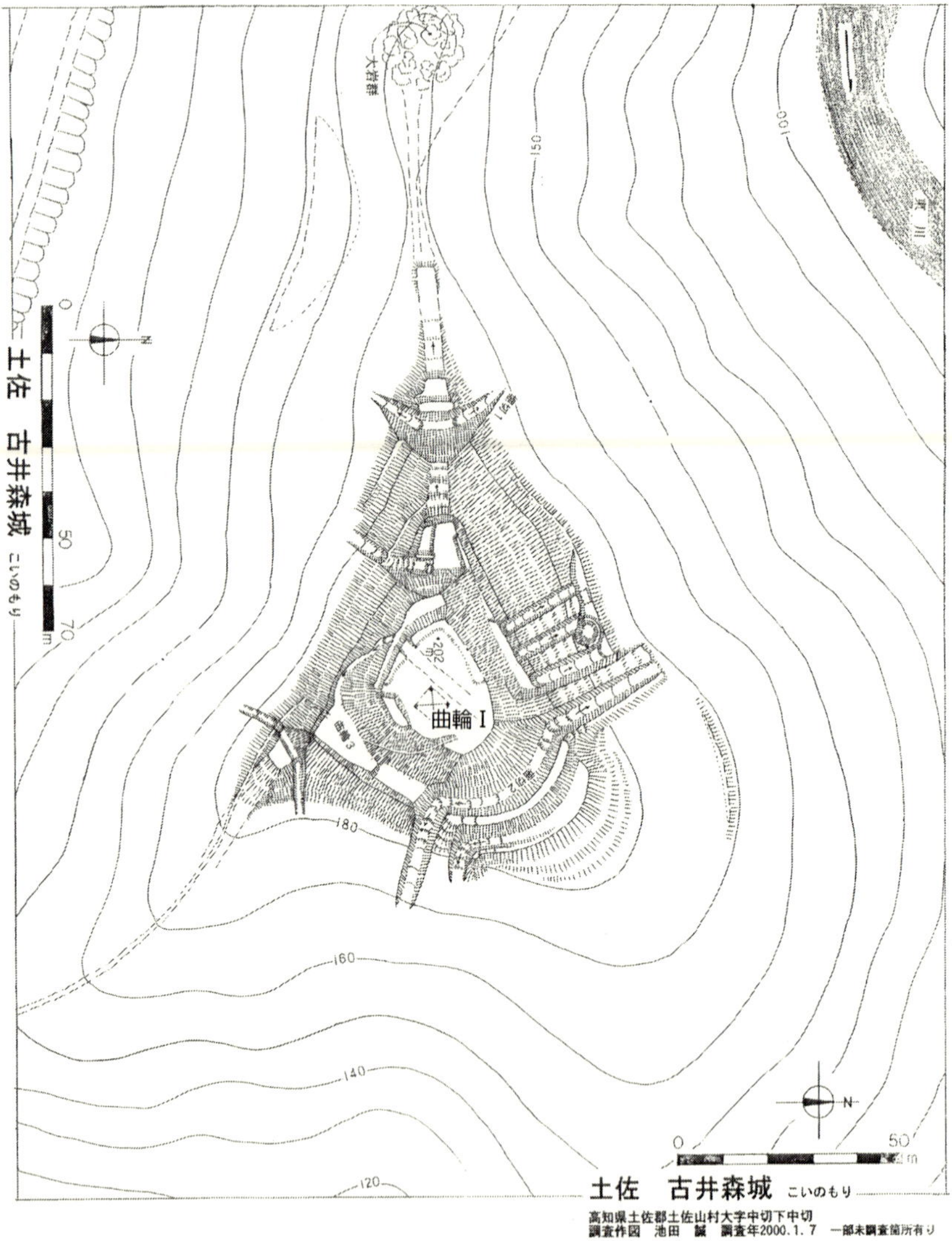

古井の森城跡（土佐山）縄張り図（池田誠作図）

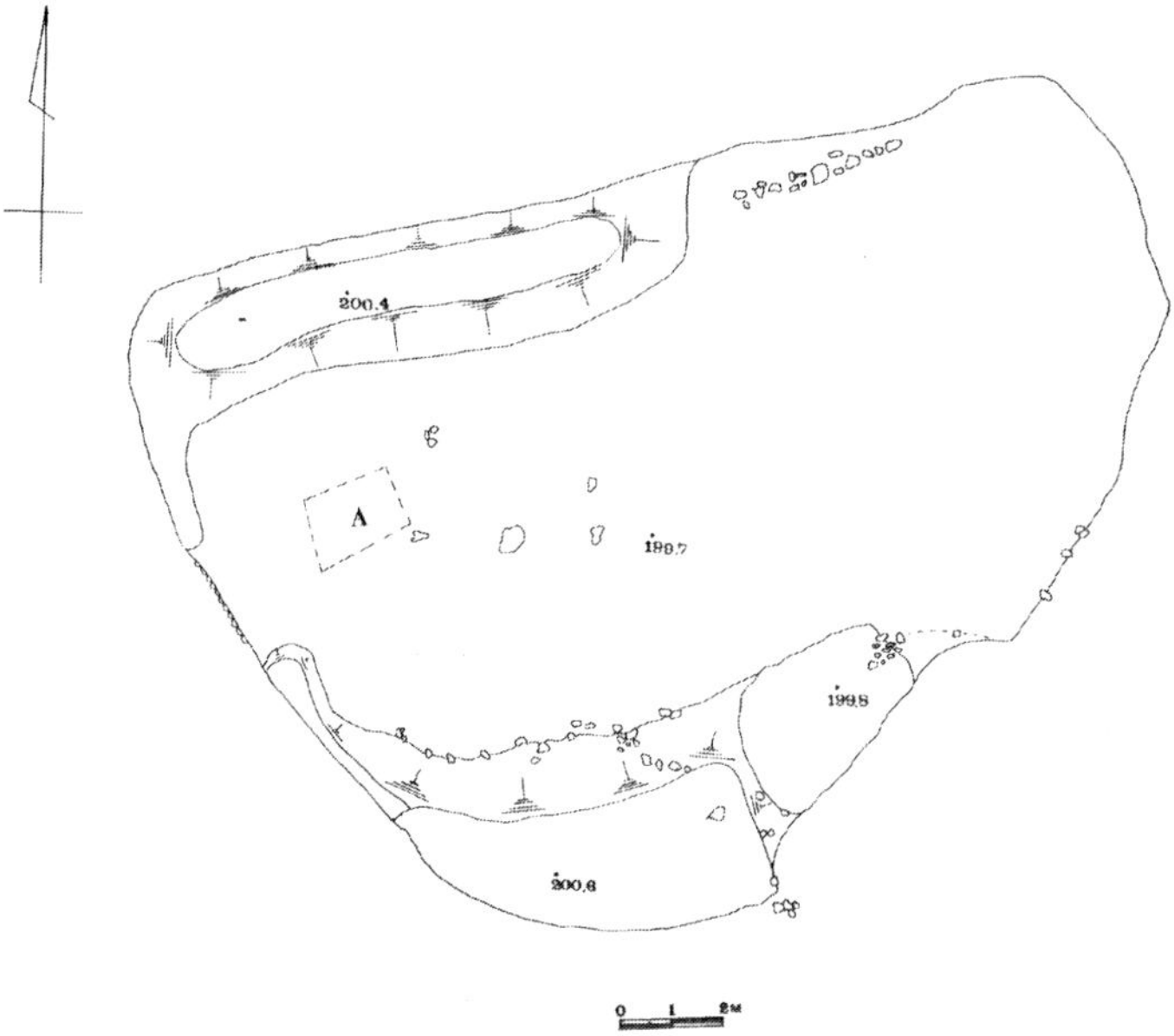

古井の森城跡曲輪Ⅰ遺構全体図（四国電力高知支店）

城跡の縄張りは、鏡川と東川によって囲まれた半島状の丘陵上に構築されており、西側堀切から東側の竪堀端までを測ると約一二〇m、南北は九〇mの規模になる。鉄塔が建設された主郭の曲輪Ⅰは、長軸が約六七mを測り南側に腰曲輪と西側にも小規模な曲輪が造られている。北斜面には三条の竪堀が連続して掘削されており、北東部の横堀状の堀切から続く竪堀と合わせて畝状竪堀群となっている。西側端は、大岩群から痩せ尾根を登ったところを堀切で防御している。さらに少し登ると小曲輪があり南側に竪堀が掘削されている

曲輪Ⅰの南側には、腰曲輪があり南端を堀切で防御している。

発掘調査の成果として、南北の土塁、虎口、礎石建物跡等が検出されている。報告書では、搦手の虎口に近い箇所から三間×一間の建物の礎石を確認したとされている。この礎石は、岩盤と同じ砂岩質の自然石で、やや風化が進んでいる。北側の土塁は、平坦面より〇・六mほどの高さで残存しており、上面は一・二mの幅を持ち一一mの長さで盛り土されている。この土塁に伴う腰巻き石と考えられるが、三・六mに渡り大小二三石の自然石が配された状態で検出されている。南側の土塁は、最高所が平坦面より〇・九m高く、その高さで六・六m続き、

追手と考えられる虎口に向かって低くなっている。土塁の盛り土は柔らかく締まりがないような盛土で、内側の傾斜面には直径二〇～三〇㎝の河原石が配されている。これも土塁の腰巻に利用されたものと考えられる。

出土遺物は、備前焼の擂鉢や壺・甕片、土師質土器などがある。擂鉢は、口縁部の形態から十六世紀後半代を考えることができる。土師質土器は、小形壷形土器で復元可能な有蓋土師質土器であり、ロクロ成形で底部に糸切りの痕跡がわずかに残存している。

縄張り図は池田誠が作成しているが、北側斜面部には畝状竪堀群が確認でき、北東部には堀切2とされているが横堀状の遺構があり、北側と東側では竪堀に連続させた「ひの字状空堀」の遺構と読み取ることができる。

これらの遺構は、最近県内では東洋町の内田城跡や北川村の北川城跡（鳥ヶ森城跡）、香美市の楠目城跡でも確認することができる。徳島県では海陽町の吉田城跡、東みよし町の東山城跡にも類似した遺構を見ることができ、長宗我部氏が徳島侵攻の段階で構築された可能性も考えられ、天正年間に入った段階で構築されたものと推定できる。古井ノ森城跡で出土している備前焼の擂鉢などからしても、この時期に長宗我部氏によって改修され、礎石建物も建てられたと見ることができる。

天正十七年（一五八九）に検地された地検帳に見られる城跡周辺の様相について概観すると、この地域は地頭分と土佐山九名の境目に築かれている。二つの河川が合流し道も交わる水陸交通の要所であり、領域の境目という当時は最も重要視されていた場所に城が築かれている。

13 吉原《よしはら》城跡 ―標高八九二mに築かれた山城―

吾北村小申田周辺よりみる城跡（高知市教育委員会）

昭和五十九年（一九八四）に、旧鏡村史編纂の資料収集と城跡の保存・活用のための方策樹立のため発掘調査が実施されている。吉原城跡は、高知市北西部の鏡川上流に位置し標高八九二mの丘陵頂部に築かれている。城跡から南側には旧鏡村の山塊の先に太平洋を望むことができ、東に向けては尾根続きで樫ヶ峰に通じており、旧吾北村、土佐町、旧鏡村の境界に接している。

由来について報告書では、本山町瓜生野の川村二三夫氏所蔵の「河村家筋向来申合之事」に城主が河村兵庫介といい、当地では吉原殿と呼称されていたようである。川村氏は、近衛家の出で、為友の時に阿波を経て土佐に入り大河内村に住みつき、本山氏に仕えたとされている。川村氏に関する同時代資料の『土佐国蠹簡集』『土佐国蠹簡集拾遺』には永禄から元亀年間にかけてのものが一部認められる。本山氏が河村氏に当てた文書で、本山氏が吾川郡から高岡郡南部にかけて勢力を伸ばして行く過程において河村兵庫介の働きに報いた文書とされているが、その他にも本山氏が朝倉城を放棄して本山へ引き上げた内容のものもあるとされているが、吉原城跡に関わ

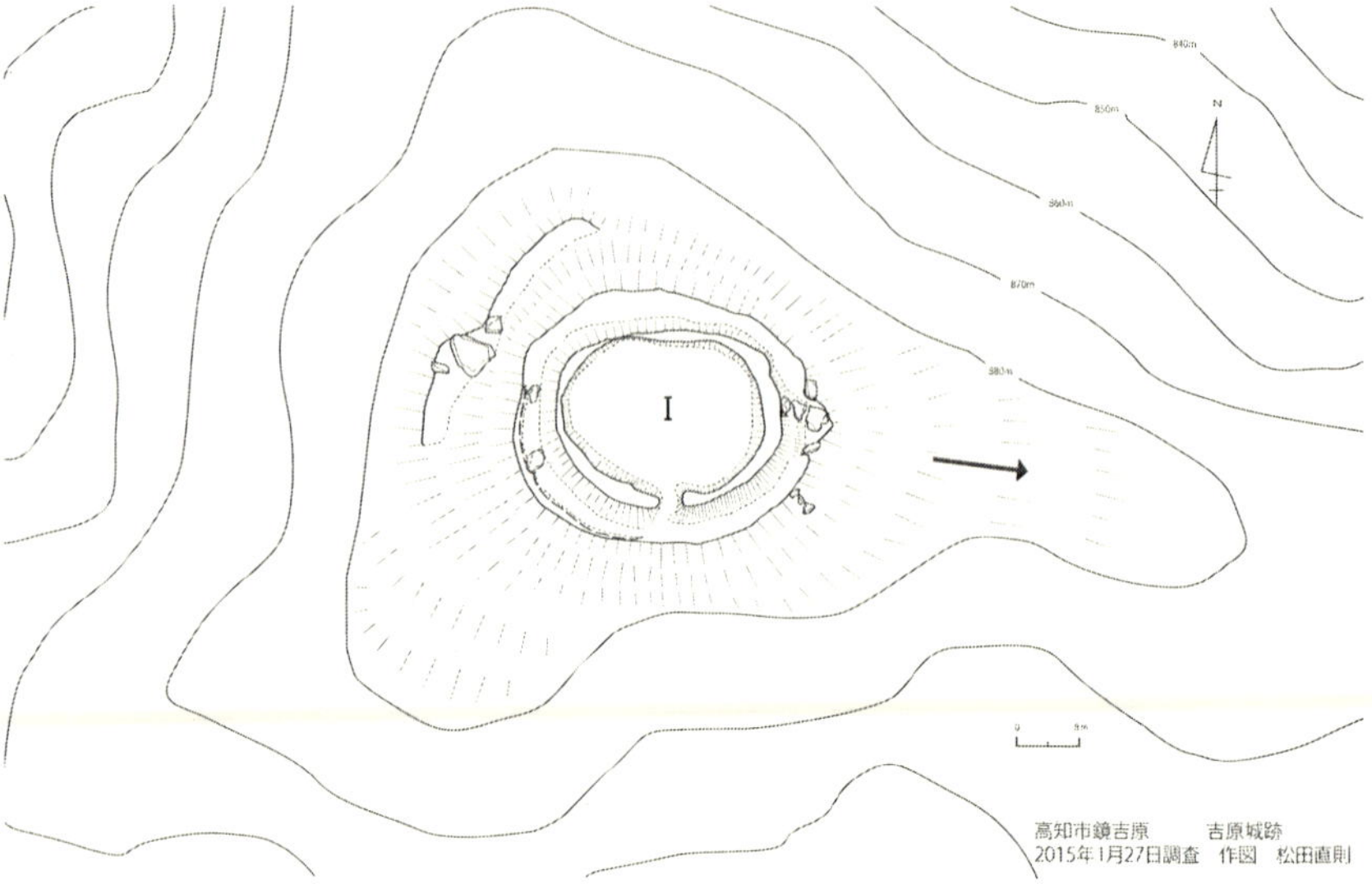

吉原城跡縄張り図

る資料は認められない。『土佐物語』では、吉原の河村兵庫介が本山氏の配下の武将として記されている。また、「山々峰々手寄々々に、烽火の場を定めて・・・」という記載から、この吉原城を狼煙の城とも想定している。吉原城跡の縄張りは、主郭の曲輪Ⅰが標高八九二ｍの位置に築かれており、東西約二二ｍ、南北二〇ｍの楕円形をした平坦部の周囲に土塁を構築しており、土塁の外周には狭い帯曲輪を廻している。

西側には、長さ約三二ｍ、幅四ｍの腰曲輪が構えられている。単郭の小規模な城であるが、周囲に土塁を構築しており虎口も平入であるがしっかりとしている。

発掘調査は、主郭の構造物の把握を目的に東西に長さ二一ｍ、幅二ｍのトレンチ1と、西端にトレンチ2を設定し行われている。トレンチ1は東北部を拡張している。ここからは、柱穴状ピット一基と自然石の集石部三箇所、五個の自然石の点在を確認している。トレンチ2からも五箇所の集石と二〇個の自然石の散在を確認している。虎口付近では土塁の土留め用の腰巻石を検出している。報告書では、出土遺物は皆無であり本城跡の機能や廃城時期など判定ができないとされている。ただ、主郭で石英粗面石一個を表採している。この石は、本城跡周辺に所在するものではなく、北麓の旧吾北村周辺で採れるもので、人工的な手が加わったものと調査者は判断している。

発掘調査の結果、本城跡の構造が解明されたわけではないが、標高の高い場所に人工的に掘削した平場を形成し土塁を構築し腰巻石もしっかりしており、虎口まで造り出している。また、石英粗面石を持ち込んでおり、礎石建物を構築しようとした可能性も考えられる。文献では、城主が河村兵庫介となっており永禄年間ごろに機能していたとも推定できる。本山氏の配下武将は城造りに土塁を構築し腰巻石も使用し、虎口の造り方も熟知し礎石建物跡も構築したのかどうか検討する必要がある。

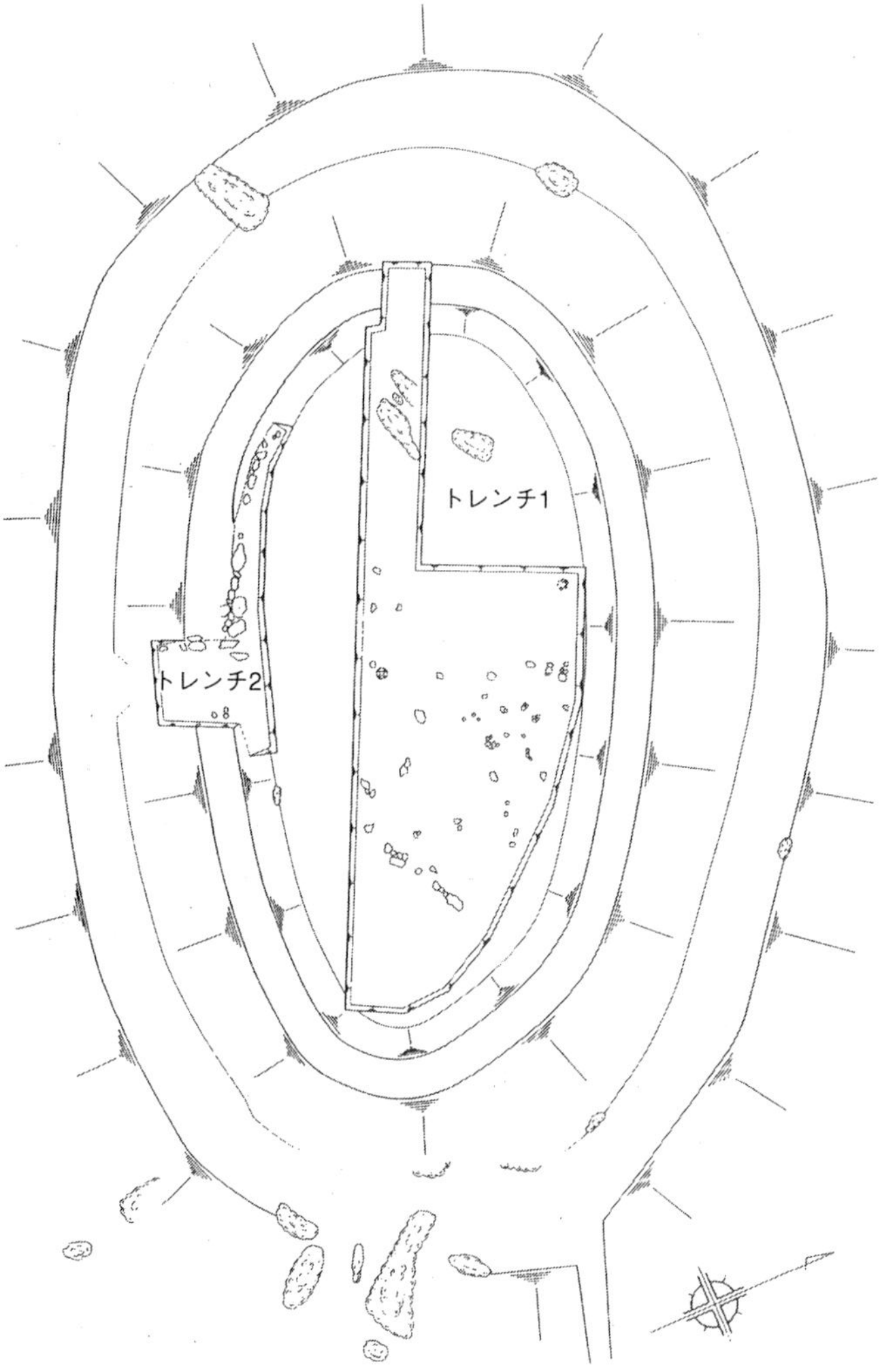

吉原城跡曲輪Ⅰの遺構全体図（加筆）（高知市教育委員会）

14

小浜《こはま》城跡

―本山氏の高知平野進出の繋ぎの城か―

小浜城跡発掘調査全景

小浜城跡は、高知市の中央部を流れる鏡川の上流域で、旧鏡村小浜字城ノ平に位置する。縄張りは、詰を中心とした求心的な構造を持っており、各曲輪は一定の機能分化がされていたと考えられる。構築時期については、出土遺物から考察すると遅くとも長宗我部氏による検地時には廃城になってその機能を失っていることがわかる。しかし鏡川流域の城郭群と縄張りを比較検討しても、当地域では最大級の規模を持ち防御遺構も優れた城郭に入る。縄張りと検出遺構を詳しく見ると、瞬時に詰と判断できる幅一二m、長さ四〇mを測る細長い曲輪Ⅰが存在する。曲輪Ⅰから比高差七m下に曲輪Ⅰを取り囲むように北から西にかけて帯状の曲輪Ⅱがある。この曲輪Ⅱから根太状遺構やピット群、台状遺構や溝が検出されている。根太状遺構は、県内の城郭遺構の中で始めて検出された。さらに台状遺構は岩盤を削りだして約三mの方形に高さ〇・七mほどを造りだしている。この平坦面のやや南側に連結するピット二個を検出している。詰に掛ける梯子を固定するピットとも考えられる。同様な遺構が後述する芳原城跡の詰下段の曲輪からも検出されている。

その他、詰の曲輪Ⅰの南東部には、堀切を挟んで曲輪Ⅲが配置され、さらにその下段に曲輪Ⅳが造られ、その南東部には堀切を挟んで曲輪Ⅴが続く構成になっている。その北部は大規模な堀切で防御されている。標高の一番高い平坦部を詰とした単純で求心的な構造を持っている。

出土遺物を見ると、その多くが詰下段の帯状曲輪Ⅱから出土している。土師質土器の杯・皿・鍋・釜・石製品・ツブテ・金属製品等が出土している。土師質土器皿は、薄い器厚で整った器面を持ち良好な焼成と精良な胎土を持っている。底部は静止糸切りで、土佐では非主流の手法で吉野川流域に若干認められるようである。土師質土器杯は、二種類のものが出土しており底部は回転糸切りである。その他、煮炊具の土師質鍋は、足付き鍋や土佐の中世遺跡では比較的多く出土する播磨型鍋が存在する。

小浜城跡での特徴として、縄張りは他の城郭と比較して、堀切や竪堀を多用しさらには切岸で防御性に優れていることがあげられる、立地的にも山間部地域と高知平野の境に位置し交通上の重要な位置を占めている。しかし出土遺物を見ると、中世では土師質土器のみで国産陶器も貿易陶磁も出土していない。小浜城跡は、遺物から見ると十五世紀代を中心として機能したと考えられる。

特に播磨型の土師質鍋は、十五世紀後半代の集落跡や城館跡から多く出土している。十五世紀を中心とした時期で、防御性に優れた縄張りを持つ城を構築できるのは、他城跡の縄張りを比較しても細川守護代傘下の有力な勢力によって構築された可能性が強い。しかし遺物の内容は、貿易陶磁や国産陶器も出土しない特異な城郭といえる。

根太状遺構完掘状態　曲輪Ⅱ（高知市教育委員会）

この城が機能した時期を考えてみると、本山氏が高知平野に進出してくる頃であり、鏡川を遡ると本山氏の本拠に繋がっている。土師質土器も高知平野で認められない静止糸切りが出土しており、これらのことから考えても、本山氏の勢力が構築した可能性が強い。

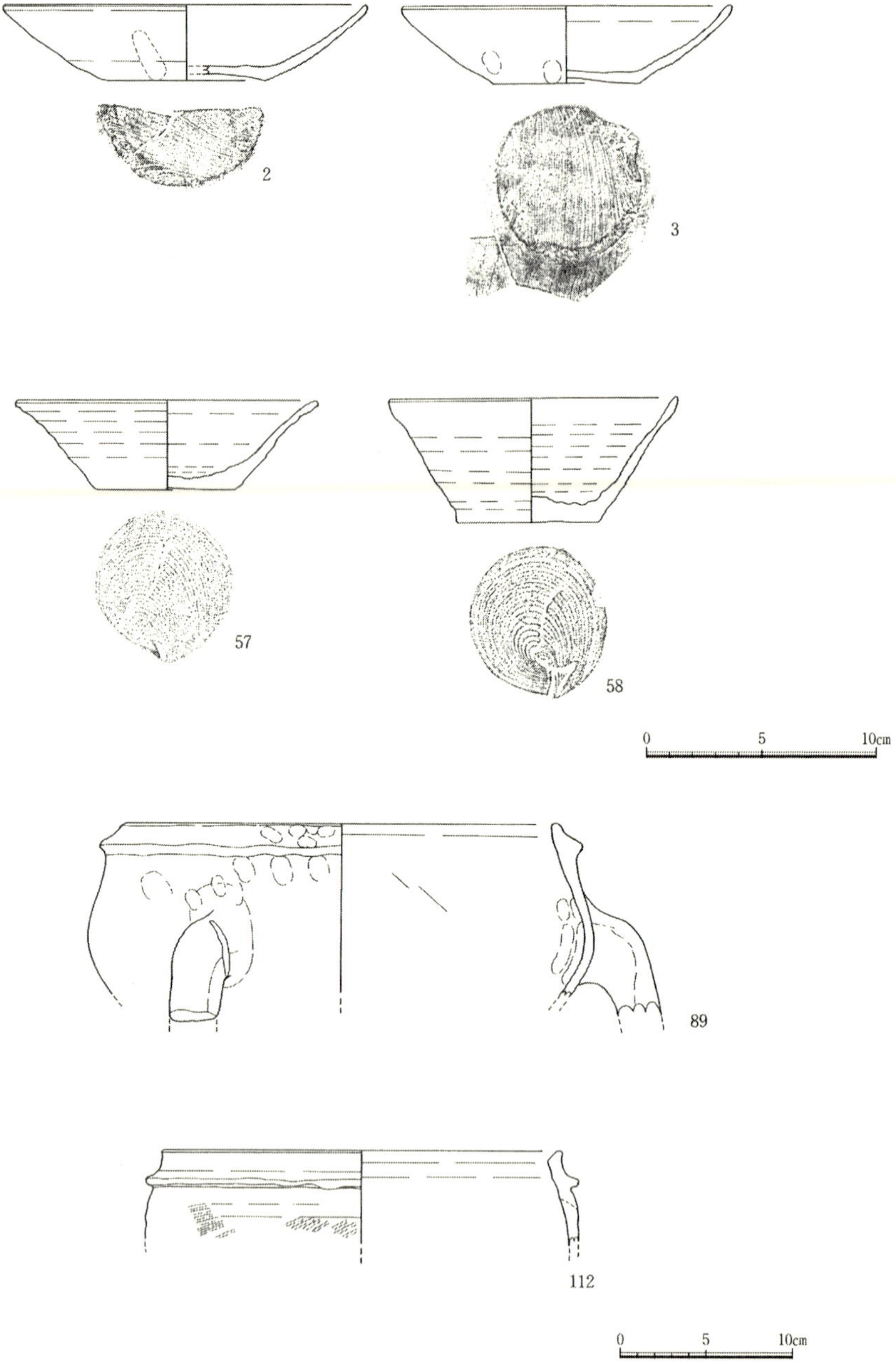

小浜城跡出土遺物（高知市教育委員会）

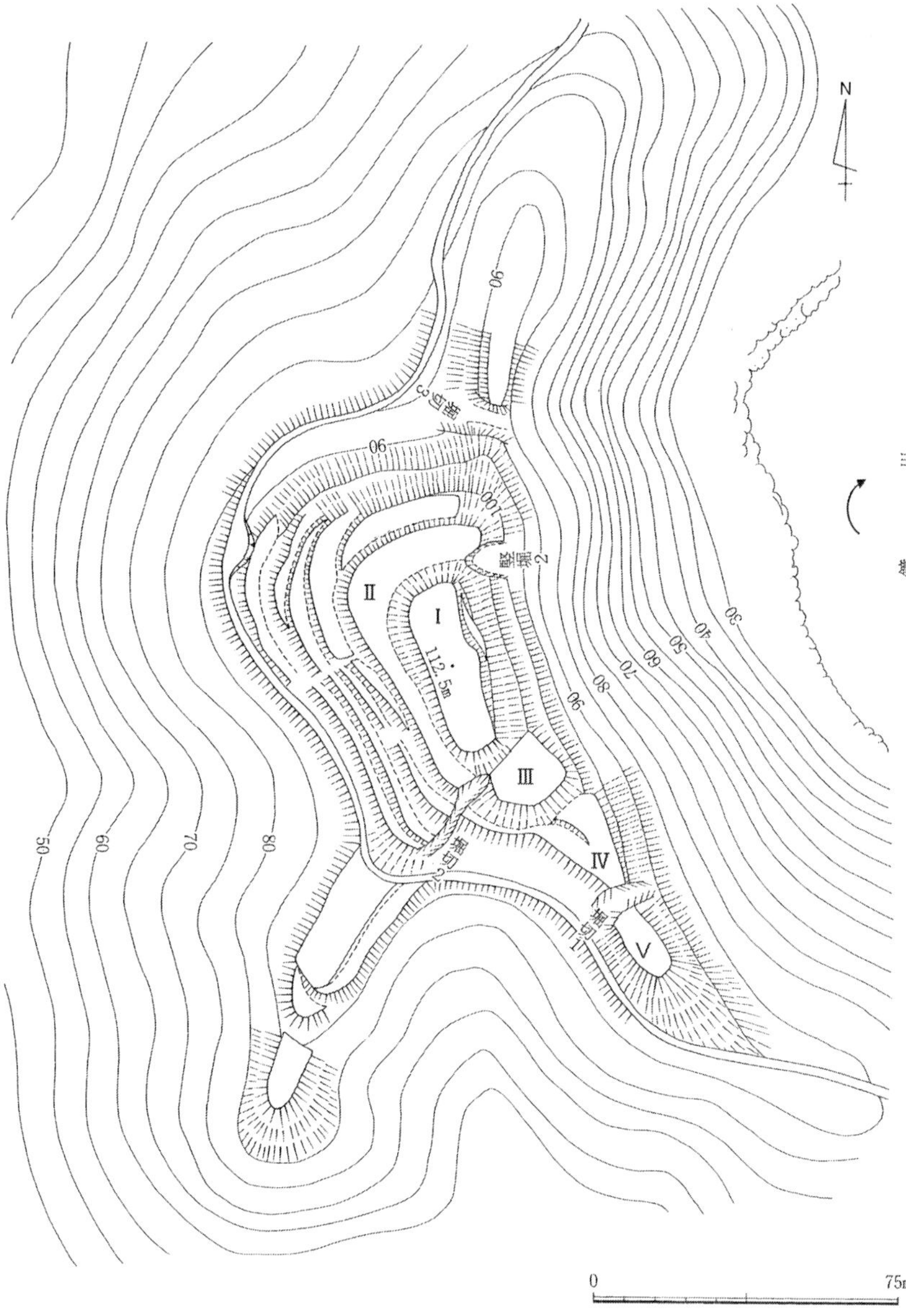

小浜城跡縄張り図（高知市教育委員会）

15

吉《き》良《ら》城跡

—名門吉良氏の居城か—

吉良城跡遠景

吉良城跡は、高知市春野町弘岡上古城に所在する。土佐の戦国時代で七守護と呼ばれた一人で、土佐南学発祥の名君として著名な吉良氏の居城と伝えられている。旧春野町でも吉良城跡の価値と重要性を認識して、昭和三十五年（一九六〇）に町指定の史跡に指定され城跡の一部も公有化がはかられ登山道の整備や雑木雑草の伐採や除草作業が行われており広く町民に知られ吉良城の重要性が浸透している。

城跡は、標高一一一・二mの北嶺と一一一・五mの南嶺の両峰に曲輪が構築されているが、標高の低い北嶺が主郭（曲輪Ⅰ）と考えられる。北嶺の斜面や尾根上には、堀切や竪堀の遺構が良好に残存しており、南嶺は春野平野を一望することができ、南側斜面部に規模の大きい竪堀などが見られる。

曲輪Ⅰは、南北長軸が四〇m、東西短軸が二〇mの楕円状の曲輪である。南端部には台形状の地形が見られるが土塁等は認められない。南嶺は、北嶺より若干標高が高く南北長軸が四六m、東西短軸が六～九mと細長い長楕円状の平坦部（曲輪Ⅱ）を形成している。北嶺からは三方向に尾根が延びており、北尾根に一条、北西方向の下方には四条の堀切と畝状竪堀群が掘削される。北東部に延びる尾根上を二条の堀切で遮断している。南嶺に所在する曲輪Ⅱは、南北両端部に、数段の平坦部が形成されている。曲輪Ⅱから西に延びる尾根部を二段削平し平坦部を形成している。その西斜面にかけて畝状竪堀群や堀切を構えている。曲輪Ⅱの南側斜面にかけては、地形にあわせて二段の幅広い曲輪が存在する。下段の曲

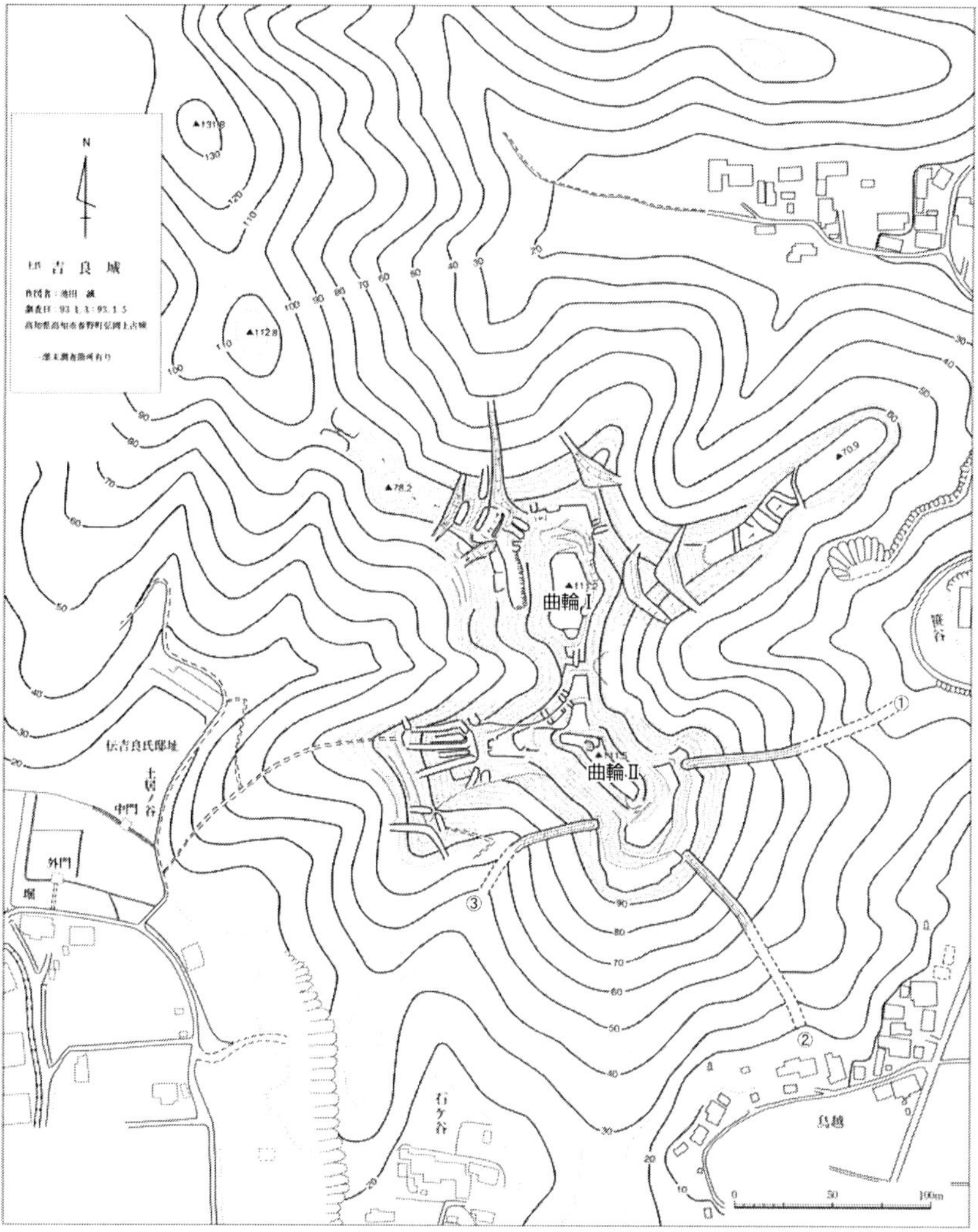

吉良城跡縄張り図（池田誠作図）

輪から竪堀①～③が構築されている。吉良城跡の概略的な縄張りを見てきたが、畝状竪堀群や二重堀切などが確認でき、城跡の概要が徐々に解明されている。

発掘調査は、昭和五十九年（一九八四）から開始され山城部分から居館部にかけて調査が数年かけて実施されているが、ここでは山城部分の調査成果を紹介していく。曲輪Ⅰの主郭のみ発掘調査が行われており、遺構は自然礫群やピット群、石積み等が検出されている。自然礫群については、不明なところが多いが全て砂岩の割石で一〇〇×六〇㎝から五〇×三五㎝の大きさのものが散在しており、適当な平坦面を有する石も存在し一部礎石建物跡として利用された可能性が考えられる。その他に柱穴状ピット群が検出されており、ピットの総数は六七個である。その検出した位置は北端部から東側周縁部にかけて列をなしているものと、北部平坦部と西部平坦部に検出されている。北部平坦部のピットは掘立柱建物跡の可能性があり周縁部のピット群は柵列と考えられる。

曲輪Ⅰの平坦部は、延長一二五ｍを測るが南の台地状地形部分を除いてほぼ全域に石積みを検出している。規模は、一段で高さ一〇～一五㎝のものから十数段で一ｍを測るところもある。石材は全て砂岩で、自然礫群と同じである。縁辺部のピット群と石積みの間は一ｍほどの間隔があるが、同時期に存在していたかどうか不明である。土塁の痕跡が認められないことから、一時期主郭は柵列が回る防御施設が存在していたと考えられる。

出土遺物を見ると、土師質土器や貿易陶磁、国産陶器類が出土している。土師質土器は、杯のみで皿が認められないのが特徴である。青磁は七点のみで、稜花皿や雷文帯が施される碗などがある。その他、端反りの白磁皿や漳州窯の青花等も出土している。瀬戸の天目茶碗は大窯期の製品で、備前焼は壺や甕片も見られる。出土遺物を見ると、十五世紀後半から十六世紀後半の遺物が出土しており、長期間使用されている。

縄張りから見ると、最終段階の遺構として畝状竪堀群や多重の堀切等が認められるが、朝倉城跡のような横堀が認められない。十六世紀の天文年間には本山氏が入っており、その後永禄段階では長宗我部氏が入城している。本山氏が改修した遺構は明確ではないが、長宗我部氏が改修した遺構は前述した畝状竪堀群や多重堀切などが考えられる。

16 芳原《よしはら》城跡 ―政所のホノギが残る城跡―

芳原城跡は、高知市春野町芳原に所在しており、吾南平野の独立丘陵に構築されている。この吾南平野は、戦国時代吉良氏支配の後本山氏と一條氏の抗争の場となる。土佐を統一するには、地理的にも吾南平野を支配することが重要な意味をもっていたと考えられる。

発掘調査は圃場整備にともない、昭和五十八年（一九八三）度に一次調査として堀状地形部分の調査が実施されている。明確な堀跡の痕跡は確認できなかったが、多量の木製品と土器類が出土している。木製品の中で注目されるものとして明応二年（一四九三）の紀年銘の護符がある。芳原城跡の機能した時期や、同層位から出土した遺物類に実年代を与えることができた。さらに、平成二～四年（一九九〇～九二）に実施された山城部分の調査は主郭と帯曲輪を中心に実施された。

『長宗我部地検帳』（以下地検帳）では、城内に詰・北蔵ノタンや政所ノタンなどの記載がみえ城跡内の空間構造や建物の性格及び機能等を考えていく上で重要である。地検帳で「詰ノタン」と記されている曲輪Ⅰでは、掘立柱建物跡と柵列跡が検出されている。曲輪Ⅱは、帯曲輪になっているがこの場所から、掘立柱建物跡を六棟検出しており、中でも二×二間の総柱建物跡は北蔵ノタン、二×七間の大規模な掘立柱建物跡は政所に比定できる可能性がある。

平成五年（一九九三）度の発掘調査では、虎口部分を検出した。そこで検出した遺構は、掘立柱建物跡、階段状遺構、溝跡である。建物は城門と考えられ、その両端の一段高い壇上の平坦部にも建物跡があり、狭いながら枡形の空間を持っている。

出土遺物は、堀状地形から前述した紀年銘の護符を含め多量の木製品が出土している。赤漆や黒漆の椀や箸、柄杓、折敷、曲物、下駄、大足、陽茎、人形、杭など生活や生産、信仰や呪術にかかわる製品などが出土しており、軍事的な拠点であり生活の場でもあったことがこれらの遺物からわかる。

山城部分からは総点数三五六四〇点出土しており、その中でも土師質土器が最も多く三三三七七点出土しており、全体の九三・六%を占めている。瓦質土器は若干出土しているのみで、その他は貿易陶磁器（五七七点）で

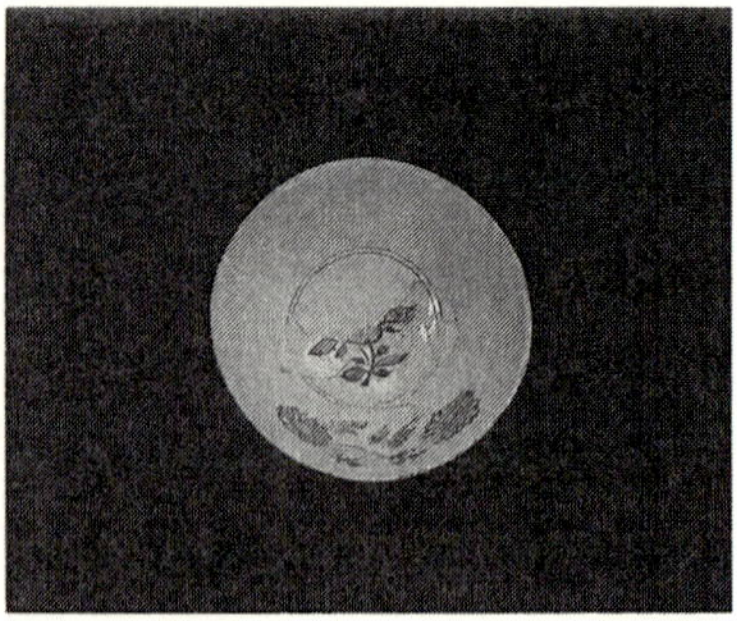

赤絵碗

銅碗

石硯

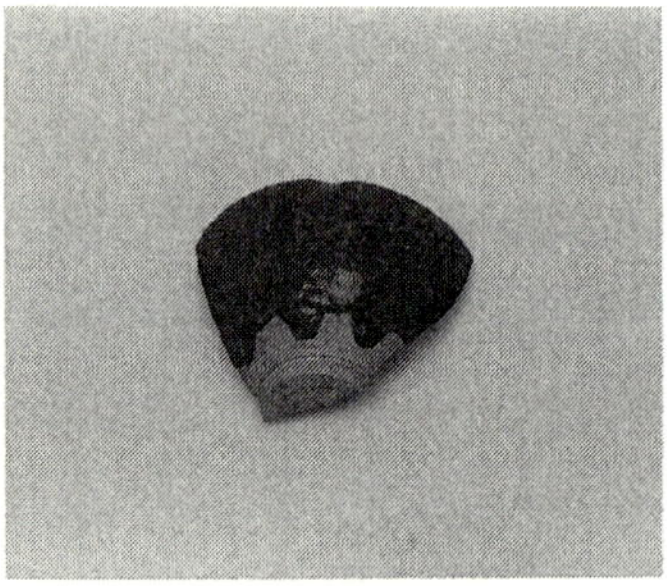

天目茶碗

芳原城跡　出土遺物（高知市教育委員会）

青磁（一八二点）青花（九二点）白磁（三〇三点）で中でも白磁の量が多いことがわかる。その他、赤絵碗が出土しており外面に人物紋を赤色と部分的に黄色を使用し上絵付けしている。国産陶器は一四九四点出土しており、備前焼（一四四八点）が最も多く、瀬戸美濃系陶器（三八点）、常滑焼（八点）がある。その他土製品では、羽口や土錘などがあり、石製品は硯、茶臼、投弾がある。金属製品は飾り金具や銅碗、渡来銭が出土している。

芳原城跡は、地検帳や出土遺物から天正年間には完全に廃城となっていることがわかるが、城跡内の曲輪の性格がホノギ名として残っていることや「政所」地名が残っていることなど資料的にも特異な城跡である。

芳原城跡は、標高三二・四ｍの独立丘陵に構築されている典型的な平山城で、八箇所の曲輪で構成されており現地形では堀切や竪堀の遺構は確認できていない。規模としては、今回の山城部分のみでは他の城跡と比較すると小規模で防御施設も貧弱である。しかし、北堀を挟んで北側には捨ヶ森城跡が存在しており、現在芳原城跡の支城とされているが立地的に芳原城跡の一部と考えれば、規模的に吾南平野のなかでは大規模な城郭となる。現在城跡の北西部を南北に大規模の農道が走っているが、小字では北堀になっており西側に隣接して位置する捨ヶ森城跡との関連を考えざるを得ない。さらに城跡内の建物跡群やその性格、多くの貿易陶磁や中でも赤絵碗の出土や硯、銅碗など出土遺物の特異さや豊富さが吉良氏のイメージを強くさせるのである。特に堀状地形部分から出土した木製品類や輸入陶磁器群は他城跡の出土内容よりはるかに密である。

芳原城跡は、城としての機能が停止する時期を出土遺物からみると、十六世紀の中頃前後の時期に考えることができる。この時期の吾南平野における社会的背景は、本山氏の攻撃により吉良氏が滅ぼされるという歴史がある。芳原城跡は、本山氏と吉良氏の攻防で本山氏が吾南平野を支配する頃廃城となっていることが考古学的調査から解明されている。

芳原城跡航空写真（高知市教育委員会）

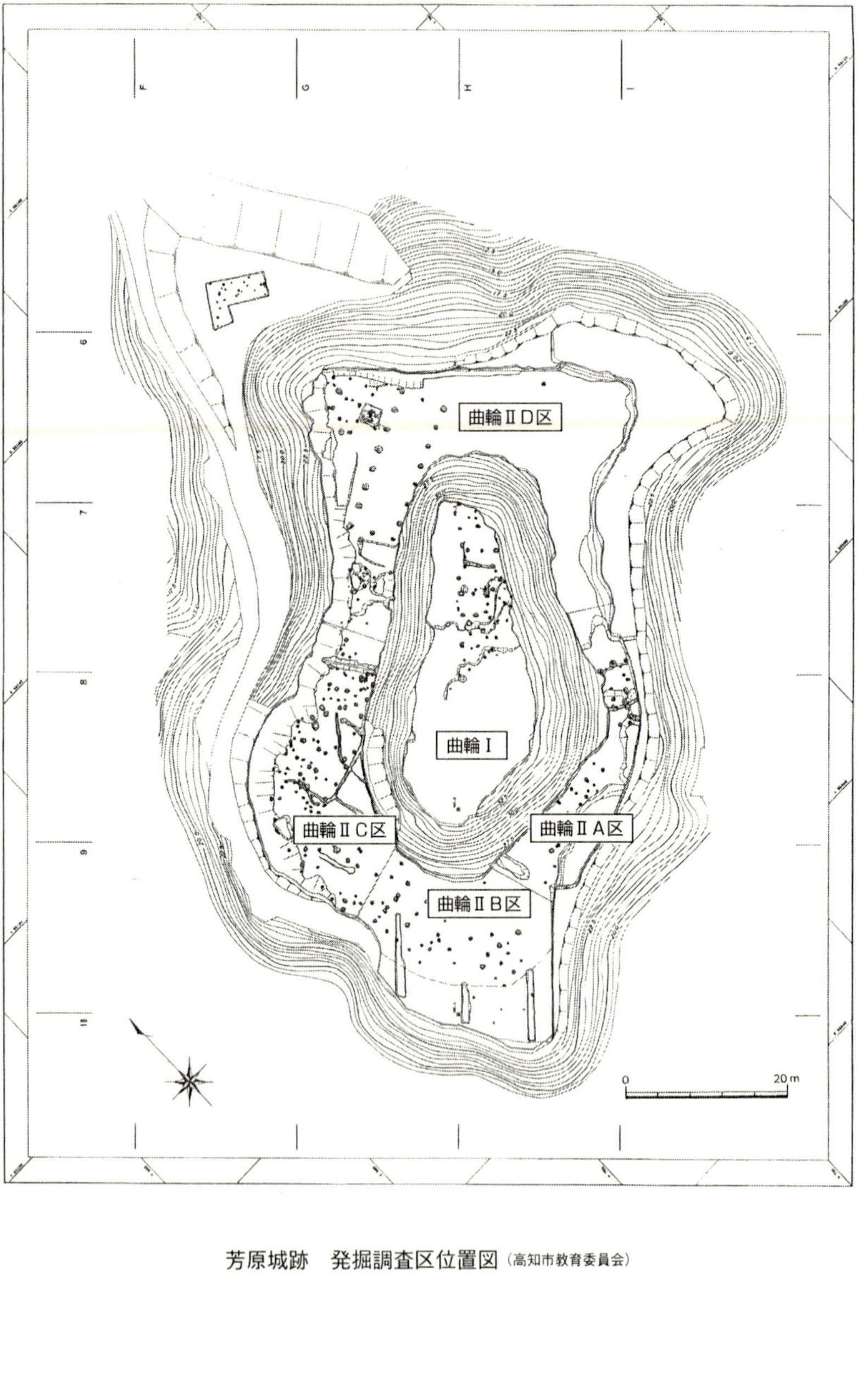

芳原城跡　発掘調査区位置図（高知市教育委員会）

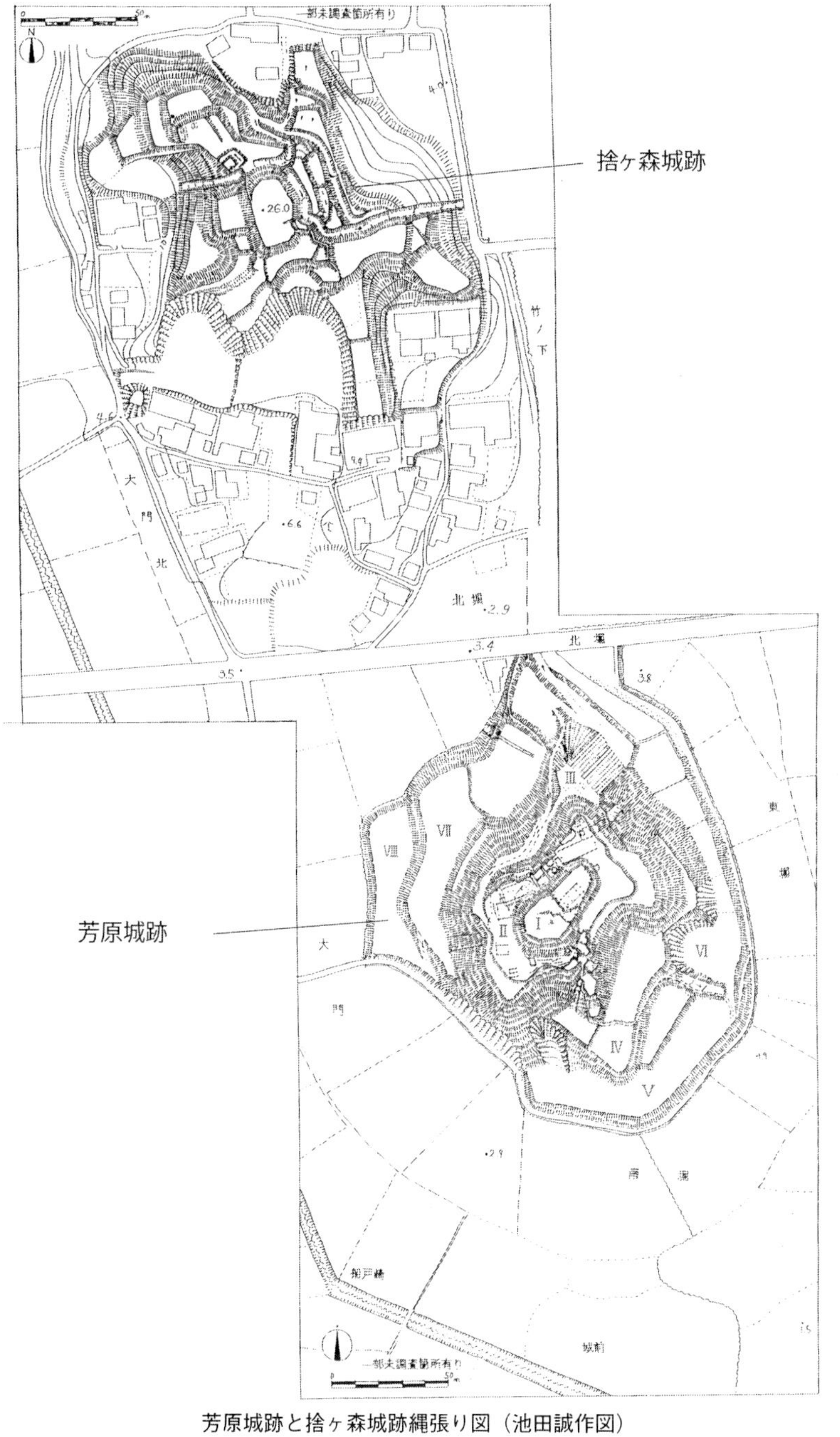

芳原城跡と捨ヶ森城跡縄張り図（池田誠作図）

17 木《き》塚《づか》城跡

——南北朝期に使われた城——

木塚城跡（高知市教育委員会）

木塚城跡は、高知市春野町西分に所在していた城で、現在は温泉施設となっている。治国谷峠を挟んで県道三七号が走り、高知市内と春野町を結ぶ最短道で春野町の入り口に位置している。治国谷峠周辺は、南北朝期から南朝と北朝の争いの最前線地域でもあり、南朝の中心であった大高坂氏と北朝方の吉良氏が対峙した場所でもある。

城跡の記載された文献資料は極めて少ないが、『南路志』や『土佐古城記』では「古城木塚左衛門居之」とあり城主が木塚左衛門であると記されている。明治以降では、『高知県吾川郡西分村誌』で「木塚城墟」と記載されており、城跡が存在していたことが記されている。明治二十七年（一八九六）に宮地森城がこの城を訪れており、その著書の『土佐國古城略史』には「二つの郭址」と記されており、この城には主郭が二つあると確認されており曲輪の規模まで詳しく残している。

城跡は、標高三五ｍの独立丘陵に築かれた山城で、周囲との比高差は二九ｍである。南北両峰の丘陵頂部と中央部の三箇所の曲輪（曲輪ⅠからⅢ）を構え、曲輪の下

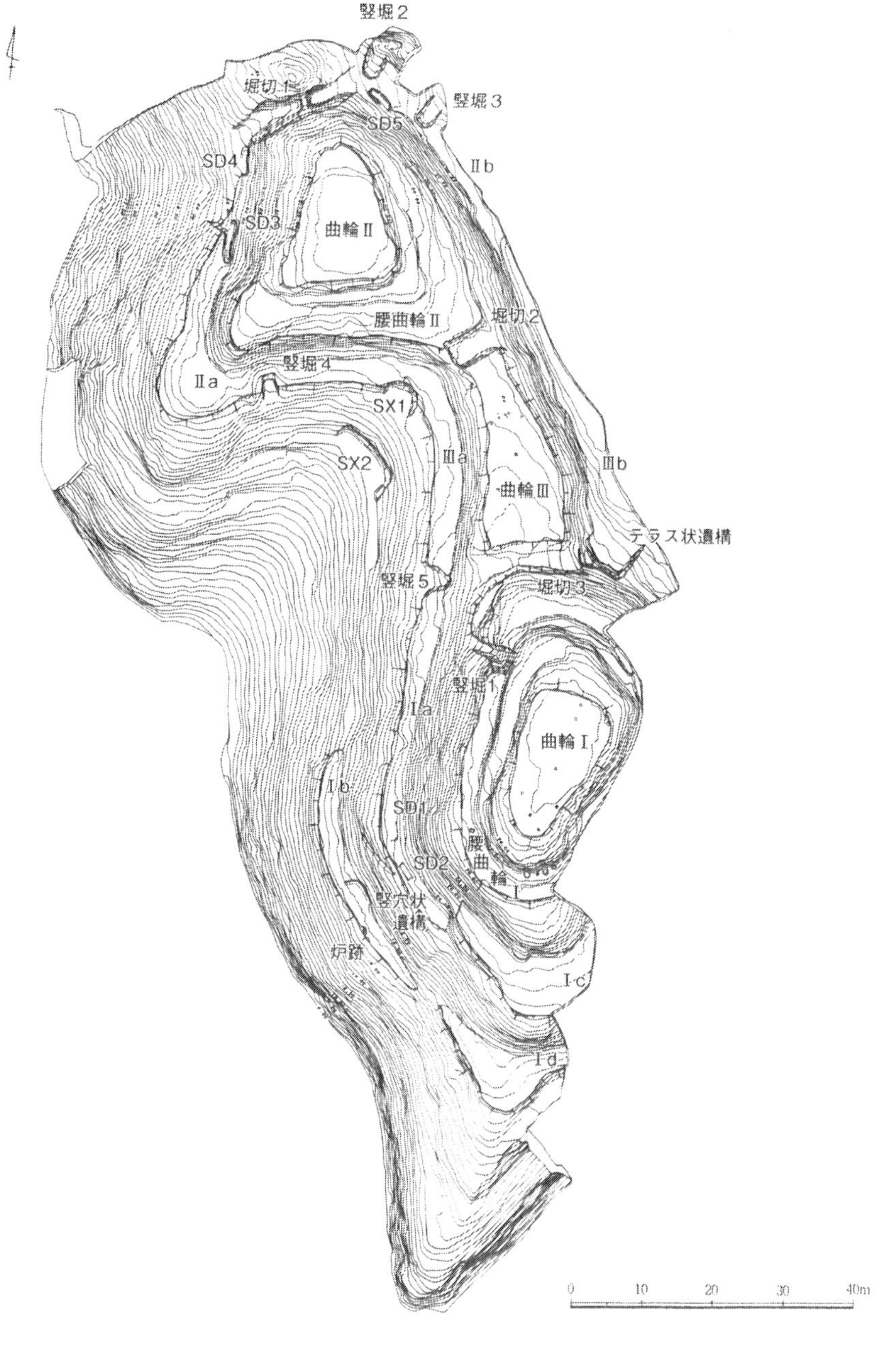

木塚城跡全体図（高知市教育委員会）

には腰曲輪が廻り、各曲輪は堀切で防御されている。発掘調査で検出された遺構は、切岸、堀切、竪堀、溝などである。縄張りの特徴として、二つの頂部の曲輪が並立し、求心的な構造になっていないことと、曲輪を含めた平場の数が少なく面積が狭いことである。生活遺物は豊富に出土しているが、平坦部から建物跡は検出されていない。戦国期の山城では、小規模な山城でも少なからず建物跡は検出されるが、木塚城跡には認められないことが、どういう意味を持っているのかこれから考えていく必要がある。

出土遺物を見てみると、土師質土器が約八〇%占めており、供膳具、煮炊具、貯蔵具、調理具などの生活用具が出土している。全体的に出土遺物をみると、十三世紀後半から十五世紀前半頃までに編年されているものである。古瀬戸は十四世紀前半、貿易陶磁器は青磁碗が多く古いものも存在するが、その多くは十三世紀後半から十四世紀初頭である。石鍋は十四世紀前半、土師質羽釜は十四世紀後半から十五世紀前半のものである。東播磨系須恵器の鉢は、十四世紀に生産されたものが主体となっている。常滑焼の甕は、十五世紀初頭までに編年されているものである。

このように、南嶺の曲輪Iからは貿易陶磁器や古瀬戸などの高価な製品が出土しているが、北嶺の曲輪IIからは出土しておらず、南北両峰の曲輪の性格に違いを読み取ることができる。また、煮炊具や貯蔵具・調理具などが出土していることは、この場所で緊張関係があった時期に一定期間ではあるが生活していることがわかる。

木塚城は出土遺物から見ると、南北朝期まで遡り機能しており、それよりも古い遺物も出土しているが、この時期の山城としては低丘陵に構築されており特異な縄張りをしていることがわかる。発掘調査前までは、戦国期の山城として調査に入ったが南北朝期に機能していることがわかり、高知県では最も古い時期に位置づけできる城郭である。

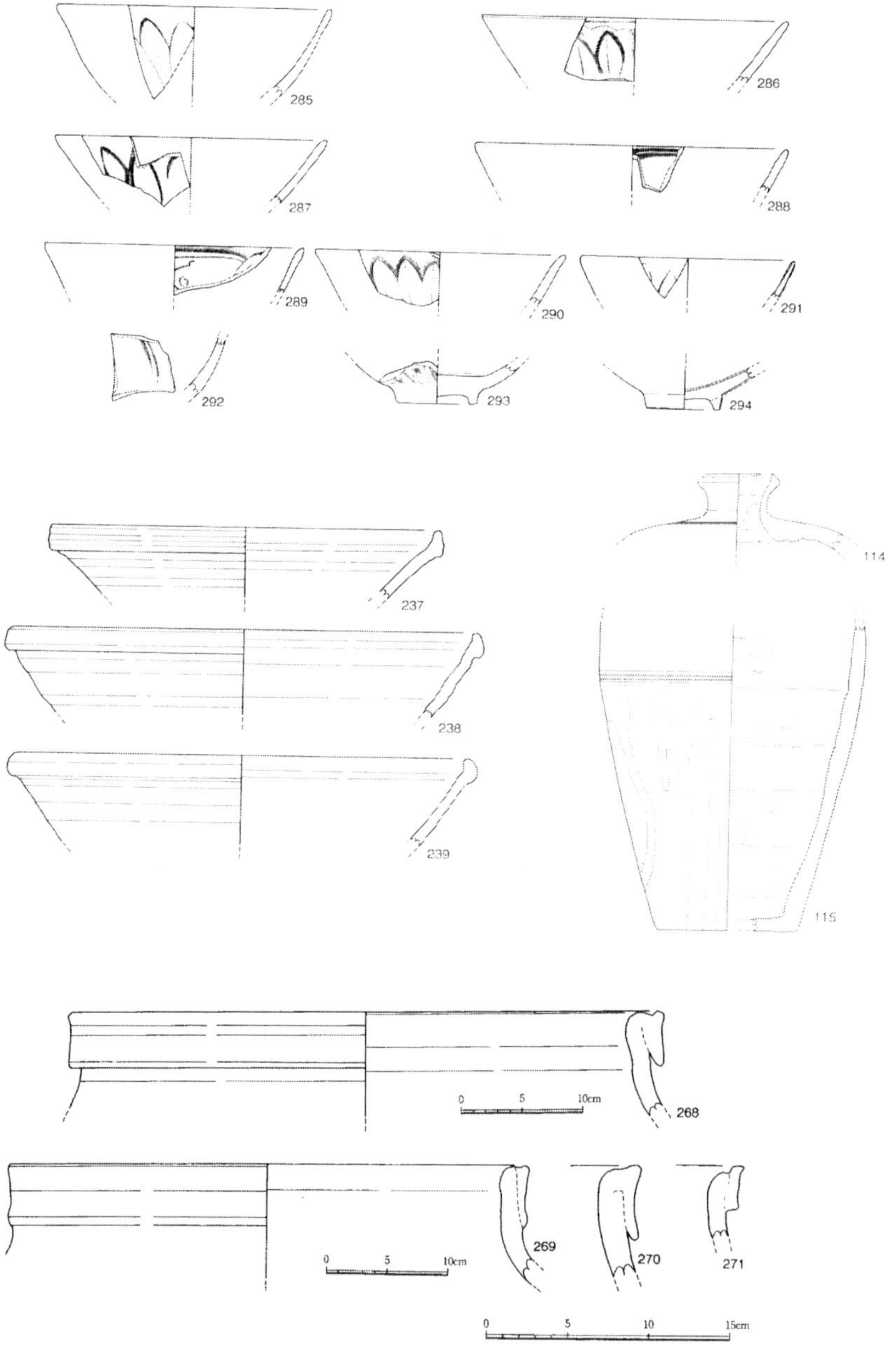

木塚城跡出土遺物（高知市教育委員会）

18　浦戸《うらど》城跡

―長宗我部氏最後の居城―

浦戸城跡は、長宗我部氏最後の居城として知られている。高知市の南端部で名勝桂浜が所在する浦戸湾開口部の西側に位置する。標高五〇m前後の丘陵に城は構築されており、丘陵頂部からは東方西方それぞれに延びる海岸線が一望できる。南には太平洋が広がっており、天候が良好な時には高知県東端部にある室戸岬まで眺望が開けることがある。城跡の東側は、眼下に「月の名所」で知られる桂浜があり、北側は浦戸湾に開けた港で天然の良港になっており、山裾部には浦戸城下町遺跡が所在する。

浦戸城跡の発祥は、南北朝期の頃まで遡るとされるが詳細は不明である。最近の研究では、南北朝期の建武三年（一三三六）に北朝の津野氏らが浦戸で戦った様子が堅田経貞軍忠状写に記されており当時浦戸城が南朝の守護目代方の拠点であったとされている。その後、天文年間に勢力を延ばした本山氏の支城となったが、永禄三年（一五六〇）には長宗我部国親に攻められ落城し、長宗我部親貞が城監となっている。その後、長宗我部氏が豊臣傘下に入ってから天正十九年（一五九一）に大高坂城から浦戸城に移城している。浦戸城の検地は天正十六年（一五八八）十一月に実施されており、「御詰ノ段」は横山九郎兵衛が在城しており、大高坂城から移転する三年

浦戸城跡航空写真（高知県立埋蔵文化財センター）

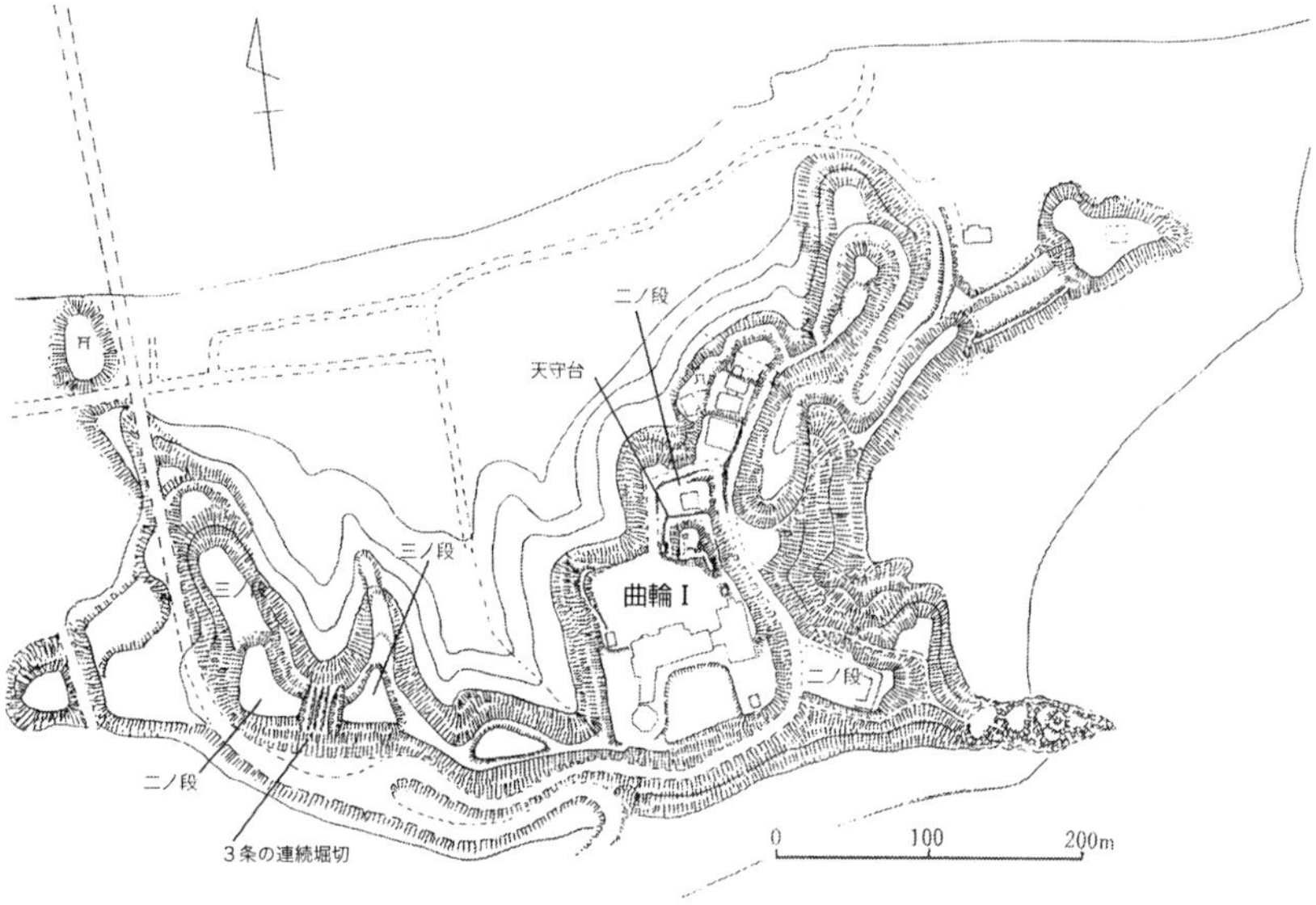

浦戸城縄張り図（池田誠作図）

くらい前の浦戸城の姿を知ることができる。慶長五年（一六〇〇）に長宗我部氏が改易され、一時期山内一豊が入城するがその後大高坂城に移るまで存続している。

現在浦戸城跡は、桂浜という観光地の一角でもあり開発が昭和期から始まり、現在では坂本龍馬記念館や国民宿舎などが建設され破壊が進んでいる。現在かろうじて天守台が残存しており、大山祇神社が鎮座している。

「御詰ノ段」とされる主郭である曲輪Ⅰの現状は、標高五二・七m、平坦面の長さは東西約一一〇m、南北は約六三mを測り、東西方向に長軸を取る長方形の曲輪であったと想定される。また古城跡図では、南に向かって三箇所に石垣が配され段が形成されていることがわかる。

『皆山集』に吾川郡浦戸古城跡図が所収されており、当時の様子を知ることができる。この古城跡図を見ると、丘陵東側の山頂部に長方形を呈した曲輪を構えている。この曲輪Ⅰ北東隅には、「五間四方」と古城跡図に記載されている「天守台」が残る。天守台は、最頂部での標高は五九・七m、規模は東西一一m、南北一五mを測り、曲輪Ⅰとの比高差が七mある。現在は大山祇神社が鎮座しているが、平面形は不正方台形を呈しており、斜面部には石垣の石と思われる石材が露出している所があり石垣が残存している可能性がある。

城跡の西側で西北方向に延びる尾根上は、平成三年（一九九一）度の公有化に伴い公園に整備された場所で連続した平担面が見られる。西端部は、現在浦戸大橋に至る道路で削平されている。古城跡図によれば、「二」・「二ノ下」・「三」・「三ノ下」・「四」・「四ノ下」と表記された曲輪が続いているが、この西側尾根部の「二」と「三」と表記されている二ノ段との三ノ段の間には、三条の連続した堀切が描かれている。江戸時代末には、既に中世の堀切等の存在を確認し記載されているが、この堀切のある北側斜面部には、最近畝状竪堀群が確認されているがその記載はない。畝状竪堀群は北側からの侵入に備えて防御遺構が造られている。これらの遺構は、長宗我部親貞から横山九郎兵衛が在城していた頃の遺構と考えられる。

発掘調査では、五箇所で石垣を検出しており、瓦類も多く出土している。石垣は、雁木をもつものや、隅角部に折れを持つものなどが見られ大高坂城跡では確認できない石垣が見つかっている。瓦類は、初めて城の建物に葺かれた鯱瓦が出土しており注目される。また、瓦のコビキ痕跡で糸引きのものと鉄線引きのものが認められ、岡豊城跡では糸引きの瓦類で占められているのに対し、浦戸城跡は鉄線引きの瓦類が多くなっている。このことは生産手法の差で、短時間に大量の瓦が必要となったためと考えられ、浦戸城の建物に葺かれた瓦は急ごしらえで生産されていることがわかる。

浦戸城跡は、中世の城の姿を残しつつも曲輪Ⅰには初めての天守台を付設し、鯱瓦を葺いた建物を作事し雁木を取り入れた石垣が構築された織豊系城郭である。城の造りは、豊臣秀吉の影響下で短期間に普請・作事されたと考えられ、長宗我部氏の居城として城下町にも重臣を強制的に移住させられた。長宗我部氏は、文禄・慶長の役に備えるなど軍事上・経済上の理由から海上交通の結節点であるこの浦戸を居城として選地したと考えられる。

今後は浦戸城の城下町からの登城道など斜面部の遺構把握や城下町も含めた解明に向けての発掘調査が望まれるところである。

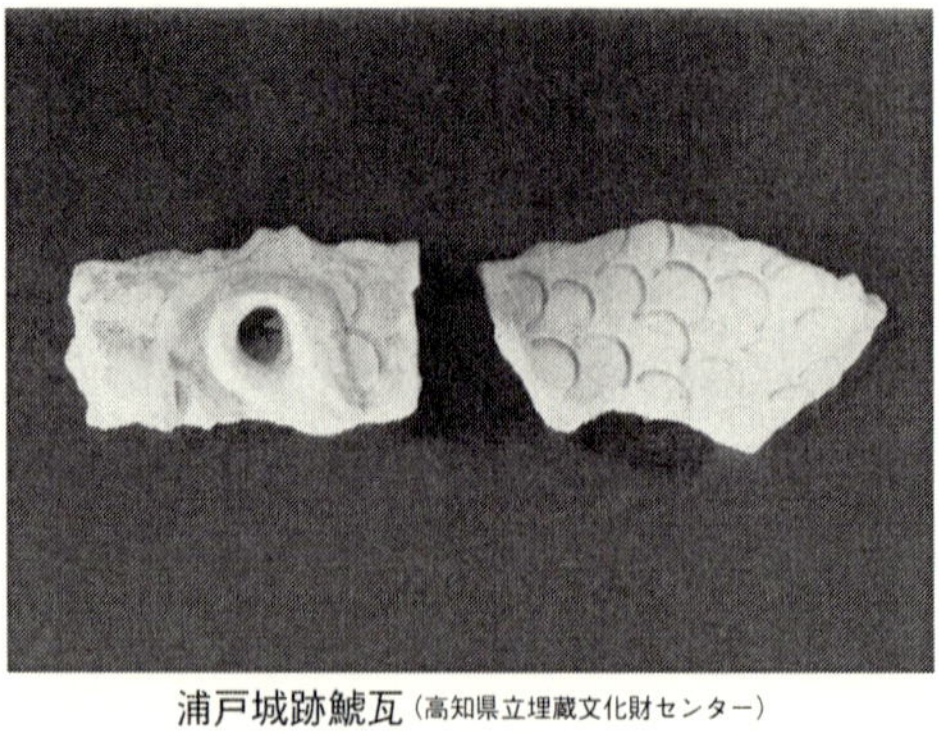

浦戸城跡鯱瓦（高知県立埋蔵文化財センター）

浦戸城跡雁木石垣（高知県立埋蔵文化財センター）

浦戸城跡隅角部石垣（高知県立埋蔵文化財センター）

19

朝倉《あさくら》城跡

―本山氏から長宗我部氏の城郭に―

朝倉城跡遠景

朝倉城跡は、高知平野西端部の朝倉城山丘陵の山頂に位置している。城跡の曲輪Ⅰから東方を眺めると高知平野が一望でき、平野の北と南丘陵上に築かれた中世の諸城跡を見渡すことができ防衛上好立地に朝倉城は構築されている。

城の構築された時期は不明であるが、土佐中央部で勢力を伸ばしてきた本山梅渓が大永年間（一五二一～二八）に築いたとされているが、別名で古くは重松城とも呼ばれるように、それ以前に地元の土豪によって築かれたのが始まりかもしれない。

本山梅渓が朝倉城を拠点として天文九年（一五四〇）には吉良氏を破り仁淀川を渡って蓮池城も攻略し高岡郡の一部も領有し勢力を持ったが、この時期が本山時代の朝倉城が最も機能したと考えられる。本山梅渓が天文二十四年（一五五五）に死去してからは、長宗我部元親との攻防が続いたが、ついに攻められ永禄六年（一五六三）に城を焼き払い本山城に退去している。

長宗我部元親が朝倉城を支配すると、重臣の細川宗桃を主将とし有力な家臣を城内に配置している。天正十六

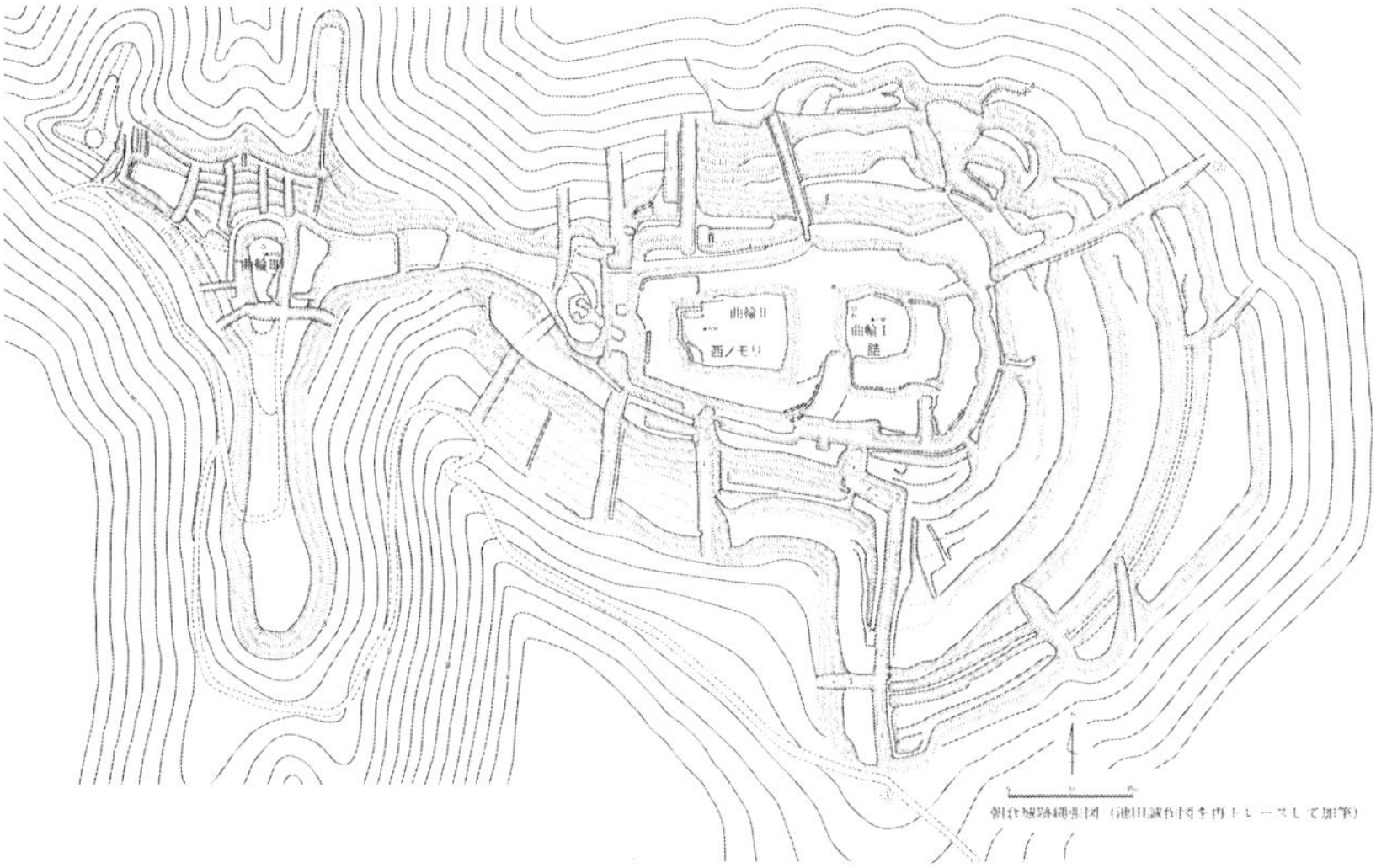

朝倉城跡縄張り図（池田誠作図）

年（一五八八）の検地段階では、曲輪Ⅰが詰で細川宗桃旦、曲輪Ⅱが西ノモリで光富権助旦、西森二ノヘイは西ノモリの南側に一段下がった曲輪と考えられるが、横山伊豆守旦などの名前が見られるが、城ノ内は荒となっているため既にこの時期には城として機能していない可能性がある。

朝倉城跡は、高知県の中世城郭の中でも大規模な縄張りを持っており、頂部の曲輪は東西の二箇所にあるが、東側の曲輪Ⅰが『長宗我部地検帳』で詰・宗桃様旦と記載された地点と考えられる。この曲輪Ⅰを中心に東側には階段状に曲輪が設けられ、南北の斜面部には二重三重の大規模な横堀と竪堀群で防御されている。西側も横堀などが見られるが特に土橋を構築しており、西側の防御を強くしている。さらに西端の曲輪Ⅲとした茶臼ケ森にも独立した曲輪を取り巻くように横堀や畝状竪堀群を構えており特異な縄張りをしている。

朝倉城跡の縄張りの特徴としては、竪堀群による防御思想の中でも、横堀を加えることにより曲輪面積を大きく取り入れようとする手法を見て取ることができ、本山氏が中世城郭としての整備をしたのち、長宗我部氏が大きく改修し、中世城郭から近世城郭の移行期の中で、土の城の最末期の様相を持っていることである。

朝倉城跡の縄張りの特徴としてあげられる事は、北側と南側に構築されている横堀の存在と東斜面部に認められる竪堀群であろう。土佐での横堀出現は、明確な時期を掴むことはできないが、岡豊城跡の四ノ段虎口の西側に認められる。岡豊城跡が主郭部を大きく改修された時期が、天正三年（一五七五）頃と考えられることからその時期には出現していたと考えられる。さらに、朝倉城跡に長宗我部家臣団が入城する時期は永禄年間以降で、重臣の細川宗桃が朝倉城に入城してから大規模な横堀等の遺構が改修されており、天正年間の時期と考えられるが明確な時期を掴むことはできない。

発掘調査は、高知大学によって平成二十七年（二〇一五）度から実施されている。曲輪Ⅰから測量調査と、トレンチ調査がなされ、西ノモリの調査まで進んでいる。曲輪Ⅰでは、土坑や溝を検出しており三段階の中世の活動痕跡を確認している。出土遺物は土師質土器や貿易陶磁、鉄器がある。貿易陶磁の青磁や青花は十六世紀前半のものと考えられるが、端反りの白磁については小野氏の白磁皿C群に分類されるもので、十六世紀に編年されるものであるが、本山氏段階のものか長宗我部家臣団が持ち込んだものかわからない。今後も発掘調査が続く計画で、今後の調査成果に期待したい。

朝倉城跡発掘調査風景

20 大高坂城跡《おおたかさか》（現高知城跡）

―初めての石垣が築かれる―

高知城跡三ノ丸旧石垣と高知城天守
（高知県立埋蔵文化財センター）

大高坂山（現高知城跡）は、『佐伯文書』によると大高坂城の名前が見え南朝方の大高坂松王丸が居城しており、北朝方と激戦を展開したとされている。考古学的に南北朝期の遺構・遺物が平成五年（一九九三）度の伝御台所屋敷跡の調査地点から検出できており、この時期大高坂山が城として利用されていたことがわかる。その後、永禄年間頃長宗我部元親に攻められその支配下に移る。これまでの説では、長宗我部元親が天正十六年（一五八八年）に拠点となる城郭を岡豊山からこの大高坂山に移転し城下町形成も手がけたとされている。この長宗我部氏が大高坂城を支配下においた永禄段階は、明確な遺構は城内で検出されていないが、伝御台所屋敷跡で当該期の貿易陶磁器等が出土していることから何らかの機能をはたしていたと考えられる。さらに平成十二年（二〇〇〇）五月に実施した本丸黒鉄門の試掘調査でも、石垣盛土層から十六世紀後半代の備前焼や貿易陶磁器等が出土しており、本丸も含め今後長宗我部期大高坂城の検討を要する資料が出土している。

関ヶ原合戦の後、山内一豊が慶長六年（一六〇一）八月に大

桐紋瓦出土状況（高知県立埋蔵文化財センター）

高坂山に城普請を開始し、百々越前守安行を総奉行に任じ子供の出雲に補佐させた。初代一豊が慶長八年（一六〇三）本丸、二ノ丸工事を普請開始から二年の歳月で完成させている。その後二代目の忠義が慶長十六年（一六一一）に三ノ丸を完成させている。忠義は、二代将軍秀忠から松平土佐守を拝領し土佐藩も安定期に入っている。享保十二年（一七二七）には、越前町より出火し本丸にも火が移り大火事となっている。城内は、この火災で追手門他数棟を除き多くを消失している。享保十四年（一七二九）から普請鍬初を行い、延享二年（一七四五）二ノ丸を再造しその後寛延二年（一七四九）本丸に続き宝暦三年（一七五三）三ノ丸の作事が完成している。

　高知城の石垣の変遷を見ると、山内時代石垣構築の穴納役は北川豊後と文献では記載されている。高知城石垣の石材は、本丸や二ノ丸周辺はチャートの自然石を多く使用しており、三ノ丸は浦戸城の不用なものを取り壊して舟で浦戸湾から江ノ口川へ運び、その一部を使用したとされている。その他は、周辺の久万・万々・秦泉寺・円行寺から取り寄せている。現存する石垣を観察すると、本丸石垣と三ノ丸石垣は石質の違いやその勾配も異なり文献で認められる時期差を感じとることができる。

　三ノ丸は、これまで二代藩主忠義の時に普請したと言

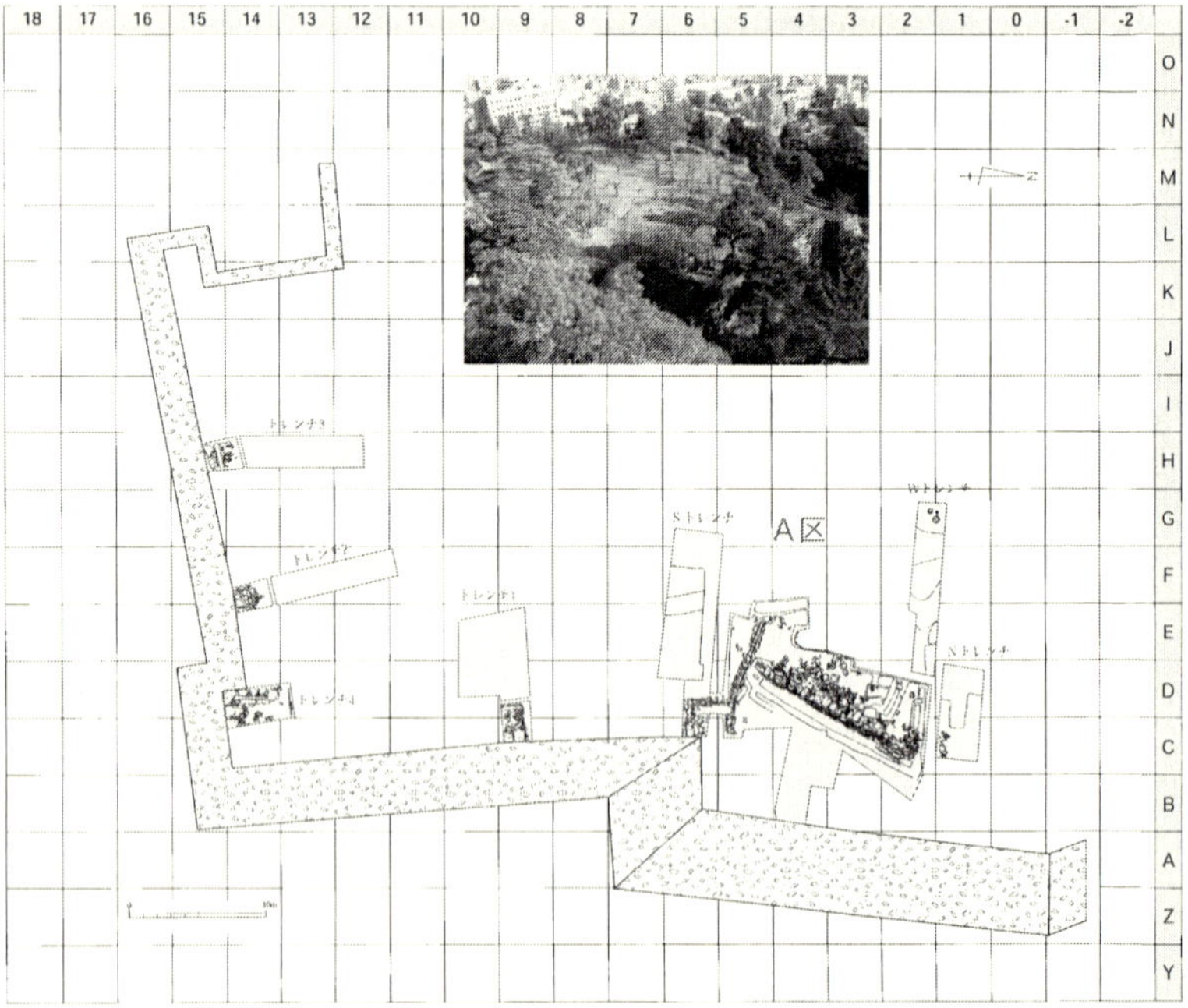

高知城三ノ丸跡　遺構全体図（高知県立埋蔵文化財センター）

われてきた。しかし、三ノ丸の試掘調査で中央部から東部にかけては、地山面を確認することができ、大高坂期の遺物を検出した。三ノ丸は、地盤が悪く狭小であった為中高坂（現在は円満寺の森）の山を崩し大部分盛り土したとされる文献記述とは若干様相が異なるところがある。調査成果から地山形成面の復元をしてみると、東側は旧石垣の盛り土部分まで地山面が残り、二ノ丸東面石垣端部から旧石垣まで東西幅約五〇m・南北幅約六〇mの丘陵が突出した地形であったと考えられる。北・南部は切岸を利用した自然傾斜であったと考えられる。さらに大高坂期から長宗我部期にかけての遺物が出土していることから、三ノ丸は部分的には大高坂期から既に中世城郭として利用されている。その後長宗我部によって改修され、初代の山内一豊の段階では長宗我部期の遺構を再度利用し、二代目の忠義によって慶長十六年（一六一一）現在の曲輪に整えられたと考えられる。

大高坂城の遺構を見ていると、長宗我部氏は天正十三年（一五八五）以降、岡豊城跡を本拠とすることの限界を感じとっていたかのように、本拠を大高坂山に移そうと行動に出ていたのではないかと思われる。長宗我部氏が、岡豊から大高坂に移転したのは天正十六年（一五八八）とされているが、それよりも早い時期に移転した可能性があるのではないかと考える。『長宗我部地検帳』によると、天正十六年（一五八八）正月に於ける大高坂郷の状態が極めて明白に示されている。地検帳に記載されている「大テンス」は、「大天主」ではないかと考えられており、この時期本丸には既に天守の建物が存在していたことになる。さらに「御土居」と記載されている場所は、長宗我部氏の居館を示すものと考えられている。今後、地検帳記載の詳細な検討を待つことになるが、現段階ではこの大高坂山には長宗我部氏による城郭が普請されていたと考えざるを得ない。今回の調査で、桐紋軒丸瓦が出土したことや、旧石垣を検出できたことで三ノ丸東端部には礎石建物が存在していたと推定した。旧石垣においても慶長期以前の石垣の特徴を備えていることや、『長宗我部地検帳』の「大テンス」や「御土居」の記載から推察すると、天正十六年（一五八八）以前に既に三ノ丸の旧石垣普請は行われていた可能性もある。

正保城絵図では、城の北東部に北門が位置している。長宗我部期にこの北門が存在していたとするならば、この北門地点から三ノ丸の櫓、天守閣ラインは当時華麗な景観を呈していたと想像できる。長宗我部元親は、新しく大高坂山に石の城を築き上げ中世からの脱皮をここで成し遂げたのであろう。

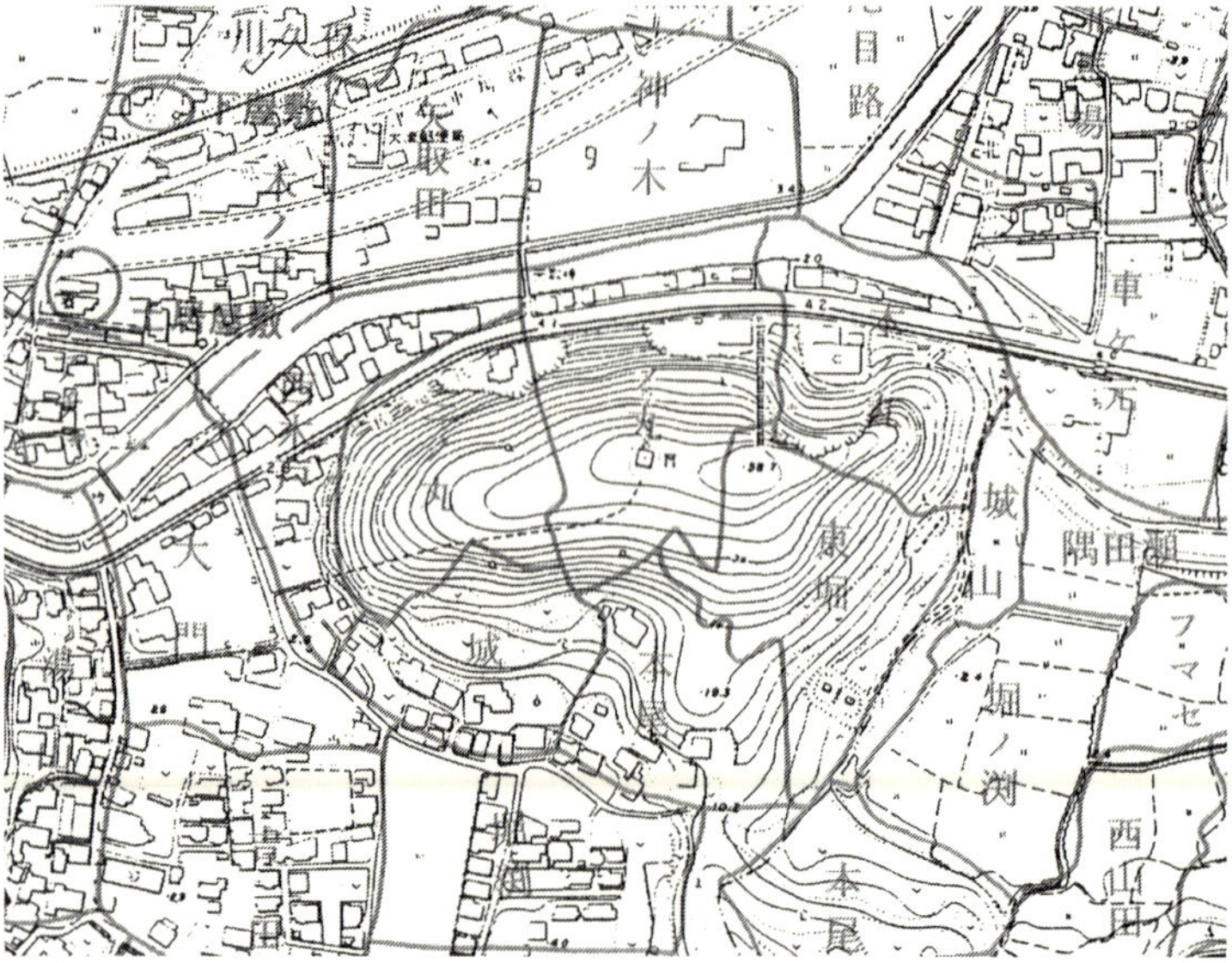

大津城跡ホノギ（高知市教育委員会）

21 大《おお》津《つ》城跡

―大津御所と呼ばれた一條内政が居城した城―

大津城跡は、高知市大津字本ノ丸に所在する。舟入川と明見川の合流地点で、舟入川の南に位置し東西にのびる丘陵上に構築されている。この城は、守護代細川氏の一族である天竺氏が構築したと考えられているが、天文十六年（一五四七）頃に長宗我部国親の手に落ち、以後はその勢力下に置かれている。天正二年（一五七四）には一條兼定の子である内政を大津城に迎え大津御所と称されるようになる。

縄張りは、独立丘陵の山頂部に主郭とそれを取り巻く曲輪群で構成されている。宮地森城の『土佐國古城略史』では、中央部の八幡神社が鎮座している曲輪を本丸とみなしているが、現存のホノギは東から「本ノ丸」「二ノ丸」「三ノ丸」となっており、「本ノ丸」が主郭の曲輪Ⅰと考えられる。二ノ丸が曲輪Ⅱ、三ノ丸が曲輪Ⅲと曲輪Ⅳとした場所になる。これら中心となる曲輪群の周囲にも小規模な曲輪が数段にわたって構えられており、裾部になると広めの曲輪が見られる。これらの曲輪配置をみると、大規模な造成がされており、一條内政が入城した天正二年（一五七四）の頃に最も機能したと考

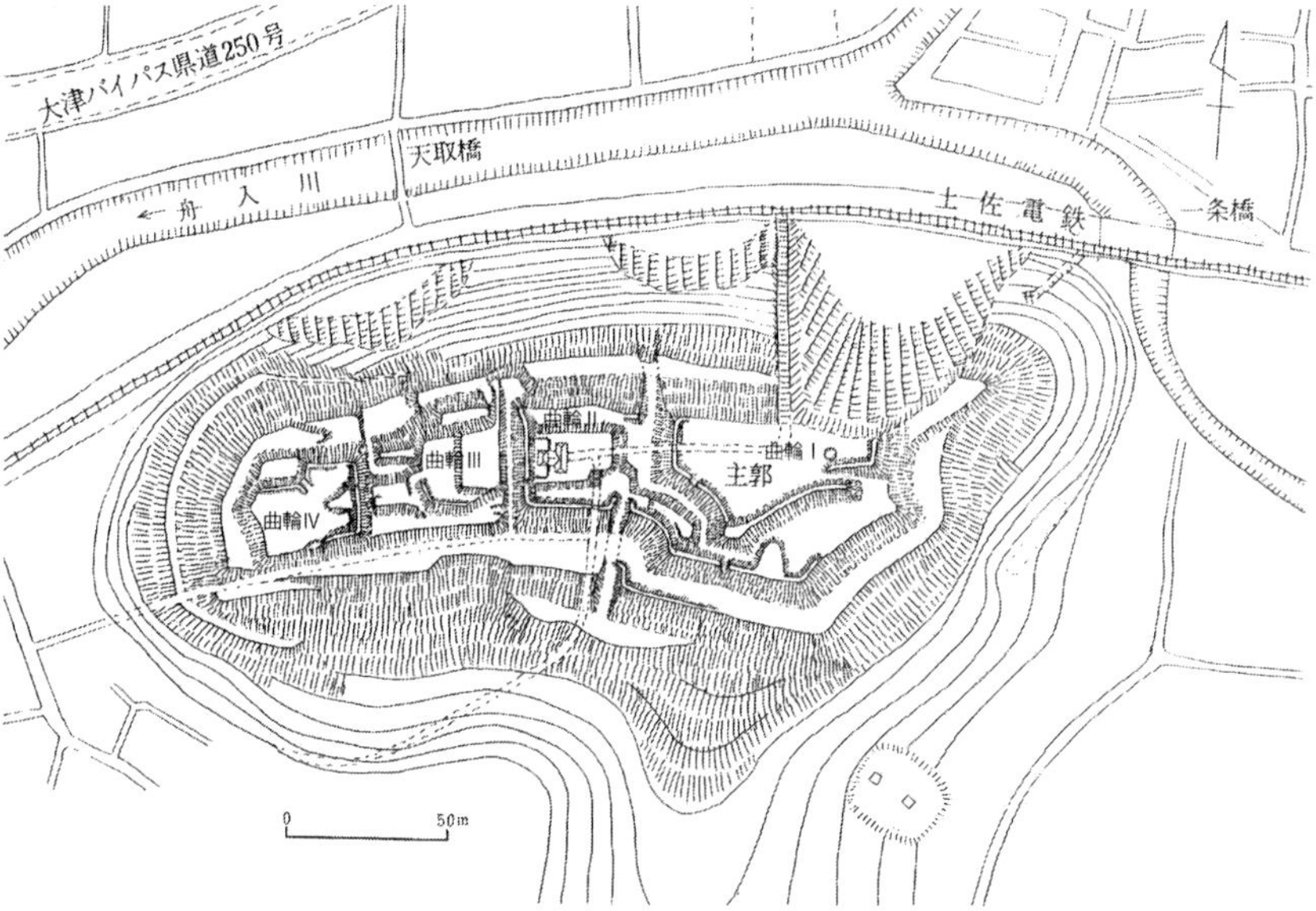

大津城跡縄張り図（池田誠作図）

えられる。丘陵の周囲にも東麓に「東堀」や南方に「堀ノ渕」のホノギが残っているということは、当時湿地帯が広がっていた景観を想定することができる。曲輪Ⅰは、現状では雑木と杉が点在しており、東西の長軸が四〇m、短軸が二七mを測る曲輪である。北東部は、戦後に切り取られており、北側の三分の一は幅四m程の参道となっている。南と西は、比較的残りの良い土塁が残存しており、主郭部は土塁囲みであったと考えられる。土塁の南側には、喰違い虎口が設けられており曲輪Ⅰの南東部下の曲輪に降りられるようになっている。土塁の内側には、腰巻石が部分的に認められる。虎口より東側と西側に土塁は延びており、西端の上幅が二・五mと拡がっており、その地点から西・北にさらに延びる。曲輪Ⅰの南側一段下の曲輪には、南側に土塁が構築されており、横堀状の遺構も見られる。

曲輪Ⅱは、現在八幡大神（古城八幡宮）の境内となっており、東西二三m、南北約一〇mの規模を持ち、本ノ丸との間は堀切が掘削されていたが現在は参道で埋められている。西側と南側に土塁が残存しているが、曲輪自体は境内造成時にかなり手が加えられている。

曲輪ⅢとⅣは、西側を構成する曲輪群で現状は雑木林となっている。曲輪Ⅲは、東西二八m、南北一六mを測り、南西部に土塁がL字状に残存している。曲輪Ⅳは、西端部の曲輪で東西三三m、南北二〇mのほぼ長方形を呈する曲輪で、東側にT字状の土塁が残っている。この土塁の東側では、曲輪Ⅲを仕切る浅い堀切が掘られている。北側の中央部には、虎口と考えられる開口部があり西側に六m、東側に一六mの長さで土塁が構築されている。

大津城跡では、東斜面部の発掘調査が実施されている。畝状竪堀群や堀切等が検出されており、測量図面で記録化されている。遺物は、出土遺物は少なく土師質土器や備前焼の壺や擂鉢片、貿易陶磁の青磁・白磁・青花が表採されている。大津城跡の東側斜面の調査であったが、この部分に畝状竪堀群が構築されており、主郭を防御する役割を果たしていた。また主要な各曲輪は、土塁で囲まれていたと考えられ、内側には腰巻石が残存している箇所もあり、各遺構の構築技術は長宗我部氏家臣団の特徴を持っている。

東斜面全景（東方より）（高知市教育委員会）

22 岡豊《おこう》城跡
―長宗我部氏の居城―

岡豊城は、土佐を統一し四国の覇者となった長宗我部元親の居城である。岡豊城が築かれた時期は不明であるが、永正六年（一五〇九）に元親の祖父で元秀（兼序）の時に落城している。その後国親が一條氏に養育され岡豊の地に帰り、長宗我部家を再興し所領を回復して行った。高知平野を中心にそれまで勢力を延ばしていた有力国人の本山氏との抗争が永禄段階に始まり、元親は本山

岡豊城跡航空写真（高知県立埋蔵文化財センター）

氏との抗争に勝利し土佐中央部を支配下におき、さらに東部の安芸国虎を滅ぼした。西から勢力を伸ばしてきた公家大名の一條氏を、天正三年（一五七五）に四万十川（渡川）の合戦で退け土佐を統一した。四国を制覇しようと夢みる元親は、岡豊城を拠点にして他国に侵攻し、阿波と讃岐をほぼ制覇し伊予を支配する一歩手前で、羽柴秀吉の四国攻めで降伏し土佐一国を安堵されることになった。その後天正十六年（一五八八）頃までに、現在の高知中心部に位置する大高坂山（現高知城）に城を移しているが、それまでこの岡豊城は土佐の政治経済の中心地であった。

県の史跡であった岡豊城跡の史跡整備事業が始まり、主郭である詰（本丸）や二ノ段の発掘調査が実施された。その時、詰の曲輪の南西部において焼土及び炭化物の層が確認されており、国人連合に攻撃され落城した時の痕跡の可能性が出てきた。その頃は土塁と堀切で防御され、掘立柱建物が数棟見られる程度の城の姿であった。その後、国親が岡豊城に帰った永正十五年（一五一八）から病死する永禄三年（一五六〇）頃までに再興したと考え

られるが、岡豊城の姿は不明なところが多く描ききれない。

土佐を制覇した元親が再構築した岡豊城は、詰や三ノ段に礎石建物が並び、畝状竪堀群や横堀、堀切、頑丈な虎口などで防御され、伝家老屋敷を始め多くの曲輪群を配し総城郭化した大規模な岡豊城の姿になっている。

詰の礎石建物は、「天正三年銘」が刻まれた瓦が出土していることから、土佐を統一した天正三年（一五七五）頃に大きく改修された可能性がある。この建物は重層と考えられており、四間×五間の規模を持ち、詰の南西部の最も広い場所に建てられている。眺望もよく櫓としての機能を有するもので、天守の前身的な性格を持っていたとも考えられる。建物の南西部には切石が配され、建物を増築し出入り口部を強固にしている。さらに、建物の南側には幅一m、長さ一六mの石敷遺構が検出されており、鉄砲に備えるため南側の防御を強固にしたのであろうか、建物の南面を覆う厚い壁構造の基礎部分と想定している。

詰の東端部で一段下がったところにも、二間×五間の規模で約五三㎡の広さを持った礎石建物跡が見つかっている。この建物は、東の土塁と西の詰斜面に接して建てられており詰下段全体を建物が占めている。詰東側の二ノ段から詰の侵入を防御するために作事された建物と考えられている。詰の西側には、三ノ段と四ノ段の曲輪が造られている。詰から三ノ段には石段で降りられるようになっており、礎石建物跡に繋がっている。この建物は、南北九間で中央部に南北を分離する間仕切りの礎石とみられる石列があり、東西は北半分が四間、南半分が三間と二分されている。城内で最も大規模な建物であり、西側に接する土塁内側には高さ一m程の石積みが見られる。この土塁からは、四ノ段に構えられている喰違いの虎口

岡豊城跡詰
（高知県立埋蔵文化財センター）

天正三年銘瓦
（高知県立埋蔵文化財センター）

を構え、侵入してくる敵を攻撃できるようになっている。

岡豊城跡は、主郭の詰を中心としてそれを取り巻くように、二ノ段から四ノ段の曲輪が造成されているが、現在歴史民俗資料館が建っている曲輪も広い面積を持っている。残念ながら、この曲輪は既に岡豊ハイランド施設で破壊されており、発掘調査は実施されなかったが岡豊城跡の中でも重要な曲輪であったことがわかる。さらに西側には伝厩跡の曲輪や南側には伝家老屋敷曲輪が存在している。最近では、伝家老屋敷曲輪の発掘調査が進み、掘立柱建物跡などの遺構が検出されており、横堀や竪堀などの遺構が残存している。国分川から岡豊城跡に登城するルートが、この伝家老屋敷を通っていることが判明し、南側斜面部に残る曲輪群や遺構の位置付けが今後必要になってくる。

岡豊城跡三ノ段（高知県立埋蔵文化財センター）

岡豊城跡伝家老屋敷建物跡（南国市教育委員会）

岡豊城跡伝家老屋敷全体（南国市教育委員会）

23 楠目《くずめ》城跡

―山田氏から長宗我部氏の城として東の要の城―

楠目城跡は、香美市土佐山田町楠目に所在する山田氏の居城で、香美市の史跡に指定されており、別名山田城跡とも言う。標高が一三二mの山頂を中心に曲輪群を構えており、高知県東部では大規模な縄張りを持つ城である。

築城者は山田氏で、鎌倉時代の初めに香美郡宗我・深淵郷の地頭として入部してきた中原秋家の子孫と言われているが、その他にも土佐国衙に近い在庁官人層で地頭になった説もある。南北朝時代には、北朝方として活動しその後戦国時代は土佐七守護に入る国人としてこの地域で勢力を持った。

山田元義（基道）の時期に、長宗我部氏に攻められ楠目城は落城し元義は韮生に逃れ天文年間（一五三二～一五五五）の終わりの頃には国親の傘下に入っている。『土佐州郡志』では、山田治部少輔、『南路志』では山田氏の名前が出てくるが、長宗我部氏の傘下に入ってからは、家臣団の名前が出てこない。

縄張りは、曲輪Ⅰが主郭と考えられる。これまで、最も標高が高く北端に位置する曲輪Ⅱが詰ノ段とされている。どちらも主郭と捉えてもいいのだが、曲輪Ⅰは縄張りの中心に構えられており、周囲の一段下った帯曲輪が何重にも取り巻いており曲輪の中で最も広い面積を有し、高い土塁が周囲を取り巻き虎口も強固に造られている。

曲輪Ⅱは、北から攻められてきたとき防御が最も堅固で、北端部の土塁は一段低い西側の曲輪と連動した造りとなっている。この曲輪が突破されても、曲輪Ⅰで最後の応戦をすることができ、このような考え方が許されれば曲輪Ⅰが主郭としてもいいのではないかと思う。さらに、楠目城跡の特徴として、南西部に曲輪Ⅲとした茶ヶ森と呼ばれる曲輪群がある。頂上部の曲輪Ⅲは、戦跡で破壊されている箇所もあるが、その下には帯曲輪が廻り西端には横堀と

山田氏累代墓所

その両端部に竪堀を加える遺構が確認できる。また、茶ヶ森の東側には、大規模な横堀が掘られている。曲輪Ⅱの西側に尾根伝いに延びる丘陵は、新たに縄張りとして付け加えられた場所であるが、平坦部が数箇所認められ、その先端部にも茶ヶ森でも確認できた横堀と竪堀がセットになった「ひの字状空堀」の遺構が見つかっている。縄張りの特徴的なものを紹介してきたが、これら多くの遺構は天正年間に近い時期に構築されたと考えられ、天文年間までの山田氏が築いた楠目城の姿から大きく改変された城となっている。長宗我部氏家臣団が、大きく改修したと考えられるが、その中心人物が誰なのか、またこの城を預かった人物が誰なのかを解明していく必要がある。

　発掘調査は、重要遺跡確認調査として主要な曲輪に一三箇所のトレンチを設定し行われた。曲輪ⅠとⅡを中心として、その周囲の曲輪や茶ヶ森にも小トレンチが設定され各曲輪の堆積状況と遺構の有無を確認している。各トレンチでは、柱穴や石列などが検出されている。遺構・遺物を確認できないトレンチもあるが、曲輪ⅠやⅡでは遺構や遺物が出土している。遺物は、土師質土器や貿易陶磁の青花が出土しており十六世紀代と考えられる。

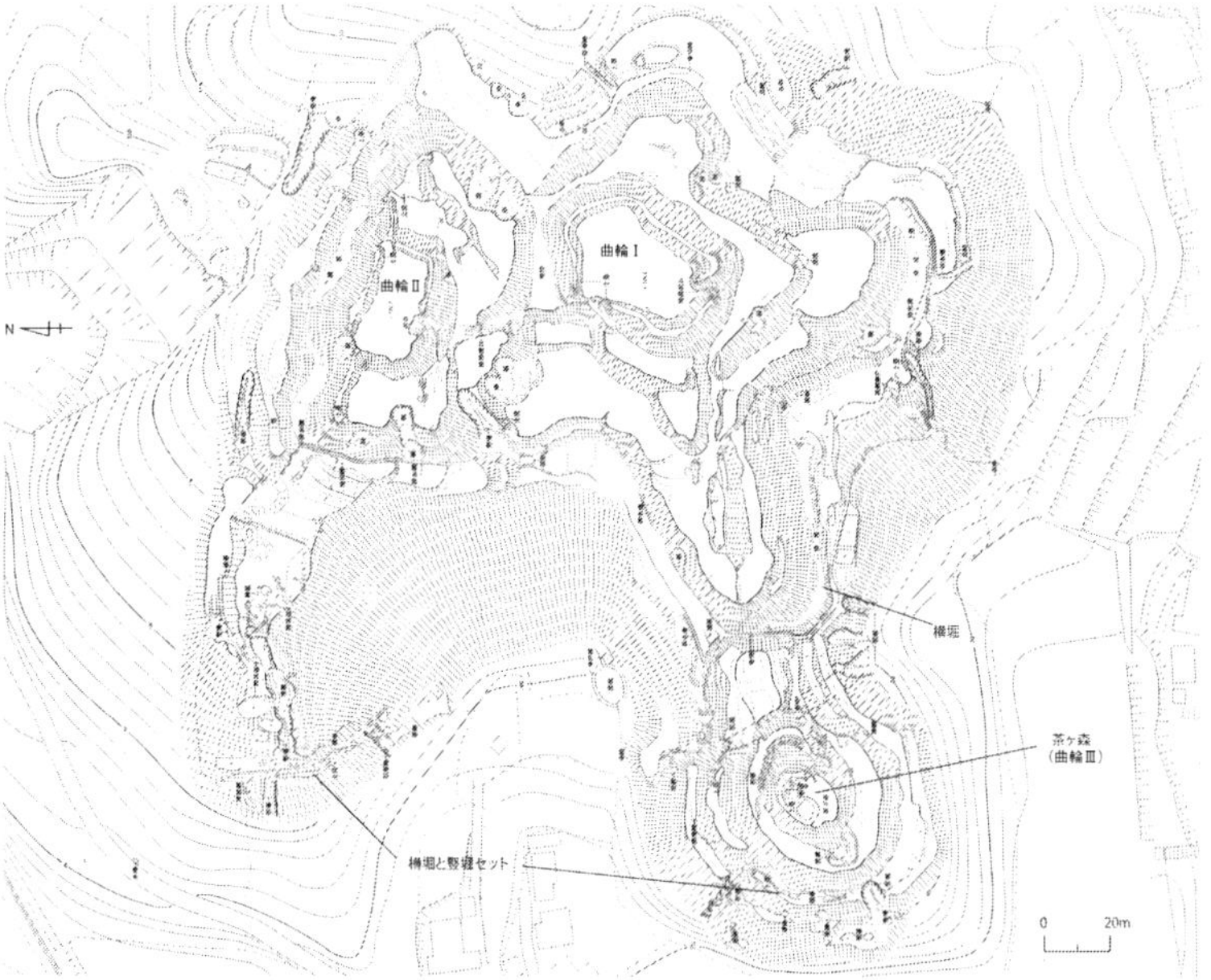

楠目城跡縄張り図（大原純一作図）

（第三章　松田直則）

第四章　土佐の城郭研究成果と長宗我部氏の城

高知県は、第三章で紹介したとおり四国の中では山城発掘調査の事例が多い。開発で消滅した山城も多いが、記録保存される中で城郭考古学研究の成果も蓄積されてきた。ここでは、城郭考古学研究の成果や縄張り研究から見えてきた山城の姿を紹介していくことにする。

一、城郭考古学研究の成果

一、中世城郭の出現

中世山城の発掘調査は、いの町に所在する波川城跡で初めて実施された。高知県では原始古代の遺跡調査も少ない時期に中世という時代の山城を開発に伴い実施されており、昭和四十八年（一九七三）当時重要な山城であるという認識があった。発掘調査の成果として、土塁に囲まれた主郭の中に礎石建物跡が検出されている。当時は、出土遺物もないことから建物跡の時期など不明な点が多かった。その後四十六年経った現在、礎石建物跡や土塁の構築時期、その出現の背景などもおおよそ推定できるようになった。中世山城の考古学研究が進み、出土遺物の分析や検出遺構の検討で山城の機能した時期を抽出することができるようになった。まず、発掘調査から城郭考古学研究の成果を紹介していく。

中世城郭の出現時期の問題であるが、鎌倉期まで遡る可能性もあるが山城として機能した時期は南北朝期頃と考えられる。これまで、この時期の山城は標高の高い地点に構築され、天然の要害となる急峻な山に閉じこもるイメージであったが、兵庫県三木市の吉田住吉山遺跡群のように標高の低い地点に築かれた城郭が存在するように、木塚城跡も標高が三五ｍという低丘陵上に構築されている。木塚城跡は、出土遺物から南北朝期に機能したと考えられ、この地域は北朝方の拠点とされた地域でもある。また治国谷峠を挟んで南朝の拠点である大高坂城（現高知城跡）は、伝御台所跡から南北朝期の遺物が出土している。この曲輪が南北朝期に機能していたことがわかった。しかし、それ以外の曲輪の発掘調査が進んでいないので不明な点が多いが大高坂城全体が機能していたと考えれば、大高坂城跡の本丸の標高は四四ｍであり、標高の高い天然の要害に構築されているわけではない。

県内で実施された標高の高い山城調査は、高知市と旧春野町の境の柏尾山山頂で標高約三二〇ｍの地点に位置する柏尾山城跡が試掘調査されている。縄張りは、東西約六五ｍ、南北二五ｍの規模で東側に土塁を持つ主郭を

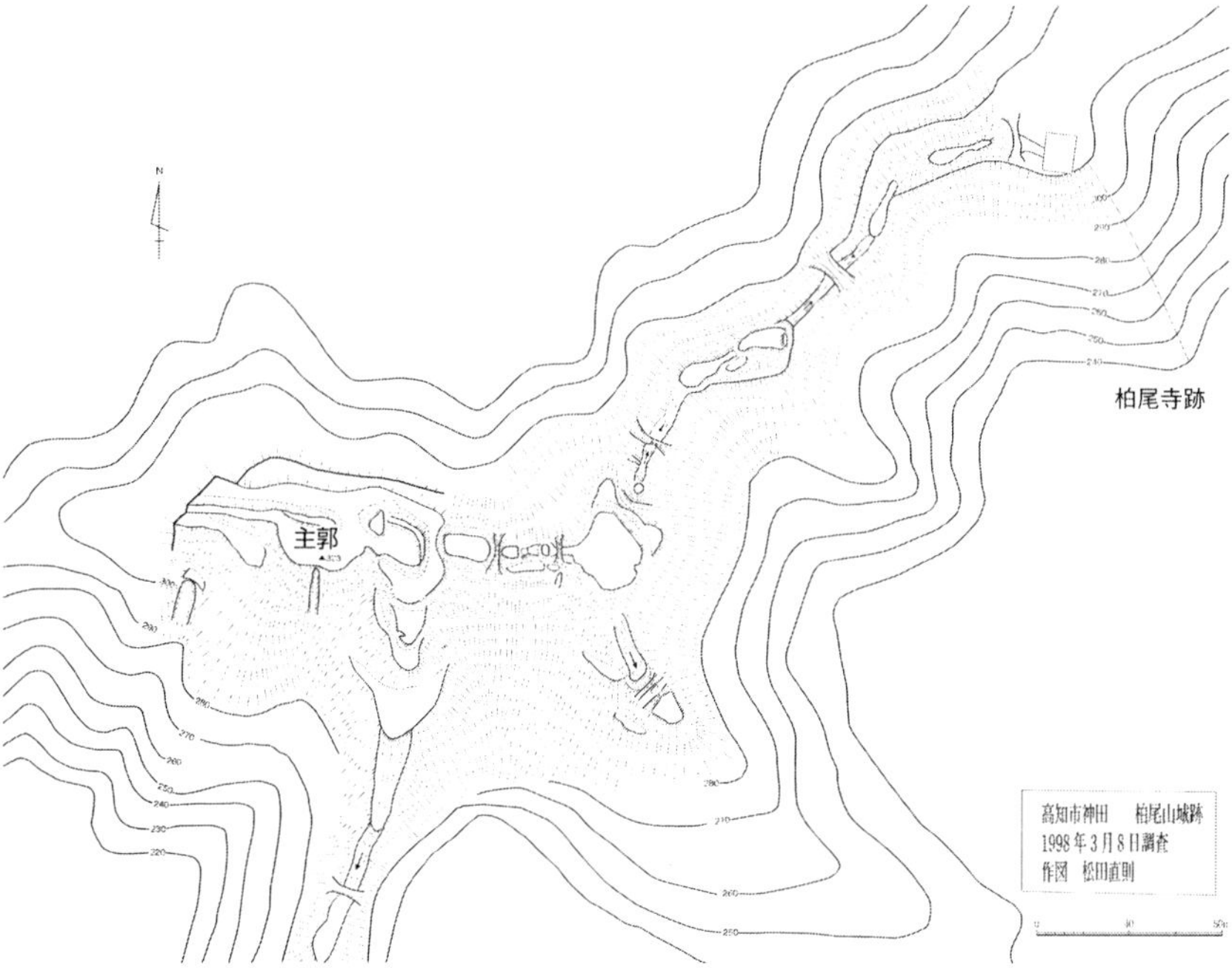

柏尾山城跡縄張り図（松田直則作図）

中心に、東西に延びる丘陵上に堀切等が構築されており、堀切は一〇条、竪堀は南斜面を中心に三条が確認できる。出土遺物は、土師質土器や備前焼等十五世紀後半を主体とした遺物群が出土している。南北朝期の遺物は出土しておらず、遺構も十五世紀代に構築されたものと考えられるが、この城跡との関係が想定できる遺跡として、城跡の東側を旧春野町側に少し下ると、標高二〇〇ｍ付近に真言宗の柏尾寺（観正寺跡）が存在する。その付近には坊跡と考えられる平坦地が確認でき、中世山岳寺院跡と考えられる。寺跡は古代末期には創建されていたと考えられており、坊跡の平坦地に散在している五輪塔を見ると南北朝期のものが認められ、この寺跡と柏尾山城跡の関係が考えられ、緊張関係が生じた時に寺院と一体的に城としての機能を持ち合わせていたことも考えられる。

二、戦国時代の城

戦国時代が始まろうとする頃、十五世紀後半代に機能した城跡として、四万十市のハナノシロ城跡、栗本城跡、扇城跡や高知市鏡の小浜城跡などがある。ハナノシロ城跡は、中筋川流域の小村である江ノ村に所在する小規模な城郭であり、江ノ村の中心集落を守る江ノ古城跡の支城と考えられている。城跡は、斜面部も含めてほぼ全域を調査しているが、曲輪が四箇所と掘立柱建物跡、柵列、竪堀、土坑、土塁、虎口、斜面部で雛壇状遺構などが検出されている。出土遺物は、土師質土器や貿易陶磁、国産陶器、金属製品等が見られるが、貿易陶磁では青磁と白磁しか出土していない。また、その特徴を見ると、十五世紀代の製品で十六世紀までは降らない。遺構で特筆すべきは、曲輪Ⅲとされた南端部の曲輪で、削り出し土塁の基礎部分と竪堀二条が連動した状況で検出されていることで、支城でありながら貿易陶磁を持ち竪堀と土塁の遺構が出現していることである。

高知県中部の高知市鏡に所在する小浜城跡は、主郭とその下段に帯曲輪が取り巻き、北と南側に小規模な曲輪が構えられた城である。主郭の南と北側に堀切があり帯曲輪の東側に竪堀が一条構えられる。主郭では遺構が認

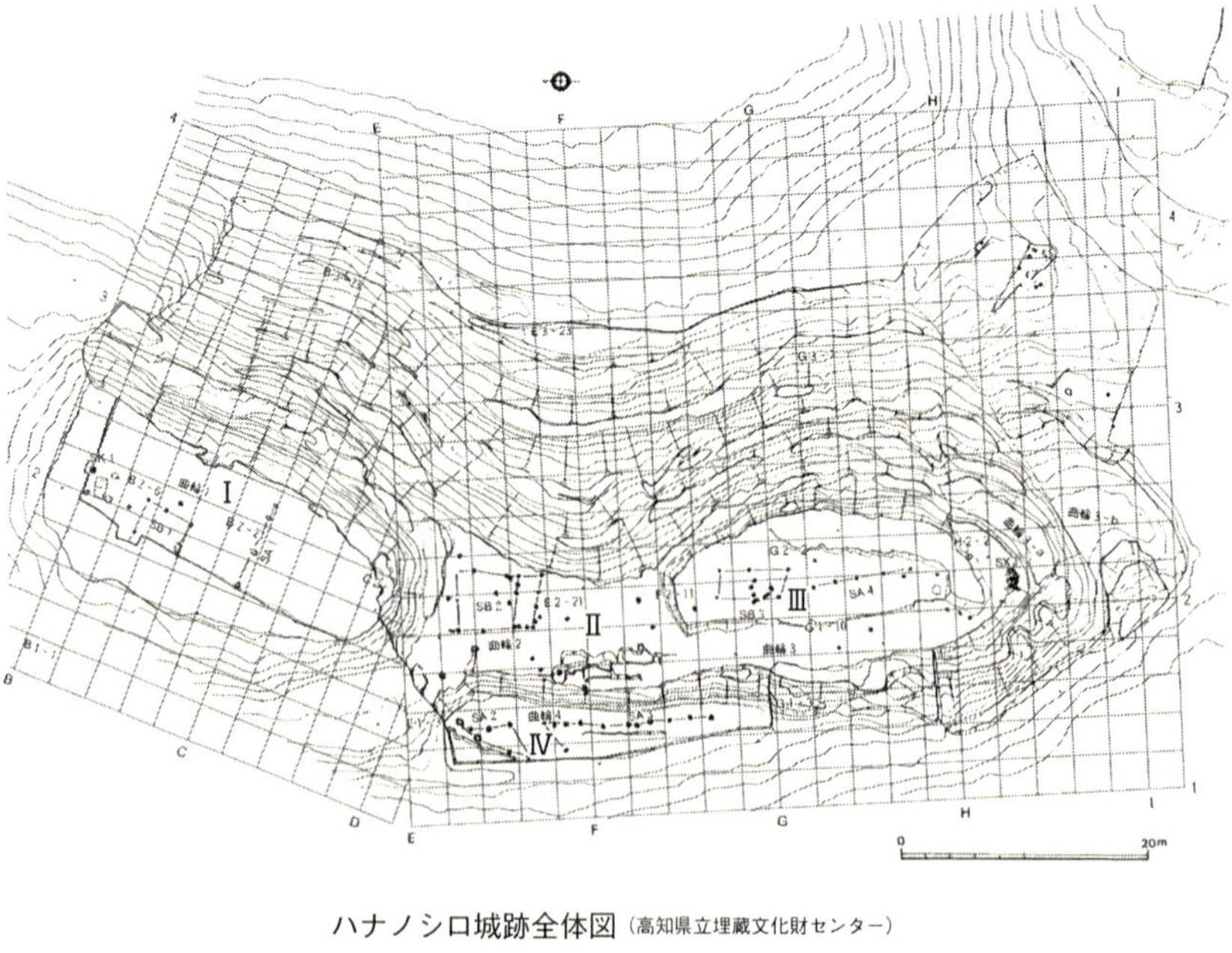

ハナノシロ城跡全体図（高知県立埋蔵文化財センター）

められず、下段の帯曲輪に遺構が残る。遺物は、土師質土器や若干の石・金属製品のみである。ハナノシロ城跡と比べると、遺構では堀切と竪堀は認められるが、土塁などは存在しない点と、貿易陶磁の量の差である。ちなみに高知県の中で、集落遺跡も含め貿易陶磁の出土量が西高東低の状況である。

栗本城や扇城跡は、天正年間の渡川合戦時に一時期使用されているが最も機能した時期は十五世紀後半代である。両城跡とも、小規模な城郭ながら貿易陶磁の出土が多い。十五世紀後半代において、東部では守護代細川氏の衰退と、西部では一條教房が中村に下向して中村の土豪を支配下においている。この土佐で、戦国時代始まりの頃の社会的状況が城造りにも影響しているとは考えられないだろうか。

十六世紀初頭になると、黒潮町西本城跡で一條氏が城造りを行っている。土佐一條家の房家が入野氏を攻撃するために構築したと考えている。さらに一條氏は勢力を拡大し東進していくが、高岡郡の津野氏と争うことになり、その時に動いた城が中土佐町にある西山城跡である。

西山城跡は、城域の大半が発掘調査されており、横堀や畝状竪堀群、竪土塁、石積み、連続堀切などの遺構が検出されており重要な成果をあげている。西本城跡や西山城跡で検出された畝状竪堀群や横堀状遺構などの考察については後述することにする。

高岡郡では、津野氏の居城である津野町の姫野々城跡が、山城部分や土居跡も発掘調査されている。山城部分で畝状竪堀群も確認されており、礎石建物跡も検出されている。土居跡では、多くの貿易陶磁も出土しており中にはタイ製品も見ることができ、津野氏の勢力が垣間見られる。山城と土居跡では十五世紀代の遺物が多いが、十六世紀後半代の遺物も出土しており十六世紀末まで城も屋敷群も存続している。姫野々城跡や中土佐町の久礼城跡は、長宗我部氏が勢力を高岡郡にのばしてくると、姫野々城跡には元親三男の親忠が入り、久礼城の佐竹氏は元親の傘下に入り城が改修されている。

吾南平野を支配した吉良氏の居城も、その後本山氏、長宗我部氏の支配下で城跡の変遷を見ることができる。十六世紀中頃になると、一條氏が津野氏や大平氏を抑え仁淀川流域まで進出し始める。吾南平野や高知平野では、本山氏と長宗我部氏の抗争が始まって城の争奪戦が起きている。浦戸湾周辺の浦戸城跡や潮江城跡、吾南平野の吉良城跡、高知平野の朝倉城跡など周辺の城も含めて永禄三年（一五六〇）以降本山氏から長宗我部氏に支配が移っている。

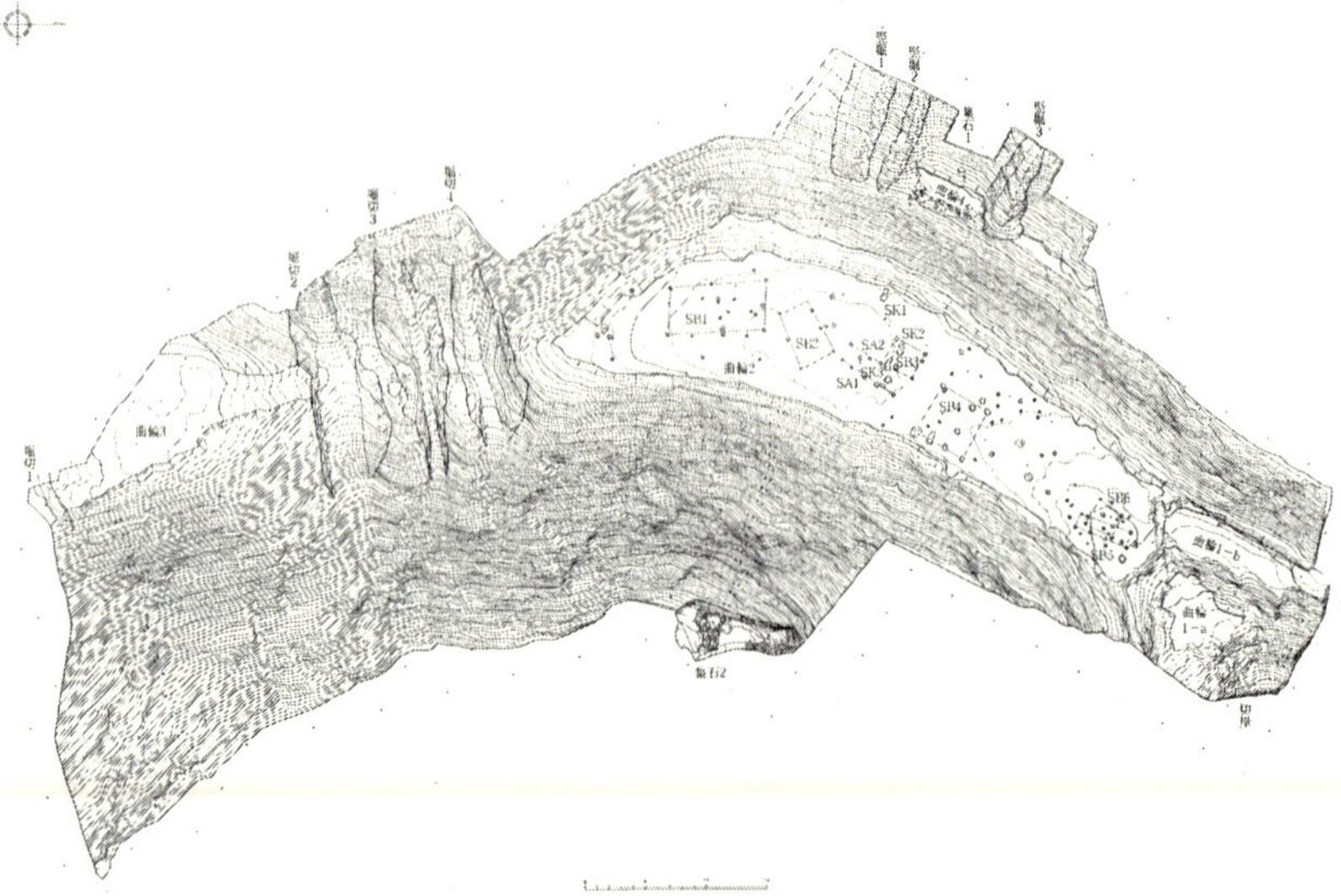

西本城跡遺構全体図（高知県立埋蔵文化財センター）

長宗我部氏の居城として有名な南国市の岡豊城跡は、史跡整備のため主郭を中心として発掘調査が実施されている。瓦葺きの礎石建物跡が検出され土塁に伴う石積みや喰違い虎口も確認され、天正三年銘の瓦片が出土していることから、長宗我部氏が土佐を統一した頃に大きく改修されたと考えられている。天正十三年（一五八五）以降、豊臣秀吉の傘下に入った元親は、居城を岡豊山から大高坂山に移し、石垣技術を導入した城造りを始めている。天正十九年（一五九一）には、大高坂城から浦戸城に居城を移し近世城郭に近い織豊系城郭を普請作事している。元親の居城である岡豊城跡・大高坂城跡・浦戸城跡は、史跡整備や開発に伴い発掘調査が実施されているが、元親の城造りの変遷を掴むことができ、中世城郭と織豊系城郭の違いが見えてきた。

以上時代ごとに城跡の変遷を俯瞰してみたが、次に城郭を構成する遺構の各パーツを見ていきたい。

三、中世山城の構造

山城の各曲輪はどのように利用されたのか、各城跡の曲輪から検出された遺構を見ていきたい。各曲輪からは、掘立柱建物跡、礎石建物跡、柵列、土坑、土塁、石積み等が検出されている。主な遺構としての建物跡を見ると、掘立柱建物跡が検出されている城跡は、栗本城跡、扇城跡、小浜城跡、芳原城跡、西本城跡、西山城跡、和田城跡等があげられる。これらの城の特徴としては、芳原城跡以外は小規模な城跡で地域の土豪クラスの城である。また、栗本城跡や扇城跡のように渡川合戦時に一時期機能した城もあるが、その他の城は十五世紀後半から十六世紀前半頃に機能した城で、主郭とそれを取り巻く帯曲輪を持つ比較的古い形態を取っており、小浜城跡などは十五世紀の時期に収まる城で、根太状の遺構も検出されている。

次に礎石建物跡をみてみると、久礼城跡、波川城跡、古井の森城跡、岡豊城跡、中村城跡、姫野々城跡で検出されている。岡豊城跡や中村城跡など大規模な流通等にかかわる拠点的な城郭で認められるのが特徴で、四国内でも各城跡の出土遺物や縄張りを見ると主に十六世紀後半代に機能した城がほとんどである。これらのことから、礎石建物跡が城に導入された時期は、十六世紀後半でも天正年間に近い時期と考えることができる。礎石建物を城に導入しさらに防御遺構も複雑化されてくる。

土佐における畝状竪堀群や横堀、土塁等の出現と展開について考えてみたい。

畝状竪堀群であるが、黒潮町に所在する西本城跡の北側斜面で検出されており、出現時期を探るに大きなキーポイントとなる。全国的に畝状竪堀群の発掘調査事例を検討した高屋茂雄は、第一段階から第四段階の発展段階を考察しており、西本城跡は北九州の園田浦城跡と同じく十四世紀から十五世紀の第一段階としているが、筆者は十六世紀初頭の段階と考えている。

そして次に認められるのが中土佐町の西山城跡である。西本城跡と異なるのは、横堀状遺構や竪土塁と石積みなどが出現していることと、出土遺物の中で青花の割合が多くなり奢侈品も多く出土していることである。この城は、十五世紀後半から十六世紀中頃までの遺物が出土しており、最終的に認められる堀切や竪堀などの防御遺構は、緊張関係が生まれた段階で付け加えられたものと考えられる。畝状竪堀群や連続した堀切にしても、同時期に造られたものではなく大きく二時期に分けられると考える。二～三条の堀切が南北の尾根上に構築され、その後東西斜面に築かれた畝状竪堀群や横堀状遺構などが再構築されたと考えている。この地域の一條氏と津野氏の十六世紀第2四半期頃の抗争の中で、西山城跡は改修されている可能性がある。発掘調査の成果から、畝状竪堀群が認められる二城跡から考えられることは、一條氏が土佐中央部に向かって東進するルート上で入野氏や津野氏との抗争の中で機能した城に認められるのではないかと考えることができる。また一條氏は、愛媛県南予にも侵攻しており、松野町から鬼北町にかけても一條氏が構築したと考えられる城跡が見られる。城跡に新しい畝状竪堀群という防御施設を導入できたのは一條氏の家臣団で、一條氏の京都や大内氏・大友氏といった諸大名との関係からこれらの構築技術を導入できたのではないかと想像できる。畝状竪堀群や畝状空堀群といったように名称の問題も存在するが、緩斜面に竪堀を連続して並べるものや、岡豊城跡や松尾城跡等で認められる横堀とセットになって連続した竪堀を持つものなどがあり、前者の方が時期的に古く考えられる。

土佐では、発掘調査の成果から緩斜面に竪堀を連続して並べる畝状竪堀群や連続した多重の堀切は、十六世紀初頭から前葉に出現していることがわかる。しかし横堀とセットになる畝状竪堀群は、岡豊城跡などを見ると十六世紀後半代に出現していると考えられる。また土塁も、曲輪の一部に土塁を構えるハナノシロ城跡などをみると十五世紀後半代には構築されており、西山城跡では郭端部に設ける土塁や竪土塁に伴う石積み、横堀状の遺構もセットで検出されており、十六世紀前葉になると防御遺構も進化していることがわかる。しかし、主郭の詰を取り巻く土塁や、朝倉城跡の南北斜面部に認められる横堀については、十六世紀後半にならないと構築されないと考えられる。

四、小規模城郭と拠点的城郭

主郭である詰の使われ方を各城跡の検出遺構から見てみると、小規模城郭と大規模拠点的城郭とも同じ機能を持ち合わせており、機能した時期が十六世紀前半と後半の時期ではその違いが認められる。

小規模城郭の小浜城跡や西山城跡の詰を見ると、小浜城跡の詰では遺構は皆無で、遺物も土師質土器の小片が二点出土したのみであった。遺構もないことからどのように使用されていたのか不明であるが、七m下方に回る南側帯曲輪の一部に台状遺構とピットが検出されており、この場所から詰に梯子をかけて登っていたと考えられる。西山城跡では、詰の南端に二間×二間の掘立柱建物跡と柵列が検出されている。その他には、土坑一基と若干のピットが検出されているのみで広い空間を有している。大規模な城郭として位置づけられる芳原城跡の詰を見ると、二間×三間の掘立柱建物跡と柵列が検出されており、十六世紀前半の城郭においては小規模城郭と同様な遺構が検出されている。十六世紀後半になると、岡豊城跡を始め久礼城跡や中村城跡など、土塁に囲まれた曲輪の中に礎石建物が出現している。主郭である詰は、物見櫓的な機能をもって小規模なものであったが十六世紀後半になると同じ機能も持ち合わせながら、櫓としての建物が出現してくるようになる。さらに、小規模城郭と拠点的城郭の性格の違いについて、出土遺物の組成などが異なっていることもわかり始めた。拠点的城郭の中村城跡・岡豊城跡・姫野々城跡・芳原城跡の遺物の組成を見ると、出土総数の中で土師質土器が最も多く出土している。芳原城跡や姫野々城跡、岡豊城跡では九〇%を占めている。次に貿易陶磁器や国産陶器類が出土している小規模城郭の西本城跡では、最も多く出土しているのが貿易陶磁で次に土師質土器や国産陶器類が続く。西山城跡では国産陶器が最も多く次に土師質土器、貿易陶磁という順番になっている。このように、出土遺物でも明確にその差を認めることができ、大規模城郭では主郭を中心とした曲輪で、土師質土器を使用した儀式が頻繁に行われていたと考えられる。

拠点的城郭と考えている芳原城跡について、少し詳しく調査成果を見ていくことにする。城跡は、独立丘陵に構築され丘陵全体が利用されている。発掘調査されたのは山城部分の詰の曲輪Ⅰと帯曲輪の曲輪Ⅱ、裾部で堀状地形を呈した部分の調査であった。堀状地形部分の出土遺物を見てみると、木製品が多く椀、箸、曲げ物底、下駄、大足、護符、陽茎、人形、杭等が出土している。その他土師質土器や貿易陶磁器・国産陶器類が多くフイゴの羽口なども見られる。これらの出土品を見てみると、城としての軍事的側面というよりは、戦国時代という不安の中で心の支えとした信仰やその中での庶民の日常生活の実態を見ることができる。丘陵裾部の各曲輪は広く調査はされていないが、堀状地形に廃棄された遺物を使用して生活をしていた人々の建物跡などの痕跡が残っている可能性がある。そして、比高差が二〇～三〇ｍであるが詰とその下段の帯曲輪は、切岸や枡形を持つ虎口で守られ、軍事的な要素が強い。また詰では、小規模な掘立柱建物跡と柵列のみで銅鋺や石硯などが出土しており、帯曲輪の遺構群と比べると性格の違いを読み取ることができる。さらに、詰と帯曲輪の軍事的機能を持ち合わせた曲輪と丘陵裾部に形成された曲輪もまたその性格が異なっている可能性がある。

藤木久志は、開かれた曲輪として城の空間の中でどの

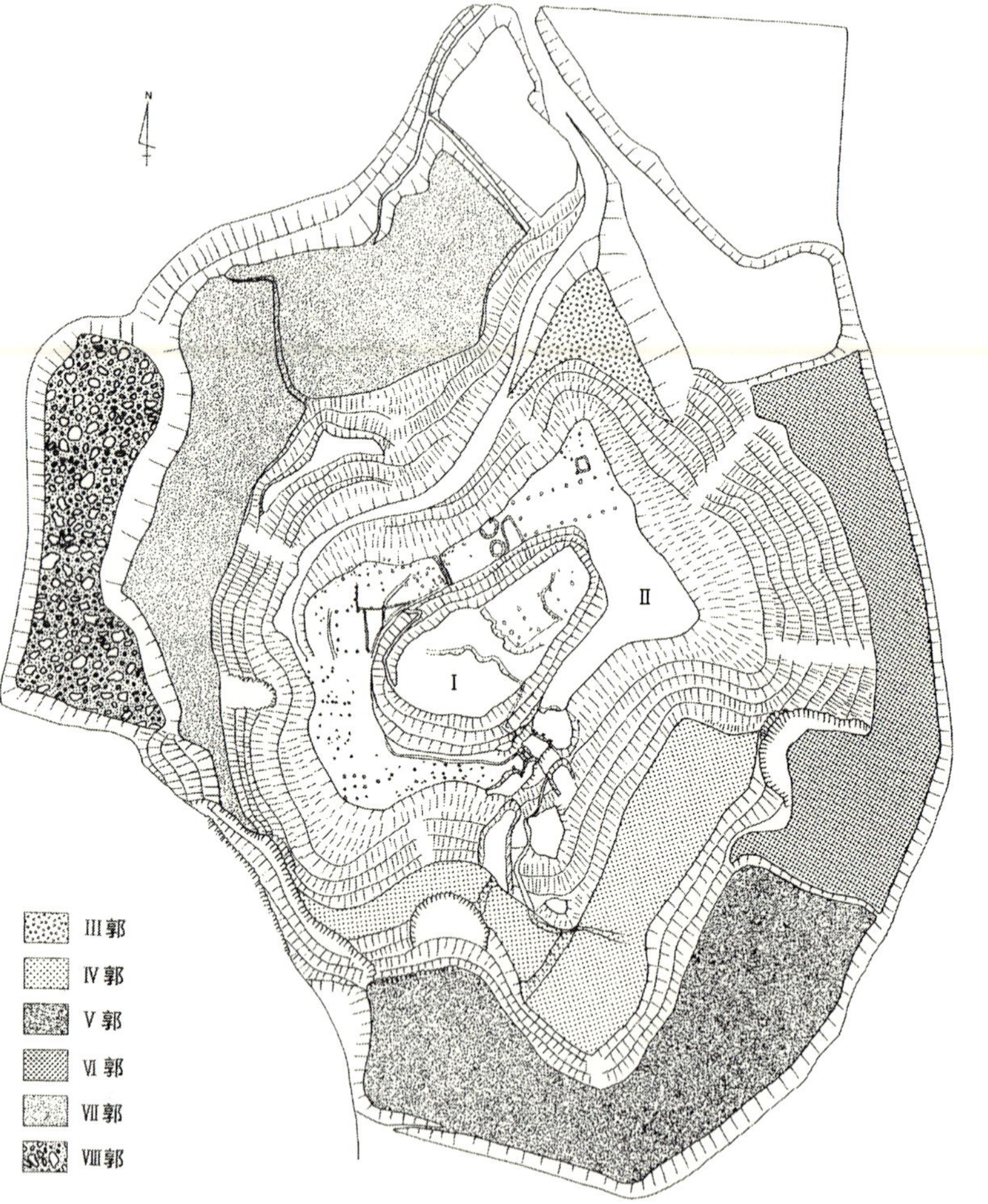

芳原城跡全体図（高知市教育委員会）

曲輪がどのように領民に開かれていたのかという中で真田氏の岩櫃城の例をあげ、主郭部の曲輪には真田の家臣のみの特権的な空間で、その曲輪より外側は地元の奉公人や百姓たちにも開かれた公共の空間であったと解釈している。芳原城跡も詰とその下段に廻る政所地名が残る帯曲輪は城主の空間で、それより下段の曲輪群は開かれた空間で家臣や領民にも利用された場所であった可能性も考えられる。

五、中世の城と村落

城が各地域の中で、集落とどのように関わって存在しているのか、四万十川支流の中筋川流域の小村について見ていくことにする。四万十市の江ノ村には、ハナノシロ城跡と江ノ古城跡が所在している。高規格道路建設に伴い発掘調査されたこの二城跡の発掘調査では、江ノ村の所在する他の城跡の縄張り図を作成し、『長宗我部地検帳』と地籍図を援用し歴史地理学的研究の方法で当時の江ノ村の復元を行っているので、土佐の小地域の村落と中世城郭を紹介していく。

戦国期の中世江ノ村復元図を作成しているが、大きな成果として江ノ村という小集落内で構成された中世の小世界を描き出していることである。簡単にその概要を述べると、江ノ古城跡は東側谷部の集落を防御するに良好な丘陵に構築されている。集落の中央部には小河川が流れており、それを挟んで江ノ村の中心屋敷が建ち並んでいる。この集落の入口部には、五社大明神と記載された神社が鎮座しており、他地域でもよく見られる村境としての役割も果たしている。

江ノ古城跡東側谷平坦部に形成された集落は、その中心に万福寺の寺院が建立されておりこの寺の周囲には中屋敷が多く、各屋敷に取り囲まれている景観を想像できる。谷平坦部の奥にも集落の展開をみるが、この周辺は下・下々屋敷が建ち並んでおりその谷奥には、さらに飯福寺の名称を持つ寺院や御堂が存在する。江ノ村で最も西端に突出している丘陵の先端部には江ノ古城跡の支城で、河川を監視する役割を果たしたハナノシロ城跡が位置する。直接河津である船戸と係わりのある施設は、吉祥寺の西側に所在する江ノ村遺跡として発掘調査された建物跡と考える。牛ノ谷の集落は、最も小規模で城跡は存在しない。久木ノ村をみると、ほぼ江ノ村と同じ集落構成が取られている。西ノ谷城跡が東側谷平坦地の本集落を守るように構築されている。久木ノ村にも当時神社が鎮座していたことが確認できる。ホノギで神地と記載

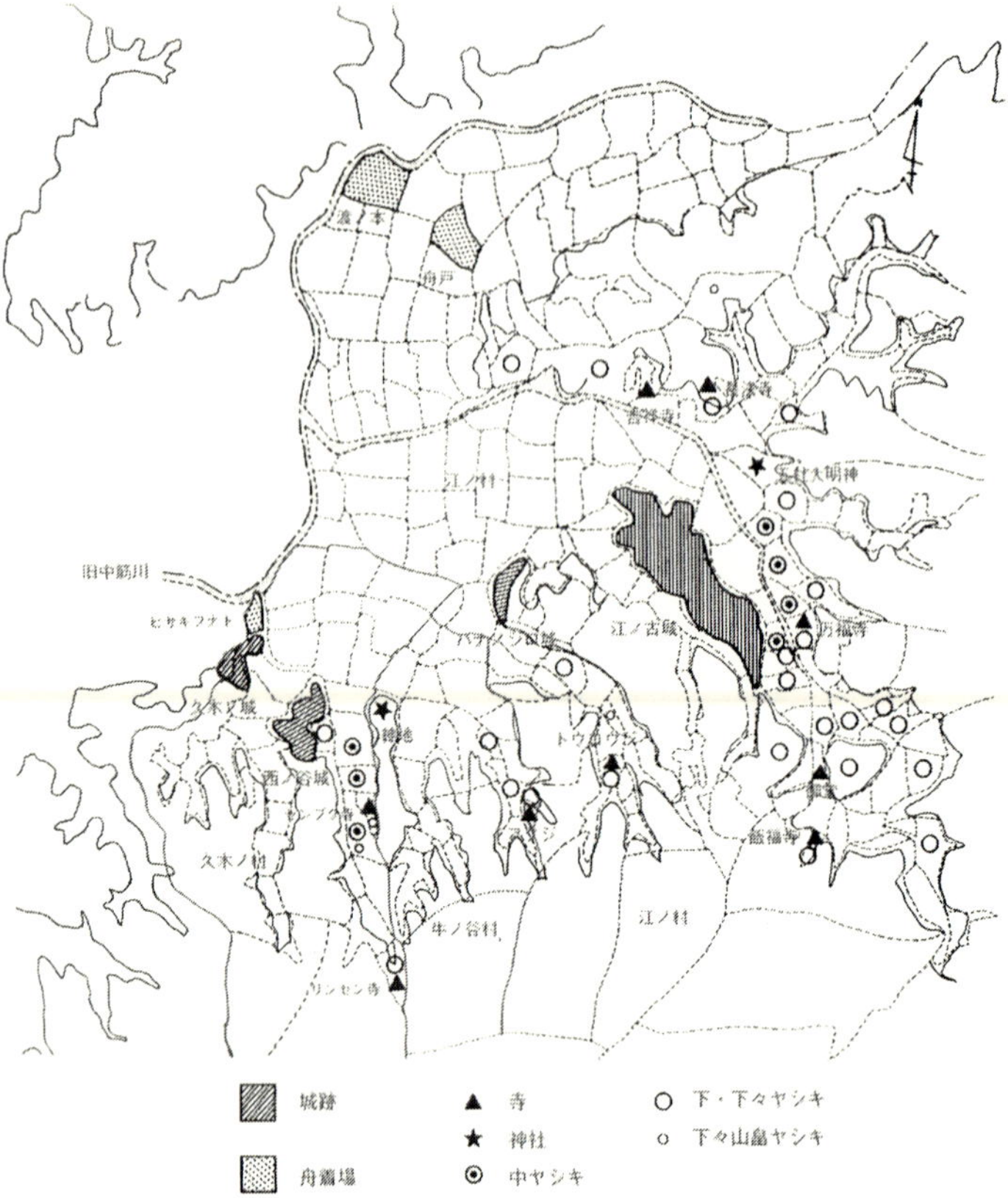

中世江ノ村復元図（高知県立埋蔵文化財センター）

されており、牛ノ谷村と久木ノ村の境の丘陵先端にこの神地が比定でき、現在でも神社が存在する。江ノ村と同様に集落の入口部分に位置している。ここから久木ノ村の集落が開けてくるが、中ヤシキと記載されている三箇所付近が中心的集落とみることができる。その中にはセンブク寺の名称を持つ寺が存在する。さらに谷奥には下々ヤシキとリンセン寺という寺がある。西ノ谷城跡は久木ノ城跡の支城と考えられる久木ノ城跡は、最も北側に突出した丘陵の先端部に構築されている。久木ノ城跡のすぐ北側は、ヒサギフナトの名称がみえ河津の存在が確認できる。久木ノ村は、城郭の立地や集落の配置、神社・寺の配置等江ノ村とまったく同様で、江ノ村そのものを小規模化した村との印象である。

　中世江ノ村の風景を描いたものを紹介してきたが、土佐に於ける中世小村の一事例として地域的特色を捉えることができたと考える。しかしこの地域的特色が、中筋川流域の諸村にも当てはまるかどうか、小地域の普遍性と特殊性を洗い出すためにも、今後流域全体の中世村落の復元を行い比較検討して行く必要がある。

六、長宗我部氏城郭の変遷

天正三年（一五七五）に長宗我部氏が土佐を統一しているが、この頃から長宗我部氏が支配していった地域で城郭の改修や廃城などが進んでいる。長宗我部元親の居城である岡豊城跡は、紀年銘の瓦や礎石建物跡が検出され天正三年（一五七五）に大規模な改修が行われたと考えられている。その規模は、主郭のみでなく南斜面部も含め、岡豊山全山が総城郭化された大規模な改修であったこともわかり始めた。土佐一国を支配下に入れ、四国制覇に乗り出そうとした拠点にふさわしい城に変わった。これまでの中世城郭として、大きく変わった点は、詰の礎石建物跡が瓦葺きになり、喰違い虎口や畝状竪堀群も新たに見られるように強固な防御施設を導入した城郭になったことである。特に、紀年銘資料から安土城より一年早い時期に建物跡に瓦が葺かれたことは特筆されることで、その導入における背景を今後探っていく必要がある。

岡豊城跡俯瞰図（門脇隆作画）

その後、高知城の石垣解体に伴う調査や、浦戸城跡や中村城跡から出土した瓦の研究が進み、検出された石垣も含め中世城郭から織豊系城郭の変遷など土佐では豊臣の傘下で城郭も大きく変わってきており、浦戸城跡などは天守台が築かれ大高坂城には見られない雁木を持つ石垣や鯱瓦が出土している。

浦戸城全体俯瞰図
（NPO法人城郭遺産による街づくり協議会　香川元太郎氏画）

さらに、出土瓦の研究では中村城跡・岡豊城跡・湯築城跡の同笵瓦が話題となり、長宗我部氏の四国統一についての議論に一石を投じた。また瓦の製造過程において認められる切り離し技法の差であるコビキA（糸引き）・B（鉄線引き）の生産工人とコビキBの出現時期などが検討され始めた。城郭瓦の出現とその展開の中で、コビキBの使用が短期間に大量生産を行うために導入されたとの見方もできる。浦戸城跡などは、文禄・慶長の役に備えるため短期間に構築する必要があり、瓦も多くの量が必要になったことから生産技術の変化があった可能性もあり、城郭瓦から語れる城造りの一端が見えてきた。

また、高知城での桐紋瓦の出土から長宗我部氏が豊臣傘下に入った段階で、石垣やその上に建つ瓦葺きの建物も含め織豊系城郭として、これまでの中世城郭が終焉し近世城郭につながる新しい城造りが行われ始めたこともわかり始めた。天正十三年（一五八五）以降は城の造り方も一変し、長宗我部氏の本拠である岡豊城跡から移城して大高坂城跡や浦戸城跡のような織豊系城郭が出現し近世城郭の幕開けがくるようになった。

二、縄張り研究から見えてきたもの

一、土佐での縄張り図作成のはじまり

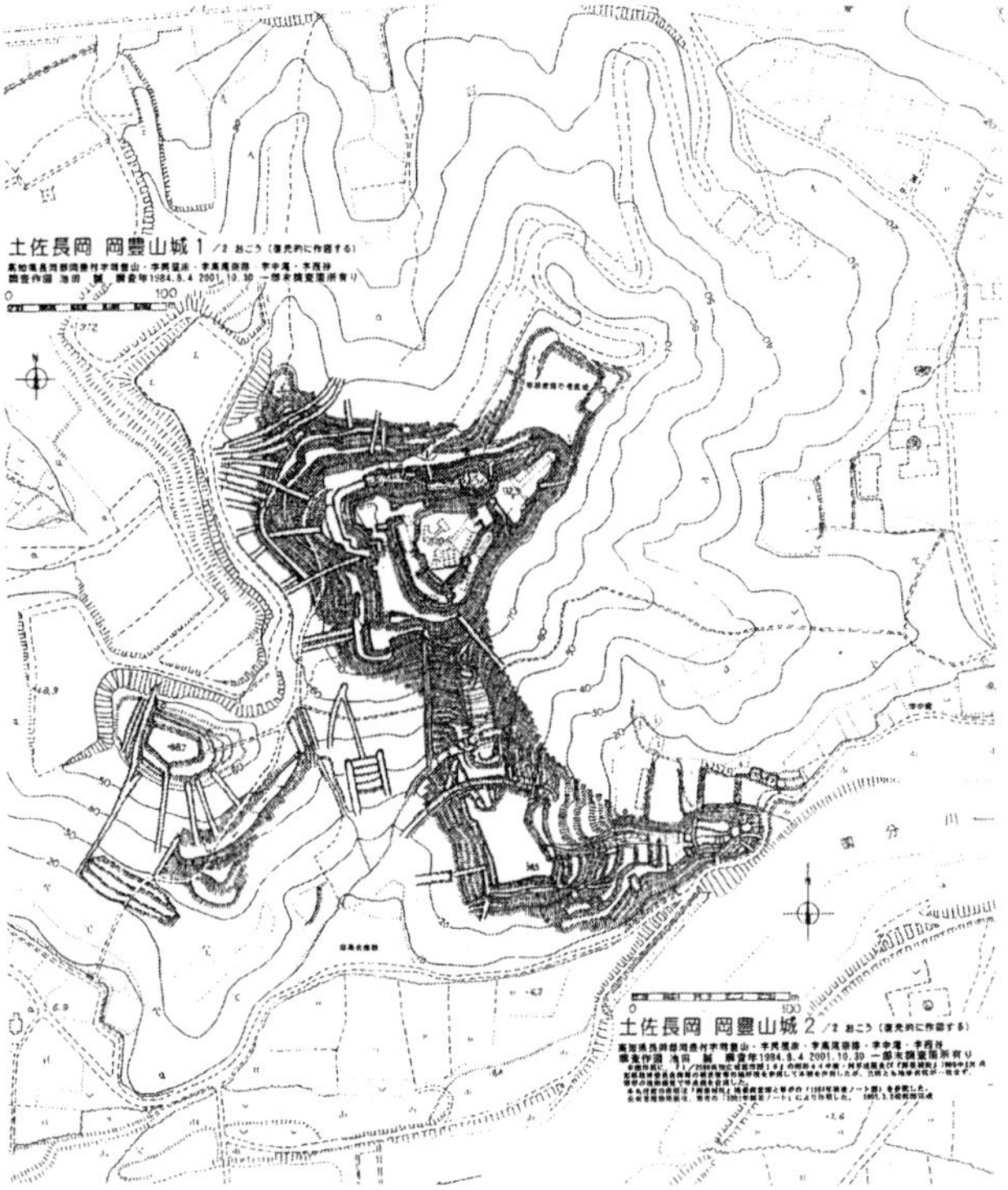

岡豊城跡伝家老屋敷跡が描かれた池田誠作成の縄張り図
（南国市教育委員会）

第一章と少し重なるところもあるが、城跡研究に必要な縄張り図の作成について紹介していく。

戦後しばらく時が経ってから、在野の郷土史家の研究者によって城跡の測量図や縄張り図の作成が行われた。城跡の測量図が最初に作られたのは岡豊城実測詳図であり、高知高専測量同好会によって昭和四十五年（一九七〇）に作成されており、民間の株式会社高知放送が発行した『岡豊城史』に掲載されている。

高知県で初めて縄張り図が示されたのは、昭和五十四年（一九七九）から昭和五十六年（一九八一）にかけて徳島県の本田昇氏が作成した岡豊城跡の縄張り図で『日本城郭大系』に掲載されている。本田昇氏作成の縄張り図では、通称伝家老屋敷跡の曲輪が記載されている点が注目される。その後縄張り図は、池田誠・千田嘉博によって作成されているが、伝家老屋敷跡は描かれていない。岡豊城跡の南斜面部の調査が平成十三年（二〇〇一）に実施された時に伝家老屋敷を含めた縄張り図が池田誠によって作成されている。最終的には国の史跡となり保存管理計画作成に伴い赤

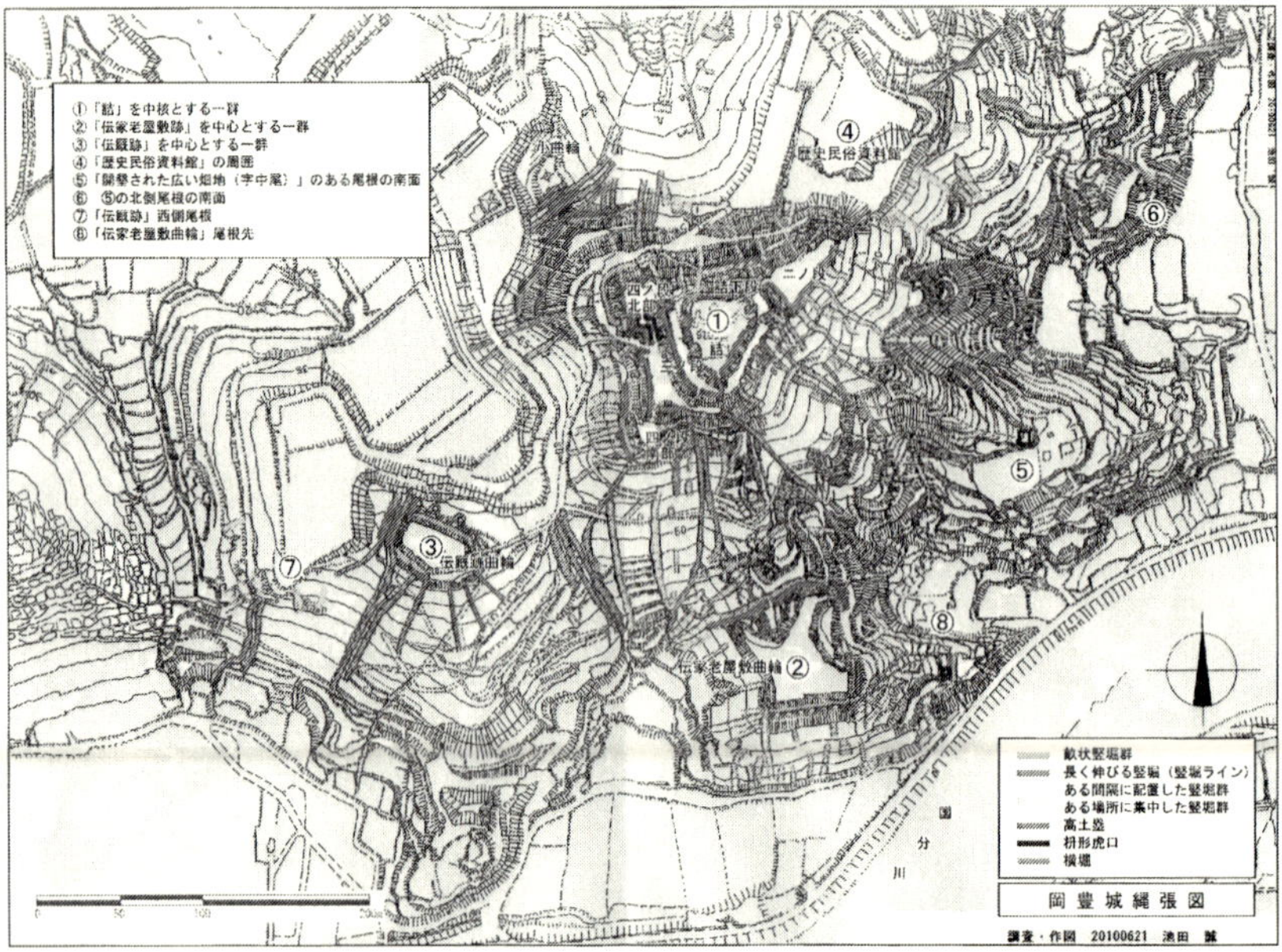

赤外線立体図を利用した岡豊城跡縄張り図（南国市教育委員会）

外線立体図を利用した縄張り図が作成されている。岡豊城跡は、詰を中心とした曲輪群、伝家老屋敷曲輪、歴史民俗資料館が建設される以前にあった曲輪と伝厩跡や東側に所在する曲輪群と合わせて五箇所の曲輪群を中心とした総城郭化された大規模な城郭であることがわかった。

高知県では、前田和男・大原純一や池田誠の縄張り調査で、実際残っている中世城郭跡の全貌が明らかにされ始めた。池田誠は、高知県の主要な城郭の縄張り図を作成し、『図説中世城郭事典』に掲載し独自の縄張り論で考察している。その後、発掘調査に伴い旧春野町や旧中村市、旧鏡村所在の城や『高知市史』に掲載すべき城郭の縄張り図を描いている。前田和男や大原純一は、重要な城郭の縄張り図を作成し私家版でもある『私のメモ帳』に調査した城跡の詳細な曲輪配置や規模などが記されている。また旧高知市内の城跡の縄張り図も残している。このように、前田和男・大原純一・池田誠の調査研究や、高知県が実施した城館分布調査が城郭研究の大きな画期となっている。

二、山城発掘調査と周辺縄張り調査

池田誠は、『図説中世城郭事典』で高知県の主な城郭を紹介している。この時に、高知県の代表的な城郭の縄張り図を作成しているが、その後高知県内で山城の発掘調査が始まると調査した山城との比較検討をするためそれぞれの地域で縄張り図を作成している。主に池田は、旧春野町の芳原城跡、四万十市のハナノシロ城跡、旧鏡村の小浜城跡の発掘調査に関連して周辺の山城を調査している。ハナノシロ城跡や小浜城跡は報告書に成果が掲載されているが、芳原城跡の周辺城跡は報告されていない。

旧春野町では、吾南平野の中心に芳原城跡と捨ヶ森城跡が所在しているが、芳原城跡の発掘調査で隣接する捨ヶ森城跡も合わせて縄張り図を作成し、同じ城跡として機能したのではないかと考えた。これは、隣接する捨ヶ森城跡の縄張り図を作成して初めて見えてきたことである。周辺部に所在する山城がどのような構造なのか調べるため、秋山城跡・西畑城跡・雀ヶ森城跡、西の城の縄張り図を作成しており、吾南平野の中では貴重な山城であるためここで紹介しておく。

秋山城跡（池田作成　一部加筆）

秋山城跡は、旧春野町秋山和田山に所在する。標高四一・七ｍの独立丘陵頂部を中心に蛸足状の尾根が延びて尾根上に曲輪が造成されている。城主は秋山氏であるが、一條氏や本山氏、長宗我部氏がそれぞれこの地域を支配していった段階でその傘下に入って存続している。『土佐物語』では、本山氏と長宗我部氏による秋山城の攻防が記されているが、その時にもっとも機能した城の可能性がある。土居跡は不明であるが、山城の東麓の現集落付近の可能性がある。曲輪Ⅰが主郭で、円形状の平坦部である。南側に三条の堀切で防御され、さらに延びる尾根上には狭い曲輪が構築されている。北側にも数段の平坦部が確認でき堀切一条が構えられている。曲輪Ⅱは１の主郭より若干標高が低く、中程は堀切で仕切られている。曲輪Ⅱの北側に延びる尾根上には、数段の平坦部が見られる。曲輪Ⅲは、南西端に位置し眺望がよく周囲は急峻な地形で、物見櫓などが存在していてもおかしくない曲輪である。

西畑城跡は、西畑鳥首ノ峰に所在する。標高一一八ｍの長畝山等の山系の仁淀川に半島状に突き出た先端部で標高四三ｍの丘陵上に構築されている。西方向には仁淀川対岸で土佐市新居城跡や南方には仁ノ城跡が望める。頂部の曲輪Ⅰが主郭で、幅（東西）一三ｍ、長さ（南北）八〇ｍの細長い曲輪である。曲輪Ⅰの南東部には二段の腰曲輪があり、曲輪Ⅰの西側は急傾斜で急峻な地形となっている。曲輪Ⅰの北端部は、土塁が残存しておりその北側は大規模な堀切や竪堀で防御され、北部山系からの敵に対して遮断を強固にしている。小規模な城で、城主も不明であるが、仁淀川の往来の監視をするために構築されたと考えられる。

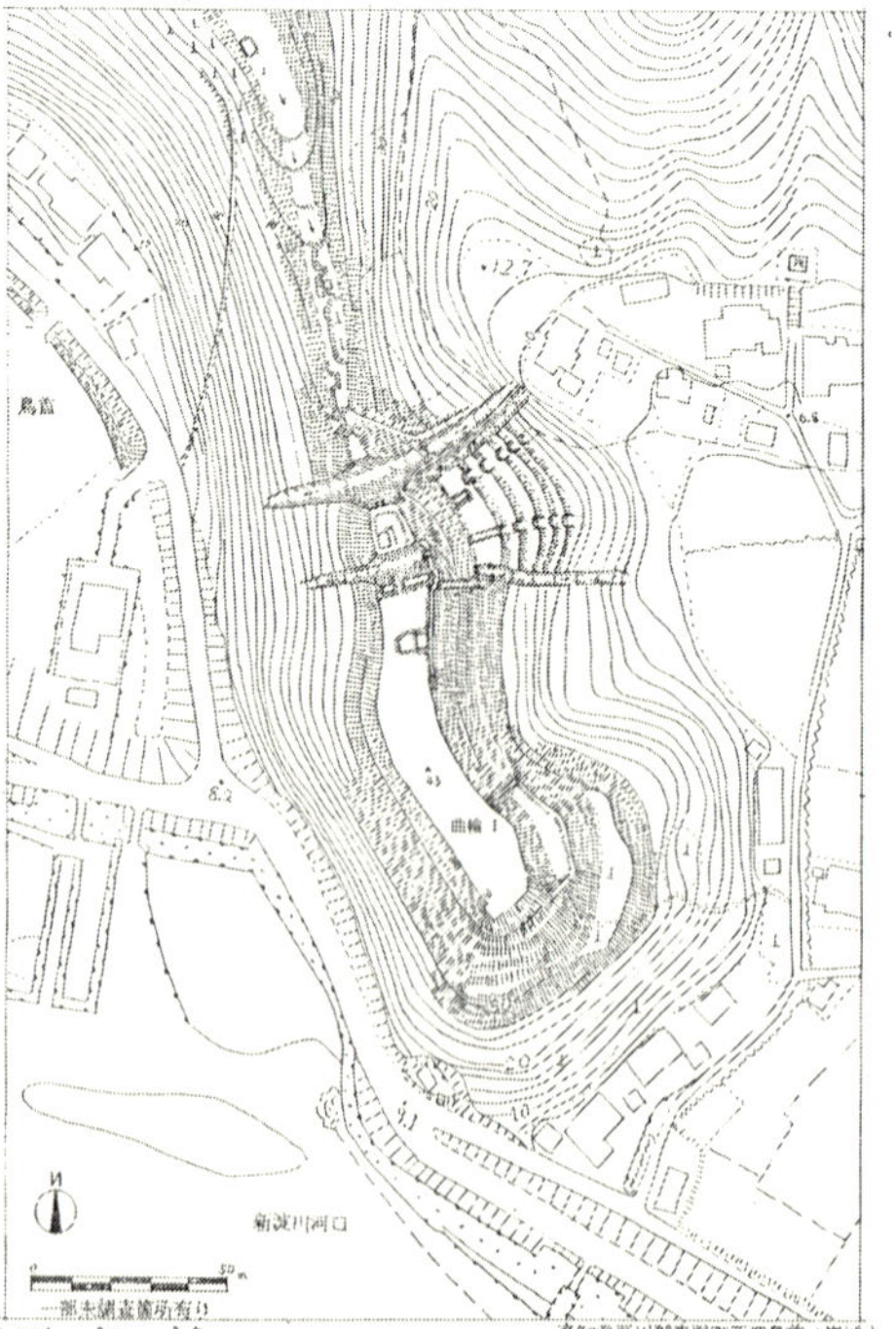

西畑城跡（池田作成　一部加筆）

雀ヶ森城跡は、東諸木雀ヶ森に所在する。標高六〇・二mで、東西三〇〇m、南北一五〇mの独立丘陵に構築されている。城主は本山氏の傘下にいた高橋壱岐守と伝えられているが、本山氏がこの地域を支配した段階に構築されたかどうかも不明である。

　曲輪Iが頂部で西側に若干傾斜があるが、広い平坦部を持っている。北側は、数段の帯状の狭い平坦部が三段ほど削平されており、北西部でも数カ所の平坦部が残っている。これまでの調査では、竪堀が北側斜面に残存していたとか土塁状遺構が確認できるなどの情報があるが、竪堀については未調査箇所もあることから池田の縄張り図には表現されていない。城主も不明であるが、立地的には太平洋を望める場所で、芳原城跡等の主要な城跡を守る上で、防御的に重要な役割を果たしていたと考えられる。吉良氏がこの地域を支配していた段階に構築され、その後本山氏の傘下でも機能していた可能性がある。

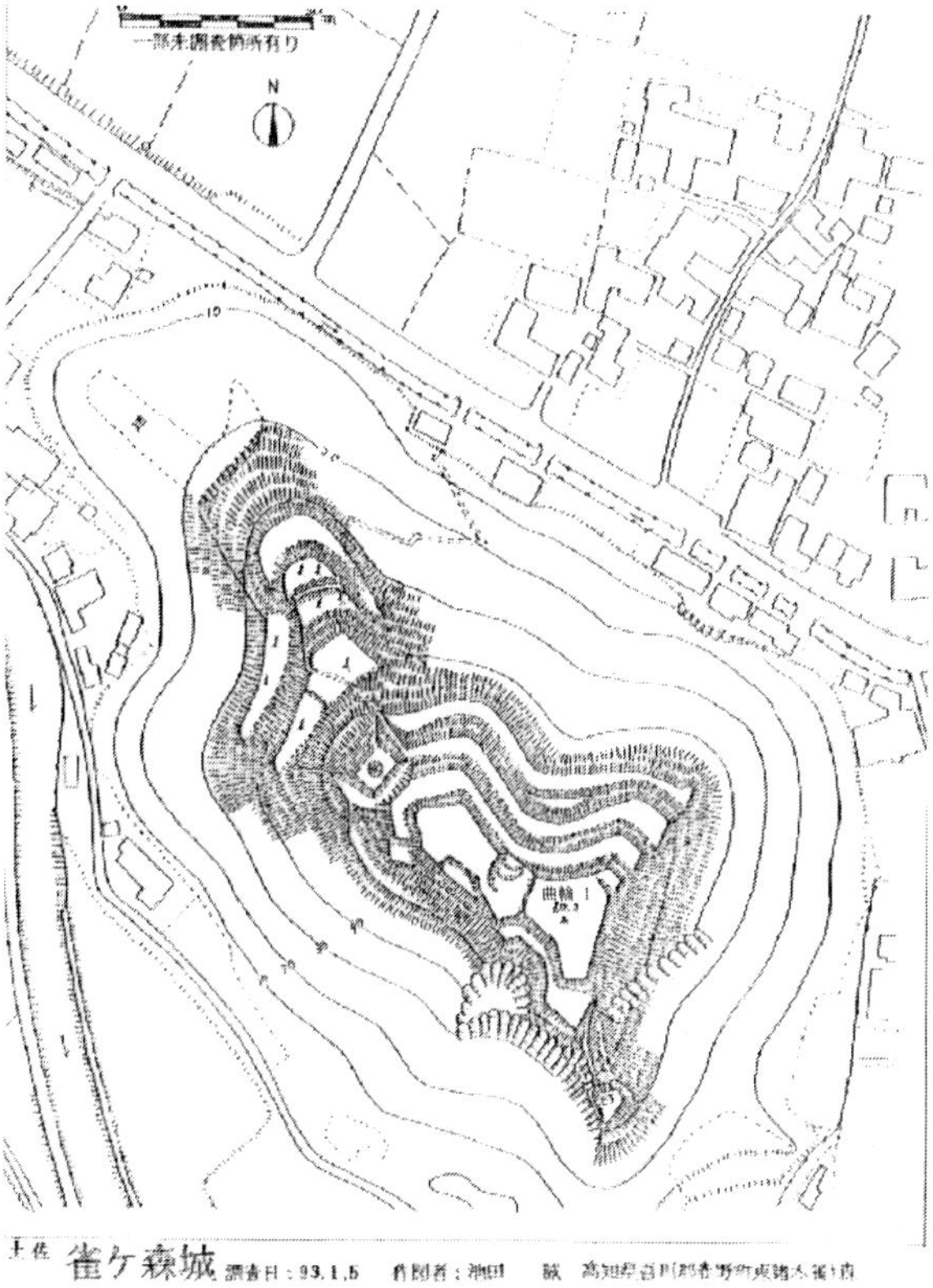

雀ヶ森城跡（池田作成　一部加筆）

　最後になるが、吉良城跡の西側に所在する西の城も調査し縄張り図を残している。吉良城跡の出城とも言われているが、その根拠はない。吉良城跡からは、西南方向に八〇〇mの地点に位置しており、標高五〇・三mで東西二五〇m、南北二〇〇mの丘陵上に構築されている。南側に集落がありその周辺は水田となっており比高差は四三m程である。曲輪Iが主郭で、東西八〇mで南北の幅は一六～二二mを測る平坦部で、北側に竪堀が北斜面に落ちている。その他には、明確な遺構は確認されていないが、西側の尾根筋には数段の平坦部が構えられ、南側の谷筋には帯状の狭い平坦部が見られる。曲輪Ⅰの北側では、二段の狭い平坦部とその北側では舌状の比較的広い平坦部が見られる。東側の竪堀との関連

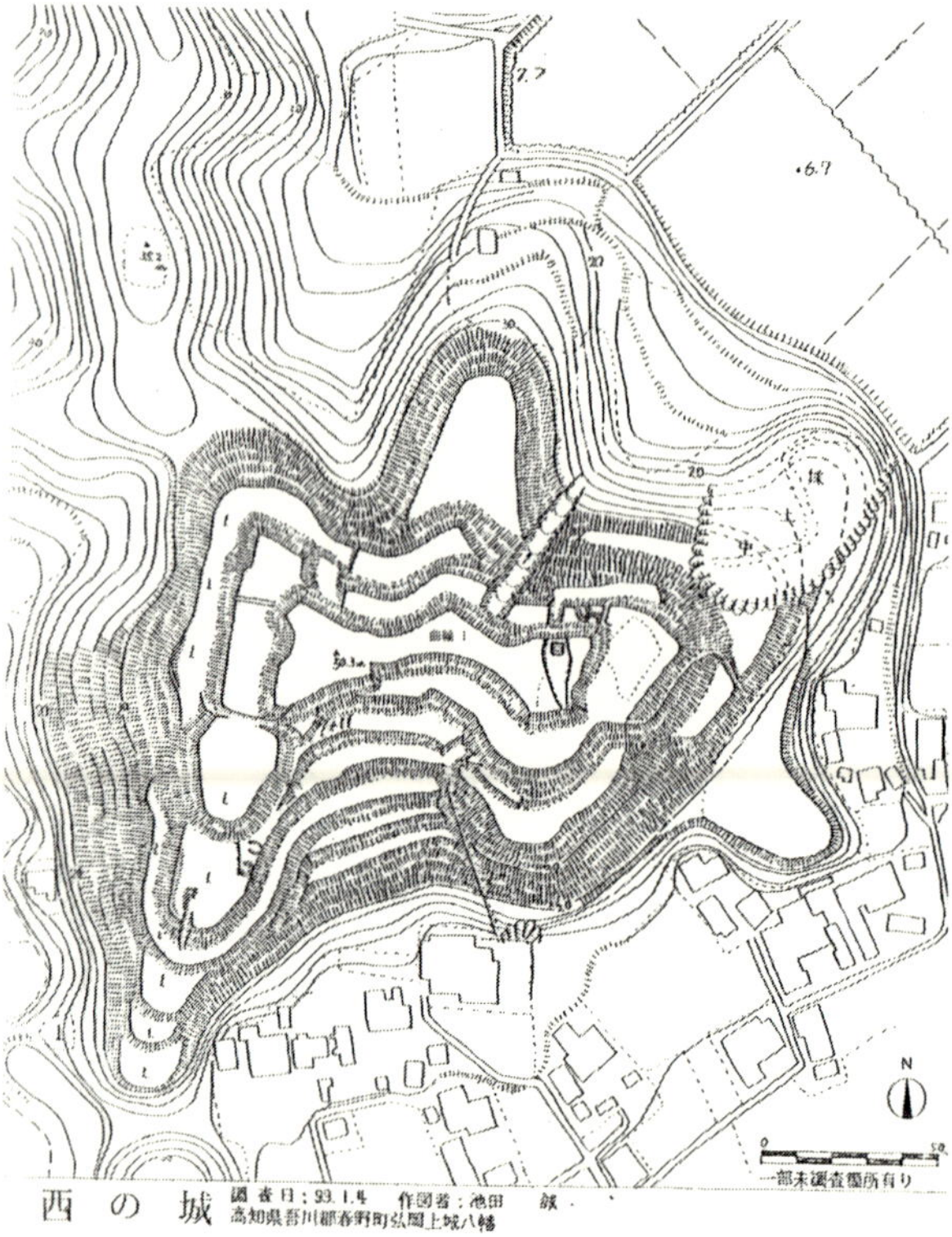

西の城跡（池田作成　一部加筆）

が考えられる曲輪である。

以上簡単に旧春野町に所在する四城跡を紹介してきたが、秋山城跡については十六世紀後半代まで機能していたとも考えられるが、雀ヶ森城跡や西の城については、竪堀の存在を再度検討していく必要があるが、基本的に主郭となる曲輪を中心に周りに帯状の曲輪を配している構成である。城跡の機能した時期を把握するには、発掘調査の出土遺物での考察が必要になってくる。しかし、縄張りの比較検討から、吉良城跡などと比べると標高も低く比高差もない丘陵上に構築されていることや、畝状竪堀群や連続堀切や横堀などの遺構が確認できないこと、芳原城跡と同じような曲輪配置がされていることなども含めて、同時期に構築された可能性も考えられる。今後、森山城跡の発掘調査も計画されていることから、池田誠の縄張り成果をもとに吾南平野の城跡の様相をさらに追求していく必要がある。

三、長宗我部の城

―縄張りの再検討と元親家臣団の城―

高知県では、昭和五十八年（一九八三）に中世城館分布調査が実施され報告書も刊行されているが、縄張り図の作成までには至らず測量図や略測図で城館の構造を説明している。第二章の「土佐の山城を歩く」中で五十城跡の魅力を紹介してきたが、今回執筆者が山城を歩き新たに縄張り図を作成したり、再調査を実施して再作成したものを掲載している。各執筆者が、これまで作成したものもあるが、本書のために新たに縄張り図を描いたものが多い。今回の調査で、縄張りの特徴を各地域で掴めることが可能となったので、再検討も含めて第二章を参考にしながら土佐の城の特徴を紹介していくことにする。

長宗我部元親の重臣の城から見ていきたい。まず、岡豊城跡の西側に位置する布師田金山城跡であるが、細川氏の末流と伝えられる石谷民部小輔重信が築城している。元親の傘下に入った段階で久武親直が入城しており、現在残る遺構は永禄の終わり頃から天正七年（一五七九）頃にかけて構築されたものと考えられる。久武親直の兄である久武信親は、佐川城を預かり居城していたが、天

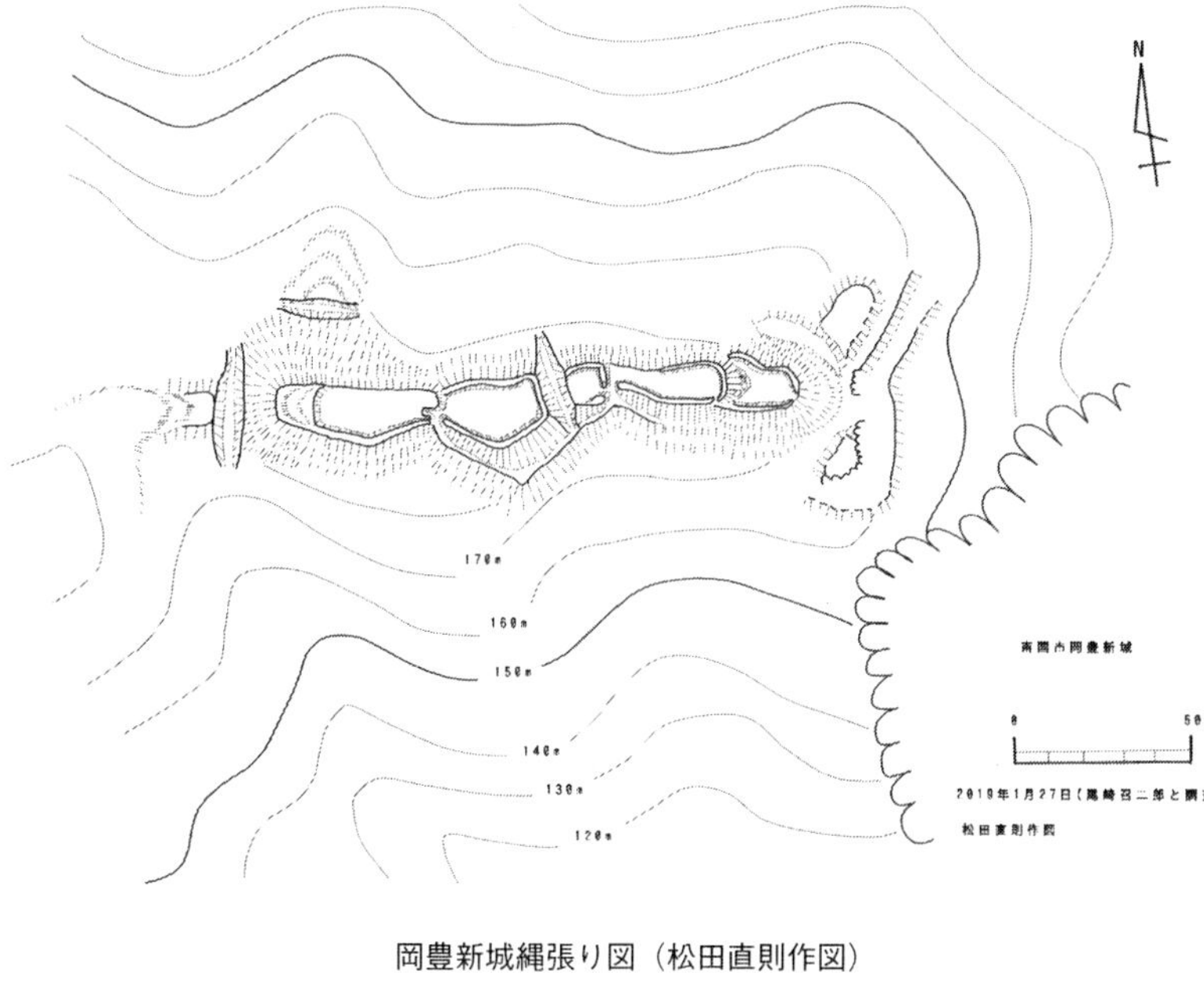

岡豊新城縄張り図（松田直則作図）

正七年（一五七九）から九年（一五八一）にかけて伊予侵攻の総大将として西園寺氏を攻めている時に伊予岡本城で戦死している。兄の戦死後、その所領である佐川の松尾城に親直は入城し、この地域も支配していったと考えられる。この布師田金山城跡と松尾城跡の縄張りを比較してみると面白いことがわかる。

布師田金山城跡は、主郭の詰を取り巻くように土塁が構築されており、北側の二ノ段に当たる曲輪も土塁囲みである。北側には朝倉城跡でも見られるような二重横堀が残存している。南側では二条の竪堀があるが畝状にはなっていない。北端部には、横堀とセットになるような二条の堀切が認められる。西側の尾根上には四箇所に堀切が掘削されている。この城の特徴は、主郭を中心とした曲輪が土塁囲みされていることと、横堀が出現していることである。松尾城跡を見ると、広い縄張りで主郭の土塁囲みがなく、畝状竪堀群と尾根上に連続した堀切を何箇所にも配置していることである。

久武親直が入城した両城を比較すると、構築時期にそれほどの時間差はなく松尾城跡などは土塁囲みの曲輪などはなく、天正七年（一五七九）以降の築城とも考えられる。

主郭が土塁囲みされる代表的な城跡を見てみると、細川氏の後裔と伝えられ後に元親の重臣となっていく細川宗桃の本拠である南国市の十市城跡（栗山城跡）・久礼田御所と呼ばれた久礼田城跡・岡豊新城跡、高知市の大津御所と呼ばれた大津城跡と行川城跡・神田南城跡、香美市の楠目城跡・岡ノ上城跡、大豊町の粟井城跡、北川村の烏ヶ森城跡などがあげられる。その他にも存在した城跡もあるかもしれないが、後世の削平などで消滅していることも考えられる。

岡ノ上城跡や大津城跡以外は、畝状竪堀群が確認できない。元親の居城である岡豊城跡は、詰の北側部分に土塁の痕跡が確認できないが、二ノ段から四ノ段にかけて土塁囲みの構造になっており、詰も同じ構造を持っていたと考えられ、北側部分は過去の公園化によって削平されている可能性が高い。

詰の土塁囲みは、守護代細川氏の後裔か関係のある城跡に多いことから構築時期が遡ることを当初考えていたが再考する必要がある。発掘調査の成果では、前述したとおり土塁の出現がハナノシロ城跡で認められることから十五世紀後半段階と考えており、西山城跡などでは曲輪の端部に竪土塁と石積みがあり十六世紀前半段階には認められることになる。しかし、曲輪を全て囲い込むという構造は、それ以降の可能性があり今後検討していく

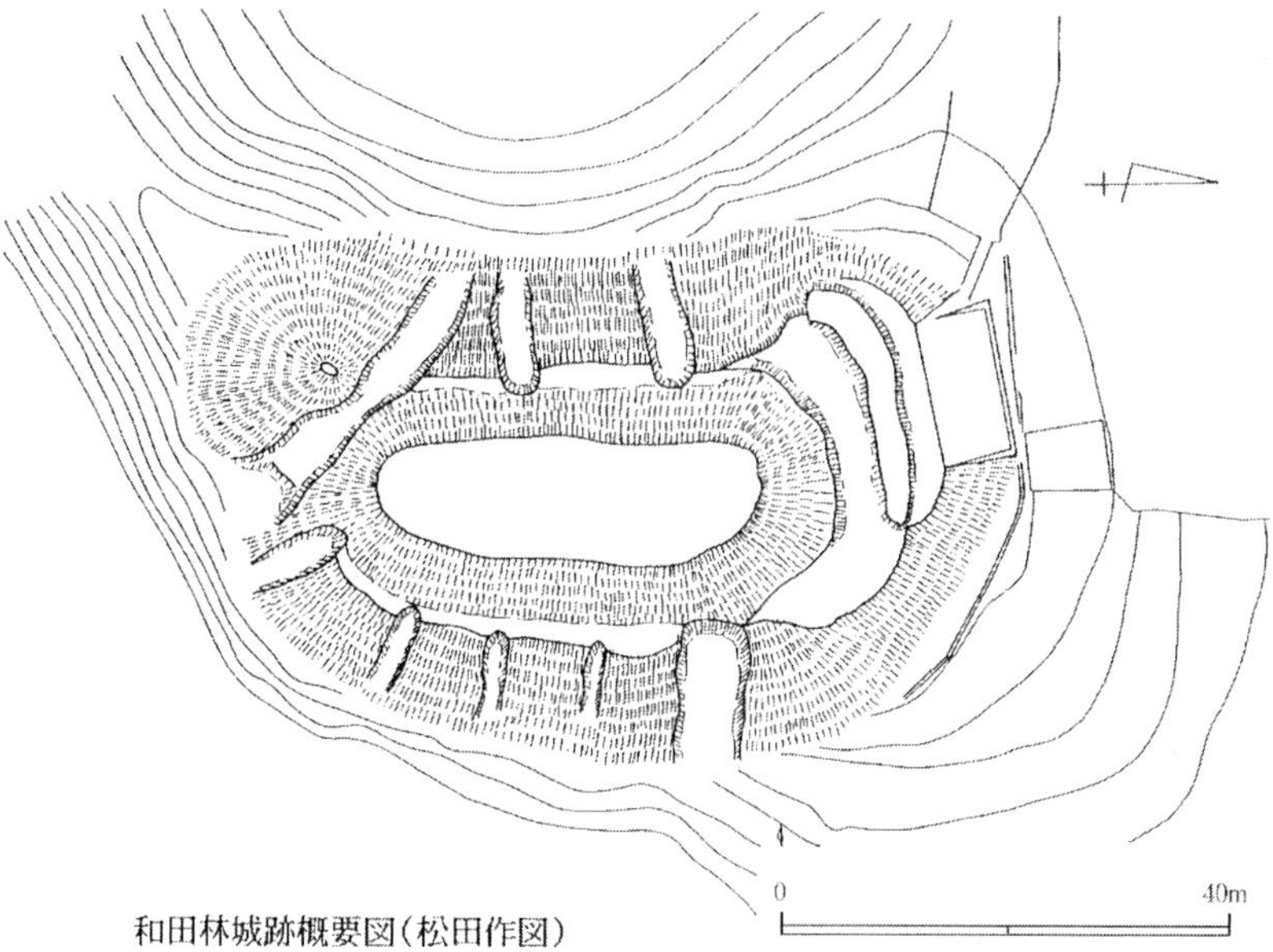

和田林城跡概要図（松田作図）

和田林城跡概要図

必要がある。

次に畝状竪堀群については、これまで紹介したとおり出現は西本城跡で、その後高岡郡や中央部でも認められるようになる。土佐中央部から高岡郡にかけて永禄年間頃から導入される防御施設と考えられるが、横堀を伴う連続した竪堀（畝状竪堀群）は岡豊城跡や松尾城跡、吉良城跡、久礼城跡、四万十町の本在家城跡、窪川城跡、和田林城跡などの城で見ることができる。中央部から高岡郡に多く認められ、久武親直が高岡郡から四万十川ルートや梼原ルートで伊予攻めを行った土佐側で多いことがわかる。

阿波攻めを行ったルートの高知県東部には、畝状竪堀群を持つ城が極端に少なくなる。東部については、もともと山城が高岡郡や幡多郡と比べると少なく、縄張り調査も進んでおらずその特徴も掴みにくいところがある。しかし、最近の縄張り調査でわかったことであるが、大忍庄の香宗川上流域に所在する山城には同じ特徴を持つ城郭が多い。香南市の山川土居城跡、末延城跡、末清城跡、正延城跡と夜須の光国城跡などである。山川土居城跡を見ると、尾根の先端部に構築されており、主郭の北側に幅広い土塁を構え、北側に続く尾根に向かって堀切を五条連続して掘削している。光国城跡は四条、末延

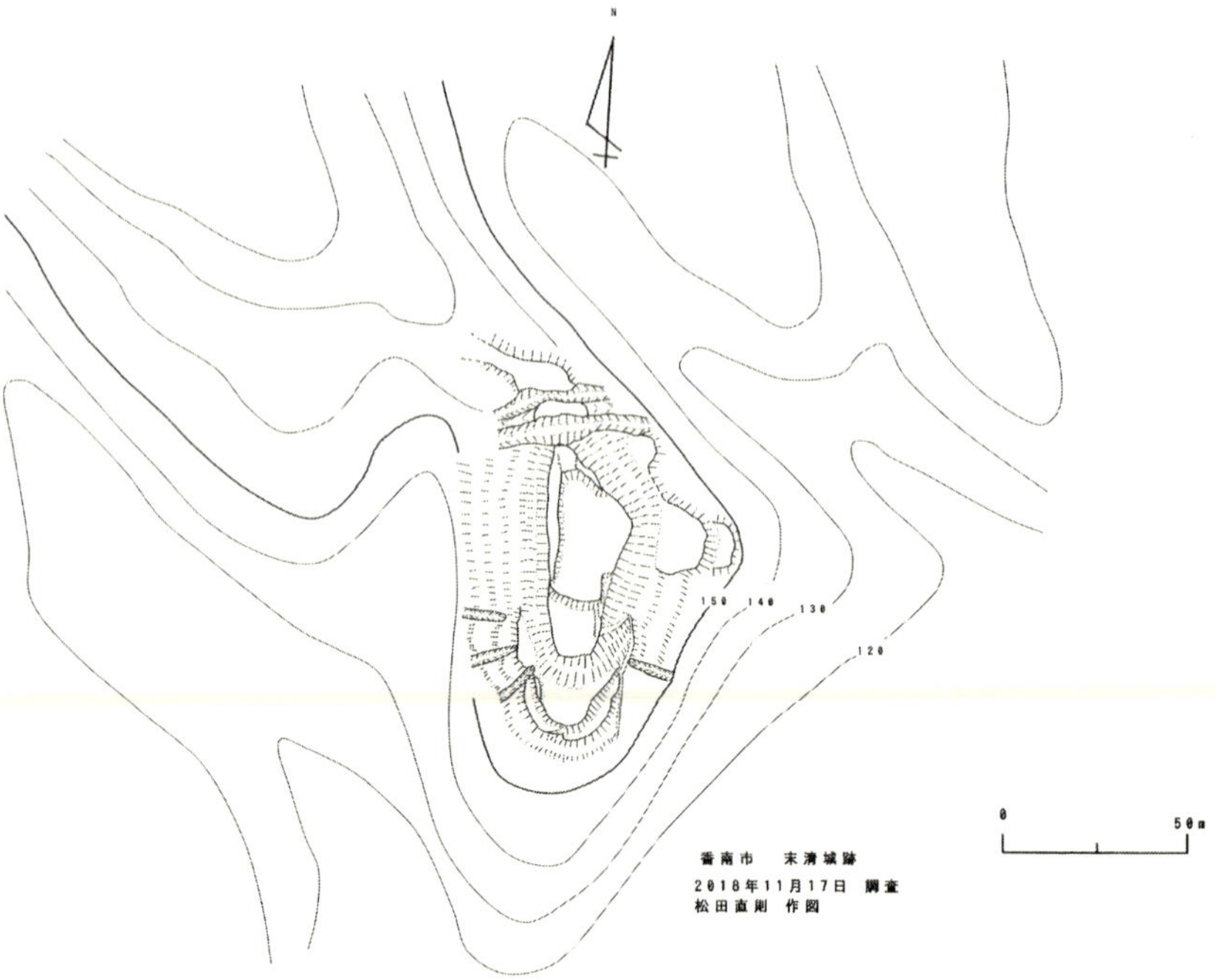

末清城跡縄張り図（松田直則作図）

城跡・末清城跡は二条の堀切であるが、主郭の北側には土塁を設けそこから切岸になり深い堀切を構える構造は同じである。この地域の城の造り方を見ると、丘陵先端部に城を構え主郭の北側に土塁を設け、続く尾根に築いた一条目の堀切との比高差をつけて、二条目以降連続して堀切を設ける造り方をしている。同じ勢力が同時期に構築したのではないかと思わせるほど構造が類似している。縄張りだけで検証するには無理があるが、このルート上で緊張関係が生じるのは、長宗我部氏と安芸氏の攻防が考えられる。安芸氏を攻めるため、長宗我部軍が関与して構築したと考えれば、永禄段階の時期を持ってくることができる。

　東洋町の内田城跡や、北川村の鳥ヶ森城跡の調査からも、興味ある遺構の発見があった。内田城跡の大きな特徴としては、主郭を中心として南北の尾根上を堀切や竪堀の防御施設で構成されているが、中でも南端の曲輪先端部に横堀とその端部で竪堀を持つ遺構が注目される。仮に「ひの字状空堀」と呼称するが、その他の城にも同じような遺構が確認できる。高知市土佐山の古井の森城跡の北側尾根に築かれた遺構、香美市の楠目城跡で茶ヶ森の北側と曲輪Ⅱから西に延びる西端部で新たに発見された遺構、南国市の久礼田城跡の横堀などがある。また小規模なものとして、「ひの字状」ではなく「コの字状」になるが、北川村の鳥ヶ森城跡の東斜面部の遺構も同じだと考えられる。

東洋町に隣接する徳島県海陽町の吉田城跡本城も、主郭が土塁囲みで「ひの字状空堀」で横堀と竪堀のセットが確認されている。その他東みよし町の東山城跡の東斜面部にも同類の遺構が確認できる。このように、高知県東部を俯瞰すると、主郭が土塁囲みで「ひの字状」の横堀と竪堀のセットが構築されている城が目立っている。また、これらの城には高岡郡等に多く見られる畝状竪堀群は確認できない。

今の段階では推論になるが、阿波方面に侵攻していった勢力が土塁囲みと「ひの字状空堀」を構築したと考えられるが、鳴門市の木津城跡では畝状竪堀群が検出されており、簡単には整理できない。また、久武親直が伊予方面に侵攻していくときには畝状竪堀群を主体に構築したと考えることが許されるかどうか、伊予の城郭も今後検討していく必要がある。長宗我部氏が土佐を統一し、四国制覇のため四国の他地域に侵攻していくが、各県には長宗我部氏家臣団が関与し構築した城跡が残存している可能性が強い。長宗我部氏の元で伊予東部の金子氏と交渉にあたっていた滝本寺僧の栄音が金子氏との書状のやり取りの中で、城改修のため土木技術者派遣についての内容なども見られる。今後、各地に残る長宗我部氏家臣団が改修した城跡を探し、縄張りの比較検討をしていくことも課題であり、楽しみながら城を歩き研究が出来そうである。

（松田直則）

主要参考文献

池田誠　一九八七年「高知県」『図説中世城郭事典三　村田修三編』新人物往来社

池田誠　二〇一二年「畝状竪堀群の中にある岡豊城―赤色立体地図から見えてきた岡豊城の縄張―」『戦乱の空間』第一一号　戦乱の空間編集会

市村高男　二〇一〇年「海運・流通から見た土佐一条氏」『中世土佐の世界と一条氏』高志書院

岩原信守校注　一九九七年『土佐物語』明石書店

大原純一　一九八七年「茂串（窪川）城跡」『土佐史談』一七四号

大久保健司　二〇〇二年「茂串山城の縄張りについて―長宗我部氏の築城技術の解明にむけて―」『中世城郭研究』第一六号

大久保健司　二〇〇五年「連続竪堀群から見た戦国土佐の城」『陣城・臨時築城をめぐって』中世城郭研究会

大久保健司　二〇〇六年「連続竪堀群から見た戦国土佐の城」『中世城郭研究　第二〇号』中世城郭研究会

大久保健司　二〇一〇年「四万十川下流域の中世城郭」『中世土佐の世界と一条氏』高志書院

大類伸　一九六六～一九六八年『日本城郭全集』人物往来社

岡本健児　一九九四年『ものがたり考古学』㈶高知県文化財団歴史民俗資料館

岡本健児　一九七四年「波川城跡の発掘調査」『土佐史談』一三七号

加藤理文　二〇一三年『織豊権力と城郭―瓦と石垣の考古学―』高志書院

加藤理文　二〇一六年『日本から城が消える』洋泉社

北垣聰一郎　一九八七年『石垣普請』法政大学出版局

楠原佑介　一九八三年『地名用語語源辞典』東京堂出版

黒川正宏　一九八六年「土佐国大忍荘の専当について」『長宗我部氏の研究』吉川弘文館

桑名洋一　二〇〇九年「天正期伊予国喜多郡における戦乱について―曽根宣高の動きを中心に―」『伊予史談』三五五号

児玉幸多・坪井清足　一九七九年『日本城郭大系』一五　新人物往来社

末久儀運　一九九二年『安藝文書』夜須町文化財友の会

千田嘉博　二〇〇〇年『織豊系城郭の形成』東京大学出版会

千田嘉博　二〇〇九年「室町の城・戦国の城」『史跡で読む日本の歴史七』吉川弘文館

高屋茂男　二〇一四年「畝状空堀群」『中世城館の考古学』高志書院

高田徹　二〇一七年「畝状空堀群の諸問題―その現状と課題―」中世城郭研究第三一号

津野倫明　二〇一二年『長宗我部氏の研究』吉川弘文館

中井均　一九九〇年「織豊系城郭の画期」『中世城郭研究論集』新人物往来社

中井均・加藤理文編　二〇一七年『近世城郭の考古学入門』高志書院

中井均　一九九〇年「織豊系城郭の画期―礎石建物跡・瓦・石垣の出現」『中世城郭研究論集』新人物往来社

中井均　二〇一六年『城館調査の手引き』山川出版社

永恵裕和　二〇一六年「畝状竪堀群の編年と課題」『連続空堀群

再考』中世城郭研究会
中野良一　二〇〇〇年「第四章考察第二節　湯築城跡出土の瓦について」『湯築城跡』第四分　㈶愛媛県埋蔵文化財センター
西股総生　二〇一四年『土の城指南』学研パブリッシング
萩原三雄　二〇一九年『戦国期城郭と考古学』岩田書院
早川圭二　〇〇二年「戦国期山城における建物構成の展開」『織豊城郭』第九号　織豊期城郭研究会
藤木久志　一九九五年『雑兵たちの戦場―中世の傭兵と奴隷狩り―』朝日新聞社
前田和男　一九九一年『浦戸城跡』
前田和男　一九九四年「城跡調査メモ」『私のメモ帳』（私家版）
前田和男　一九九七年『久礼城跡』（私家版）
前田和男・大原純一　二〇〇五年「山川城跡」『土佐史談』二二八号
松田直則　一九九九年「城郭が語る地域史」『帝京大学山梨文化財研究所研究報告』第九集　帝京大学山梨文化研究所
松田直則　二〇〇一年「高知城出土の桐紋瓦と石垣」『織豊城郭』第八号　織豊期城郭研究会
松田直則　二〇〇三年「土佐の戦国時代と長宗我部元親」『戦国時代の考古学』高志書院
松田直則　二〇一四年「長宗我部氏の城郭」『中世城館の考古学』高志書院
松田直則　二〇一三年「四国西南部における境目の中世城郭」『私の考古学』丹羽佑一先生退任記念論文集
松田直則　二〇一九年「土佐における城郭考古学研究の現状と課題」『海南史学』第五七号　高知海南史学会
宮地啓介　二〇〇八年「土佐一条氏関連城館跡の調査」『海運・流通から見た土佐一条氏の学際的研究』高知大学教育学部
宮地啓介　二〇一〇年「仁淀川下流域における土佐一条氏の動向」『中世土佐の世界と一条氏』高志書院
宮地森城　一九七六年『土佐國古城略史』土佐史談復刻叢書（一）土佐史談会
目良裕昭　二〇一五年「中世後期土佐国安芸郡の集落と地域社会」『四国中世史研究』第一三号　四国中世史研究会
山崎信二　二〇〇八年『近世瓦の研究』奈良文化財研究所学報第七八冊
山本大　一九六七年『土佐中世史の研究』高知市民図書館
山本大・島田豊寿　一九七〇年『岡豊城史』高知放送
山本大編　二〇一〇年『長宗我部元親　その謎と生涯』新人物往来社
横川末吉　一九五九年『大忍庄の研究』高知市民図書館
吉成承三　一九九五年「土佐国における織豊期城郭の瓦について―浦戸城跡出土の瓦を中心として―」『織豊城郭』第二号　織豊期城郭研究会
吉成承三　二〇一八年「畝状竪堀群をもつ四国の城―畝状竪堀群の特徴について―」『四国の中世城館』岩田書院
帝京大学山梨文化財研究所　二〇〇八年『シンポジウム　戦国の城と年代観―縄張研究と考古学の方法論』
土佐史談会　一九七二年『注釈元親記』土佐文学研究科会
土佐史談会　一九八四年『土佐州郡志』復刻版
愛媛県教育委員会　一九八七年『愛媛県中世城館跡―分布調査報告書―』

香川県教育委員会　二〇〇三年　『香川県中世城館跡詳細分布調査報告』
高知県　一九七一年　『高知県史―古代中世編―』
高知県教育委員会　一九八四年　『高知県中世城館跡分布調査報告書』
高知県教育委員会　一九八四年　『芳原城跡発掘調査報告書』
高知県教育委員会　一九九〇年　『岡豊城跡発掘調査報告書―第一～五次調査―』
高知県教育委員会　一九九四年　『史跡高知城跡Ⅰ―伝御台所跡発掘調査報告書―』
徳島県教育委員会　二〇一一年　『徳島県の中世城館―徳島県中世城館総合調査報告書』
㈶高知県文化財団埋蔵文化財センター　一九九二年　『岡豊城跡Ⅱ―第六次発掘調査報告書』
㈶高知県文化財団埋蔵文化財センター　一九九三年　『扇城跡』
㈶高知県文化財団埋蔵文化財センター　一九九三年　「ハナノシロ城跡」『中村・宿毛道路関連遺跡発掘調査報告書Ⅰ』
㈶高知県文化財団埋蔵文化財センター　一九九五年　『高知城跡―伝御台所屋敷跡整備事業に伴う発掘調査報告書』
㈶高知県文化財団埋蔵文化財センター　一九九九年　『西本城跡』
㈶高知県文化財団埋蔵文化財センター　二〇〇一年　『高知城三ノ丸跡―石垣整備事業に伴う試掘確認概要報告書』
㈶高知県文化財団埋蔵文化財センター　二〇〇二年　『岡豊城跡Ⅲ―国分川激甚災害対策特別緊急事業に伴う発掘調査報告書』
㈶高知県文化財団埋蔵文化財センター　二〇一〇年　『史跡高知城跡―三ノ丸石垣整備事業に伴う発掘調査報告書―』
高知県立図書館　一九六二年　『長宗我部地検帳　香美郡上』
高知県立図書館　一九六三年　『長宗我部地検帳　高岡郡上の二』
高知県立図書館　一九六三年　『長宗我部地検帳　吾川郡下』
高知県立図書館　一九六四年　『長宗我部地検帳　幡多郡下の一』
高知県立図書館　一九六五年　『長宗我部地検帳　幡多郡上の二』
高知県立図書館　一九七三～一九七八年　『皆山集：土佐之国史料類纂』
高知県立図書館　一九八〇年　『高知県歴史辞典』
高知県立図書館　一九九一年　『南路志』
吾川村教育委員会　二〇〇五年　『加牟曽宇城跡埋蔵文化財発掘調査報告書』
安芸市教育委員会　一九八七年　『五藤家屋敷跡発掘調査報告書』
大方町　一九九八年　『大方町史』
大方町教育委員会　一九九〇年　『大方の中世城跡―調査記録報告書―』
大方町教育委員会　一九九七年　『曽我城跡』
大豊町教育委員会　一九七四年　『大豊町史　古代近世編』　大豊町史編纂委員会事務局
伊野町　一九七三年　『伊野町史』
伊野町歴史を探る会　一九七八年　『いの史談　第八号』
伊野町歴史を探る会　一九八四年　『いの史談　第二二号』
いの町史編さん委員会　二〇一五年　『いの町史』
香我美町史編纂委員会　一九八五年　『香我美町史　上巻』　香我美町
鏡村教育委員会　一九八五年　『吉原城跡』

鏡村教育委員会　二〇〇二年『小浜城跡―城ノ平運動公園整備に伴う緊急発掘調査報告書―』
高知市　二〇一九年『遺跡が語る高知市の歩み―高知市史考古編』
高知市・㈶高知県文化財団埋蔵文化財センター　一九九五年『浦戸城跡』
高知市教育委員会　一九八四年『高知市の城跡』高知市文化財調査報告書第四集
高知市教育委員会　一九八六年『大津城跡―東斜面の調査―』
宿毛市史編纂委員会　一九七七年『宿毛市史』宿毛市教育委員会
十和村教育委員会　一九八二年『中世古城址調査図』
土佐市教育委員会　一九九九年『人麻呂様城跡』土佐市埋蔵文化財発掘調査報告書第二集
土佐清水市史編纂委員会　一九八〇年『土佐清水市史　上・下巻』土佐清水市
土佐山田町教育委員会　二〇〇二年『楠目城跡』
中土佐町教育委員会　一九八四年『久礼城跡』
中村市教育委員会　一九八五年『中村城跡』
中村市教育委員会　一九八五年『栗本城跡』
中村市教育委員会　一九八九年『塩塚城跡』
南国市教育委員会　一九八五年『高知県南国市中世城館跡』
南国市教育委員会　二〇一二年『史跡岡豊城跡保存管理計画書』
西土佐村史編纂委員会　一九七〇年『西土佐村史』西土佐村教育委員会
西土佐村教育委員会　一九八六年『西土佐の中世城館』
葉山村教育委員会　一九九五年『姫野々城跡Ⅰ』
葉山村教育委員会　一九九六年『姫野々城跡Ⅱ』
春野町　一九七六年『春野町史』
春野町教育委員会　一九八五年『高知県春野町　中世の城跡』
春野町教育委員会　一九八五年『吉良城跡Ⅰ』
春野町教育委員会　一九八六年『吉良城跡Ⅱ』
春野町教育委員会　一九八七年『吉良城跡Ⅲ』
春野町教育委員会　一九八八年『吉良城跡Ⅳ』
春野町教育委員会　一九九三年『芳原城跡Ⅱ―第二～四次発掘調査報告書―』
春野町教育委員会　一九九五年『芳原城跡Ⅲ―第五次発掘調査報告書―』
春野町教育委員会　二〇〇四年『木塚城跡Ⅱ』
夜須町史編纂委員会　一九八四年『夜須町史　上巻』夜須町教育委員会
夜須町史編纂委員会　一九八七年『夜須町史　下巻』夜須町教育委員会
夜須町文化財めぐり編集委員会　一九九八年『夜須町文化財めぐり』（第五版）夜須町教育委員会
檮原町教育委員会　一九七七年『ゆすはらの文化財』
檮原町教育委員会　一九九〇年『和田城跡』
高知大学人文社会科学部考古学研究室　二〇一七年『朝倉城跡Ⅰ』
四国電力高知支店　一九七八年『古井の森城跡の発掘』
角川書店　一九八六年『角川日本地名大辞典　三九　高知県』
平凡社　一九八三年『日本歴史地名体系第四〇巻　高知県の地名』

あとがき

昭和五十八年に中村城跡の発掘調査を担当し、その後長宗我部氏の居城である岡豊城跡を始め、多くの遺跡を発掘調査させてもらいました。私の発掘人生の中で、山城の調査が最も多かったように思います。報告書をまとめ、各研究会で成果の発表をしてきましたが、高知県の多くの方にその成果を知ってもらう機会が少ないことから、存在したことも地域で忘れられている城跡もありました。

私が退職を控え、これまで行ってきた山城の発掘調査成果を紹介する本を出したいと思っていた頃に、「土佐の山城を紹介する本を出しませんか」という声をかけてもらったのが、ハーベスト出版の山本勝さんでした。しかし、発掘調査の成果だけでは、多くの城跡の紹介ができないということで、他県でも紹介している五十城跡を選び載せましょうという話になりましたが、問題となってくるのが現地調査と縄張り図の作成でした。

城跡調査は、本来秋から冬にかけて行うもので、山深く入りこむことがあるので一人での調査は危険です。また元親生誕四八〇年に刊行するとなると、数年しかなく五十城跡を全て歩くことができるかどうか不安でした。そこで、高知県で縄張り図を作成し城郭研究を進めてきた大原純一さんと宮地啓介さんに一部の城跡について縄張り図作成と執筆をお願いしました。さらに、私と一緒に城跡調査に同行してもらった尾﨑召二郎さんと吉成承三さんにも執筆をしてもらい、特に尾﨑召二郎さんには、わかりやすい歴史年表と城の用語解説にも携わってもらいました。

私は、中世考古学が専門で縄張り図の作成は城郭研究者の池田誠さんから学び、少しずつ勉強してきましたが稚拙な図面しか作れませんでした。本書に掲載した私の縄張り図の中で、遺構の見方や表現の仕方が曖昧な点はご容赦願いたいと思います。今後高知県で城郭研究を進めてくれる若い研究者が増えて、遺構のさらなる検討をしながら緻密な縄張り図を作成してもらうことを願望しております。

縄張り調査に入った各地域は、過疎化が進み山城麓集落も廃屋が多く見られました。我々人間には花を愛でるという文化がありますが、地域の花を愛でることで地域への誇り、地域の中の自分の存在について今一度考えていく必要があると感じました。

最後になりましたが、出版の目的を理解し協力していただいた、土佐の山城を愛する執筆者の方々に御礼申し上げます。さらに、ハーベスト出版の山本勝さんには、遠く日本海に面した町から太平洋の見える町まで数回にわたり来ていただき、現地の城跡調査に同行してもらいながら、編集にも大変ご苦労をおかけしたことに対し深く御礼と感謝を申し上げます。

令和元年十二月

松田直則

【編者略歴】

松田直則

1956年愛媛県西予市宇和町生まれ。1980年駒澤大学文学部歴史学科卒業。現在、公益財団法人高知県文化財団埋蔵文化財センター所長。
主要著書:「城郭が語る地域史」(『帝京大学山梨文化財研究所報告』第9集、帝京大学山梨文化財研究所、1999年)、「土佐の戦国時代と長宗我部元親」(『戦国時代の考古学』、高志書院、2003年)、「長宗我部氏の城郭」(『中世城館の考古学』、高志書院、2014年)、「土佐における城郭考古学の現状と課題」(『海南史学』第57号、高知海南史学会、2019年)

【執筆者紹介】

大原純一

1949年生まれ。現在、佐川町文化財保護審議会委員

尾﨑召二郎

1967年生まれ。現在、高知県立山田高等学校 地歴公民科教諭

宮地啓介

1969年生まれ。現在、香南市教育委員会 香南市文化財センター 埋蔵文化財調査員

吉成承三

1963年生まれ。現在、公益財団法人高知県文化財団埋蔵文化財センター 調査課長

【協力】（順不同　敬称略）

高知県立埋蔵文化財センター
NPO法人城郭遺産による街づくり協議会
高知市教育委員会
安芸市教育委員会
南国市教育委員会
四万十市教育委員会
仁淀川町教育委員会
中土佐町教育委員会
檮原町教育委員会
津野町教育委員会
黒潮町教育委員会
池田　誠
香川元太郎
門脇　隆
高山　剛
中井　均

土佐《とさ》の山城《やましろ》
山城《やましろ》50選《せん》と発掘《はっくつ》された23城跡《じょうせき》

二〇一九年十二月二十日　初版発行
二〇二三年五月十日　第三刷発行

編者　松田《まつだ》直則《なおのり》

発行　ハーベスト出版
〒六九〇－〇一三三
島根県松江市東長江町九〇二－五九
ＴＥＬ ○八五二－三六－九〇五九
ＦＡＸ ○八五二－三六－五八八九

印刷・製本　株式会社谷口印刷

定価はカバーに表示してあります。
落丁本、乱丁本はお取替えいたします。

Printed in Japan
ISBN978-4-86456-322-2 C0021